U0839796

全球新能源发展报告

（2021）

GLOBAL NEW ENERGY DEVELOPMENT REPORT 2021

国家能源集团技术经济研究院　编

SSAP 社会科学文献出版社
SOCIAL SCIENCES ACADEMIC PRESS (CHINA)

全球新能源发展报告

编写组

主　编　迟东训

副主编　张　帆

成　员　滕霄云　潘　莹　张景开　米剑锋　高　华

刘姝威

编者语

2021年，有多少事件可以写进全球新能源产业发展历史当中？

这一年，中国依旧是全球新能源的绝对主角，风电、光伏发电装机容量继续领跑全球，可再生能源发电装机规模历史性突破10亿千瓦，新能源发电量首次突破1万亿千瓦时大关，海上风电装机规模跃居世界第一……

这一年，被称为"双碳"元年。"碳达峰""碳中和"首次被写入国务院政府工作报告，纲领性政策《关于完整准确全面贯彻新发展理念做好碳达峰碳中和工作的意见》和《2030年前碳达峰行动方案》正式发布，中央及地方一系列"双碳政策"发布，碳市场正式启动、屋顶光伏项目开建、大基地项目开建、装机规模和储能规模最大的光热电站开建……

2021年也是《全球新能源发展报告》推出的第五年，我们希望通过这项工作，尽可能持续地记录全球新能源产业发展的历史踪迹。本书虽撰稿于2021年中，主要分析梳理2020年及之前的历史数据，但完稿于2021年底，已经能够完整审视2021年新能源产业的成绩单。其间，恰好经历了中国政策制定与产业界对新能源发展的新一轮反思。书中力图通过分析当前及历史数据，尽可能地展现全球新能源相关产业发展面貌，涵盖了风、光、储、氢四大行业，并对当前热点话题展开了理性分析与探讨。

本书的编写得到国家能源集团、相关机构和个人的悉心帮助和大力支持，在此表示衷心感谢！

限于作者水平，书中难免存在疏漏与不足，恳请各位读者谅解、批评和指正！

编　者
二〇二二年二月

目 录

第三章　全球储能发展状况分析

第四章 全球氢能产业发展状况分析

第一章
全球风电发展状况分析

一 全球风电发展现状与特点

（一）装机容量

2020年，全球风电新增装机容量达93.0GW，创历史新高，较2019年增长53.0%。截至2020年底，全球累计装机容量达743GW，同比增加14.3%。

其中，陆上风电新增装机容量86.9GW，同比增长59.2%，累计装机规模突破700GW，达708GW；海上风电新增装机容量6.1GW，尽管同比下降1.6%，但创历史第二高水平，累计装机规模达35GW（见图1-1）。

图1-1 2011~2020年全球风电新增装机容量和累计装机容量

资料来源：全球风能协会（GWEC）。

1. 亚太地区继续引领全球风电发展

2020年，亚太地区再次成为全球风电增长引擎，新增装机容量占全球新增装机容量的59.9%，比2019年增加了8.6个百分点。其次是北美洲地区，占全球新增装机容量的17.6%，同比增加了1.6个百分点。而欧洲地区、拉丁美洲地区、非洲和中东地区占比均有不同程度的下降（见图1-2）。

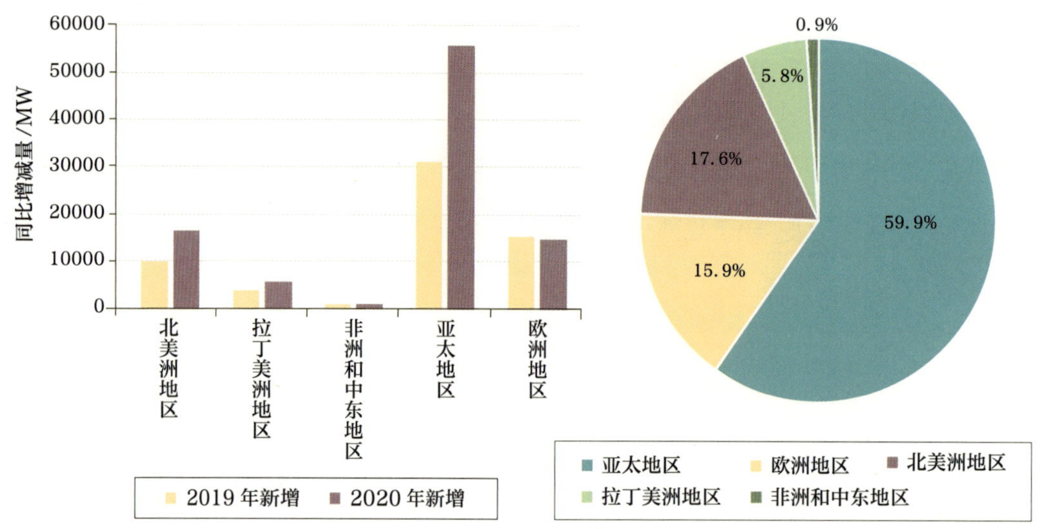

图1-2 2020年全球风电新增装机容量分布情况

资料来源：全球风能协会（GWEC）。

按国别来看，2020年风电新增装机容量前5名的国家由高到低依次是中国、美国、巴西、荷兰和德国，新增装机容量分别是52.0GW、16.2GW、2.3GW、2.0GW、1.7GW；累计装机容量前5名的国家由高到低依次是中国、美国、德国、印度和西班牙，累计装机容量分别是228.3GW、122.3GW、62.9GW、38.6GW、27.3GW。

2. 陆上风电快速增长，中美新增实现创纪录增长

2020年，全球陆上风电累计装机容量达到708GW，新增装机容量达到86.9GW，创历史新高。除非洲和中东地区陆上风电新增装机容量有小幅下降外，全球其他地区均有一定幅度增长。

中国和美国陆上风电新增装机容量分别在补贴退坡和产品税政策的驱动下实现创纪录增长，分别为48.9GW和16.2GW（见图1-3），两国新增占全球新增的74.9%。受新冠肺炎疫情的影响，欧洲陆上风电新增基本与2019年持平，小幅增加72MW，比新冠肺炎疫情发生前的预估值低了22%。尽管拉丁美洲是受新冠肺炎疫情冲击最严重的地区之一，但是其陆上风电新增装机依然创历史新高，达5.4GW，同比增长45.8%。巴西新增2.3GW，是拉美地区最大的市场；阿根廷新增突破1GW，智利新增684MW，均创历史新高。这些完全抵消了墨西哥新增装机放缓的影响。非洲和中东地区陆上风电新增装机小幅下降7MW，主要是因为埃及仅新增13MW，较2019年减少了249MW，而南非陆上风电装机快速增加。

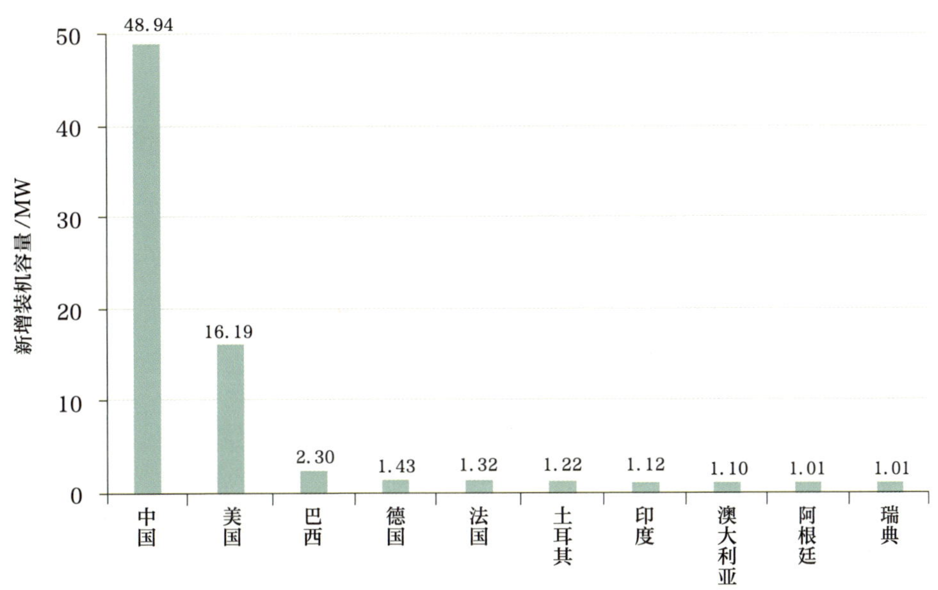

图1-3 2020年陆上风电新增装机容量前10位国家

资料来源：全球风能协会（GWEC）。

3. 海上风电新增装机创历史第二高

2020年，全球海上风电累计装机容量达35GW，占风电总装机容量的4.7%，新增6.1GW，为历史第二高，仅低于2019年。增量主要归功于中国、荷兰和比利时，但海上风电大国英国、德国的新增装机容量大幅下降。

2018～2020年，中国连续三年海上风电新增装机全球第一，2020年新增3.1GW，占全球海上风电新增的50.8%，超过德国，成为全球第二大海上风电市场。欧洲保持稳定增长，其中荷兰2020年新增仅次于中国，近1.5GW，这得益于Borssele风电场项目的陆续投产。德国由于政策存在不确定性和短期项目储备不足等原因，2020年仅新增237MW，并且有118MW是2019年完成安装但当时未并网而在2020年上半年完成并网的项目。英国仍是全球海上风电装机容量最大的国家，但2020年新增装机仅为483MW，主要原因是2020年是项目建设年和准备年，并网项目少，其在建项目达7.2GW。除中国和欧洲外，韩国和日本海上风电项目并网分别新增60MW和12MW。

此外，葡萄牙的16.8MW的浮动式海上风电也于2020年并网。截止到2020年底，全球共有73.3MW的浮动式海上风电并网，其中，32MW在英国，25MW在葡萄牙，12MW在日本，2.3MW在挪威，2MW在法国。

（二）发电量

随着装机容量的不断增加，风力发电量继续快速增长。2020年，全球风力发电量达到1591.2TWh，同比增长11.9%。风电在全球电力结构中的占比不断提高，从2000年的0.2%、2011年的2.0%，增长至2020年的5.9%（见图1-4）。

1. 全球有18个国家的风力发电量占比超过10%

2020年，全球有32个国家的风力发电量占其年发电量的5%以上，较2019年增加了2个国家，分别是挪威、阿根廷；18个国家的风力发电量占比达到10%以上，较2019年增加了4个国家，分别是波兰、芬兰、荷兰和

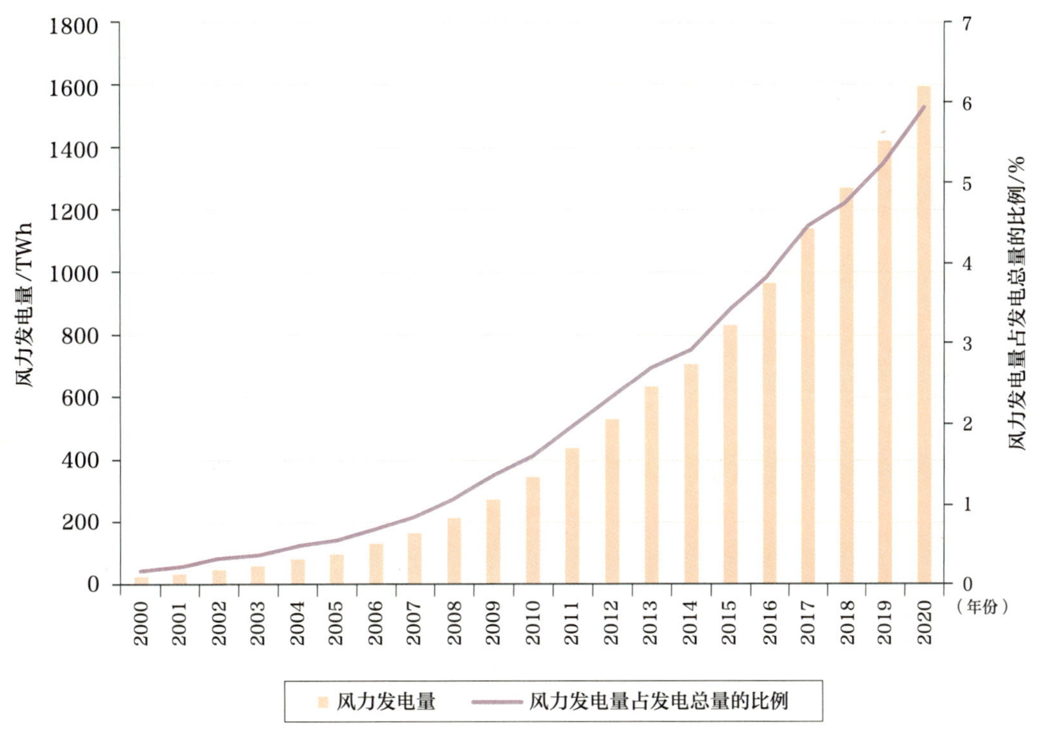

图1-4 2000~2020年全球风力发电量及占比

资料来源：英国石油公司（BP）。

爱沙尼亚。

拥有全球第一台风力发电机的丹麦，其风力发电量占比一直以来全球最高，2020年达到58.2%；其次是立陶宛、爱尔兰，均超过30%。此外，欧洲风电装机排名前三的国家（德国、西班牙、英国）风力发电量占发电总量的比例均在20%以上。美国风力发电量占比为8.0%，中国为6.0%（见图1-5）。

受新冠肺炎疫情影响，欧洲的电力需求显著下降，叠加风电装机增加以及有利的风力条件，全球风力发电量占比增长最快的10个国家中，有9个国家来自欧洲，另1个是新增装机突破1GW（创历史最高水平）的阿根廷（见图1-6）。

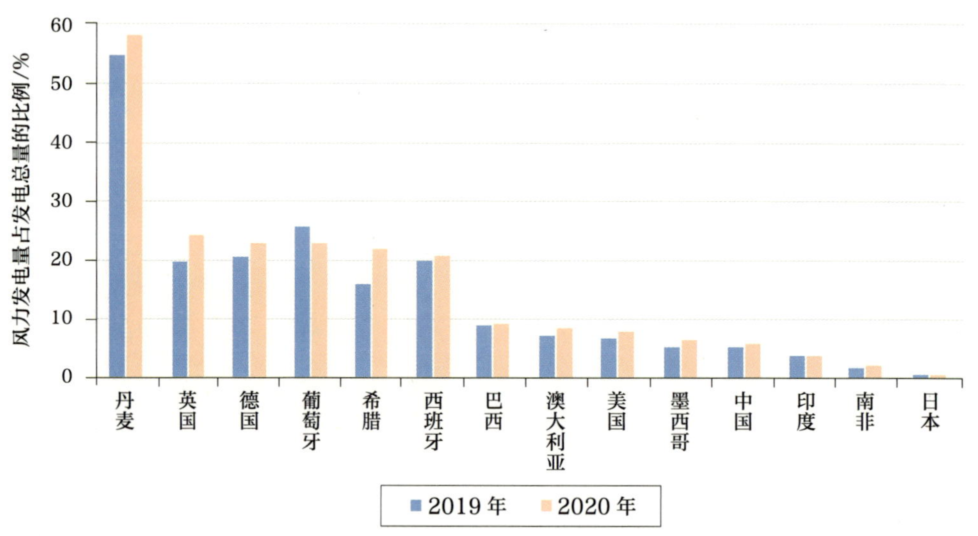

图1-5 2019年、2020年全球主要国家风力发电量占发电总量的比例

资料来源：英国石油公司（BP）。

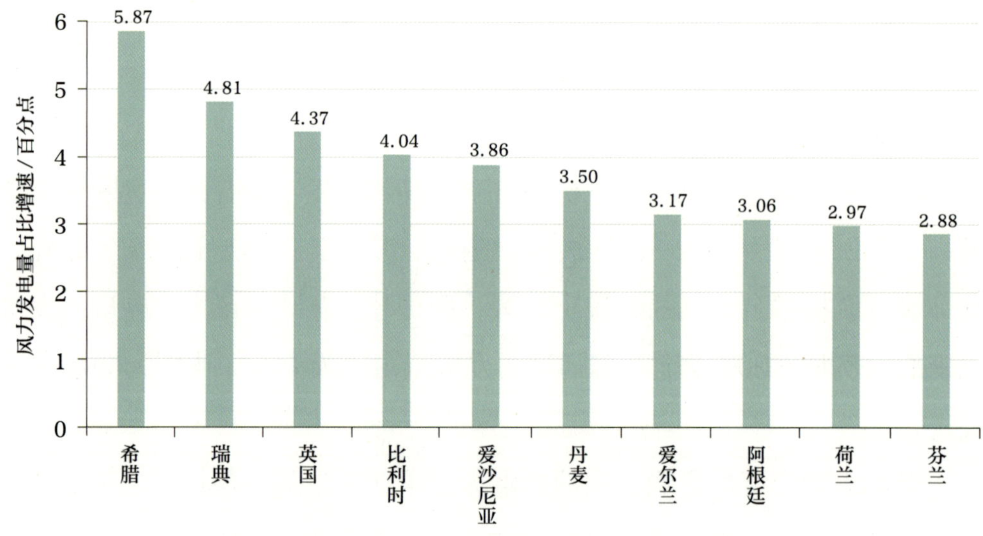

图1-6 2020年全球风力发电量占比增长最快的10个国家

资料来源：英国石油公司（BP）。

分地区来看，欧洲地区风力发电量占比最高，为13.2%；其次是北美洲地区，为7.6%；紧随其后的是拉丁美洲地区6.7%，亚太地区4.4%，非洲地区2.6%，而中东地区和独联体（CIS）仅为0.2%。

2. 中国风力发电量最高，巴西陆上风电容量系数①最高

2020年，中国风力发电量达466.5TWh，为全球风力发电量最高的国家，占全球风力发电总量的29.3%。其次是美国和德国，风力发电量分别为340.9TWh、131.0TWh，占比分别为21.4%、8.2%。

近年来，随着大机组、高塔筒的应用，从相同的风资源中可获得更多电力，这使得风电容量系数不断提高。2020年，全球陆上风电加权平均容量系数为36%，较2010年提升了9个百分点；海上风电加权平均容量系数为40%。

因陆上风资源条件较好，风速高且风向稳定，巴西陆上风电容量系数全球最高，2020年高达49%。美国紧随其后，陆上风电容量系数达43%。相对于其他主要风电国家，中国和印度的陆上风电容量系数处于较低水平。

丹麦海上风资源较好，海上风电容量系数最高为50%；随后是荷兰，为47%；中国海上风电容量系数为37%，与欧洲海上风电容量系数最低的国家英国（38%）相当；日本海上风电容量系数最低，为30%。

（三）成本

平准化度电成本（LCOE，简称度电成本）是发电项目每千瓦时上网电量所发生的成本，主要取决于项目总造价（CAPEX）、运维费用（OPEX）、融资成本、项目经济寿命以及容量系数等。

---

① 容量系数（Capacity Factor）是指统计周期内，风电机组实际发电量与该机组额定理论发电量的比值×100%。

1. 风电LCOE继续下降，成为最具竞争力的发电技术

风电机组单机容量呈现大型化趋势，叶轮直径不断增大，轮毂不断增高，这些变化使得风机利用率不断提升。同时因为规模效益增加、竞争加剧以及产业链愈发成熟等，陆上风电项目的项目总造价、运维费用及LCOE逐步下降。

2020年，新投产的陆上风电项目的LCOE平均为39美元/兆瓦时（合0.27元/千瓦时）①，同比下降13.3%；海上风电LCOE平均为84美元/兆瓦时（合0.58元/千瓦时），同比下降9.7%（见图1-7）。

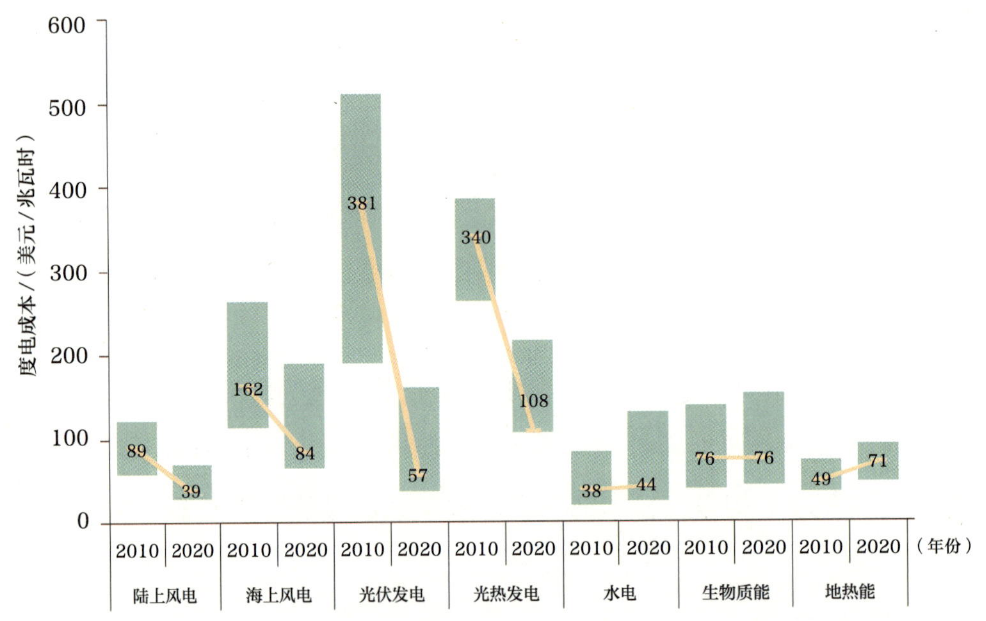

图1-7 2010年、2020年不同发电技术的LCOE变化

资料来源：国际可再生能源署（IRENA）。

陆上风电LCOE已低于传统化石能源和光伏发电，甚至已经低于水电项目，成为成本最低的发电技术。但这在一定程度上也是因为全球的水电

① 2020年，人民币平均汇率为1美元兑6.8974元人民币。

资源条件变差，导致项目总造价不断提高，水电LCOE不断增加。

分国家来看，中国和北美的风电LCOE最低，均为37美元/兆瓦时；巴西因风资源条件好和大风机的应用，风电LCOE下降幅度最大，2020年为41美元/兆瓦时，较2010年下降了64%。

2. 风电LCOE降速低于光伏发电

2010～2020年，陆上风电、海上风电LCOE的下降速度均低于光伏发电。陆上风电LCOE从2010年的89美元/兆瓦时下降至2020年的39美元/兆瓦时，下降幅度达56%；海上风电从162美元/兆瓦时下降至84美元/兆瓦时，下降幅度达48%；而光伏发电从381美元/兆瓦时下降至57美元/兆瓦时，下降幅度高达85%，为所有发电技术中下降最快的技术（见表1-1）。

表1-1 2010年、2020年不同发电技术的项目总造价、容量系数及LCOE

发电技术	项目总造价（美元/千瓦）			容量系数（%）			LCOE（美元/兆瓦时）		
	2010年	2020年	增幅	2010年	2020年	增幅	2010年	2020年	增幅
陆上风电	1971	1355	-31%	27	36	33%	89	39	-56%
海上风电	4706	3185	-32%	38	40	5%	162	84	-48%
光伏发电	4731	883	-81%	14	16	14%	381	57	-85%
光热发电	9095	4581	-50%	30	42	40%	340	108	-68%
水电	1269	1870	47%	44	46	5%	38	44	16%
生物质能	2619	2543	-3%	72	70	-3%	76	76	0
地热能	2620	4468	71%	87	83	-5%	49	71	45%

资料来源：国际可再生能源署（IRENA）。

3. 各国海上风电LCOE下降幅度存在差异

全球海上风电新投产项目的LCOE在2010～2020年下降了48%，2020

年同比下降了9.7%。一方面，项目总造价不断降低，2010～2020年降低了32%，2020年较2011年造价最高时降低了41%；另一方面，容量系数不断提高，从2010年的38%提升至2017年的45%，但随着中国海上装机份额的不断提高，容量系数有一定程度的下降，2020年的容量系数为40%。

分国家来看，荷兰2020年新并网的项目采用9.5MW大风机，且占荷兰累计装机的比例超50%。同时，荷兰海上条件好，因此荷兰项目总造价最低，而容量系数全球第二高，LCOE全球最低，为67美元/兆瓦时。中国海上风电LCOE也处于较低水平，仅高于荷兰。一方面，中国风机和人工成本比欧洲国家低；另一方面，中国的海上风电项目目前依旧主要在近海区。2010～2020年，中国海上风电LCOE加权平均值下降约52.8%。日本海上风电还处于发展的初级阶段，且融资成本高，因此LCOE最高（见表1-2）。

表1-2 2010年、2020年全球主要国家海上风电LCOE

单位：美元/兆瓦时

	2010年			2020年		
	最低值	加权平均值	最高值	最低值	加权平均值	最高值
亚洲	123	181	213	80	85	118
中国	121	178	195	80	84	97
日本	215	215	215	200	200	200
韩国	—	—	—	122	122	122
欧洲	124	158	288	66	83	131
比利时	198	198	198	85	87	90
丹麦	110	110	110	88	88	88
德国	164	166	171	88	93	95
荷兰	—	—	—	66	67	131

（续）

	2010年			2020年		
	最低值	加权平均值	最高值	最低值	加权平均值	最高值
英国	151	162	170	115	115	115

资料来源：国际可再生能源署（IRENA）。

（四）技术

1. 全球陆上风机单机容量和叶轮直径仍继续增加

风电机组大型化趋势愈加明显。从订购情况来看，2020年全球陆上风机单机容量平均为3.6MW，较2019年增加0.5MW，提升了16.1%。3MW以下机型占总订单量的比例明显降低，下降了24.9个百分点，而5MW及以上机型占比明显增加，增加了18.8个百分点（见图1-8）。

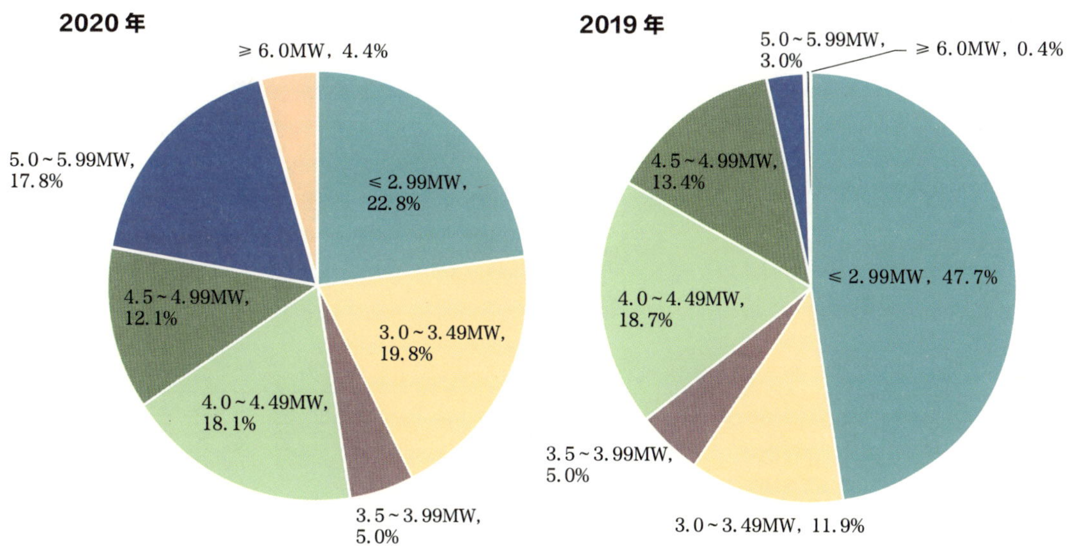

图1-8 2020年与2019年风机订单机型占比对比情况

资料来源：国家能源集团技术经济研究院。

5MW及以上陆上风机的订单容量为7.0GW，其中巴西（1.3GW）、美国（1.0GW）与中国（890MW）市场的订单量位居前三。在这些订单中，截止到2020年底，陆上风机最大订购机型为西门子歌美飒的6.6MW。

叶轮直径也在不断增加。2020年，叶轮直径最小也超过110米，最大直径可增至170米。2020年，叶轮直径主要集中在135～165米，较2019年增加了至少15米。

2. 海上风机单机容量增长高于陆上风机

海上风机大型化趋势更为明显。2020年，全球新并网的海上风机平均单机容量达到7.6MW，较2010年的2.9MW增长162.1%，较2019年的6.7MW增加了0.9MW，增长幅度大于陆上风机（见图1-9）。

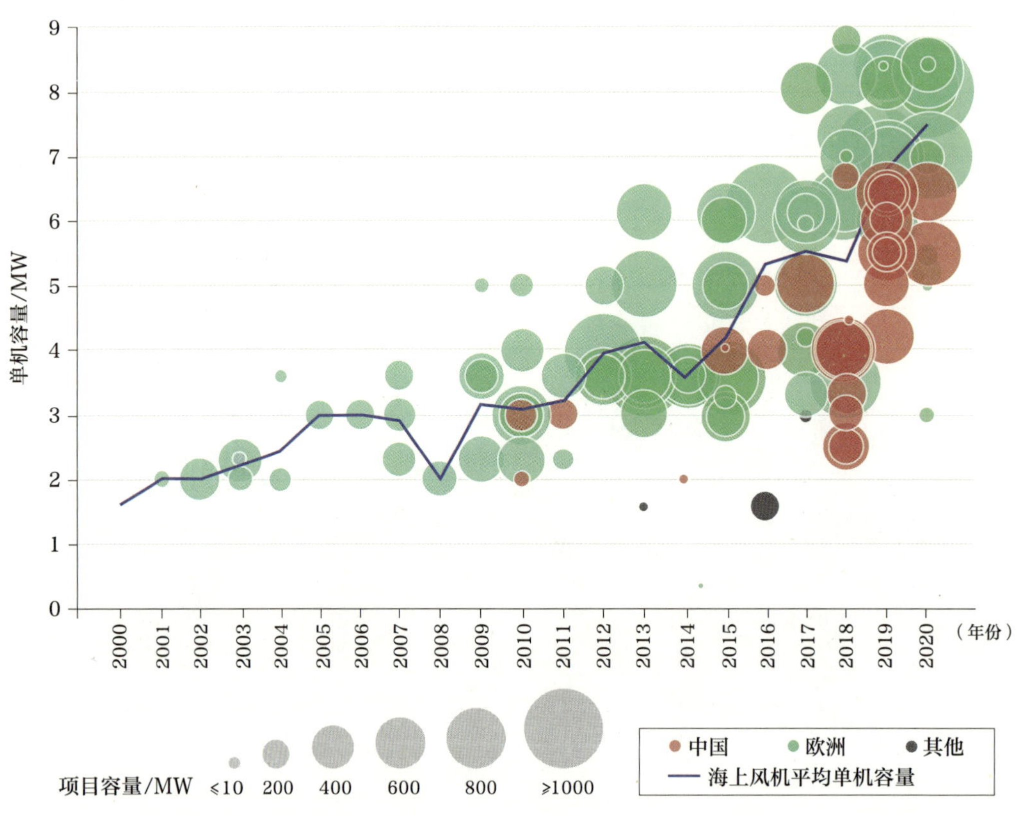

图1-9 2000~2020年海上风电单机容量变化情况

资料来源：国际可再生能源署（IRENA）。

欧洲海上风机平均单机容量达8.2MW，较2019年增加了0.4MW。维斯塔斯9.5MW的机型已经在荷兰和比利时大规模应用并网，大幅降低了两国LCOE的平均水平。海上风机的叶轮直径也快速增加，从2010年的93.2米增加到156.2米。

（五）企业

1. 整机企业市场集中度下降

近年来，全球整机企业市场集中度不断提高，但由于中国的整机需求在2020年爆发性增长，这一局面暂时有所改变。2020年，全球前十大整机企业的市场份额之和同比减少3.5个百分点至81.4%，前四大整机企业的市场占有率之和同比减少2.8个百分点至53.1%（见图1-10）。

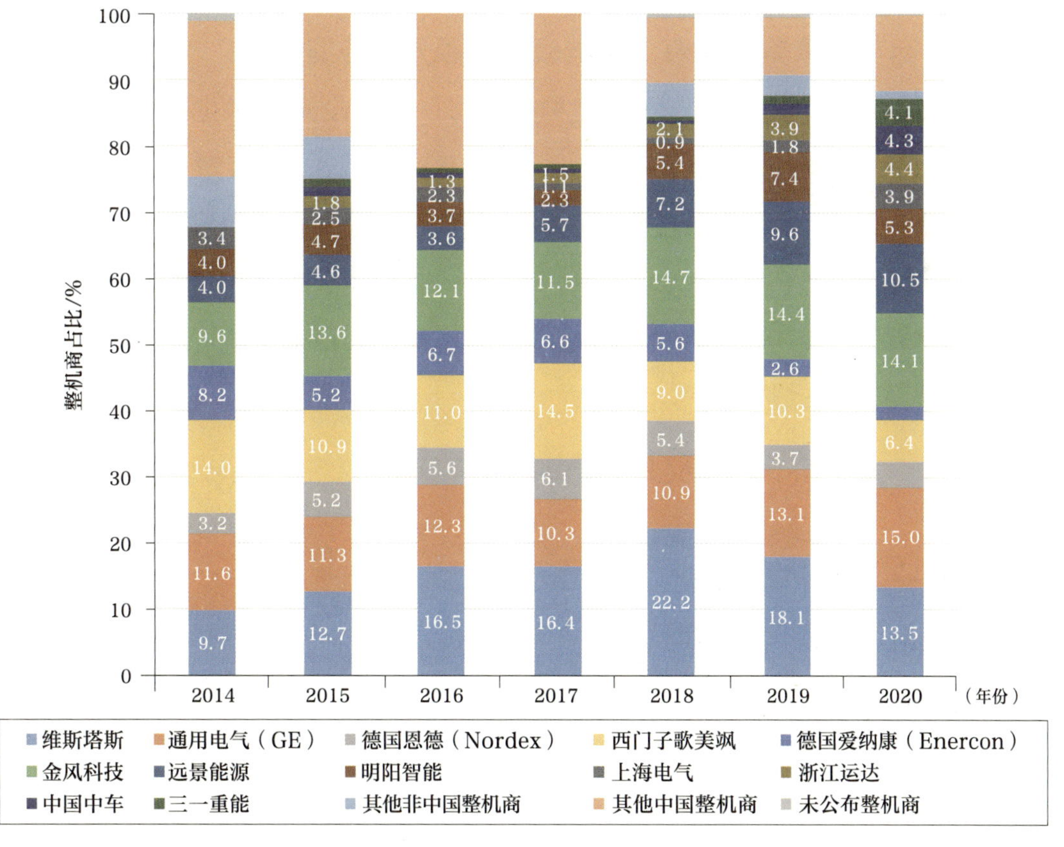

图1-10 2014~2020年全球前十大整机商占比

注：只显示排名前十整机商的占比，2014年只显示9家整机商的占比。

资料来源：彭博新能源财经（BNEF）。

全球约75%的陆上风机来自中国和美国市场，这两个市场的快速发展改变了整机企业的市场占有率排名。常年稳居全球第一名、第二名的维斯塔斯（Vestas）和西门子歌美飒（Siemens Gamesa）分别降至第三名和第五名。

以美国市场为主、风机遍布全球的通用电气（GE）2020年的市场占有率达15.0%，排名第一，排名上升2位；中国企业金风科技排名第二，较2019年持平；中国远景能源的排名有所提升，中国中车和三一重能进入前10名，而德国恩德（Nordex）跌出前10名。

尽管西门子歌美飒在29个市场有新增装机，但由于其在中国、印度、美国等目标市场的表现较弱，市场份额同比减少。

2. 西门子歌美飒在海上风电领域的领先优势缩小

尽管西门子歌美飒（以下简称“西歌”）仍是海上风电的主要整机商，市场占有率排名全球第一，但其2020年市场装机容量同比减少了1.39GW。市场占有率排名紧随西歌的是5家中国企业，而维斯塔斯降至第7名（见图1-11），这主要是由于维斯塔斯的“大本营”欧洲的海上风机需求整体减少，而欧洲装机最多的荷兰选择了西歌的9.5MW的机型。

二　中国风电发展现状与特点

（一）装机容量

1. 新增规模远超预期

2020年，中国风电新增装机规模创历史新高，全年新增装机容量71.7GW[①]，同比增长178.4%，占当年电力新增装机容量的38%（见图1-12）。全年新增装机中，陆上68.6GW，同比增长约189%；海上

① 中国的数据采用的是国家能源局的数据，是指并网数据。而全球部分的数据采用的是全球风能协会（GWEC）的数据，是指吊装数据。因统计口径不一致，数据值有所不同。

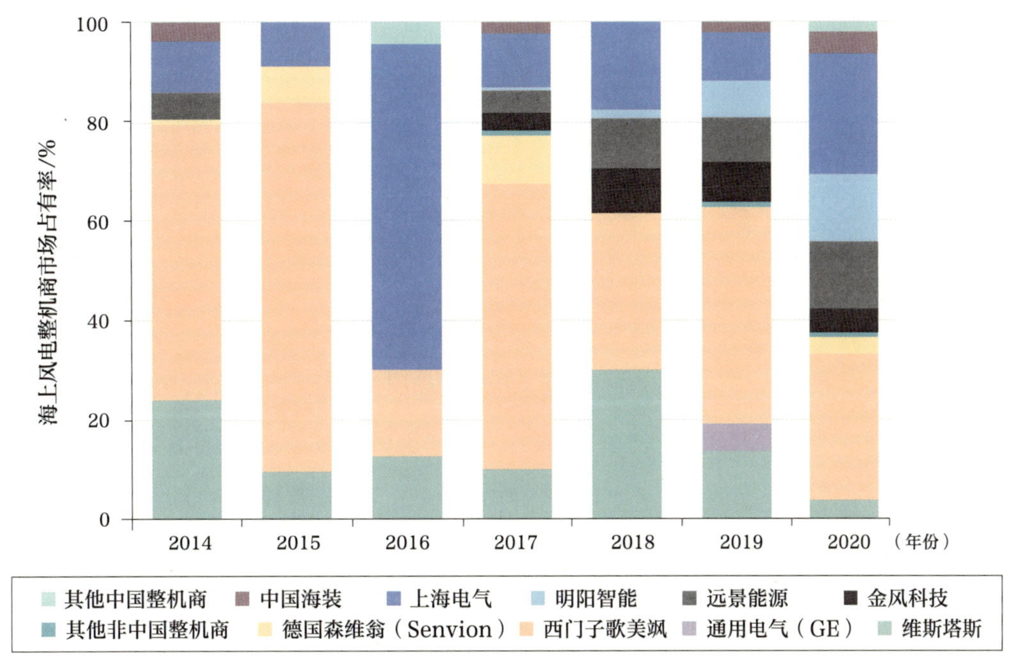

图1-11 2014~2020年全球海上风电整机商市场占有率

资料来源：彭博新能源财经（BNEF）。

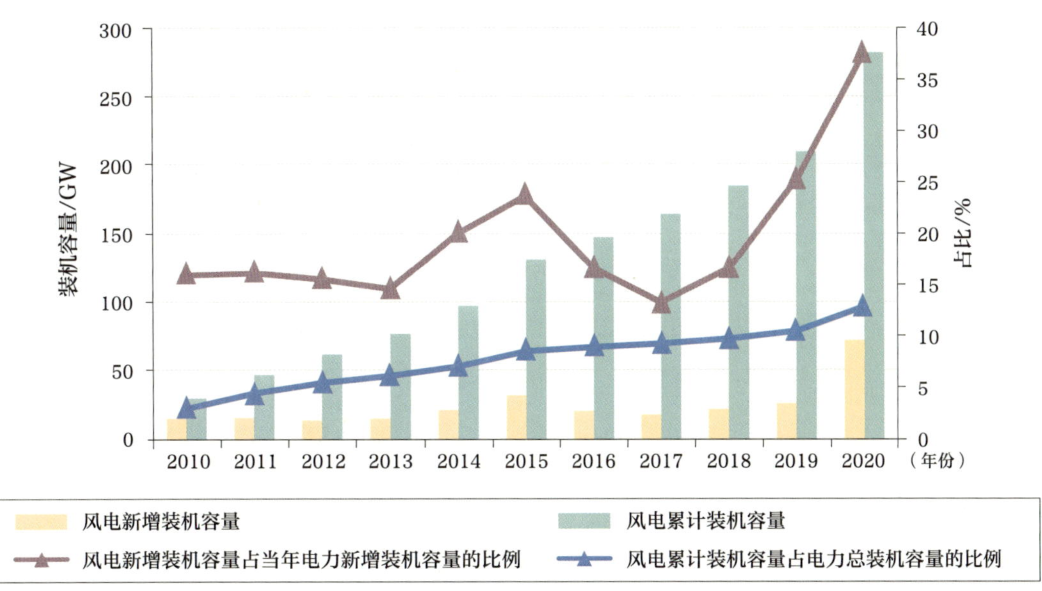

图1-12 2010~2020年中国风电新增及累计装机容量

资料来源：国家能源局。

3.1GW，同比增长约55%。截至2020年底，中国风电累计装机容量达281.5GW，同比增长34%，占电力总装机容量的12.8%，其中海上风电累计装机容量达9.0GW。

出现现象级爆发性增长的原因主要有三个方面：一是陆上风电补贴到期导致发电企业抢装，这一部分的增量约为54.4GW，即当年实际新增吊装容量；二是在政府强力贯彻“应并尽并”原则下，并网条件放宽，促使此前已建成、因各种因素没有并网的存量项目获得并网，此部分容量即截至2019年底并网容量与吊装容量的差额，约为26.3GW；三是存在可能未完全容量并网但是为了锁定上网电价被承认的2020年并网的项目。

2021年，风电新增容量增势不减，1～6月，全国风电新增并网容量为10.8GW，同比增长71.5%，为过去5年内最高，超前4年平均值3.6GW。截至2021年6月末，全国累计并网容量达291.9GW，占电力总装机容量的12.9%。

2. 基地项目逐年增长，风电发展回归三北地区

随着三北地区（华北、西北、东北地区）风电消纳问题的改善，中国全面解除风电开发红色预警。同时，依靠特高压建设的持续推进及较低的风电项目建设成本，大型平价基地陆续被核准，陆上风电市场已显现回归三北地区的趋势。在2020年风电新增装机中，三北地区占比为55.3%，内蒙古、河南、山西、河北、江苏等地区成为开发热点（见图1-13）。2020年，内蒙古重点建设的八大新能源基地项目，采取风光打捆、风光互补等多种措施，成为风电增量最大的地区。近年来，河南绿色发展步伐加快，风电建设加速，2020年新增装机排名全国第二。从累计装机占比来看，华中、华东、华南地区占比继续扩大至38.8%，较2019年新增2.3个百分点。

这一情形在2021年得到延续。在2021年1～6月新增装机项目中，华中、华东、华南地区占比约59%，三北地区占比41%；新增装机量排名

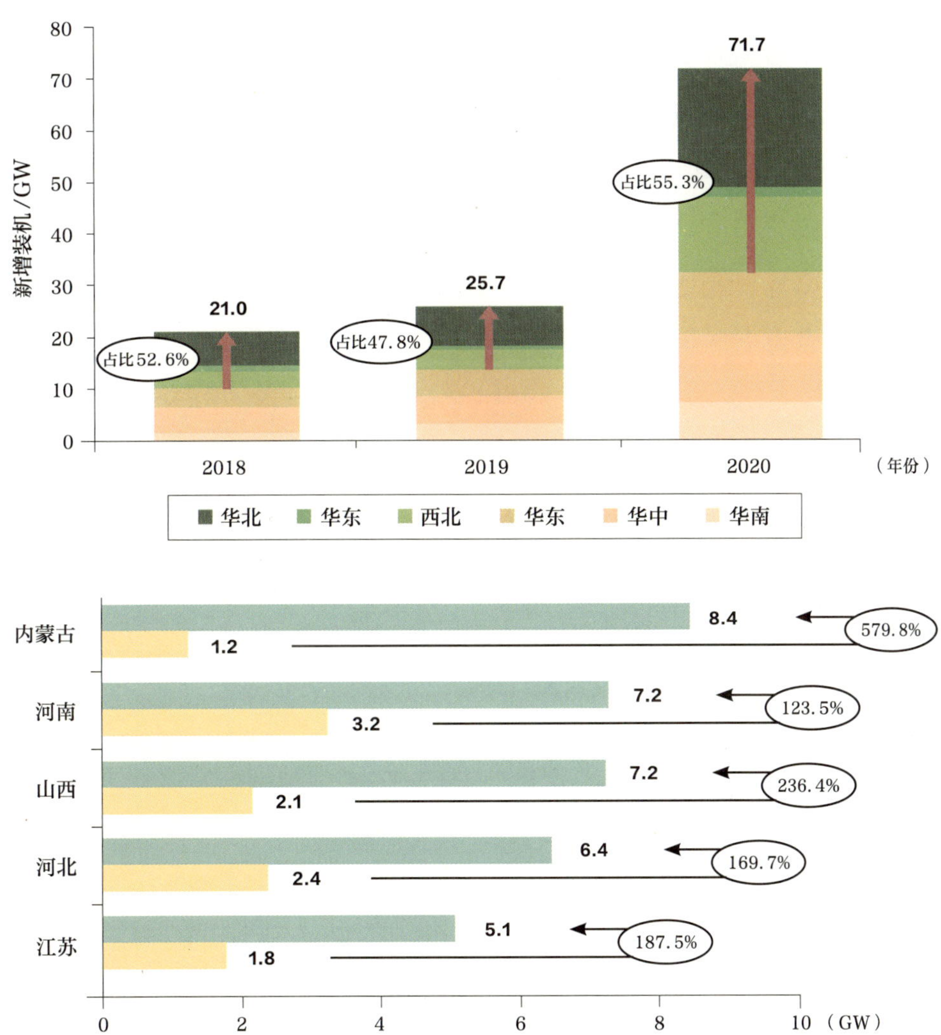

图1-13 2020年中国风电新增装机区域分析

注：2020年的同比增长率是用四舍五入前的源数据计算得出。

资料来源：国家能源局、中电联。

前三的省份分别为：湖北（1342.6MW）、内蒙古（1068.3MW）及江苏（1014.7MW）。湖北因延期政策，上半年增长明显。内蒙古（第二）及河南（第四）分别为大型基地及低风速市场的代表，自2020年起增量明显加速。随着海上风电抢装进入末年，江苏、广东及福建2021年上半年增量均进入前10名，分别为第三、第五及第七。

3. 海上风电进入规模发展阶段

2020年，中国海上风电新增装机容量达3.1GW，同比增长55%，较2019年增速提升了32个百分点。截至2020年底，中国海上风电累计装机容量达9.0GW，同比增长52%。中国海上风电总装机容量超过德国，仅低于英国，成为全球第二大海上风电国家。

江苏是中国海上风电累计装机容量最多的地区，达5.7GW，占中国的63.3%；其次是广东和福建，累计装机容量分别是1.0GW和0.8GW。

随着国内海上风电存量项目的并网时限临近，全国海上风电建设的步伐加快。2021年1～6月，海上风电新增并网装机容量为214.6万千瓦，同比实现翻倍增长。截至2021年6月底，海上风电累计并网装机容量为1113.4万千瓦，同比增长59.2%。

（二）发电量

1. 风力发电量保持稳步增长

2020年，中国风力发电量达4665亿千瓦时，同比增长15%，占发电总量的比例达6.1%，较2019年提高了0.6个百分点（见图1-14）。风力发电在电源结构中的比重逐年升高，风电已成为继煤电、水电之后中国的第三大电源。

风力发电量占比较高的省份集中在三北地区，甘肃、吉林、内蒙古、黑龙江和河北居全国前5位，占比均超过12%。华中、华东、华南地区风力发电量占比相对较低，除云南、湖南和广西外，其他省（区、市）的风力发电量占比均低于5%。

2. 风电利用小时数略有下降

2020年，中国风能资源总体略偏少，风电平均利用小时数为2073小

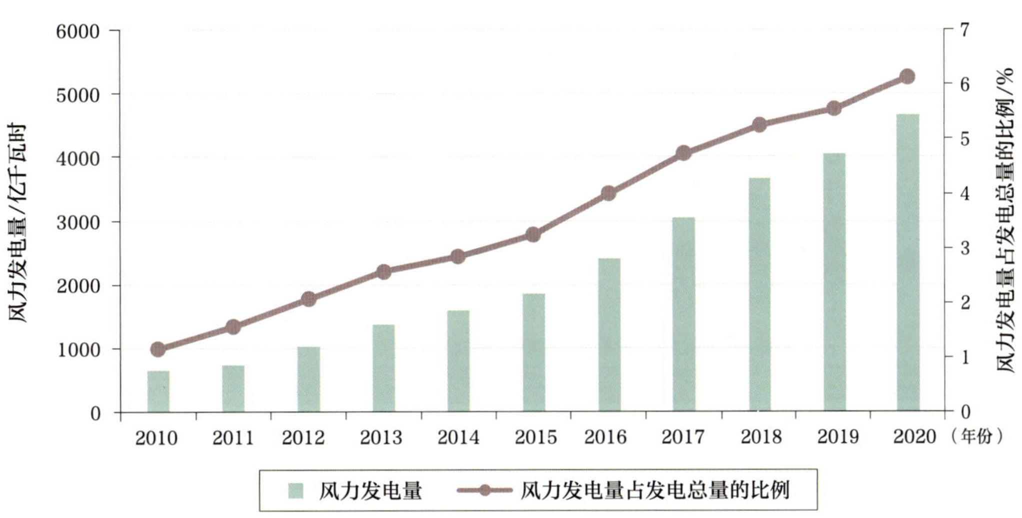

图1-14 2010~2020年中国风力发电量情况

资料来源：国家能源局。

时，较2019年小幅减少了9小时。甘肃、内蒙古、新疆等风电大省（区）平均利用小时数进一步提升，分别增加117小时、70小时、70小时至1904小时、2375小时、2184小时。福建、云南及广西表现尤其突出，平均利用小时数分别增至2880小时、2837小时及2745小时，位列前三（见图1-15）。

2021年1~6月，全国风电平均利用小时数达1212小时，较上年同期增加88小时；共12省份实现风电平均利用小时数超过1200小时，比上年同期增加7个省份，其中，云南、四川及辽宁名列前三，分别为1664小时、1398小时及1348小时。华东、东北地区增长较为明显，而华南地区下降较多。

2021年上半年，受2020年新增装机较多以及风资源变差等因素的影响，广西、江西、四川等地风电平均利用小时数同比减少，其中广西减少最多，同比减少244小时。云南和贵州由于新能源装机规模较大，同时受局部网架结构影响出现了少量的弃风，再加上风资源变差，风电出力受

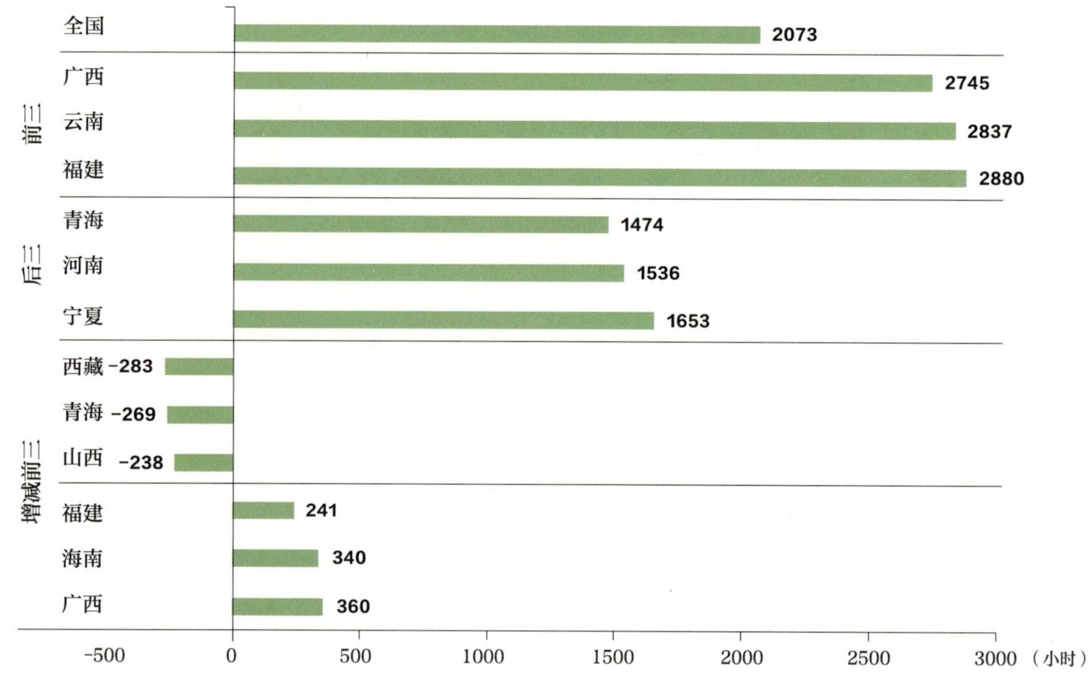

图1-15 2020年中国风电平均利用小时数

资料来源：中电联。

限，平均利用小时数同比减少。山东受夏季用电高峰影响，风电平均利用小时数同比增加190小时，增幅排名第三。整体来看，由于高温天气及煤电短缺，全国各省份用电负荷增加，为风电提供了更多消纳空间。

3. 风电消纳形势持续向好

2020年，弃风限电现象持续减少，弃风电量为166亿千瓦时，同比减少3亿千瓦时，平均弃风率降至3%，较2016年弃风率最高时下降了14个百分点，弃风限电状况明显缓解。按省份来看，大部分弃风限电地区的形势进一步好转，其中，新疆、内蒙古西部地区、甘肃弃风率同比分别下降3.7个、1.9个、1.3个百分点至10.3%、7.0%和6.4%。截至2020年底，全国弃风率超过5%的地区仅剩上述三个。

2021年1～6月，局部地区出现了弃风现象。青海弃风率11.8%，同比增加了8个百分点。这主要是因为青海2020年新能源集中并网较多，消纳压力在2021年集中体现。内蒙古西部弃风率10.5%，同比增加0.7个百分点，这主要是因为内蒙古执行严格的能耗双控政策，影响了用电负荷，对消纳产生了一定的影响。

（三）成本

1. 风机投标价格快速下降

2020～2021年，风机投标价格出现明显的下降趋势。2020年第一季度，陆上风机单位千瓦投标价格保持相对稳定，但随着退补、抢装进入尾声，平均投标价格自第二季度起持续降低，到2020年底，3S机组投标价格比最高点（2019年11月）时回落了24.3%，到2021年6月底时回落了36.1%，达到2616元/千瓦，4S机组则降至2500元/千瓦以下。风电机组投标价格从2010年下半年开始首次低于4000元/千瓦，此后10年风电机组的投标价格长期处于3400～4200元/千瓦（见图1-16）。

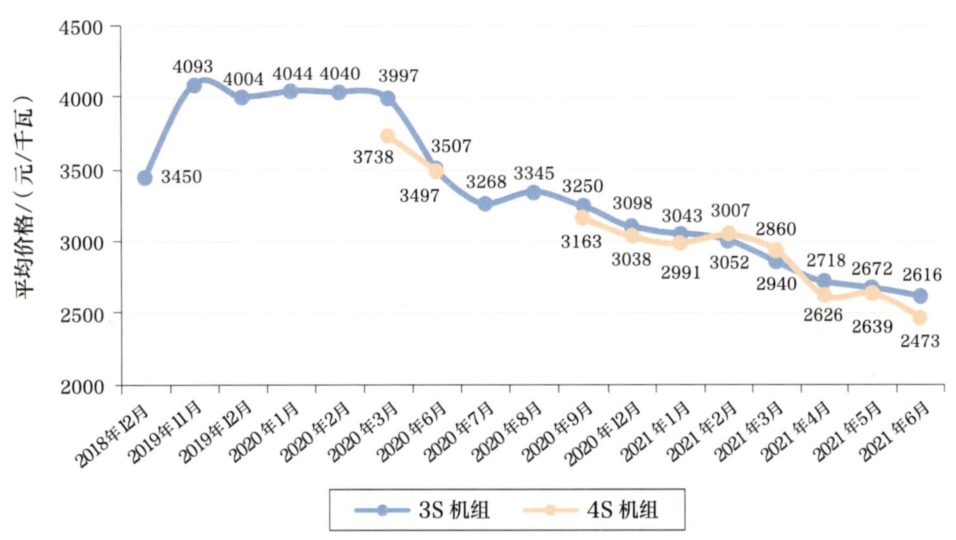

图1-16 2018年12月至2021年6月风电机组平均投标价格变动情况

资料来源：金风科技。

投标价格急速下降主要有以下四方面原因：（1）最大动因是整机企业低价抢占市场，从而导致竞争加剧，带来风机招标量的增加，也影响了整机企业的利润收益。但价格依旧维持在整机商可承受范围之内。（2）在风机大型化趋势下，风机单位功率的重量减小带来零部件采购成本的节约，从而持续推动了风机成本下降。如中广核新能源云南基地两个项目的风机价格开标，分别开出了1950元/千瓦和1880元/千瓦的历史新低，而此次风机价格大幅下滑的原因就是其提供的陆上单机容量达到6.7MW，叶轮直径突破191米，直逼海上风机。（3）各整机厂商均在邻近优质资源的地区投产了新机型，在一定程度上节约了运输成本。（4）陆上风电抢装后，零部件采购成本出现一定程度的回落。如果供求关系不发生显著变化，风机价格短期内不会回升。

2. 陆上风电LCOE小幅提升

近两年，抢装带来项目总造价提高[①]，风电LCOE较2018年有小幅增长。2020年，中国陆上风电平均项目总造价为7798元/千瓦，较抢装前的2018年增加1169元/千瓦；陆上风电LCOE为0.482元/千瓦时，比近年来的最高值（0.597元/千瓦时）下降了19.3%（见图1-17）。

因陆上风电LCOE上升，大型光伏发电LCOE继续下降，光伏在中国大部分地区更具竞争力。在对比的30个省（区、市）里，仅有上海、福建、湖北、湖南、江苏、广西和黑龙江的新建陆上风电LCOE比大型光伏低（见图1-18）。

3. 海上风电千瓦造价仍处于高位

尽管中国海上风电在勘探设计、设备研发制造和安装等方面的水平有了很大提升，但是随着海上风电逐渐从近海走向离岸更远、水深更

---

① 抢装期间的风机招标基本上发生在2020年上半年之前，那个阶段的风机价格处于高位。

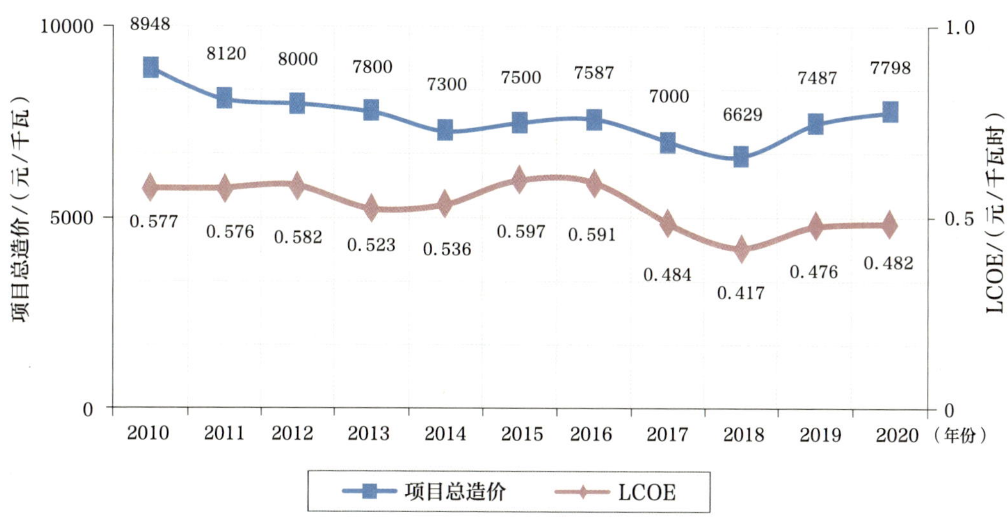

图1-17 2010~2020年中国陆上风电项目总造价及LCOE

资料来源：彭博新能源财经（BNEF）。

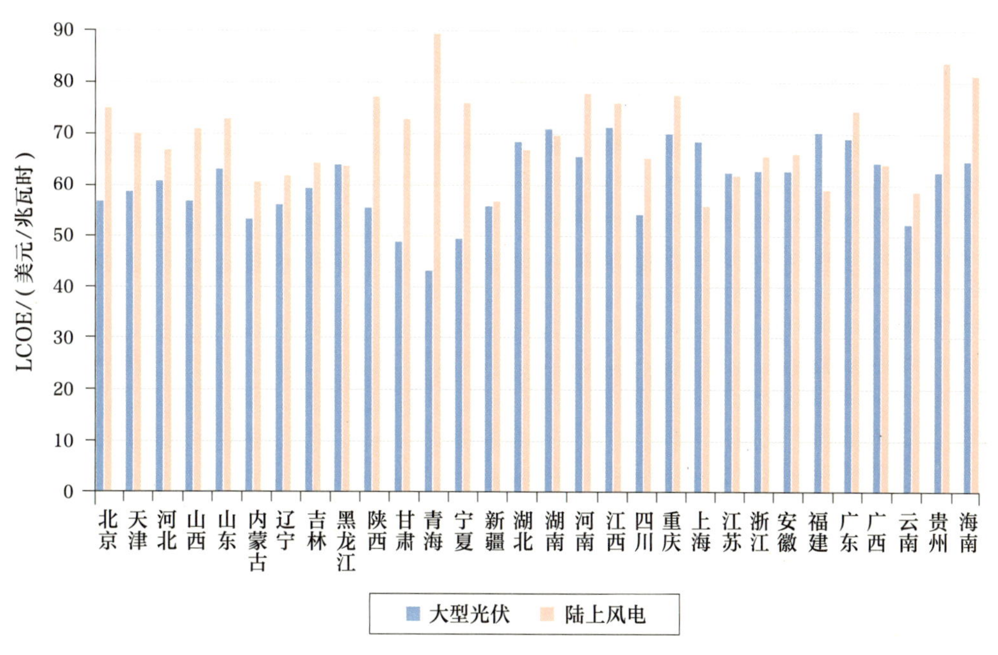

图1-18 中国陆上风电和大型光伏LCOE分省份对比

资料来源：伍德麦肯兹（Wood Mackenzie）。

深、海况更复杂的水域，海上风电千瓦造价仍然较高。中国海上风电平均千瓦造价由2010年的2.1万～2.4万元下降至2019年的1.6万～2.0万元。2020年，受补贴取消和疫情影响，海上风电千瓦造价较2019年增加10%左右。各省份建设条件不同，千瓦造价存在一定差异，福建高于其他地区，江苏相对较低（见表1-3）。

表1-3 2019年中国海上风电主要地区千瓦造价

单位：元/千瓦

省份	千瓦造价
江苏	14400～16300
浙江	15600～16500
福建	17300～18500
广东	16200～17600

资料来源：水电水利规划设计总院。

从中国海上风电的成本拆分情况看，其成本构成主要包括风机、塔筒、海缆、基础与安装、海上升压站等部分的成本。其中海上风机的成本占比最高，一般可达40%左右；此外塔筒、海缆、海上升压站等均占据一定的比例（见图1-19）。

由于中国海上风电项目仍主要处于近海区域，同时用地费用、前期费用、咨询费用、EPC费用、劳务费用等方面的成本较低，所以中国海上风电千瓦造价比欧洲国家低。

（四）技术

1. 陆上风机大型化趋势延续

近两年，中国陆上风机平均单机容量上升较快。2020年，中国新增

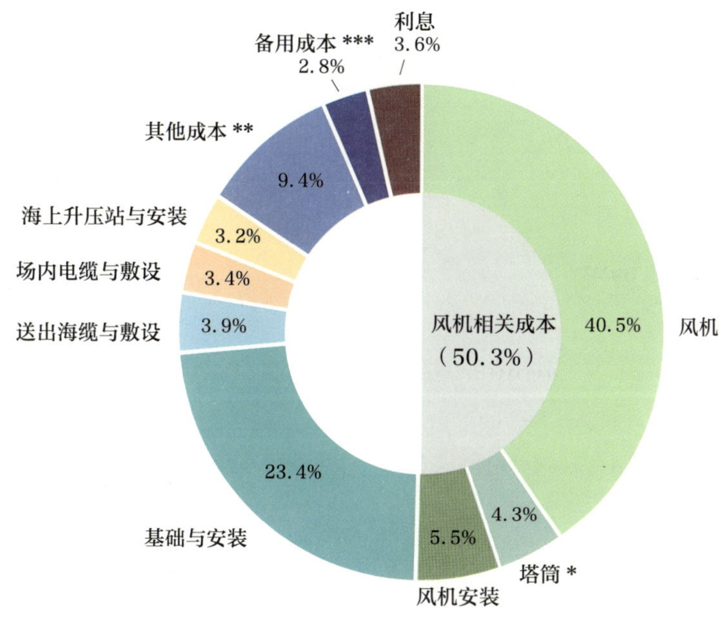

图1-19 中国海上风电成本构成

注：* 塔筒通常由开发商或 EPC 直接采购，不包括在风机成本中。** “其他成本”包括开发成本、项目管理费用、勘察设计费、土地费用等。*** “备用成本”是指在施工过程中可能发生的不可预测的成本。

资料来源：伍德麦肯兹（Wood Mackenzie）。

陆上风电机组的平均单机容量为2.57MW，同比增长13.7%。在2020年中国新增陆上风电机组中，2.0～2.99MW的机组最多，占比达57.8%，比2017～2019年下降了13.5个百分点；3.0～3.99MW的占比明显增长，为23.1%，比2017～2019年增长19.6个百分点（见图1-20、图1-21）。

2. 海上风机以4MW及以上机型为主

中国2017年安装的海上风机以2MW机型为主，而2019年以后4MW及以上机型成为主流，尤其是风速比较好的长江以南海上风电项目，要求单机容量大于6MW。2020年，中国新增海上风电机组的平均单机容量为4.92MW，较2017～2019年增长了24.9%。在2020年中国海上风电新增装机中，5MW及以上机型为主要机型，占比达55%（见图1-22）。

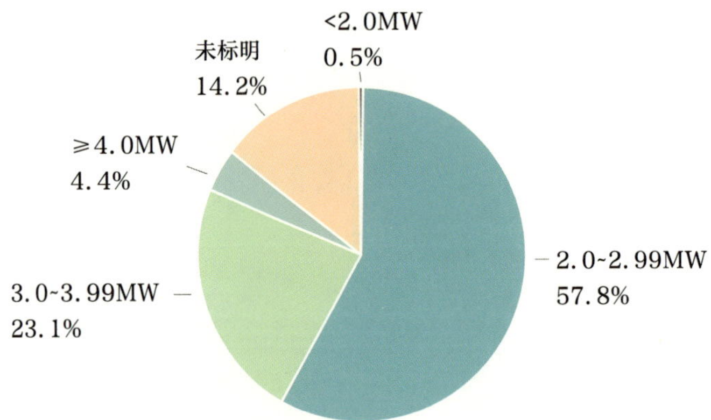

图1-20 2020年中国陆上风电新增装机机型分布情况

资料来源：国家能源集团技术经济研究院。

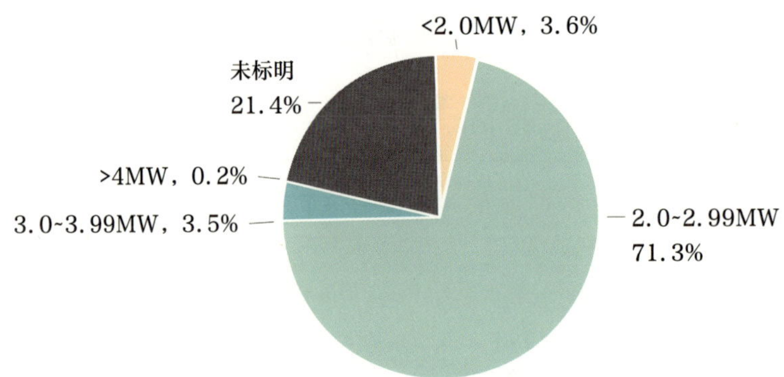

图1-21 2017~2019年中国陆上风电新增装机机型分布情况

资料来源：国家能源集团技术经济研究院。

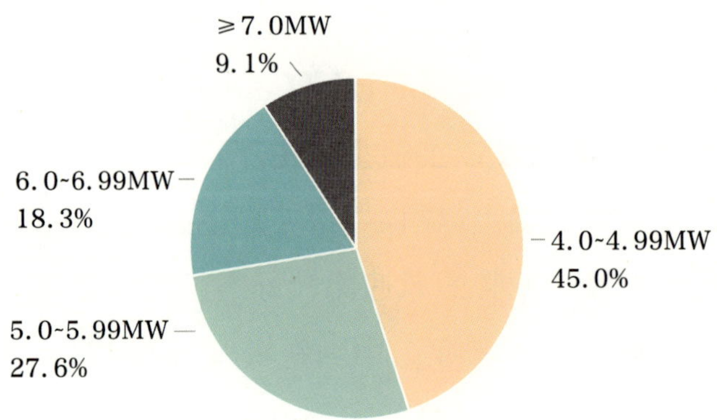

图1-22 2020年中国海上风电新增装机机型分布情况

资料来源：国家能源集团技术经济研究院。

3. 海上风电采用半直驱技术趋多

近年，风机技术路线发生转变，越来越多的企业采用中速永磁（半直驱）技术，尤其是海上风机。随着海上、陆上风机大型化趋势加快，直驱永磁在技术、成本等多方面遇到瓶颈。金风科技和上海电气在拥有直驱海上风机的基础上，发布了半直驱海上风机。明阳智能一直采用的是半直驱技术，而浙江运达、中国中车、中国海装等整机企业都加入了半直驱大兆瓦海上风机行列（见表1-4）。

表1-4 2021年北京风能展发布的最新风机机型

<table>
<tr><th>企业</th><th>机型名称</th><th>单机范围（MW）</th><th>技术路线</th><th>时间</th><th>备注</th></tr>
<tr><td rowspan="3">金风科技</td><td>GWH171-6.25MW</td><td>3.85～6.25</td><td rowspan="3">中速永磁</td><td rowspan="2">2023年1月可交付</td><td rowspan="3">此前全部机型为直驱永磁技术</td></tr>
<tr><td>GWH191-6.7MW</td><td>4.0～6.7</td></tr>
<tr><td>GWH242-12MW</td><td>12</td><td>2023年3月可交付</td></tr>
<tr><td rowspan="2">明阳智能</td><td>MySE7.xMW</td><td>7.x</td><td rowspan="2">中速永磁</td><td>—</td><td rowspan="2">10MW已于2019年11月下线</td></tr>
<tr><td>MySE11-16MW①</td><td>11～16</td><td>样机2022年底下线，2024年量产</td></tr>
<tr><td rowspan="2">远景能源</td><td>EN-200/7.0MW</td><td>7</td><td rowspan="2">高速双馈</td><td rowspan="2">—</td><td rowspan="2">—</td></tr>
<tr><td>EN-190/8.0MW</td><td>8</td></tr>
<tr><td>中国海装</td><td>H256-16MW</td><td>16</td><td>中速永磁</td><td>—</td><td>10MW已于2021年9月下线</td></tr>
<tr><td rowspan="2">上海电气</td><td>WH4.65N/5.0N-192</td><td>4.65～5.00</td><td rowspan="2">中速永磁</td><td rowspan="2">—</td><td rowspan="2">直驱永磁EW11.0-208已下线</td></tr>
<tr><td>EW8.0MW-208</td><td>8</td></tr>
<tr><td rowspan="2">东方电气</td><td>6.25MW②</td><td>6.25</td><td rowspan="2">直驱永磁</td><td>—</td><td rowspan="2">10MW直驱机组已下线</td></tr>
<tr><td>13MW-211m</td><td>13</td><td>2021年底下线</td></tr>
<tr><td rowspan="3">浙江运达</td><td>WD19X-7.X-OS</td><td>7.x</td><td>高速双馈</td><td rowspan="3">—</td><td rowspan="3">—</td></tr>
<tr><td>WD22X-10.X-OS</td><td>10.x</td><td rowspan="2">—</td></tr>
<tr><td>WD24X-15.X-OS</td><td>15.x</td></tr>
</table>

（续）

企业	机型名称	单机范围（MW）	技术路线	时间	备注
中国中车	5.xMWD-175	5.x	高速双馈	—	—
	6.xMWD-185	6.x			
	7.xMWD185	7.x			
	13.xMW	13.x	中速永磁		
哈电风能	4H平台-	—	中速永磁	—	—

注：①该机型是漂浮式风机，基于5.5MW抗台风漂浮式机组应用经验定制化设计开发。②该机型是海陆通用机型。

资料来源：国家能源集团技术经济研究院。

（五）市场与企业

1. 开发市场

（1）央企在风电开发板块中占据重要地位

随着中国国内市场对风电开发商的专业化水平和精细化管理要求不断提高，实力强劲的开发商占据了更有利的位置。截至2020年底，累计装机容量排名前十的开发商新增装机的份额从2016年的59.0%提升至2020年的64.2%，市场集中度不断提高。

在开发企业中，央企占据绝对主力地位。在2020年累计装机容量排名前十的企业中，除金风科技旗下的天润新能外，其余9家均为央企。前9家央企累计装机容量占总累计装机容量的比例达64.9%（见图1-23）。

（2）海上开发企业更加多元化

从2020年新增来看，更多企业加入海上风电的开发。2020年，共有20家开发企业有海上风电新增装机，较2019年增加了6家。开发企业以央企和地方国企为主，其中，9家央企新增装机容量占总新增装机容量的比例是74.0%，与2019年持平，7家地方国企占比为20.8%，4家民企占5.2%。华能集团连续两年海上风电新增装机容量排名第一（见图1-24）。

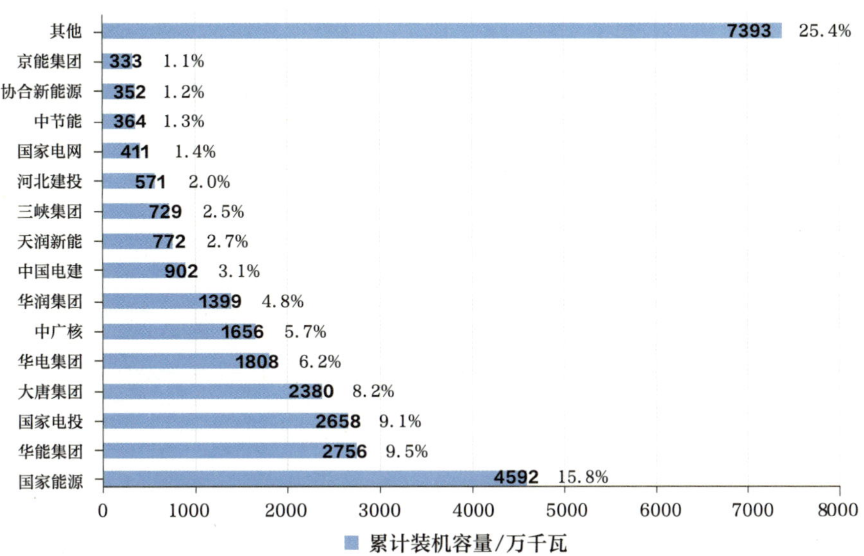

图1-23 截至2020年底中国风电开发企业累计装机容量占比

资料来源：中国可再生能源学会风能专委会。

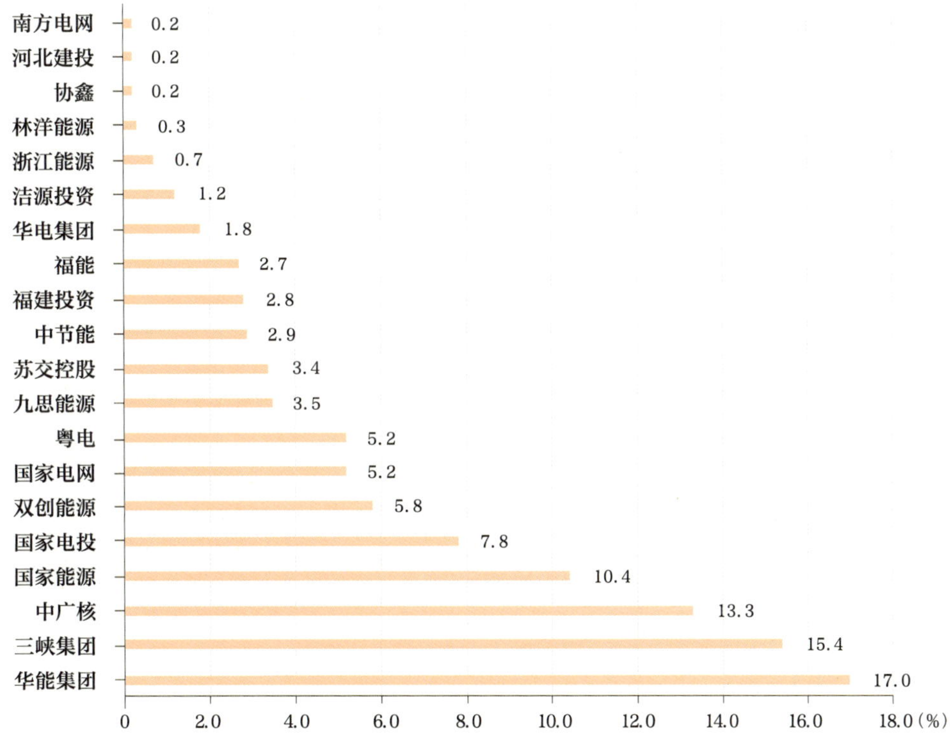

图1-24 2020年中国风电开发企业海上风电新增装机容量占比

资料来源：中国可再生能源学会风能专委会。

从累计装机容量来看，在2020年前10家企业中，央企占据7个位置，累计装机容量占比达74.4%。截至2020年底，海上风电开发商前三名分别是国家能源、华能集团和三峡集团，累计装机容量占比分别为22.4%、14.4%和14.0%。

（3）风电资产交易规模扩大

2020年，上市公司风电资产交易持续活跃。沪深港三地共披露风电资产交易21笔，涉及24家项目公司/平台/基金旗下至少1273.7万千瓦，创历史高点，交易规模和单体交易规模较往年都有所扩大。

从交易涉及地区来看，往年资产交易范围主要集中在非限电的中东部地区。2020年三北地区限电形势改善后，该地区的交易活跃度有所提升。

从出售方来看，往年风电资产出售以路条转让为主。2020年，上市交易的项目主要处于建设期或运营期。例如，协合新能源至少出售了47.2万千瓦风电项目，明阳智能针对海上、陆上合计49.8万千瓦风电项目披露了股权转让事宜。

从收购方来看，往年收购方以电力央企为主。2020年，地方能源企业或者传统产业公司也成为重要的收购力量，如申能集团、珠海港等也是活跃的收购主体。

从交易方式来看，往年收购方以取得项目控制权和实现规模并表为主要目标，转让标的主要是控股权（≥51%）或者全部股权，但2020年出现了转让基金份额和股权托管的新型交易方式。例如，嘉泽新能通过增持宁柏基金份额，获得宁柏基金旗下83.2万千瓦风电资产，以扩大装机规模，提升赢利能力；国信集团将拥有的大唐海上风电40%的股权托管给旗下子公司江苏新能，并支付托管费。

2. 整机制造市场

（1）行业集中度出现下降

随着市场调控与整合进程的加快，国内风电整机制造企业的市场份额逐渐趋于集中。风电整机制造企业数量逐步减少，从之前的近百家减少到2020年底的20家左右。2020年，市场行业集中度自2017年以来首次出现下降。

集中度下降的主要原因是2020年行业需求激增，导致头部整机企业订单饱和，其他整机企业新增吊装容量迅猛增长。2020年，前三大整机制造商（金风科技、远景能源、明阳智能）的市场份额共计49%，较2019年降低了13个百分点；排名前五的整机企业市场份额达64%，同比下降12个百分点；排名前十的整机企业的市场份额达91%，下降了4个百分点。

2020年，前三大整机企业的新增吊装容量达28GW（见图1-25），同比增长56%，而排名第四到第十的企业新增吊装容量同比激增167%。

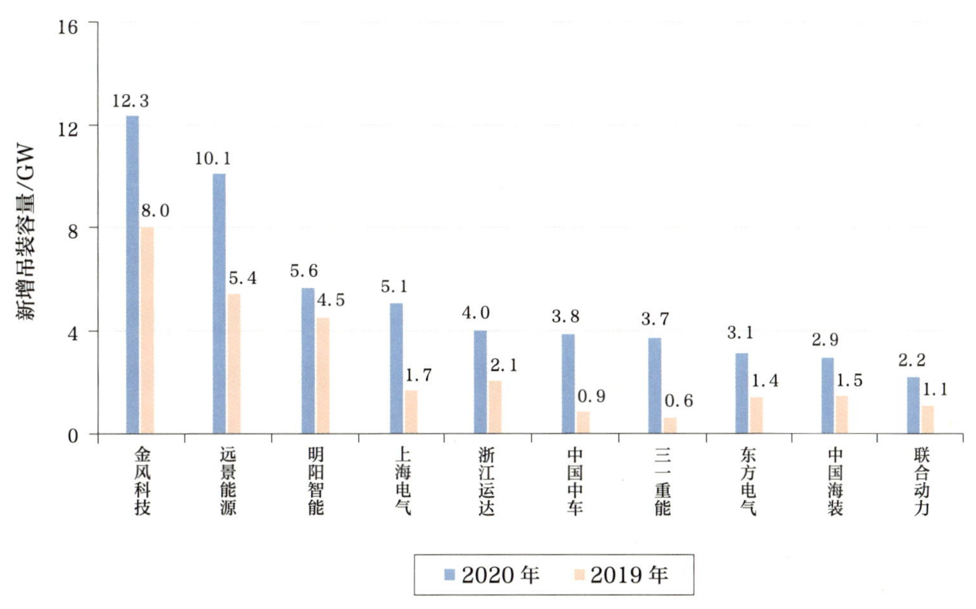

图1-25 2019年、2020年新增吊装容量前10名风电整机企业

资料来源：彭博新能源财经（BNEF）。

此外，2020年，在风电市场需求巨大的情况下，海外3家整机企业的出货量和市场份额都有一定程度的增长。其中，通用电气出货量最

高；而西门子歌美飒排名最后，且出货量较2019年减少了43MW（见表1-5）。

表1-5 海外整机企业2019年、2020年出货量和市场份额

海外整机企业	2020年排名	出货量（MW）	2020年市场份额（%）	2019年排名	出货量（MW）	2019年市场份额（%）
通用电气	1	1022	1.8	3	210	0.7
维斯塔斯	2	1006	1.7	2	283	1.0
西门子歌美飒	3	394	0.7	1	437	1.5
总计		2422	—	—	930	—

资料来源：彭博新能源财经（BNEF）。

（2）海上整机市场格局相对集中

2020年，约有7家整机企业供应海上风机，比2019年增加了2家，市场占有相对集中，前3家新增装机占比达81.8%，较2019年提高了8.5个百分点（见图1-26）。2020年，上海电气依旧保持最高的市场占有率，达38.4%；明阳智能、远景能源紧随其后，占比基本相同，均约为22%；而金风科技的占比仅为7.7%，较2019年下降了14.3个百分点，也跌出前3名。

（3）"增收不增利"局面得到扭转

2020年，整机企业扭转了"增收不增利"局面，营业收入和净利润均实现大幅增长，金风科技、明阳智能、国电科环及浙江运达4家企业平均营业收入与净利润同比均增长81%，扭转了2019年只有营业收入增长而净利润减少的局面。主要的原因是2020年需求旺盛，企业整机的出货量大。2020年，大部分企业风机单价上涨，也带动了利润的增加。

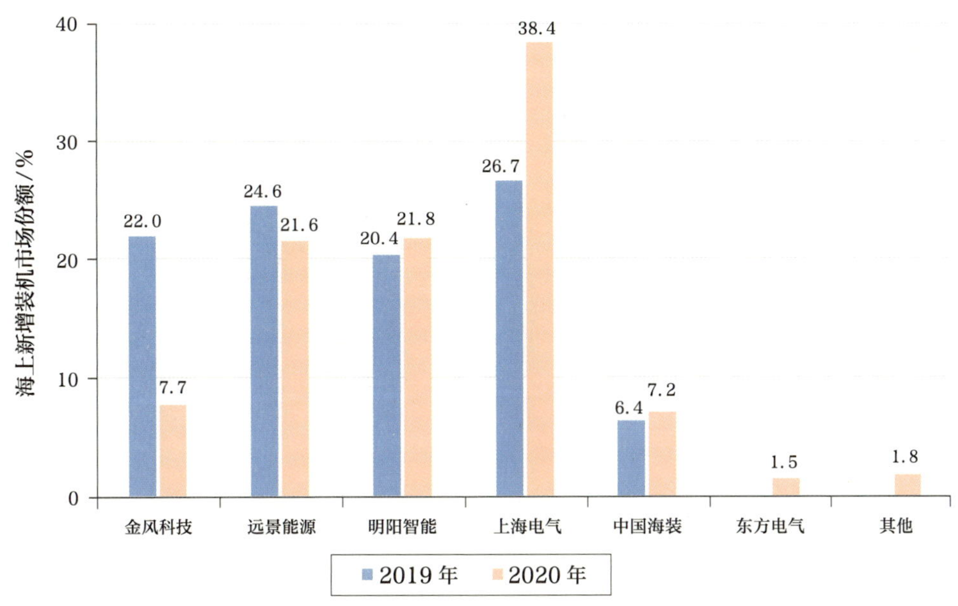

图1-26 2019年、2020年风电整机企业海上新增装机市场份额

资料来源：彭博新能源财经（BNEF）。

三 前景展望

（一）全球

1. 发展前景

（1）全球风电装机容量将持续快速增长

2020年，尽管受到新冠肺炎疫情影响，但是风电产业仍实现创纪录增长，这一强劲发展势头将为风电产业的后续发展奠定坚实的基础。2021～2030年，全球风电产业将持续快速增长，年均新增装机将在125GW左右（见图1-27）。

鉴于中国提出的双碳目标，未来10年，中国将继续领跑全球风电市场的增长，年均新增装机将达55～60GW，将占全球新增量的一半左右。

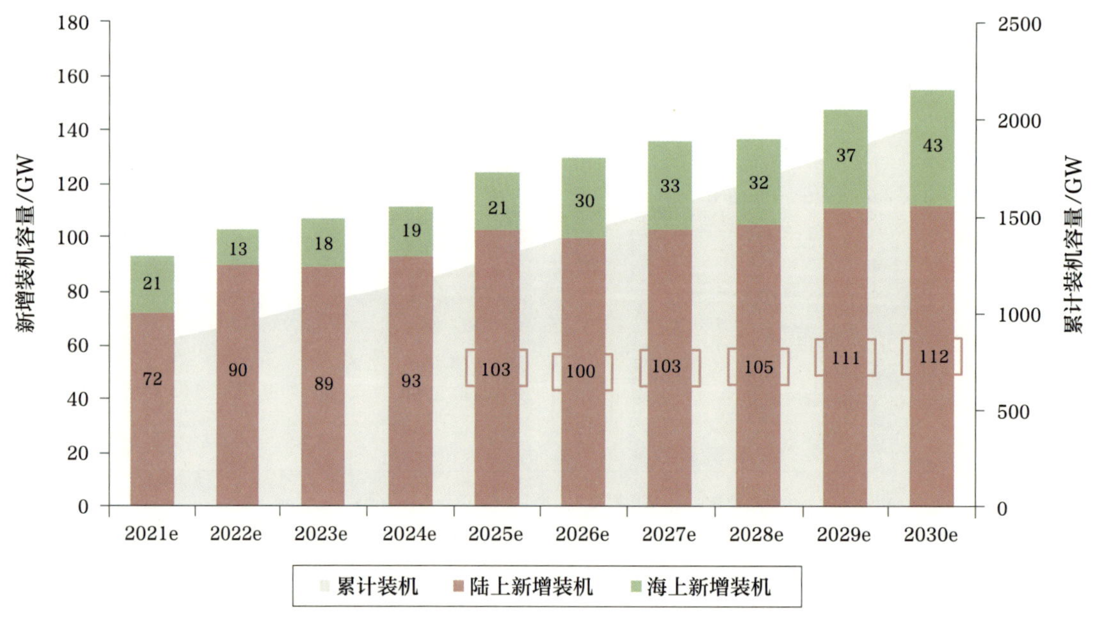

图1-27 2021~2030年全球风电装机预测

资料来源：国家能源集团技术经济研究院。

美国生产税收抵免机制（PTC）再次延期5年，美国风电产业仍将快速发展，但是新增容量无法超越2020年的历史最高值。美国政府表示，受疫情影响的部分项目，在2021年前并网也可以享受PTC全额税收抵免，因此2021年美国风电也将快速增长，但无法超过2020年。随后两年，美国风电将出现回落，因受政策和海上风电并网的影响，将再次快速增长。2021～2030年，美国年均新增规模将达15GW左右。

受“绿色协议”等激励政策影响，欧洲风电将迎来快速发展时期。英国、西班牙、土耳其等国家正在逐步通过简化项目审批程序、扩大市场化交易规模等方式，促进本国风电市场的持续繁荣。德国在2021年5月将本国2030年风电装机目标从71GW上调到95GW，显示出其对风电发展保持信心。2021～2022年，欧洲地区风电装机容量将迎来两年新高，随后受核准要求和电网限制的影响，陆上新增将开始下降，但是也会高于2020年的新增量。2021～2030年，欧洲地区风电装机年均新增规模将超25GW。

2020年，受新冠肺炎疫情、土地和电网限制的影响，印度风电新增装机创近10年最低水平，之前规划的项目将在近1～2年内并网。随着电力需求的增加、技术的进步，印度的风电将在2026年后快速增长。2021～2030年，印度风电年均新增装机可达4～6GW。

非洲、拉丁美洲和其他亚太市场的陆上风电装机都将达到历史最高水平。

（2）双碳目标下，海上风电成重要方向

从全球能源环境看，世界各主要经济体已相继明确碳中和目标，很多国家将发展风电、光伏作为实现碳中和的重要路径之一。在这个大环境下，世界各国相继确立了海上风电发展目标（见表1-6）。

表1-6 主要国家/地区海上风电发展目标

国家/地区	目标
欧盟	装机容量从2020年底的25GW提升至2050年的450GW
英国	计划斥资1.6亿英镑助力海上风电发展，2030年海上风电装机达到40GW
德国	积极推进海上风电制氢，到2030年海上风电装机达到20GW，到2040年海上风电装机达到40GW
美国	对2017～2025年开始建设的项目给予30%的海上风电投资税收抵免；到2030年将累计部署30GW海上风电
日本	到2030年将海上风电装机增至10GW，2040年达到30～45GW
韩国	到2030年将海上风电装机规模达到12GW
越南	补贴延期至2023年底，2025年、2030年风电装机目标分别为12GW和19GW

资料来源：国际可再生能源署（IRENA）。

在现有的风电政策下和双碳目标的积极推动下，2021～2030年，全球海上风电将快速发展，年平均新增装机规模将在25GW左右，到2030年累计装机容量将超250GW，将是2020年底累计装机容量的7倍以上。

欧洲海上风电将快速发展。英国、德国有着宏伟的海上风电发展目标，挪威、法国、波兰等国也将陆续有海上风机并网。根据招标及公布的规划情况来看，欧洲2021～2030年的海上风电新增装机规模将在90GW以上。

亚洲地区将引领海上风电发展。2021～2030年，在中国海上风电①快速发展的情况下，叠加越南、韩国、日本以及印度的海上风电实现规模化发展，亚太地区的海上风电新增装机规模将超过欧洲地区，预计为150GW左右。

美国的海上风电正在进入项目建设规划和执行阶段。截至2021年5月底，美国共规划了35.3GW的海上风电项目，其中包括42MW的并网项目、800MW获得全部手续的待建项目、10.8GW的已核准项目、11.7GW的已获得水域租约批准的项目，以及12.1GW的规划项目。预计2023年后，美国海上风电项目陆续并网，到2030年将有25GW左右的项目并网。

2. 技术趋势

（1）海上风电制氢将进一步发展

欧洲是海上风电领域的领跑者，但滞后的电网建设无法满足其迅速扩张的海上风电需求，因此，利用海上风电制备氢气，通过各类储运技术将氢气送到氢利用市场，开发跨越电力输送的渠道，可为海上风电发展提供可行的思路。

欧洲国家尤其重视海上风电制氢技术。一方面，欧洲拥有发展海上风电的资源优势、成熟的海上风电供应链及沿海地区产业集群。欧洲发展海

① 包括中国台湾省2021～2030年约13GW的装机规模。

上风电是未来可再生能源的主要增量，是实现净零目标的重要技术路线。另一方面，欧洲海上风电离岸越来越远，外送电缆投资成本逐步攀升。通过电解水方式制氢，再通过管道或船舶将氢气运输到用氢地，在成本和周期上都具备优势。欧洲有些海域有现成的天然气管道可供使用，这可以进一步降低运氢成本。

在制氢方式中，可再生能源制氢是获得关注最多的，而相对于陆上风电而言，海上风电制氢是集中的领域。在各国已经宣布的32GW电解水制氢项目储备中，有一半来自海上风电。海上风电制氢以壳牌为首，壳牌拥有的储备项目最多。其次是传统的电力发电集团德国莱茵集团（RWE）。

目前最常见的项目设计是通过海缆输送海上风机所发电力，再通过陆上电解槽制氢。这样的设计不仅技术风险较小，氢气输运规模也最小。其他项目设计包括在海上部署电解槽或通过管道运氢。海上风电制氢技术成本高昂，且具体可行性有待验证。预计到2025年，海上风电制氢市场中的主流仍将是试点项目，旨在证明项目的技术和经济可行性。

（2）下一代风机将大面积应用

未来的发展重心将聚焦增加叶轮直径和增加单机容量两方面，以提高风机效率和降低LCOE水平。4～5MW的陆上风机机型与12～15MW及以上等级的海上风机机型或将成为下一代主流机型。从2020年的海上风机订单结构可以看出，10～13MW机型将在2022年前后大规模应用到欧洲的海上风场（见图1-28）。维斯塔斯计划在2022年将V236-15.0MW样机并网，2024年前进行批量生产。预计到2030年，海上风机的单机容量最大可达20MW。

下一代海上风机不但将聚焦提高单机容量方面，也将聚焦风机模块化设计、适用于中国及其他亚洲市场的低风速风机、适用于亚洲低风速市场的抗台风系列机型等。

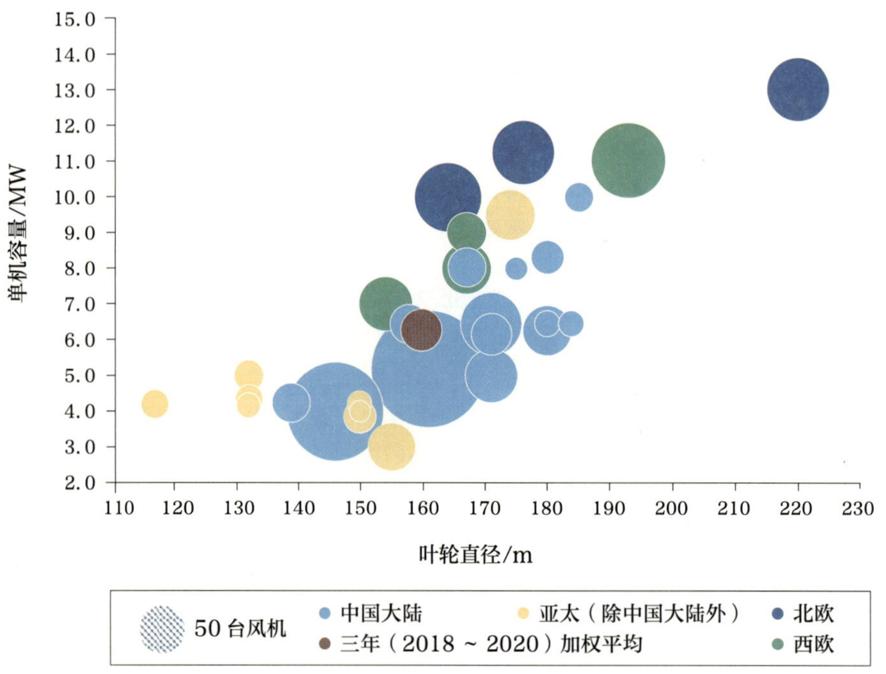

图1-28 2020年海上风机订单结构

资料来源：伍德麦肯兹（Wood Mackenzie）。

3. 成本趋势

（1）陆上

风机大型化将带来LCOE的降低，也是陆上风电降本的关键因素。一是大型化机组可增加发电量，提升容量系数。更大叶轮直径可增加扫风面积，更高塔架可获取优质风资源，可有效增加利用小时数，从而增加发电量。二是大型化机组可摊薄制造成本。从维斯塔斯发布的不同单机容量机型所用原材料数据（见表1-7）来看，随着单机容量的提升，风机的原材料消耗量增长较慢，分摊至单位千瓦上，原材料消耗量呈现递减趋势。三是大型化可以降低安装、土地、运维等成本。在同等规模下，风机数量减少，可减少风场占地面积，减少线路、塔架和安装等费用，以及运费的成本。采用2.0MW机组的风电场LCOE约为0.35元/千瓦时，而采用4.5MW

表1-7 维斯塔斯三种机型的原材料消耗量

机组机型	V82	V80	V112
单机容量（MW）	1.65	2.00	3.00
塔筒高度（m）	78	78	84
叶轮直径（m）	82	80	112
原材料消耗量（kg/kW）	135.9	129.6	122.7
不同机型原材料消耗量变化幅度（%）	—	-4.64	-5.32

资料来源：Understanding wind turbine price trends in the US over the past decade。

机组的风电场LCOE可降低至0.30元/千瓦时，降幅达到14.3%。

全球风机大型化进程加快，可以看出未来容量系数将不断提高，风机价格、安装和运维成本等将持续下降，因此，风电LCOE也将持续下降。从学习曲线来看，风电LCOE的学习曲线为10%～20%[①]，如果选取15%来计算，到2028年前后风机累计装机预计增长1倍，陆上风电LCOE降低10%，达33美元/兆瓦时。

（2）海上

海上、陆上风电的成本构成有一定差距，陆上风机成本占总造价的70%左右，而海上风机成本占比不到40%。因此，风机大型化是陆上风电降本的最重要因素。而对于海上风电来说，驱动降本的因素较多，主要包括三个方面。一是技术进步。例如，海上风机的大型化及创新、安装设备的技术进步、电缆技术的进步以及输电系统的优化等。二是规模化的开

① 该数据来自Wiser、Bonaccorsi、Colson的论文中的计算结果。学习曲线意思是装机容量每增加1倍，风电LCOE就下降10%～20%。

发。规模化、集约化的开发可带来规模效益，且可提升供应商议价能力。三是产业链的不断成熟。欧洲近年来的成本快速下降得益于其逐渐成熟的本土产业链。

从目前全球海上竞标价格来看，2020年后的海上风电项目的电价整体趋势是不断下降的。2025年并网的项目的平均电价将比2020年并网的项目低27美元/兆瓦时，下降22%（见图1-29）。

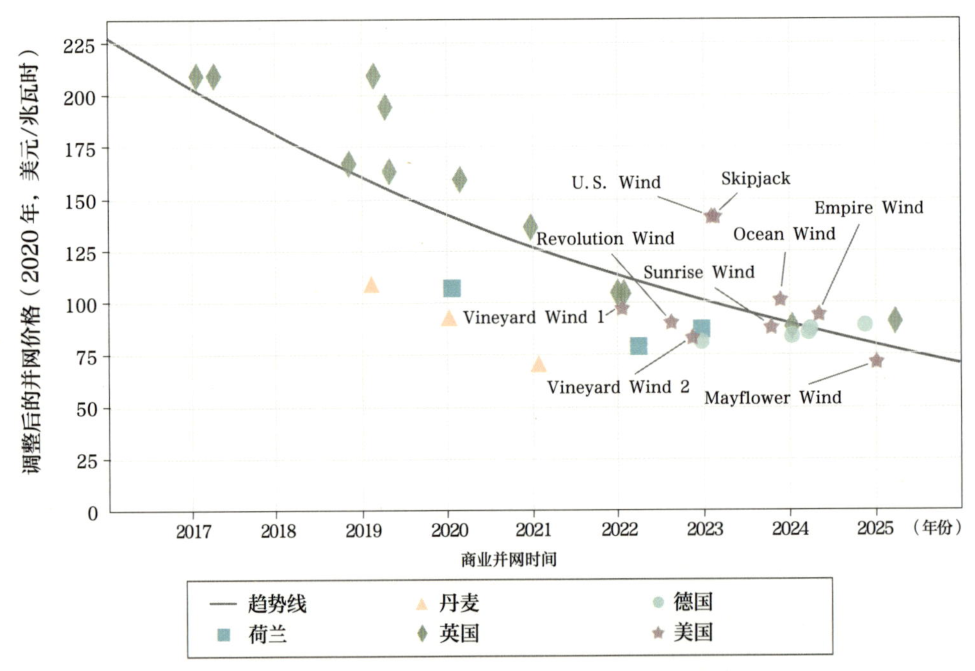

图1-29 欧洲和美国调整后的海上风电并网价格

资料来源：美国能源部（DOE）。

（二）中国

1. 发展前景

在“双碳”目标和全面平价的引领下，中国风电市场进入了新的发展阶段。陆上风电大基地、海上风电、分散式风电以及老旧风机改造都将进一步奠定“十四五”风电装机的基础。碳中和目标将支撑风电长期增长空间。

（1）碳中和目标为风电产业注入活力，设定长远发展目标

“双碳”目标奠定了中国未来一段时间内能源结构转型的总基调，为新能源产业注入了活力。“十三五”时期，中国的非化石能源消费比重从12.1%提高到15.9%，平均每年提高0.76个百分点。到2030年，非化石能源消费比重要达到25%左右，2021～2030年平均每年要提高1.0个百分点（见图1-30），这把发展新能源放在突出位置。基于2030年风电、光伏总装机12亿千瓦以上的目标，到2030年前，中国风电和光伏年均新增装机将至少为66.5GW。

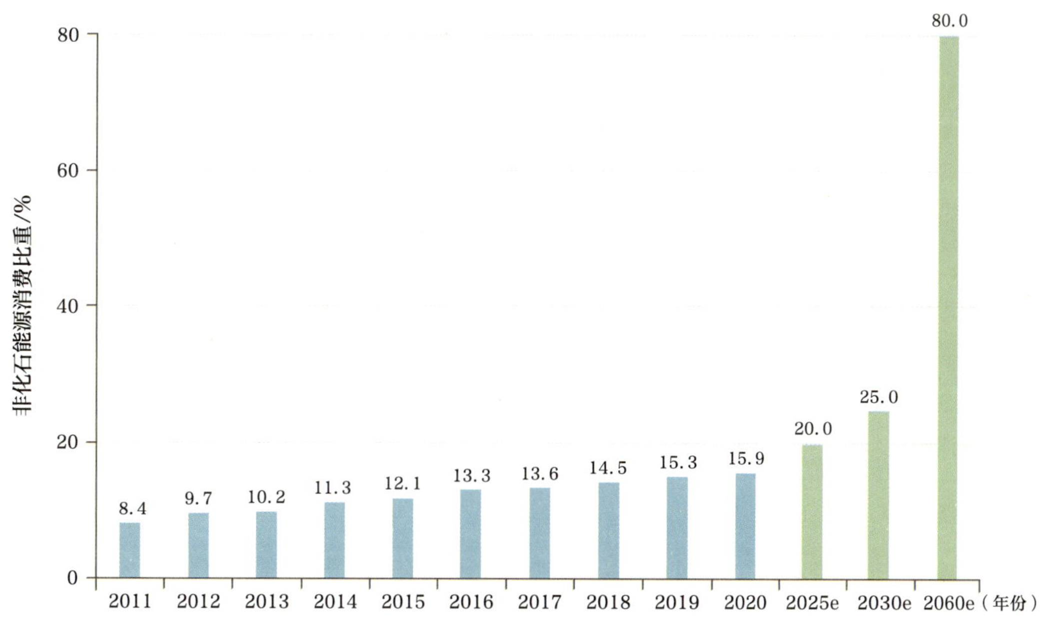

图1-30 2011~2060年中国非化石能源消费比重及预期

资料来源：国家统计局、国家能源局。

（2）地方政府和能源央企装机规划奠定了风电发展的基础

在“双碳”目标得以明确并强化后，从各地政府到各家企业，纷纷加码新能源，提出了各自的发展目标。

截至2021年底，全国各省（区、市）均已出台省级“十四五”规划，其中，有10个省（区、市）发布了明确的风电发展目标，总计规划新增85.6GW；10个省（区、市）发布了明确的新能源发展目标，总计规划新增233.3GW，如果其中40%是风电，那么这10个省（区、市）规划新增风电93.3GW（见表1-8）。叠加未公布数据的省份，“十四五”期间，风电装机年均将超过35.8GW。

表1-8 已明确“十四五”期间风电发展目标的省份

省份	2020年底累计装机规模（万千瓦）		2025年底计划装机规模（万千瓦）		“十四五”新增装机（万千瓦）		增长率（%）	
	风电	光伏	风电	光伏	风电	光伏	风电	光伏
河北	2274	2190	4300	5400	2026	3210	89.1	146.6
辽宁	981	400	1981	1000	1000	600	101.9	150.0
吉林	577	338	3000		2085		227.9	
黑龙江	686	318	1686	868	1000	550	145.8	173.0
江苏	1547	1684	2600	2600	1053	916	68.1	54.4
浙江	186	1517	641	2762	455	1245	244.6	82.1
江西	510	776	700	1100	190	324	37.3	41.8
山东	1795	2272	2500	5700	705	3428	39.3	150.9
河南	1518	1175	4693		2000		74.3	
广东	565	797	4200		2838		208.4	
海南	29	140	669		500		295.9	
四川	426	191	1000	1000	574	809	134.7	423.6

（续）

省份	2020年底累计装机规模（万千瓦）		2025年底计划装机规模（万千瓦）		“十四五”新增装机（万千瓦）		增长率（%）	
	风电	光伏	风电	光伏	风电	光伏	风电	光伏
云南	881	393	3864		2590		203.3	
陕西	892	1089	2000	3800	1108	2711	124.2	248.9
甘肃	1373	982	5000		2645		112.3	
青海	843	1601	7500		5056		206.9	
湖北	502	698	2200		1000		83.3	
西藏	1	137	—	1000	—	863	—	629.9
宁夏	1377	1197	1827	2597	450	1400	32.7	117.0
新疆	2361	1266	8240		4613		127.2	
总计	19324	19161	86428		47943		124.6	

资料来源：国家能源集团技术经济研究院。

中央的发电企业率先发力，聚焦新能源发展，提出宏伟的发展目标（见表1-9）。仅五大发电集团[①]的“十四五”风光装机规划就超454GW，年均新增90.8GW。假设风电占40%，则仅五大发电集团的年均新增规模就达到36.32GW。

（3）大型清洁能源基地支持中国风电发展

在“双碳”目标以及能源转型加速双重驱动下，中国各地陆续发布大型风光基地建设规划，大基地开发逐渐成为趋势。据不完全统计，截

① 五大发电集团是指国家能源集团、中国华能集团、国家电投集团、中国华电集团、中国大唐集团。

表1-9 中国主要电力央企“十四五”规划目标概览

企业名称	2020年			2025年				
	装机容量（亿千瓦）	清洁能源装机占比（%）	清洁能源装机（亿千瓦）	装机容量（亿千瓦）	清洁能源装机占比（%）	清洁能源装机（亿千瓦）	新增清洁能源装机（万千瓦）	备注
国家能源集团	2.57	25.83	0.66		≥40		7000～8000[1]	公布值
中国华能集团	1.96	36.61	0.72	3.0	≥50	≥1.5	≥8000[2]	公布值
国家电投集团	1.76	56.09	0.99	2.2	60	1.32	>3300	预测值
中国华电集团	1.66	43.00	0.71		50		7500[2]	公布值
中国大唐集团	1.59	38.16	0.61		≥50		≥4000	预测值
三峡集团	0.88[3]	94.70	0.83[3]				7000～8000[2]	公布值
中广核	0.65	97.03	0.63			0.4[2]	3000[2]	公布值
华润电力	0.43[4]	25.90	0.11[4]		≥50[1]		4000[1]	公布值
国投电力	0.32	62.67	0.20	0.5	72	0.36	1605	预测值

注：各企业对“清洁能源”的界定不尽相同，因此，按照对外公布的清洁能源装机占比和总装机容量计算清洁能源装机。注1表示可再生能源，注2表示新能源，注3表示可控装机，注4表示运营权益装机。

资料来源：国家能源集团技术经济研究院。

至2021年9月底，各省（区、市）规划建设百万千瓦大基地项目46个、千万千瓦大基地项目41个，装机规模超400GW，大基地区域位置基本与九大清洁能源基地的分布位置相吻合。

政策持续加码，沙漠、戈壁、荒漠地区成为大型清洁能源基地建设的主要发展方向之一，实施进度可期。2021年10月12日，国家主席习近平在《生物多样性公约》第十五次缔约方大会领导人峰会上的主旨讲话中强调，“中国将持续推进产业结构和能源结构调整，大力发展可再生能源，在沙漠、戈壁、荒漠地区加快规划建设大型风电光伏基地项目”。第一批、第二批相关项目申报工作先后启动，其中，第一批清单规模总计97.05GW，涉及18个省、自治区，第二批清单有待公布。第一批大型风电光伏基地项目已开工约75GW，其余项目将在2022年开工。超过45GW的风光项目被明确要求在2022年底前投产，超过52GW的风光项目被要求在2023年前投产。

除此之外，源网荷储一体化及多能互补一体化项目建设也成为大型清洁能源基地建设的类别之一。在国家发改委、国家能源局于2020年8月发布《关于开展“风光水火储一体化”“源网荷储一体化”的指导意见（征求意见稿）》后，2021年4月25日，国家能源局要求各地报送“十四五”电力源网荷储一体化和多能互补一体化项目。截至2021年底，共9个省、自治区相继发文启动本区域内相关项目报送工作。2021年11月10日，国家能源局下发《关于推进2021年度电力源网荷储一体化和多能互补发展工作的通知》，再次推动电力源网荷储一体化有序发展并给予适当的监测监管。

（4）风电“以大代小”改造进一步扩大新增规模

风电“以大代小”改造替换有望在全国范围内启动，这将进一步扩大风电新增装机规模。2021年8月30日，宁夏发展改革委发布《关于开展宁夏老旧风电场“以大代小”更新试点的通知》，将风电技改中“以大代小”规划落实到政策层面。

中国风电产业大规模发展始于2008年前后，早期安装的风电机组性能不佳，部分机型故障率较高，风能资源利用率较低，但早期风场的风能资源丰富，风电“以大代小”将有效增加利用小时数和整体装机容量，从而带动风电运营效益显著提升。根据国家发改委能源研究所的测算，“十四五”期间中国改造置换机组的需求超过2000万千瓦，1.5MW以下机组和1.5MW机组约各占50%，假设以3MW的单机容量进行替换，技改装机容量理论上要在原有基础上新增3500万千瓦。

（5）分散式风电是集中式风电的有益补充

2021年是分散式风电项目获得补贴的最后一年，分散式风电迎来抢装。2021年，随着央企的进入，分散式风电项目风机中标量大幅增加。据不完全统计，2021年1～7月，共有3.58GW的分散式风电项目中标，其中有3.38GW的项目计划2021年底前并网。2021年，分散式风电新增装机将至少3GW。在2022年后的9年时间里，随着风电技术不断取得突破以及政策的完善，分散式风电将在风电市场占有一席之地，年均新增装机将为3GW左右。

从技术方面来看，分散式风电技术不断取得突破，风资源技术可开发量不断增长。低风速技术进步使可开发风速下限逐渐下探至约5.0m/s，这将有效增加中东南部风资源技术可开发量。新的风机基础结构形式将丰富风机的建设环境，例如金风科技推出了可极大减少占地面积的新型风机基础结构，它能有效利用塔筒下部空间，供跨乡村道路、温室大棚、农田畜牧、仓储等场景的使用。

从政策方面来看，政府和风电产业界就推动分散式风电发展达成一定共识，加上对屋顶分布式光伏整县（市、区）推进模式的借鉴，将在很大程度上破除分散式风电发展的政策障碍。2021年，风电产业界建议在全国实施“百县千村万台工程”。2021年6月，国家能源局印发《关于报送整县（市、区）屋顶分布式光伏开发试点方案的通知》，其中整县（市、区）推进的方案也适用于分散式风电开发，为分散式风电提供模式借鉴。

从企业角度来看，在碳中和背景下，电力央企都提出了较宏伟的新能源装机规划，积极寻找风电项目，开展分散式风电项目的意愿增强。从2021年1～7月招投标的数据也可以看出，65%的项目归属于电力央企，改变了以往以民营企业开发为主的格局。

（6）海上风电平价在望，各省份纷纷公布发展目标

碳中和目标提出后，沿海地区纷纷响应，发布海上风电装机目标及发展规划（见表1-10），将海上风电作为“十四五”期间新能源发展的重要方向。

表1-10 中国部分省份“十四五”海上风电装机规划

省份	“十四五”规划目标	“十四五”发展规划
广东	17.0GW	
江苏	8.0GW	2021年11月15日，盐城表示“十四五”期间将规划9.02GW近海和24GW深远海风电项目
浙江	4.5GW	
广西	3.0GW	
福建	—	2017年，福建海上风电总规模达13.3GW；福建漳州提出了50GW海上风电大基地方案，预计最快2022年底前可获得国家能源局批复
山东	—	争取启动10GW
总计	32.5GW	

注：规划目标来自官方发布的数据。

资料来源：国家能源集团技术经济研究院。

广东、江苏、浙江、广西明确发布“十四五”海上风电规划目标，总计划新增32.5GW。广西海上风电规划于2021年11月1日正式获得国家能源局批复，标志着全区海上风电由规划阶段进入建设实施阶段。广西规划海上风电场址25个，总装机容量2250万千瓦。“十四五”期间，广西将力争核准海上风电800万千瓦以上，投产300万千瓦。

尽管福建未公布具体规划目标，但是作为国内风电资源储备最为丰富和已并网规模排名全国前三的装机大省，其发展决心和海上风电规划[①]表明其也是海上风电发展的重要地区。

山东提出2021年建成投运两个海上风电试点项目，实现海上风电“零的突破”。“十四五”期间，山东海上风电争取启动1000万千瓦，规划三大基地，分别是渤中基地890万千瓦、半岛北基地30万千瓦、半岛南基地680万千瓦，共计41个风电场。

结合在建项目延续情况和沿海地区规划目标综合研判，“十四五”期间中国海上风电新增装机容量有望突破40GW。

2021年为海上风电抢装的最后一年，新增装机远超市场预期，新增规模为16.9GW，除江苏是传统海上风电大省外，广东、福建、浙江等地区实现同比大幅增长。根据各区域公布的近年项目进展情况估算，2021年，江苏、广东新增海上风电并网规模遥遥领先，分别达6.1GW、5.3GW；福建、浙江增量规模进入第二梯队，分别达2.1GW、1.8GW。

2022年是海上风电平价元年。从当前招标价格来看，占总造价比例最大的主机每千瓦约有3000元的降幅。考虑到抢装后建安成本的下降，低成本使2022年后的新增装机超预期发展，预计年均新增规模将超7GW。广东将成为海上风电的核心地区，“十四五”期间预计增量排名第一。江苏市场成熟度较高，退补平价后市场份额将逐年下降，其部分市场份额将由福建及浙江占据。山东、海南及广西新兴海上风电市场将于2024年后稳步发展。

长期预测，中国海上风电年新增量将于“十五五”期间逐步回升至8～9GW的水平，以江苏、广东、福建等为支撑，由上述新兴市场的逐步

① 2017年，国家能源局在关于福建省海上风电规划的复函中，同意福建省海上风电规划总规模1330万千瓦，到2030年达到300万千瓦以上的装机规模。

成熟提供逐年增长量。预计中国海上风电市场将于“十五五”期末突破10GW年新增量关口。

（7）2021~2030年风电年均新增装机将达56~59GW

2021年，中国风电新增装机容量为47.6GW。其中，陆上风电新增装机为30.7GW，同比减少33.6%，但较2019年大幅增长84.8%；海上风电新增装机16.9GW，大幅超过2020年的3.1GW。

2022年，中国风电将新增装机50GW左右，其中海上风电6~8GW。风电整机商为应对平价压力，多维度综合降本。从2020年第四季度开始，中标价格逐步走低。到2021年底，中标价格已降至每千瓦2205元（不含塔筒），较年初降低28.3%，较2020年1月降低了45.8%。中标价格持续下行，下游需求被激活，叠加第一批在沙漠、戈壁、荒漠地区建设的大型风电光伏基地项目中部分项目被要求2022年底前并网，预估2022年中国陆上风电新增装机有望突破40GW；海上风电新增装机也将超预期，预计达6GW以上。

“十四五”期间，中国风电将新增250~275GW，2025年末累计装机容量将达532~557GW。“十四五”期间，中国风电年均新增规模将为50~55GW，其中，陆上风电年均新增将为42~44GW，海上风电年均新增将为8~12GW。预计“十四五”期间陆上风电需求结构为：陆风大基地160GW，分散式风电约50GW，老旧风场改造约10GW。

“十五五”期间，中国风电将新增300GW左右，2030年末累计装机容量将达850~870GW。在碳达峰目标的指引下，2030年非化石能源消费占一次能源消费的比重将达到25%，同时叠加风电竞争力逐步增强，“十五五”期间中国风电装机容量将继续快速增加，但增速较“十四五”放缓，主因是基数越来越大。我们预计，“十五五”期间中国风电年均新增规模将达60GW，其中海上风电为15GW左右。

为实现相关规划目标，2025年装机增长幅度将加大，2026年装机增长幅度将有小幅下降，随后将保持较高增量（见图1-31）。

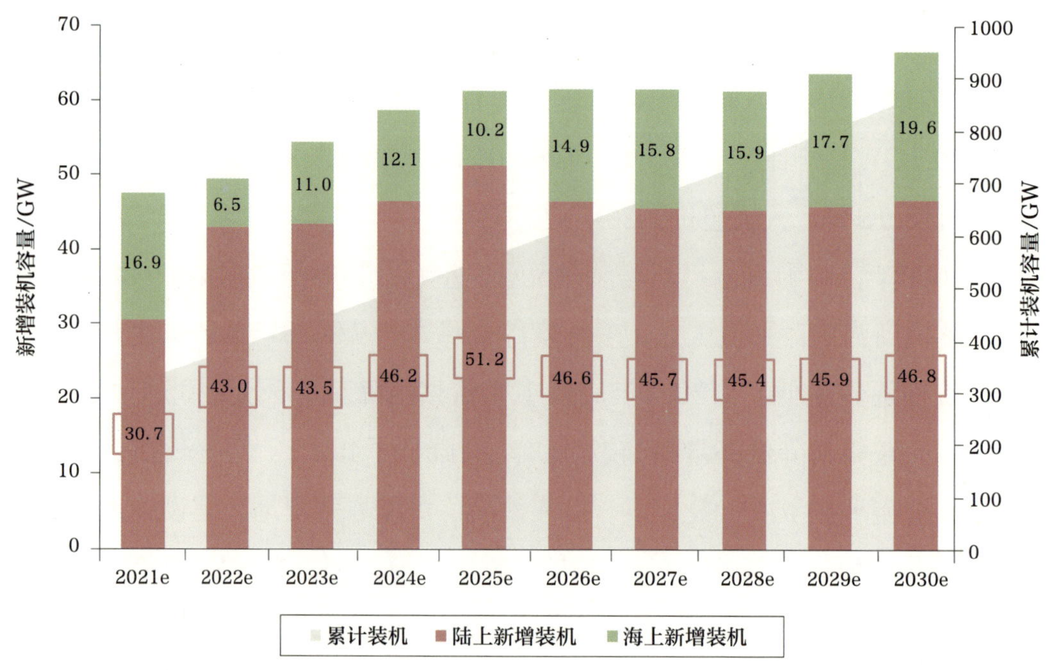

图1-31 2021~2030年中国风电装机预测

资料来源：国家能源集团技术经济研究院。

2. 技术趋势

（1）陆上风机大型化进程提速

风机大型化进程加速。随着技术的进步、平价时代的到来以及大基地规模化开发需要的增加，风机大型化将是中国风电产业长期的发展趋势。从2021年1～9月招投标机型可以看出，3.5MW及以上机型是未来的主力机型（见图1-32）。可以预期，自2021年起，中国陆上风机的单机容量增长速度将明显加快。

目前，中国风电整机商正在推出和布局6MW陆上机型。东方电气自主研制的DEW-D5.5S-172型永磁直驱陆上风电机组已于2021年4月正式

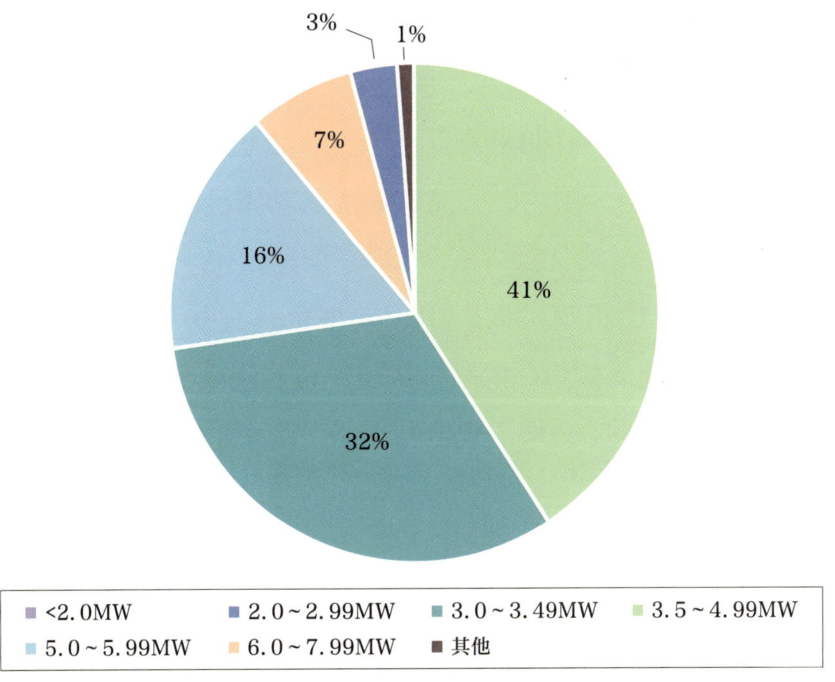

图1-32 2021年1~9月招投标机型分布

资料来源：国家能源集团技术经济研究院。

下线，6月并网，是国内首个并网的6MW机型。金风科技的6MW平台机型已完成吊装，明阳智能、上海电气、三一重能等都在研发并将在不久推出6MW机型。浙江运达则推出了两款大容量旗舰机型WD185-6660和WD185-6250，是全球单机容量最大的陆上机型，并均已取得权威机构的认证。

6~7MW机组已形成技术储备，商业化、规模化应用可期。当前，三北和西南地区大型风电项目以4~5MW机组为主，根据风机企业的技术储备，未来升级至6~7MW机型的可能性较大。在2020年北京国际风能展上，明阳智能率先发布其6MW陆上机组MySE6.25-173。2021年上半年，浙江运达推出陆上大容量机组平台——鲲鹏平台，该平台首款机型为WD175-6000/6250，风轮直径175米，机组功率6000/6250kW，已取得国内权威认证机构设计认证；该平台机组采用模块化设计方式，可以根据客户需求快速组合出系列产品，通过柔性功率控制可覆盖6～7MW功率范围，叶轮直径可扩展至180米及以上。预计其他风机企业也将跟进推出6MW级别的陆上机组，国内6～7MW陆上大功率机组的商业化、规模化应用可期。

从2021年中标的机型可以看出，大型化进程加快，“十四五”期末，北方地区基地化、规模化的陆上风机单机容量最大可达10MW，叶轮直径和塔筒高度将超过200米，华中、华东、华南地区的陆上风机单机容量可达5MW。

（2）海上风机技术将不断突破

海上风电采用相对陆上风电单机容量更大的机组，2020～2021年并网或即将并网的海上风电项目①以5.5MW为主，加权平均单机容量为5.2MW，而到2022年后，加权平均单机容量将增加1.0～6.2MW。

从海上装机机型来看，中国6MW机型已实现商业化，10MW机型已商业化投运，东方电气10MW海上抗台风型风电机组已在2021年底投运。同时越来越多企业具有大型海上风机的生产能力，中国海装10MW的机组于2021年9月正式下线，并且已发布16MW的海上风机新机型；明阳智能发布了16MW新机型，计划样机于2022年底下线、2024年量产。浙江运达7MW机型于2021年4月下线，9MW机型将在2022年具备交付能力。因此，随着零部件制造能力的快速提升，海上产业链的逐步成熟，更多大型机型将不断量产，更大机型将投入使用。

3. 成本趋势

（1）风电LCOE将快速下降

大型化促进风机成本进入下行通道。近年来，风机大型化趋势日渐

① 根据2017～2020年海上风机签订情况，预估项目的并网时间来计算的。

清晰，市场主流陆上风机从2～3MW提升至3～4MW，海上风机更是从之前的3～5MW快速进入8MW乃至10MW时代。随着风机单机功率大幅增加，其单位功率对应锻铸件等材料消耗量被大幅摊薄，风机成本进入快速下行通道。

风电整机商正以低于过去风机价格的水平提供直径更大、额定功率更高、性能更强的风机。2021年8月，国投甘肃新能源与三一重能签署“国投瓜州北大桥第七风电场B区200MW工程风机及塔筒”采购合同，计划布置32台单机容量6.25MW的风电机组。根据风场建设条件进行初步估算，该项目建设成本有望控制在4500元/千瓦以下，年利用小时数3400小时左右，LCOE仅为0.098元/千瓦时。

2021年，随着风机价格、安装成本的下降，陆上风电项目总造价水平平均下降了16%，降至7000元/千瓦以下。得益于良好的交通运输和建设条件以及规模经济效应，三北地区大型风电项目的平均总造价已降至6000元/千瓦以下。

大基地将有效摊薄建造和运维成本。大基地开发已经成为趋势。规模化发展将有效摊薄运输、施工、吊装等建造成本，同时在后期运维方面具备规模优势。

特高压、储能等电力基础设施的完善将会促进风电消纳。但是特高压不能解决所有的矛盾，未来随着装机的快速增加，三北地区需要额外的电力需求来消纳可再生能源电力，届时，弃风、弃光现象有可能再次发生。

整体来看，中国陆上风电在平价上网后，仍有较大的降本空间。预计到2023年前后，风电LCOE的平均水平将与煤电上网电价的平均水平相当，未来将更具竞争力。

（2）海上风电成本下降将超预期

海上风电降本路径明确，关键在于风电机组、基础、建设安装和电气设备环节。一是占总造价最高比例的主机价格已实现3000元左右的降幅。2021年，中国海上风电市场公示中标项目容量达686MW，除上海市6MW含塔筒项目外，其他两个位于浙江省的海上风电项目中标价分别为每千瓦3830元（不含塔筒）及每千瓦4061元（含塔筒），远低于行业预期。随着国内海上风电2022年转向平价，竞争压力加大，预计海上风机中标价将进一步下降。二是抢装结束后，吊装船供给增加，吊装方法优化，2022年后建设安装成本有望大幅回落。三是设计院、整机厂商通过机组设计优化、塔架减重等方式，可以降低风电基础成本。四是未来随着风场规模的扩大、大型机组的应用、商业模式的创新以及输电电气设备的降本等，电气设备环节也可以实现20%的降本。

“十四五”期间，随着下一代6～8MW海上风机的应用，项目总造价有望下降，风电利用小数有望提高。“十四五”后，将进入离岸更远的海域，如果仍使用6～8MW风机，海上风电项目的总造价和运维费用将会增加。

在无补贴的情况下，假设海上风电的容量系数在52%左右，江苏地区的项目总造价需要降到1.11万元/千瓦，广东地区的项目总造价需要降到1.36万元/千瓦，才能够实现与煤电平价上网。

4. 产业趋势

（1）开发企业持续加大对风电项目的投资力度

从开发端来看，受益于国家支持政策，国内风电建设开发规模将快速扩大，不断创新高。风电开发将更加向国有企业集中，电力及相关产业的央企以及京能、江苏国信、河北建投、申能、浙能、粤能等地方能源国企纷纷顺应清洁低碳发展趋势，拓展新能源项目投资开发和运营领域。未来风电开发的竞争将愈加激烈，包括开发企业之间争夺项目的竞争，风电与光伏发电、水电等电源之间的互补及竞争。此外，随着装机规模的扩大，消纳问题、电力交易等都需要重视。

在“2030年前碳达峰、2060年前碳中和”的目标得以明确并强化后，从各地政府到各家企业，纷纷加码新能源，提出了各自的发展目标。尤其是在起步阶段的“十四五”，时间紧、任务重，行业各方打破常规，利用多方力量或多管齐下或集中突破，力争完成使命。

（2）整机行业竞争加剧，仍在整合中

在近两年短期集中大量订单的刺激下，风电产业链迅速扩张。随着抢装结束，需求缩减，从2021年开始整机企业竞争加剧，行业格局发生变化。上海电气、中国海装等国有企业凭借母公司的雄厚实力，在体制改革、技术进步与创新、管理能力提升等方面取得进展，呈发力进取之势。三一重能、哈电风能等在完成蜕变之后，必将奋起直追。因此，中国风电制造端将在较长的时间里维持多家企业共存的情况，企业间的竞争将更加激烈。此外，在风电平价及风机设备中标价持续降低的情况下，整机企业赢利水平较低。因此，整机企业采取通过资源合作换取销售订单的战略已成趋势。

（3）整机企业朝多元化业务发展

目前，整机企业除风机制造外，也朝着多元化业务拓展，包括向风电服务、风场开发、光伏行业以及综合能源供应等方向发展。金风科技拓展了风电服务，同时积极开展平价、竞价项目，以及大基地、海上风电项目的申报和建设工作，也积极尝试开发“负荷侧”资源和各种综合能源，初步实现了向“源网荷储”综合能源转型。明阳智能也有风电场开发业务，主要采取的是“滚动开发”的整体战略，即在持续投建电站的过程中，择机出让成熟的电站项目。

此外，中国风电整机企业将进一步迈向全球市场。中国国内激烈的竞争环境驱动中国整机企业加快向海外市场发展。明阳智能近年来的国际业务布局取得突破，陆续获得意大利等海外地区海上风机销售订单。目前，明阳智能的国际业务主要围绕欧洲及东亚、东南亚海上风电市场，与英国国际贸易部签署了备忘录，将在英国投资建设风机总装厂、叶片制造厂及服务中心。“十四五”期间，明阳智能或将突破英国海上风电市场，同时带动其北欧海上风电业务拓展。

第二章
全球太阳能发电发展状况分析

一 全球太阳能发电发展现状与特点

太阳能利用可分为光伏发电（PV）、光热发电（CSP，太阳能热发电）和太阳能热利用三个方面。本研究主要集中在发电方面，即研究对象为2020~2021年全球及中国的光伏发电和光热发电状况。

2020年以及2021年上半年，各国经济增长有所放缓，但太阳能发电市场规模却逆势扩大，装机容量、发电量全面增长，发电成本持续下降。2020年，全球太阳能发电新增装机容量达到130.1GW，同比增长13%，是全球规模最大的新增电源。受新冠肺炎疫情等因素的影响，经济出现不振，全球能源需求出现了衰退。2020年，全球发电总量同比下降0.9%，为30余年来最大降幅。但是，可再生能源发电量的渗透率却逆势提高，从2019年的10.3%提高到11.7%。尤其是光伏发电量为855.7TWh，同比提升了20.5%，不仅高于传统发电电源，也高于同为可再生能源发电代表的风电（11.9%）。全球大型光伏电站平准化度电成本（LCOE，简称“度电成本”）从2019年的0.061美元/千瓦时下降至2020年的0.051~0.057美元/千瓦时，光热发电成本在2018~2020年也有年均16%的降幅。与此同时，竞标电价屡创新低，2021年4月沙特宣布600MW Al Shuaiba 光伏IP项目中标价格仅1.04美分/千瓦时。

2021年，全球太阳能发电新增装机容量达180GW。在全球能源转型和更加注重能源安全的趋势下，各国将继续快速扩大装机规模。

（一）装机容量

2020年，全球太阳能发电新增装机容量130.1GW，同比增长13%，新增量创历史新高。其中，光伏发电新增装机容量130GW，同比增长13%；光热发电只新增0.1GW。截至2020年底，全球太阳能发电累计装机容量达到763GW。

1. 传统领头羊和新兴国家引领全球光伏装机增长

中、美、日、德、澳、印六国是传统光伏发电建设领头国。2020年，除印度表现不尽如人意外，其他五国均实现了较大幅度的增长。中国是新增装机规模最大的国家，全年新增装机48.20GW，增速为60%；美国保持第二大装机市场，全年新增装机19.20GW，增速为44%；越南跃居第三位，全年新增装机10.80GW，同比增幅93%，成为2020年增长最快速的国家。此外，第二梯队的韩国、西班牙、荷兰、墨西哥、意大利、南非等国的新增量都较为可观。新兴的波兰、巴西、阿联酋也有不俗表现。2020年，新增装机前十的国家总新增量为110.21GW（见图2-1），占全球新增量的85%，同比增加了13个百分点。

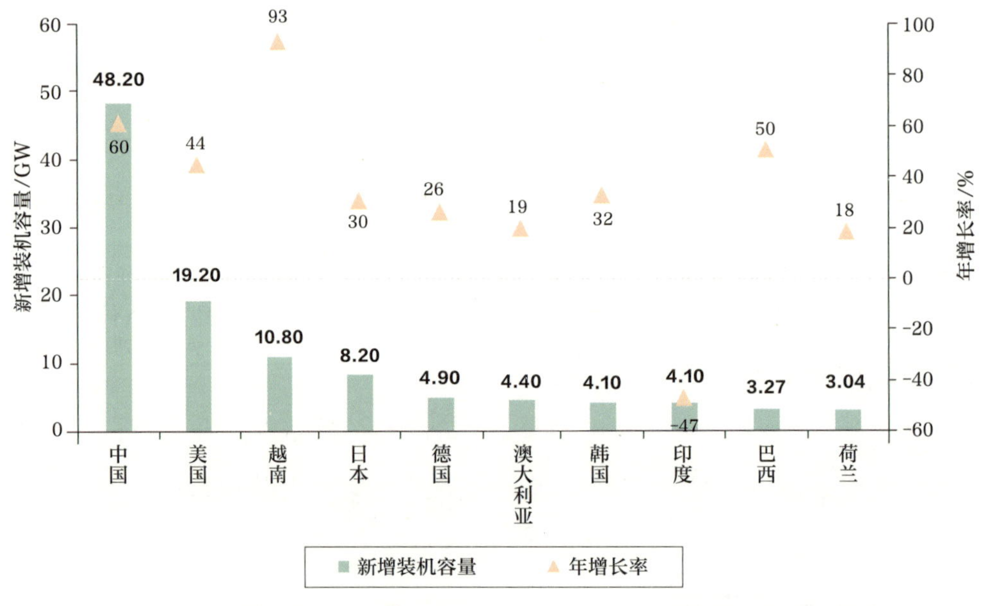

图2-1 2020年主要国家光伏发电新增装机容量和增长情况

资料来源：中国数据来源于国家能源局，美国数据来源于美国太阳能工业协会（SEIA），越南数据来源于越南电力集团（EVN），日本数据来源于国际能源署（IEA），德国数据来源于德国联邦网络管理局（Bundesnetzagentur），韩国数据来源于韩国可再生能源中心（KNERC），印度数据来源于Bridge to India，澳大利亚、巴西、荷兰数据来源于国际可再生能源署（IRENA）。

在亚太、北美和拉丁美洲、欧洲、非洲和中东地区，都有一些光伏发展代表性国家，下面对主要国家2020年光伏发展情况进行简析。

（1）亚太地区

亚太地区是光伏发电装机容量新增最快速的区域，一方面因为亚太地区是电力需求增长最快的区域，另一方面得益于中国、日本、澳大利亚、韩国和印度几个光伏大市场的繁荣。

2020年底，中国累计装机达253.4GW，新增装机48.2GW，同比增长60%，尤其仅第四季度新增并网达29.4GW，令全球瞩目。政策一直是中国光伏产业发展最重要的影响因素，经过2017年新增装机的历史高峰（53.1GW），2018年和2019年受“531”政策[①]的影响，两年平均新增装机只有37.3GW。到2020年第四季度，因受“能并尽并”以及补贴退坡等政策的刺激，全行业“抢装”新增装机出现了空前增长。

2020年底，日本累计装机达70.9GW，新增装机8.2GW，同比增长30%。2020年10月，日本政府宣布日本将在2050年实现温室气体净零排放，促进节能和可再生能源的最大化，减少对燃煤能源的依赖。在能源转型的大背景下，日本光伏的快速发展成为必然。日本通过竞标方式促进光伏发电成本下降。2017年，日本举行了第一次大型项目竞标；2019年，日本启动了对500kW以上项目的强制招标，截至2022年3月已经举行了11轮拍卖；2020年，日本举办了3次拍卖，平均价格为0.11美元/千瓦时（规模477MW）；2021年7月拍卖平均价格为0.0981美元/千瓦时（规模208MW）；2022年3月第11轮拍卖平均价格为0.0867美元/千瓦时（规模269MW）。

2020年底，越南累计装机达16.5GW，新增装机10.8GW，同比增长

① “531”政策是指2018年5月31日国家发改委、财政部、国家能源局印发的《关于2018年光伏发电有关事项的通知》。该政策明确提出控制光伏新建项目规模，并降低补贴。

93%，连续两年跻身全球前十，无疑是2020年全球光伏的“黑马”。该国国土狭长，南部地区日照辐射强度大，非常适合发展光伏。根据越南电力集团（EVN）公布的信息，截至2020年12月31日，越南已建成超过10万个、总规模9.6GW的屋顶光伏项目，提前完成了2025年的目标。与其他国家的初期爆发增长原因相同，越南光伏发电装机的高增速同样得益于高额的补贴电价。2017年6月1日至2019年6月30日并网可以获得9.35美分/千瓦时的上网电价（20年）；2020年底前并网的地面项目可以获得7.09美分/千瓦时的上网电价（20年），屋顶项目为8.38美分/千瓦时。并且，越南允许外资全资运营能源企业，因此深受国际投资者的青睐，其中泰国、日本、韩国最为突出。但过快的光伏发电装机增速，给电网运行带来很大的不确定性和安全挑战。越南电力集团（EVN）已宣布，2020年12月31日后停止收购屋顶光伏项目。该公司正在制定新的草案，计划使用两种不同费率政策来继续支持新增装机。预计2021年越南光伏的新增速度将变缓。

2020年底，澳大利亚累计装机达17.62GW，新增装机4.4GW，同比增长19%，连续两年突破4GW关口。该国太阳能资源比较丰富，虽然无论何党执政，联邦政府都采取支持可再生能源发展的态度，但国家层面可再生能源政策缺失，装机容量增速始终不快，各州政府出于各自考虑推出有力的可再生能源发展政策。因此，澳大利亚的光伏产业一直处于不温不火但稳步发展的状态。与其他光伏发电装机大国不同，澳大利亚光伏发电装机以小型户用系统（100kW以下）为主，占比达77%；大型（5MW以上）和中型系统（100kW～5MW）是配角，占比23%。

2020年底，韩国累计装机达15.1GW，新增装机4.1GW，同比增长32%。该国从2017年起晋升为年新增吉瓦以上国家。2017年开始，韩国产业通商资源部实施长期（最长20年）的固定电价计划——电力批发市场价格（SMP）+可再生能源证书（REC）；并且执行可再生能源配额制（RPS），RPS的标准逐年提高，2020年已经达到7%，并且将2021～2023

年的RPS标准提高为9%、10%和10%。为了完成政策目标，需要建设更多项目，但是受限于土地供应，韩国今后的建设规划将更加重视结合农业、水面以及高速公路来部署太阳能发电。2021年，韩国政府宣布了2050年实现碳中和的目标，以及第9个可再生能源供需基本计划。积极的政策将持续刺激韩国光伏装机的增长。

2020年底，印度累计装机达39GW，新增光伏装机4.1GW，同比下降47%，降至5年来最低水平，其中屋顶项目1.4GW，同比下降13.5%，装机增速为负主要是受新冠肺炎疫情影响。印度太阳辐照资源丰富，制定了雄心勃勃的发展太阳能发电产业的目标。印度于2014年就制定了到2022年太阳能装机100GW（40GW为屋顶项目）的目标，2018年又制定了到2030年完成300GW光伏装机的目标。虽然实际完成情况与目标差距不小，但印度也成为全球六大光伏市场之一。印度为提升本土制造能力，出台了一系列针对进口产品的措施，例如对进口光伏电池片和组件征收保障税、调整关税、BIS（印度标准局）强制认证，对原材料（胶膜、玻璃、铝型材）征收反倾销税等。

（2）北美和拉丁美洲

2020年底，美国累计装机达95.6GW，新增装机19.2GW，同比增长44%，再次创历史新高。其中，公用事业项目是主要推动力，全年新增约14GW，同比增长65%，创造了单年最大装机纪录；住宅项目全年新增3.194MW，同比增长11%；非住宅项目（包括商业、政府、非营利和社区项目）全年新增2.074MW，同比下降4%。美国已连续多年占据全球第二大光伏装机市场位置。可再生能源配额制（RPS）、可再生能源证书（REC）、净计量电价和投资税抵免（ITC）都是美国推动产业发展的重要政策，特别是联邦政府层面的ITC，政府减免相当于设备成本30%的税负，对行业发展有较大的推动力。2021年11月，拜登政府1.75万亿美元的刺激法案（*Build Back Better Act*）再次延长ITC至2026年。2022年，美国又开始对符合激励条件的可再生能源电力企业给予2.5美分/千瓦时的补贴（PTC），持续10年，企业可以在ITC和PTC中二选一。如果制造成本中40%以上为本土生产成本，企业还可额外获得10%的PTC补贴或ITC抵免。同时，美国的光伏金融市场也十分发达，企业可以从多个渠道获得融资。因此，预见2026年前美国光伏装机量仍将快速增长。

拉丁美洲全年太阳光照充足，墨西哥、巴西、智利、阿根廷都是新兴光伏市场，目前以建设大型地面电站为主，开发权主要以竞拍形式获得。自2018年起，墨西哥政府政策转向不注重可再生能源，加之受到新冠肺炎疫情影响，2020年底，墨西哥光伏累计装机5.6GW，新增装机1.2GW，同比下降36%；巴西累计装机7.88GW，新增装机3.27GW，同比增长50%，其中60%为分布式项目；智利累计装机3.21GW，新增装机551MW，同比增长32%；阿根廷累计装机0.76GW，新增装机322MW，同比增长28%。虽然拉美国家的政治、经济形势比较复杂，未来光伏市场发展前景不明朗，但长远而言是具有很大潜力的。

（3）欧洲

2020年，欧洲地区在减碳战略的推动下，新增光伏装机超过20GW。德国和荷兰是新增光伏装机最多的两个国家。

2020年底，德国累计装机达54.2GW，新增装机4.9GW，同比增长26%。德国是老牌光伏市场，新增装机量领先于欧盟其他国家。德国并不充足的太阳辐照资源与巨大的太阳能发电量形成鲜明对比。德国光伏发展的主要推动力是激进的能源转型战略和《可再生能源法》（EEG）。2021年版《可再生能源法》（EEG-2021）设定2030年安装100GW光伏，2050年可再生能源发电占比达到80%，并把52GW的补贴上限更改为100GW。该国还推出了“租户电力计划”，以及“南部配额”“负电价4小时停止结算”等多项法案，以促进光伏装机的增长。但受可再生能源发电规模快速扩大影响，居民电费账单中可再生能源补贴占比逐年增加。德国电价走高，为了减轻民众逐年增加的电费负担对可再生能源发展的阻碍，EEG-2021把原来民众需要负担的EEG附加费（可再生能源补贴来源）改为部分由联邦预算支持。2020年EEG附加费为6.76欧分/千瓦时，将逐年下降，至2026年取消。

2020年底，荷兰累计装机达10.2GW，新增装机3.04GW，同比增长18%。受政策驱动，荷兰已经成为增长较为稳定的光伏市场。荷兰设定了2023年可再生能源占比16%、2050年零排放的目标，主要通过大规模可再生能源补助（SDE+）、净计量电价、绿色建筑、个人自发自用光伏系统减免一定税收的优惠政策，以及可再生能源投资基金等金融手段推进了光伏产业发展。但是土地价格较高是该国发展光伏项目面临的主要问题。

（4）非洲和中东

非洲和中东地区拥有优良的太阳能资源，全球各大开发商积极参与该地区光伏项目开发，不断刷新该地区的光伏最低中标价和度电成本。该地区成为开发前景最好的新兴光伏市场之一。目前开发方式仍主要是政府推动的大型集中式光伏采购，引发了激烈的电价竞争，导致拍卖价格不断刷新低纪录。但2020年受新冠肺炎疫情等因素影响，该地区多个国家的光伏装机增速均有所下降。

2020年底，阿联酋累计装机达2.4GW，新增装机0.6GW，同比下降70%。阿联酋油气资源丰富，几个酋长国对可再生能源发展的态度有所不同，导致光伏发展在区域内并不均衡，迪拜和阿布扎比是大力推动的先锋。迪拜太阳能主题公园是该国最大的太阳能发电项目（共5GW），从2011年发起以来，已经进行至第五期。ACWA（沙特国际电力和水务公司）中标900MW光伏项目，中标电价1.6953美分/千瓦时，第一期300MW已于2021年6月并网。阿布扎比AL Dhafra项目分两期建设，第一期（1.177GW）晶科科技以2.42美分/千瓦时的电价中标，已经完成并网；第二期（规模1.5GW）2020年4月开标，由晶科科技和法国电力集团

（EDF）组成的联合体中标，1.35美分/千瓦时的中标价刷新了当时的世界纪录。

2020年底，南非累计装机达4.1GW，新增装机1.1GW，同比增长6%。南非是非洲主要的光伏市场，增速放缓主要是因为受新冠肺炎疫情拖累。煤炭是南非传统的电力来源，南非有着强烈的能源转型意愿。2019年，南非提出资源计划（IRP），制定了2030年实现27.6GW可再生能源装机的目标，其中光伏8GW。为落实IRP目标，南非实施了可再生能源独立电力生产商采购计划（REIPPP），截至2022年4月已经举办6轮招标。然而，国营电力公司经营问题较多，且政府采购招标规划进展缓慢等问题，制约了南非光伏市场更快的发展。

2020年全球光伏新增装机较多的国家如表2-1和表2-2所示。

表2-1 2020年亚太、北美和拉丁美洲主要国家新增光伏装机

单位：GW

地区	亚太						北美		拉丁美洲		
国家	中国	越南	日本	澳大利亚	印度	韩国	美国	墨西哥	巴西	智利	阿根廷
2020年新增装机	48.2	10.8	8.2	4.4	4.1	4.1	19.2	1.2	3.27	0.551	0.322

资料来源：中国数据来源于国家能源局，美国数据来源于美国太阳能工业协会（SEIA），越南数据来源于越南电力集团（EVN），日本数据来源于国际能源署（IEA），韩国数据来源于韩国可再生能源中心（KNERC），印度数据来源于Bridge to India，其他数据均来源于国际可再生能源署（IRENA）。

表2-2 2020年欧洲、非洲和中东主要国家新增光伏装机

单位：GW

地区	欧洲								非洲和中东	
国家	德国	荷兰	西班牙	波兰	乌克兰	法国	意大利	英国	南非	阿联酋
2020年新增装机	4.9	3.04	2.6	2.6	1.4	0.9	0.8	0.2	1.1	0.6

资料来源：德国数据来源于德国联邦网络管理局（Bundesnetzagentur），其他数据均来源于国际可再生能源署（IRENA）。

2. 光伏装机市场的主要开发商和业主

在开发商中，大型跨国能源公司不论之前是从事电力业务（例如法国电力集团EDF），还是从事油气业务（例如壳牌Shell），都在坚定地向光伏发电市场进军，打破了之前First Solar、SunEdison等专业太阳能开发商的垄断局面。表2-3、表2-4显示了截至2020年底排名全球前15的大型集中式光伏电站开发商和光伏电站业主情况。

表2-3 截至2020年底全球前15名大型集中式光伏电站开发商

单位：个，GW

排名	企业名称	项目数量	累计装机	排名	企业名称	项目数量	累计装机
1	国家电投黄河水电公司&上海电气（中国）	57	5.266	9	SunEdison（美国）联合Enfinity（比利时）	127	2.943
2	First Solar（美国）&Solar Chile联盟	74	5.129	10	Cypress Creek Renewables & FLS Energy（美国）	221	2.482
3	NextEra Energy（美国）	76	4.749	11	Azure Power（印度）	44	2.331
4	阿特斯及子公司Recurrent Energy（加拿大）	200	4.742	12	法国电力集团EDF（法国）	71	2.001
5	意大利国家电力公司子公司Enel Green Power（意大利）& Tradewind	59	3.628	13	塔塔电力&Welspun（印度）	41	1.789
6	Engie & Solairedirect（法国）	172	3.129	14	AES Corporatiion及子公司（美国）	90	1.786
7	ACME Solar（印度）	70	3.090	15	壳牌（荷兰）& Silicon Ranch（美国）、ESCO Pacific（澳大利亚）	37	1.767
8	Adani Green Energy及子公司Parampujya（印度）	48	3.036				

注：括号标注的是企业总部所在国家。

资料来源：wiki-solar网站。

表2-4 截至2020年底全球前15名光伏电站业主

单位：GW

排名	企业名称	累计装机	排名	企业名称	累计装机
1	国家电投集团（中国）	21.411	9	阿特斯及子公司（加拿大）	4.272
2	NextEra Energy（美国）	6.964	10	Engie（法国）	4.119
3	First Solar（美国）	6.459	11	中节能（中国）	4.112
4	协鑫系公司（中国）	6.396	12	Adani Green Energy（印度）	4.073
5	中核集团（中国）	5.977	13	正泰集团（中国）	3.846
6	意大利国家电力公司子公司 Enel Green Power（意大利）	5.609	14	道达尔能源（法国）	3.747
7	三峡集团（中国）	4.713	15	华能集团（中国）	3.677
8	SunEdison（美国）	4.295			

注：括号标注的是企业总部所在国家。

资料来源：彭博新能源财经（BNEF）。

在业主中，自身不做开发，直接在电站建设前后适时买入电站资产，这种情况在美国尤为普遍。油气公司道明尼（Dominion）、全球基础设施合作伙伴（Global Infrastructure Partners），风险投资公司爱迪生联合电气公司（Con Ed）、杜克能源（Duke Energy）和可再生投资公司D.E.Shaw Renewable Investment，都因为买入大量电站资产，成为拥有众多光伏电站资产的业主。这一方式的优点是可以迅速扩大可再生资源资产规模，但也存在误收不良电站资产的风险。

3. 光热发展缓慢

2020年，全球光热发电累计装机容量达到6.69GW，但新增装机容量仅为100MW，由中国的内蒙古乌拉特中旗导热油槽式太阳能热发电示范项目贡献。西班牙仍拥有全球最大的光热发电装机容量，约为

2355MW；美国位居第二，约为1836MW；北非地区光热发电装机容量达到577MW；中国并网的光热发电装机容量为538MW（兆瓦级以上规模项目），其中450MW（共7座）是示范项目。

（二）发电量

1. 发电量较多的国家均为传统光伏大国

2020年，全球太阳能发电量达到855.7TWh，同比增长20.5%，近年来呈逐年增加的趋势。

太阳能发电量最多的国家仍然是装机容量较多的传统光伏大国——中国、美国、日本、印度、德国和澳大利亚，这说明发电量与装机容量呈正相关关系。2020年，光伏新增装机容量前十国家的发电量同比均有较大增幅，越南同比增幅达到102%，其新增装机同比增长93%，两者关系密切（见表2-5）。

表2-5 2019年、2020年光伏新增装机容量前十国家的发电量及其2020年太阳能发电量在发电总量中的占比

单位：TWh，%

序号	国家	2019年	2020年	同比增长	2020年太阳能发电量在发电总量中的占比
1	中国	224.30	261.10	16	3.4
2	美国	106.89	132.63	24	3.3
3	越南	4.50	9.10	102	3.9
4	日本	72.30	82.90	15	8.3
5	德国	46.40	50.60	9	8.8
6	澳大利亚	18.30	23.80	30	9.0
7	韩国	13.00	16.60	28	2.9

（续）

序号	国家	2019年	2020年	同比增长	2020年太阳能发电量在发电总量中的占比
8	印度	46.30	58.70	27	3.8
9	巴西	6.70	8.00	19	1.3
10	荷兰	5.30	8.10	53	6.6

资料来源：中国数据来源于中电联，美国数据来源于国际能源署（IEA），其他数据来源于英国石油公司（BP）。

太阳能发电量在全球发电总量中的占比从2019年的2.8%增长至2020年的3.2%，虽然快速增长，但不论是在各个国家发电总量中的占比，还是在全球发电总量中的占比，都较小。与另一种可再生能源——风电相比，虽然总装机容量（截至2020年底，全球风电累计装机743GW）基本相当，但是由于两者年利用小时数存在差异（全球公用事业太阳能发电加权平均1410小时，陆上风电加权平均3154小时），太阳能发电量（855.7TWh）仅为风力发电量（1591.2TWh）的一半左右，发电量占比（3.2%）也低于风电（5.9%）。总体来说，风光发电合计占比不足10%，而装机容量占比已达20.46%。未来，随着电网调节能力提高和度电成本优势凸显，可再生能源发电占比仍有较大提升空间。

2. 消纳情况总体乐观

全球大型光伏项目整体年利用小时数逐年增加，2020年已达1410小时。2010年，全球大型光伏项目加权平均容量系数为13.8%，2020年提高至16.1%，虽然2019年后略微下降，但是总体呈上升趋势（见表2-6）。容量系数提高有很多原因，最主要的是支架使用跟踪器和容配比的提高带来了效率提升。容配比没有固定标准，因项目而异，一般来说固定支架项目容配比较低，带跟踪器的单轴、双轴支架的容配比稍高。

表2-6 2010～2020年全球大型光伏项目加权平均容量系数

单位：%

年份	置信下限5%	加权平均容量系数	置信上限95%
2010	10.4	13.8	23.0
2011	10.1	15.2	26.0
2012	10.5	15.1	25.3
2013	11.9	16.4	23.0
2014	10.8	16.6	24.4
2015	10.8	16.5	29.0
2016	10.7	16.7	25.9
2017	11.5	17.5	27.0
2018	12.3	17.9	27.0
2019	10.7	17.5	23.9
2020	9.9	16.1	20.8

注：置信水平95%。

资料来源：国际可再生能源署（IRENA）。

（三）成本与投融资

1. 全球光伏项目度电成本持续下降

全球光伏项目度电成本（LCOE）近年持续下降。2020年和2021年上半年，全球太阳能发电系统（非跟踪支架）平均LCOE分别为51美元/兆瓦时和50美元/兆瓦时，均同比下降了1%；使用跟踪支架项目的LCOE在此基础上下降10%～20%。2021年上半年，全球大宗商品价格上涨，导致材料成本增加，这与组件扩大产能实现的降本增效相互抵销，故未造成LCOE显著上涨。2021年下半年，以多晶硅料为源头，制造产业链全线产品涨价幅度均较大，因此非组件成本的下降难以抵销组件成本的上涨，导致2021年全年平均LCOE回升至51美元/兆瓦时。

阿联酋、印度和智利等太阳辐照资源丰富的国家是LCOE最低的国家，当地政策、系统投资成本等因素对此也有一定影响。阿联酋LCOE最低，2021年上半年平均约33美元/兆瓦时。德国、英国、越南等处于中间水平，LCOE平均分别为53美元/兆瓦时、65美元/兆瓦时、70美元/兆瓦时，同比均有10%左右的降幅。

2021年上半年，日本LCOE最高，平均为133美元/兆瓦时，主要原因是日本土地资源紧张且小型项目较多，接网成本也较高，而且外部条件各异使得不同项目LCOE差异较大，很多位于山地的项目需要比平地项目增加很多投资，这在整体上拉高了平均数（见图2-2）。

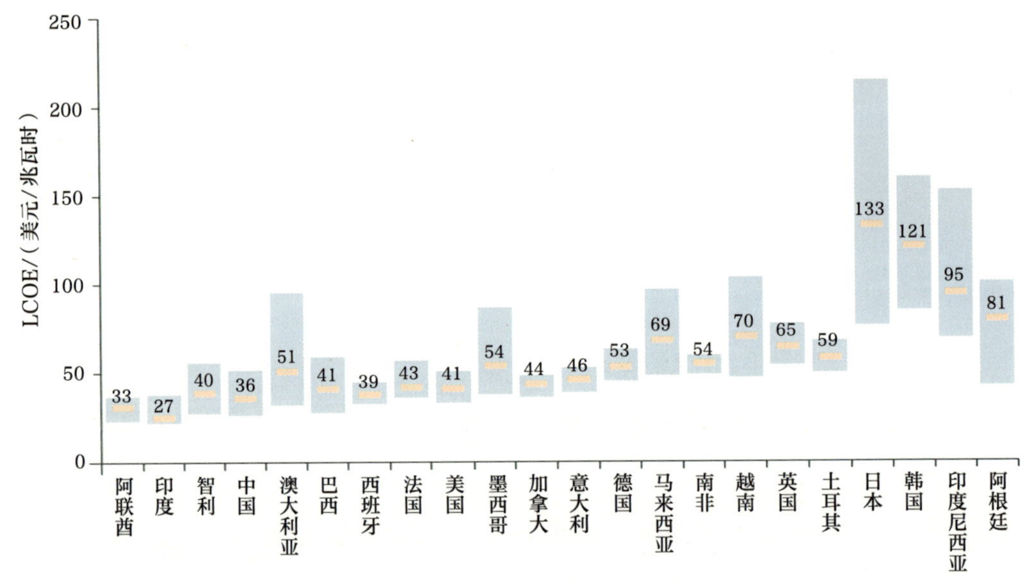

图2-2 2021年上半年全球主要国家大型光伏发电项目（非跟踪支架）LCOE

资料来源：国家能源集团技术经济研究院。

全球大型光伏项目LCOE飞速下降，2010年加权平均LCOE为381美元/兆瓦时，2021年上半年下降至50美元/兆瓦时。技术迭代、工艺进步、功率提高带来的组件成本下降是主要因素，占比46%；EPC、BOS系统、运维成本等下降，占比50%；加权平均容量系数从2010年的13.8%波动提高至2020年的16.1%，占比4%。

2. 拍卖价格屡创新低

光伏发电LCOE越来越低，已经成为新建电源的理想选择。更多国家采用拍卖的方式来开展项目建设，市场发现的方式很好地体现了光伏项目LCOE快速下降的成果。自2009年实施拍卖以来，秘鲁拍卖电价屡创新低。2020年以来，全球共进行了48.967GW规模的太阳能发电项目拍卖，中标电价屡创新低。2020年9月，葡萄牙第二轮670MW项目中标电价1.32美分/千瓦时；2021年4月，沙特600MW Al Shuaiba 光伏IP项目中标价格仅1.04美分/千瓦时（见图2-3）。

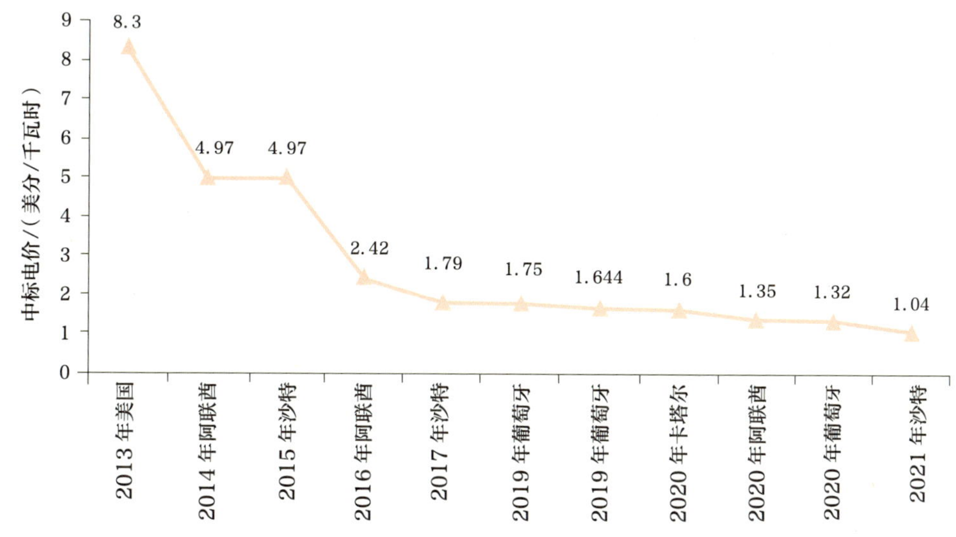

图2-3 2013～2021年全球光伏发电拍卖最低中标电价

注：2019年葡萄牙进行了两次拍卖。

资料来源：中国光伏行业协会。

近两年，中东地区屡出最低中标电价，主要有4个方面的原因。一是中东地区太阳辐照资源丰富，以色列、沙特的年辐照总量均可以达到2400kWh/m^2，阿联酋可以达到2200kWh/m^2左右，约旦甚至可以达到

2700kWh/m^2；二是中东国家的项目吸引了大量国际财团纷纷投资，同时中东国家政府出台配套政策，促使新能源项目融资成本降低；三是阿联酋和沙特的光伏项目装机规模大，在设备采购方面有很大的议价优势，在交通、组织施工方面有规模优势；四是光伏产品价格、安装成本逐年下降助力了竞标价降低。

低电价需要对金融运作、设备供应、EPC承包、设计咨询等各个方面统筹策划，全方位考虑公共关系、政策走向、技术趋势、建设风险、运营成本等。不同国家的光照资源情况、非技术成本水平等并不相同，越来越低的拍卖价格只能表示当今和未来的发展趋势。最低拍卖价格可能在某一时间、某个国家或地区产生，并不能推广至所有不同条件的国家或地区。

3. 2020年光伏投融资增长24%

2020年，全球光伏企业融资总额（包括风险资本融资、私募股权、债务融资和公开市场融资）达到145亿美元，较2019年的117亿美元增长24%。公司层面有62项并购交易，大多数为光伏下游企业，其中最大的一笔交易为Sunrun以32亿美元的全股票交易收购Vivint Solar；项目层面有231个大型光伏项目收购交易，交易规模39.5GW，交易笔数和规模同比分别增加39笔和51%。融资总额的增长说明投资者对光伏的看好。

（四）技术与制造

1. 光伏电池效率不断提高

在电池的研发方面，从2021年7月美国国家可再生能源实验室（NREL）发布的光伏电池片最佳实验室效率（见图2-4）可以看出，光伏电池片的最佳实验室效率不断提高。目前多结类电池效率最高，达47.1%。其次依次是砷化镓类、晶硅类和薄膜类（碲化镉电池、铜铟镓硒电池等）。晶硅电池（不包括晶硅薄膜电池）转换效率

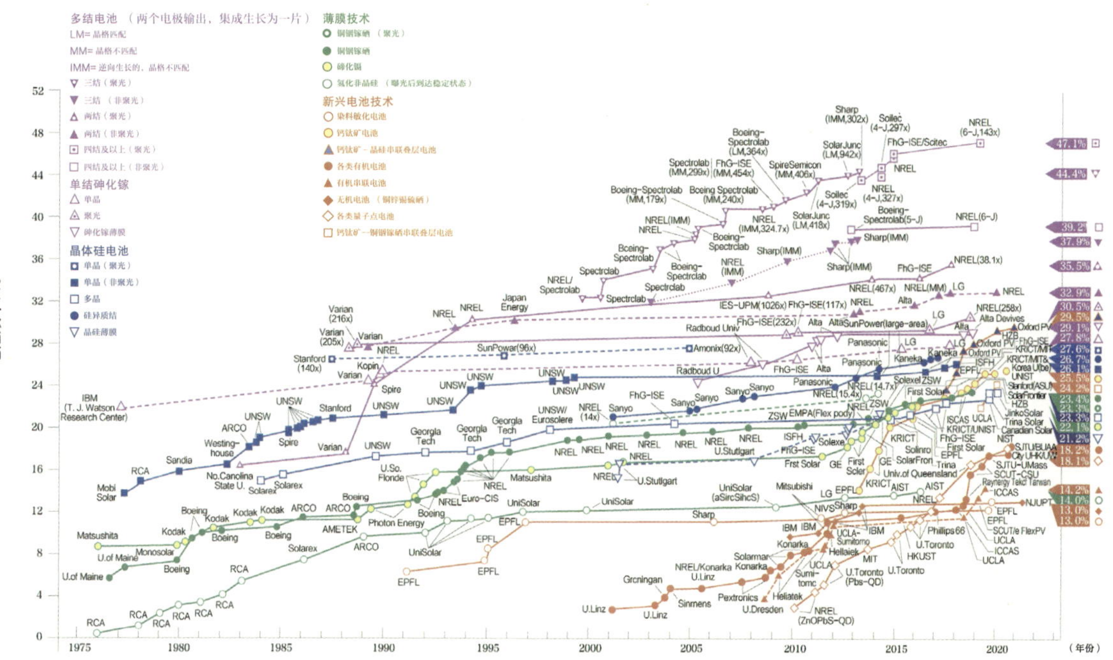

图2-4 光伏电池片最佳实验室效率

资料来源：美国国家可再生能源实验室（NREL），2021年7月。

为23.3%～27.6%；薄膜电池中的铜铟镓硒电池、碲化镉电池最高效率分别为23.4%和22.1%；新型电池中的钙钛矿电池/硅叠层电池最高效率已经达到29.5%；有机电池、染料敏化电池等转换效率较低，均为13.0%～18.2%。新型电池效率提升速度非常快，可能会带来光伏产业的新一轮变革。

2020年10月，“太阳能之父”马丁·格林教授联合多国科学家发布的太阳能电池效率纪录表（Solar cell efficiency tables）（第57版）显示了最先进组件的转换效率。多结电池组件的转换效率是最高的，可以达到31.2%左右；新型电池中效率最低的是有机组件，只有8.7%左右（见表2-7）。

值得注意的是，目前钙钛矿电池研发进展很快，成为风险投资关注的

表2-7 太阳能电池效率纪录

单位：%，cm^2

组件类别	转换效率	面积	研发机构
单晶硅	24.4±0.5	13177	日本Kaneka（108片）
多晶硅	20.4±0.3	14818	韩国Hanwha Q cells（60片）
砷化镓	25.1±0.8	866.45	汉能Alta Devices
铜铟镓硒	19.2±0.5	841	日本Solar Frontier（70片）
碲化镉	19.0±0.9	23573	美国First Solar
a-Si/nc-Si（叠层）	12.3±0.3	14322	韩国TEL Solar，Trubbach Labs
钙钛矿	17.9±0.5	804	日本松下（55片）
有机	8.7±0.3	802	日本东芝
铜铟镓硒（大面积）	18.6±0.6	10858	汉能Miasole
InGaP/GaAs/InGaAs（多结）	31.2±1.2	968	日本夏普（32片）

资料来源：太阳能电池效率纪录表（Solar cell efficiency tables）（第57版）。

焦点。很多研发团队和企业在积极地部署钙钛矿电池。然而，实验测试没有可靠的数据支持，投资商不敢贸然使用，其商业化之路还很漫长。至少在未来5年内，钙钛矿产品不会威胁晶硅产品在光伏产业中的主导地位。但是，未来钙钛矿产品非常有前景，特别是钙钛矿-晶硅的叠层电池很有潜力。

2.制造业产业链各环节产能、产量均有所增长

光伏产品制造业产业链各环节的生产能力继续提升。截至2020年底，全球多晶硅料、硅片、电池片和组件的产能分别为60.8万吨、247.7GW、249.4GW和320.0GW，产量分别为52.1万吨、167.7GW、163.4GW和163.7GW。

多晶硅环节，2020年全球有效产能60.8万吨，产量为52.1万吨，其中太阳能级块状硅约47.7万吨，颗粒硅约9900吨，其余为电子级。中国

以39.6万吨多晶硅产量居全球首位，占比76%，大部分为太阳能级；德国6.8万吨（含Wacker美国工厂0.9万吨），居第二位；再次是韩国、美国、日本，产量分别为2.76万吨（国内1000吨和OCI的马来西亚公司2.66万吨）、1.69万吨和1.17万吨。

2020年，全球太阳能级多晶硅产业进一步向中国转移，产能前十的多晶硅企业中7家是中国企业（见表2-8）。特别是中国的新建企业，在技术、设备、电价、生产成本方面的竞争力非常明显。

表2-8 2020年全球产能前十多晶硅生产企业

单位：万吨

序号	企业名称	生产地点	2020年产能	序号	企业名称	生产地点	2020年产能
1	四川永祥	中国	8.0	6	东方希望	中国	6.0
2	新疆大全	中国	7.5	7	韩国OCI	韩国、马来西亚	3.4
3	江苏中能	中国	9.0	8	亚洲硅业	中国	1.9
4	德国瓦克（Wacker）	德国、美国	8.0	9	美国Hemlock	美国	1.8
5	新特能源	中国	7.2	10	内蒙古东立	中国	1.2

资料来源：中国光伏行业协会。

硅片环节，截至2020年底，全球硅片总产能247.7GW，中国产能占比97.8%；产量167.7GW，同比增长21.3%。主要特点有产业规模急速扩大、产业布局继续向中国集中。同时，产业集中度继续提高，2020年产能前十企业总产能226.9GW，约占全球的92%（见表2-9）。硅片生产企业集中在中国以及中国企业在海外的生产基地。

电池片环节，2020年，全球电池片总产能249.4GW，同比增长18.3%；总产量163.4GW，同比增长16.6%。新建高效产能、低成本产能

表2-9 2020年全球产能前十硅片生产企业及产能、产量

单位：GW

序号	企业名称	生产地点	2020年产能	2020年产量	序号	企业名称	生产地点	2020年产能	2020年产量
1	隆基股份	中国、马来西亚	85.0	58.9	6	京运通	中国	7.0	5.8
2	中环股份	中国	35.2	28.0	7	阿特斯	中国	6.3	4.1
3	协鑫	中国	35.0	20.0	8	锦州阳光	中国	4.5	3.4
4	晶科能源	中国	25.5	19.5	9	天合光能	中国	3.3	3.3
5	晶澳科技	中国、越南	18.0	11.3	10	荣德新能源	中国	7.1	1.6

资料来源：中国光伏行业协会。

供不应求，落后产能加速被淘汰。全年来看，大部分头部电池企业未受新冠肺炎疫情影响，保持了90%的开工率。产业集中度进一步提高，尤其是头部企业占比提高，产量前十企业的产量达到108.21GW，占比66.2%（见表2-10）。在全球总产能中，中国企业产能占大部分，占比达到80.7%，其次是马来西亚（5.1%）、韩国（3.2%）、泰国（2.7%）和越南（2.6%），东南亚的产能大部分是中国企业海外生产基地的产能。

表2-10 2020年全球产量前十电池片企业及产能、产量

单位：GW

序号	企业名称	总部所在地	2020年产能	2020年产量
1	通威股份	中国	27.50	21.40
2	隆基股份	中国	30.05	17.60
3	爱旭科技	中国	22.00	13.30
4	晶澳科技	中国	18.00	11.30

（续）

序号	企业名称	总部所在地	2020年产能	2020年产量
5	晶科能源	中国	11.00	10.00
6	天合光能	中国	12.05	7.86
7	苏州润阳悦达	中国	1.56	7.23
8	韩华集团（Hanwha）	韩国	9.60	7.12
9	阿特斯	中国	9.60	6.90
10	山西潞安	中国	5.50	5.50

资料来源：中国光伏行业协会。

组件环节，截至2020年底，全球组件产能和产量分别为320.0GW和163.7GW，分别同比增长46.3%和18.5%。晶硅组件占主流，薄膜组件依然小众，产量仅占4%。全球组件生产制造中心仍在中国，中国产量约占全球的76.2%；其次为东南亚地区，占比15.0%。韩国、美国、印度的产量均有不同程度下降，唯独土耳其和墨西哥产量有小幅上升。

组件环节头部企业和二、三线企业之间的差距加速扩大，盈利向头部企业快速集中。产业集中度进一步提高，2020年组件出货量前十企业出货量共119.4GW（见表2-11），占全球产量的72.9%，同比上升15个百分点。其中，9家生产晶硅组件，只有美国First Solar生产薄膜组件。建筑节能对薄膜组件的需求很大，First Solar的销售较为稳定，2020年将产线由Series 4改为Series 46期间损失了一部分出货量，但是2021年出货量将有所提高。

表2-11　2019年、2020年组件出货量前十企业

单位：MW，%

序号	企业名称	所属地区	2019年出货量	2020年出货量	同比
1	隆基股份	中国	8365	24530	193
2	晶科能源	中国	14300	18800	31
3	天合光能	中国	10100	15915	58
4	晶澳科技	中国	10260	15880	55
5	阿特斯	中国	8600	11300	31
6	韩华集团（Hanwha）	韩国	7700	9000	17
7	东方日升	中国	6282	7530	20
8	正泰集团	中国	4100	6600	61
9	First Solar	美国	5700	5500	-4
10	唐山海泰	中国	2200	4300	95

资料来源：中国光伏行业协会。

（五）国际贸易摩擦

近年来，光伏产业出现了碳足迹认证、碳关税、与政治问题挂钩的制裁、由知识产权引起的贸易摩擦等新状况。光伏产品贸易已经成为国际贸易的重要一部分，也受到了影响。

碳足迹认证、碳关税等绿色贸易壁垒成为贸易摩擦新手段。2020年7月，韩国产业通商资源部要求光伏组件供应商具备低碳认证资质，政策立即执行。2019年，法国招投标项目的组件供应商必须提供简化碳排放报告（ECS），即碳足迹认证。2021年3月，欧盟通过了建立“碳边境调整机制”（CBAM）的决议，计划从2023年起对欧盟进口的部分商品征收碳关税。中国正在建立碳足迹认证体系，企业在应对新型的碳绿色贸易壁垒方

面的能力有待加强，这势必对企业未来出口造成一定影响。

美国政府将政治问题引入经贸领域。继美国对中国光伏产品实施两次“双反”（反倾销和反补贴）和多次贸易保护措施之后，2021年6月，美国商务部将中国4家多晶硅生产企业列入“实体清单”，美国海关与边境保护局对中国合盛硅业及其子公司发布暂扣令。

知识产权保护成为贸易竞争手段之一。2019年，韩国韩华公司分别在美国、德国和澳大利亚起诉，指控晶科能源、隆基股份和挪威REC的PERC电池存在侵权行为。结果美国判决不侵权，德国判决侵权。由此这些公司出口欧盟面临专利追溯起诉和巨额罚款。2020年4月，美国Solaria公司指控阿特斯以及阿特斯（美国）公司在美国部分叠瓦光伏产品侵犯专利，结果2021年10月美国国际贸易委员会（ITC）初裁Solaria公司胜诉。2021年5月，韩华公司又在法国巴黎高等法院、德国杜塞尔多夫地区法院对正泰集团相关业务的法国公司发起“专利侵权诉讼”，争议重点仍是PERC电池技术，目前尚无裁决。无论诉讼成败，知识产权诉讼的本质都可被视为争夺市场份额的一种手段，即使原告方败诉，也会对产品在当地销售产生影响。中国企业在参加国际竞争中，需要加强知识产权风险管控，培养人才，提高自主创新能力，尽量减少进入诉讼陷阱。

二　中国太阳能发电发展现状与特点

截至2020年，中国光伏累计装机容量已连续6年居全球首位，新增装机容量连续8年居全球首位，多晶硅产量连续10年居全球首位、组件产量连续14年居全球首位，光伏产业链各环节均有7家以上企业居全球前10名（2020年，硅料7家、硅片10家、电池片9家、组件8家）。中国是名副其实的光伏大国。

（一）装机容量

1. 全国新增装机容量同比增长60%

2020年，中国太阳能发电新增装机容量48.20GW，同比增长60%（见图2-5）；尤其是第四季度，由于竞价项目和户用项目的抢装，新增装机量高达29.40GW，创历史纪录；截至年底，全国太阳能发电累计装机容量达253.43GW。

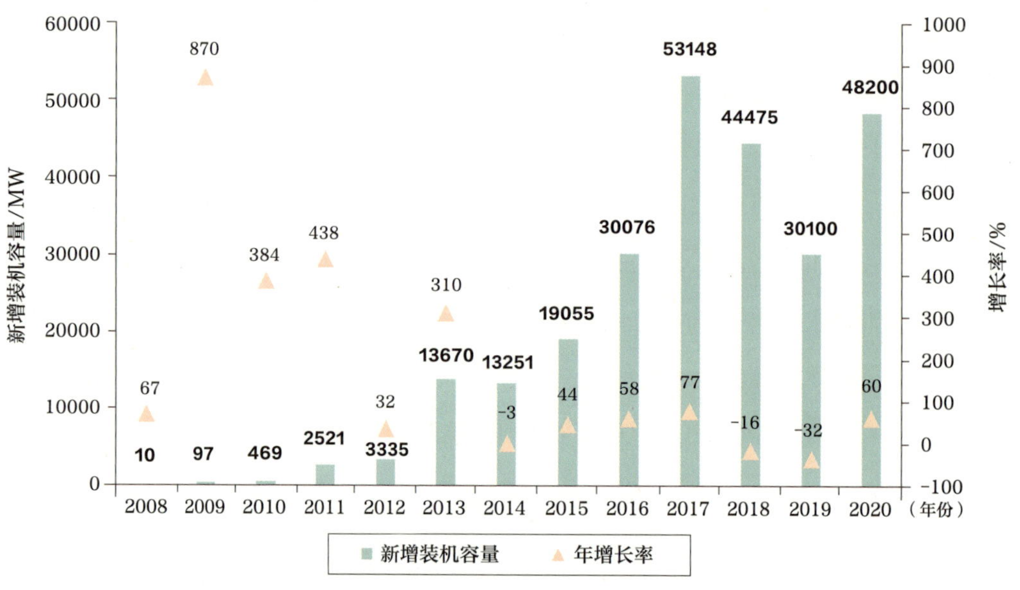

图2-5 2008～2020年中国太阳能发电年新增装机容量和增长率

资料来源：中国电力企业联合会。

分类型来看，绝大部分为光伏发电项目。其中集中式光伏电站32.68GW、分布式光伏15.52GW（其中户用10.10GW）。分地区来看，中东部地区和南方地区占比均约36%，三北地区占64%。

2020年，全国光伏平均利用小时数1160小时，平均利用小时数较长的地区为东北地区（1492小时）、西北地区（1264小时）、华北地区（1263小时）。按区域来看，蒙西、蒙东和黑龙江的光伏平均利用小时数较长，分别为1626小时、1615小时和1516小时。2020年，全国光伏发电量261.1TWh，同比增长16.1%；全国平均利用率98%，与2019年同期基本持平，光伏消纳问题较为突出的西北地区弃光率降至4.8%，同比降低1.1个百分点，尤其是新疆、甘肃弃光率进一步下降，分别降至4.6%和2.2%，同比分别降低2.8个和2.0个百分点。截至2020年底，中国累计建成光伏扶贫电站装机容量26.36GW，可帮扶约415万户贫困户，规模全球第一。

2020年，中国新增光热装机100MW，截至年底累计装机容量538MW（兆瓦级以上规模项目），其中450MW（共7座）是示范项目。

2. 国有企业是装机市场的主力

从投资企业来看，截至2020年底，国家电投集团一家独大，装机容量为29.61GW，占全国总装机容量的11.7%；其次为中广核和三峡新能源，装机量分别为6.94GW和6.70GW，占比为2.7%和2.6%；国家能源集团装机规模较小，为1.69GW；民企中装机容量最多的是正泰集团（5.49GW）、协鑫系公司（4.83GW）（见表2-12）。

表2-12 截至2020年底中国部分企业光伏装机规模

单位：GW

企业	国家能源集团	国家电投集团	中广核	三峡新能源	华能集团	中核集团	正泰集团	华电集团	中节能	京能集团	协鑫系公司	大唐集团
装机容量	1.69	29.61	6.94	6.70	3.68	5.98	5.49	3.58	4.11	4.98	4.83	4.29

资料来源：彭博新能源财经（BNEF）。

（二）发电量

1. 全国发电量同比增长4%

2020年，全国全口径发电量76236亿千瓦时，同比增长4.0%，其中，并网太阳能发电量2611亿千瓦时，同比增长16.6%，占全国发电总量的比重为3.4%，比上年提高0.4个百分点；并网太阳能发电1281小时，同比减少10小时。

2. 发电量增长与装机容量增长正相关

从各地区发电量情况来看，装机容量多的地区发电量也较多，河北、山东、内蒙古、江苏、青海、新疆位居前列，发电量分别为211亿千瓦时、206亿千瓦时、188亿千瓦时、167亿千瓦时、167亿千瓦时、157亿千瓦时（见图2-6）。而贵州同比增幅最高，达131.3%，主要原因在于装机容量的增加，该省2020年光伏装机同比增幅为107%。

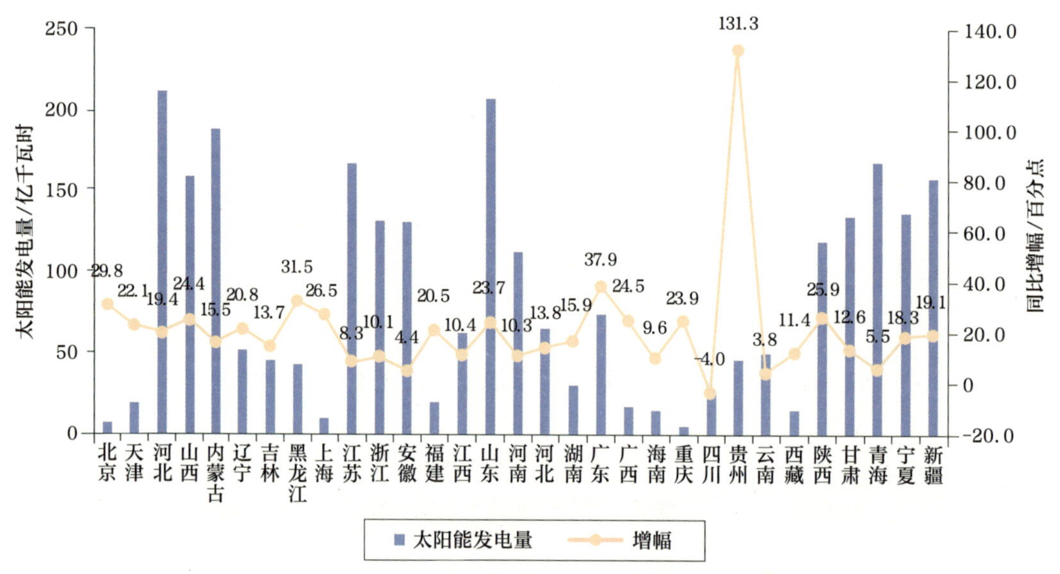

图2-6 2020年中国各省（区、市）太阳能发电量和同比增幅情况

资料来源：中国电力企业联合会。

（三）成本与企业融资

1. 2020年系统成本同比下降12%

中国光伏行业协会称，2020年，中国光伏组件价格和大型地面光

伏电站系统成本继续分别下降至1.57元/瓦和3.99元/瓦，同比分别下降10.3%和12.3%。

如把大型地面光伏电站系统成本划分为三个部分（组件成本、其他技术成本和非技术成本），则近几年组件成本在系统成本中的占比逐年下降，但是由于2020年组件硅料和辅材涨价的幅度都很大，所以组件在系统成本中的占比从2019年的38.5%反弹至39.3%（见图2-7）；2020年，非技术成本占比同比下降了0.3个百分点，值得注意的是，其中的土地成本占比却同比上升了1.0个百分点，因此土地成本越来越成为衡量光伏项目经济性的重要因素。

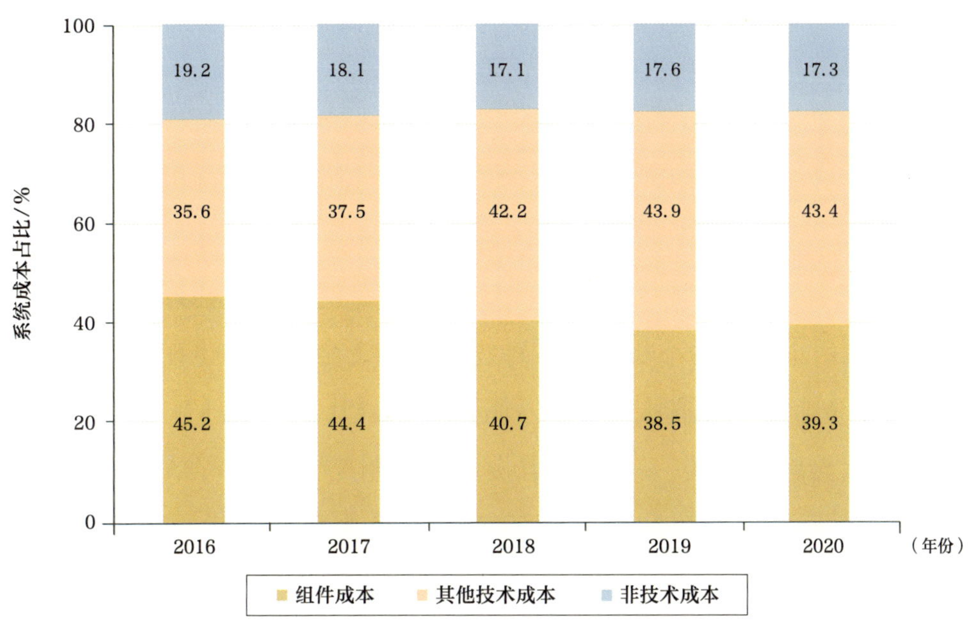

图2-7 2016~2020年中国大型地面光伏电站系统成本占比变化情况

资料来源：中国光伏行业协会。

2. 2020年大型地面光伏电站度电成本为0.20～0.35元/千瓦时[①]

在全投资模型下，2020年中国大型地面光伏电站等效利用小时数为1800小时、1500小时、1200小时、1000小时的LCOE分别为0.20元/千瓦时、0.24元/千瓦时、0.29元/千瓦时、0.35元/千瓦时。[②]

分布式发电系统等效利用小时数为1800小时、1500小时、1200小时、1000小时的LCOE分别为0.17元/千瓦时、0.20元/千瓦时、0.26元/千瓦时、0.31元/千瓦时。实际上目前分布式光伏装机大部分位于山东、浙江、河北、河南等省份，等效利用小时数并不长，通常为1000～1100小时。

3. 项目投融资环境改善，规模扩大

2020年，国内光伏行业融资环境明显向好转变，光伏企业有三种融资模式。

一是资本市场权益融资，共32家企业在A股或H股资本市场募集资金，涉及36个项目，募集资金714亿元，同比增长97%。其中，IPO上市融资12个项目，募集资金131亿元，同比增长230%；定增、可转债、配股24个项目，募集资金583亿元，同比增长81%（见图2-8）。在募集的资金中，64%的资金用于提高产业链各环节产能，电池片和辅材使用资金最多；由于光伏企业规模不断扩大，对经营流动资金的需求也在提高，因此20%的募集资金用于补充流动资金/营运资金。

二是间接融资手段——银行信贷和融资租赁。在银行绿色信贷中，绿色交通、可再生能源和节能环保项目的贷款余额的增幅位居前列。2021年2月，国家发改委、财政部等联合印发《关于引导加大金融支持力度促进风电和光伏发电等行业健康有序发展的通知》，为了缓解补贴拖

---

① 根据《中国光伏产业发展路线图》（2020年版）。

② 仅考虑全投资情景，不包含融资成本。LCOE值按照《光伏发电系统效能规范》中的LCOE计算公式得出，其中折现率按照5%计算，电站残值率按照5%计算，增值税按5年分期完成抵扣，容配比按1:1考虑。

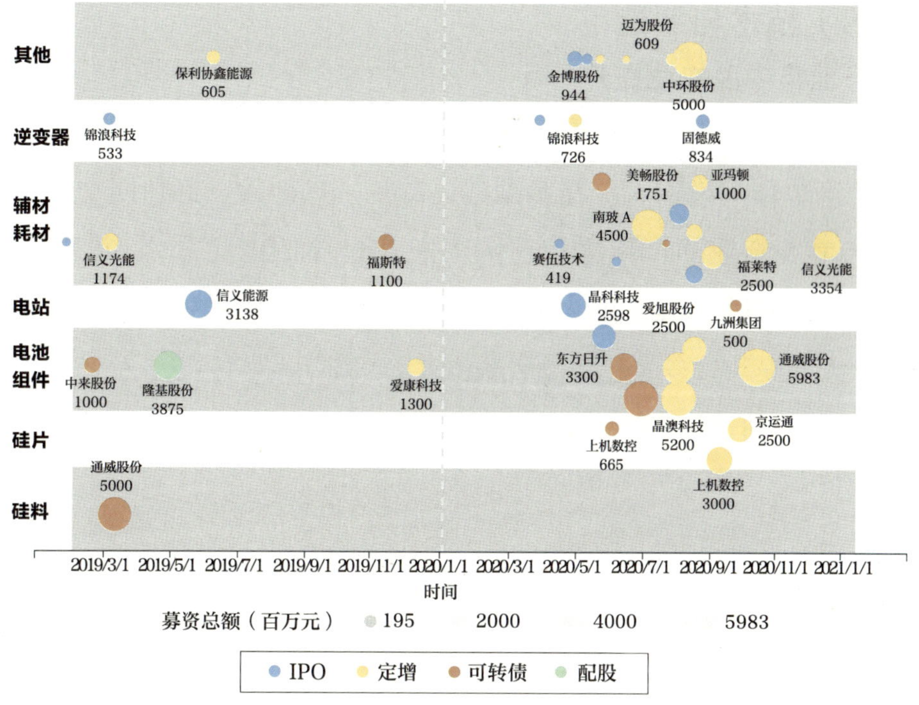

图2-8 2019年和2020年中国部分光伏企业资本市场权益融资情况

资料来源：国金证券和中国光伏行业协会。

欠带来的资金紧张，提出鼓励金融机构对已纳入补贴清单的项目发放补贴确权贷款。2021年7月，中国农业银行湖北孝感分行发放了全国首笔“可再生能源补贴确权贷款”950万元，随后中国工商银行、江苏银行陆续有所发放。

三是企业为盘活现金流，主动出售电站资产。大量民营企业出售存量电站资产，2020年中国光伏电站资产交易规模超过3.2GW，交易金额近百亿元，收购方以国资企业为主。其中，协鑫系公司出售的电站最多，由于补贴拖欠和自身经营不善等多种原因，协鑫系公司资金链紧张，2020年共出售电站超过1.6GW，交易金额约60亿元，华能集团收购了其中近1.26GW；2018年至2022年初，协鑫系公司已经出售电站规模4.4GW以上。其余交易规模几十兆瓦的还有十几桩，收购方都以国资企业为主。

（四）技术与制造

1. 产业集中度快速提升

2020年，中国光伏晶硅产品制造企业尤其是龙头企业的扩产步伐加快，且扩产单体规模增大。在多晶硅、硅片、电池片、组件四个环节，产量排名前五企业的产量之和在国内总产量中的占比分别为87.5%、88.1%、53.2%和55.1%，同比均提升10个百分点以上（见表2-13）。头部企业产量大幅提升，多晶硅环节产量超过5万吨的企业有4家，硅片环节前5家企业产量均超过10GW，电池片、组件环节产量超过10GW的企业分别有4家和3家。

表2-13 2018～2020年光伏产业链各环节产量排名前五企业的产量之和占比

单位：%

环节	2018年	2019年	2020年
多晶硅	60.3	69.3	87.5
硅片	68.6	72.8	88.1
电池片	29.5	37.9	53.2
组件	38.4	42.8	55.1

资料来源：中国光伏行业协会。

龙头企业在优势环节继续扩大产能，随着新建产能释放以及单晶产品、大尺寸产品的快速迭代，无技术、资金优势的中小企业加速退出市场，产业集中度还将进一步提升。

2. 技术和工艺不断进步

2020年，光伏产业技术和制造工艺继续进步。多晶硅生产方面，综合电耗降至66.5kWh/kg-Si，单炉致密料占比提升至70%～80%。硅片方面，单晶炉单炉投料量提升至1900kg，较2019年的1300kg有大幅提升；158.75mm和166mm尺寸硅片占比合计达到77.8%，182mm、210mm大尺寸硅片进入市场、逐步放量。晶硅电池片方面，规模化生产的P型单晶电池均采用PERC技术，平均转换效率达到22.8%，较2019年提高0.5个百分点，先进企业转换效率达到23%。组件方面，166mm、72片单晶PERC组件主流功率为450W以上，210mm组件功率提升至600W以上。

晶硅电池转换效率方面，最新纪录是2021年7月隆基绿能电池研发中心研发的单晶P-TOPCon电池实现了25.19%的转换效率，安徽华晟联手迈为股份研发的M6异质结电池转换效率达到25.26%（见图2-9）。

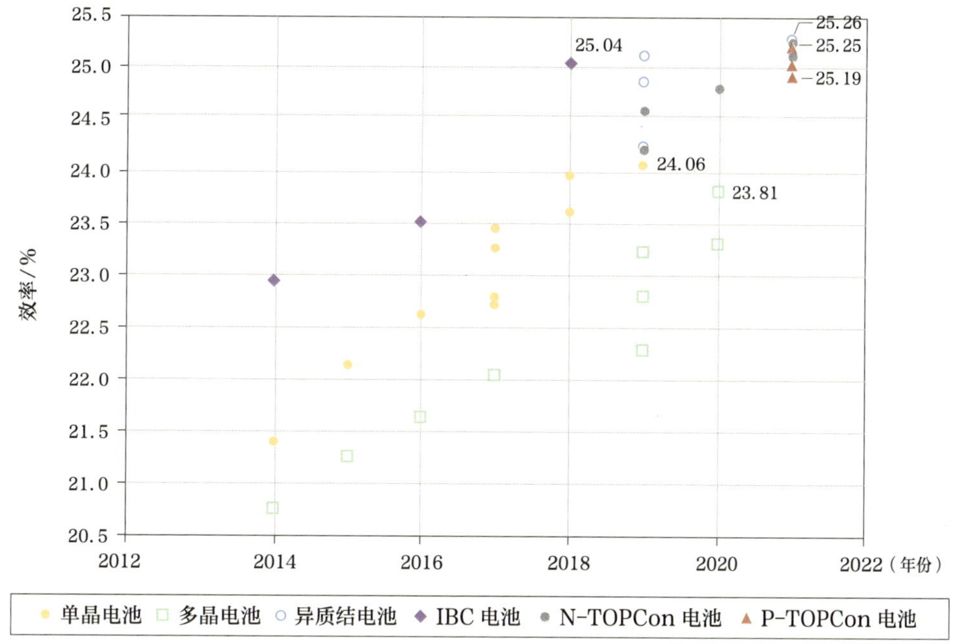

图2-9 中国晶硅电池片实验室效率刷新纪录情况

资料来源：中国光伏行业协会。

除了在晶硅电池技术方面领先全球外，中国薄膜电池技术的发展速度也很快。2020年7月，杭州纤纳光电以18.04%的钙钛矿小组件光电转换效率的成绩，第七次打破了钙钛矿小组件光电转换效率的世界纪录。上海交通大学/北京航空航天大学、中国科学院化学研究所和汉能控股集团研发的有机电池、有机叠层电池和薄膜电池也保持着世界先进水平。

（五）市场与出口

1. 产业链上游价格剧烈波动

在光伏的产业链上，根据2020年的数据，电站的成本39%取决于组件，支架占比7%，线缆占比16%。在组件的成本中，多晶硅料占大部分。2020年以来，主要环节原料价格波动幅度很大，总体上涨。组件所用辅材，例如胶膜（EVA、POE等）、玻璃价格波动，起到助推的作用。

2020年，多晶硅料的价格波动幅度很大，整体大幅上涨，进入2021年以后涨势依然不减。以致密料为例，2020年6月的价格还稳定在59元/千克左右，从7月开始价格高企，直至2021年5月已经超过200元/千克，10月已经高达263元/千克（见图2-10）。

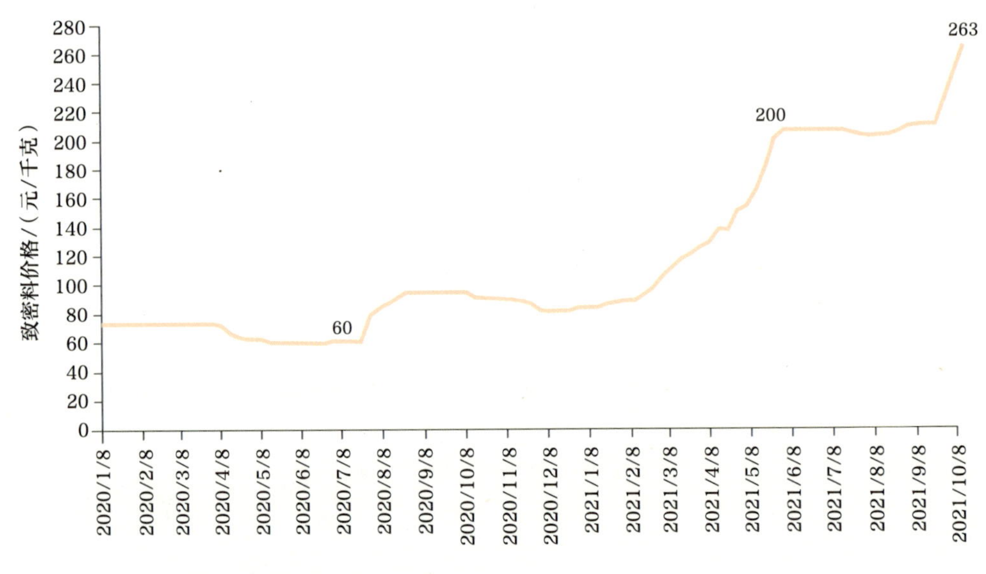

图2-10 2020年1月至2021年10月多晶硅致密料价格情况

资料来源：PV InfoLink。

作为产业链的源头，多晶硅料的价格牵动了整条产业链的“神经”，价格上涨的主要原因是供需失衡。首先是硅片环节的扩产，国产硅料产能约48万吨，进口规模约10万吨，合计58万吨的供应量可以满足全年生产

193GW左右规模的组件，基本可满足全球组件需求，但是下游扩产减速下，新建成、在建和已经宣布建设计划硅片、电池片、组件环节的产能已达300GW左右，上下游产能错配造成了对硅料合同的抢夺，推高了成交价。其次，硅料工厂建设周期长，投产后调试时间长，建设到达产一般需要2年以上时间，新产能的释放速度跟不上，更是进一步推高价格。再次，头部硅料厂发生自然灾害和事故造成减产。最后，硅料厂家掌握定价主动权也造成了价格的上涨，曾有电池片企业公开指责硅料企业利用竞标价定价的方式，推高了硅料价格。

多晶硅料涨价带动了产业链全线涨价。以182mm单面单晶PERC组件为例，2020年下半年大规模上市后均价一直在1.70～1.80元/瓦波动，而2021年第三季度以后突然跃升至2元/瓦以上（见图2-11）。

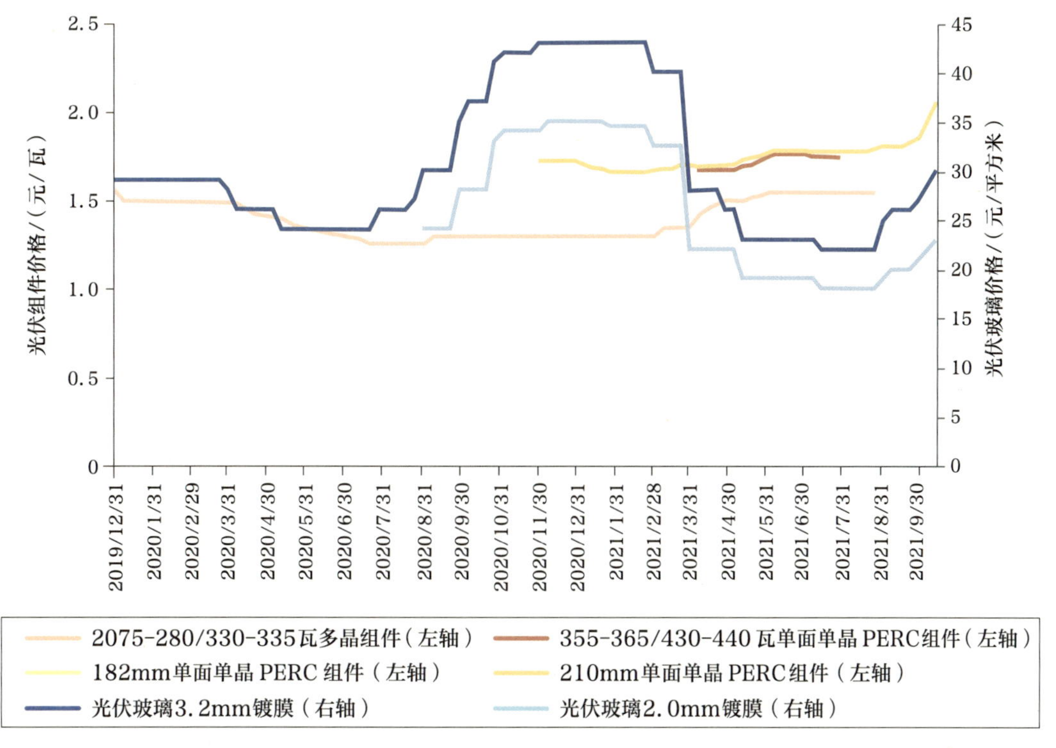

图2-11 2020年1月至2021年9月光伏组件价格和光伏玻璃价格波动情况

资料来源：PV InfoLink。

逆变器方面，无论是集中式还是组串式，平均价格都是逐年有所下降。2020年，集中式逆变器主流产品平均价格0.11~0.14元/瓦，组串式逆变器平均价格0.18元/瓦。2021年，逆变器的价格向上有所波动，由于芯片短缺，部分厂家特定型号的产品价格平均上调了10%~15%。

光伏支架和线缆的主要原材料是型钢、铝合金和铜材。作为大宗商品，这些原材料的价格受到市场波动影响，在2020年一路走高，进入2021年以后涨势不减，同时拉高了光伏支架和线缆的报价。

2. 新冠肺炎疫情影响下光伏产品出口总额同比下降5%

中国继续占据全球光伏产品制造业最大份额，产品持续供应国际市场。在光伏制造产业链上，2020年除了进口太阳能级多晶硅9.9万吨以外，硅片、电池片、组件均出口海外，出口总额197.5亿美元（见表2-14），同比下降5%，下降原因主要是新冠肺炎疫情影响了海外开工率，以及产品单价下降。

表2-14 2020年中国光伏产品出口情况

类别	出口额（亿美元）	出口量（GW）	在各环节产量中的占比（%）
硅片	17.7	约27.0（73.5亿片）	16.7
电池片	9.9	9.0	6.7
组件	169.9	78.8	63.0
小计	197.5	—	—

资料来源：中国光伏行业协会。

从具体出口情况来看，大部分硅片和电池片在国内工厂制造组件，少部分出口至中国企业的海外工厂或者国外组件企业。成品组件的63%用于出口，2020年出口量约78.8GW，再创新高，同比增长了18.3%，在国际市场中的占有率进一步提高。

2020年，中国光伏产品出口市场仍是传统市场和新兴市场结合，出口国家没有太大变化，集中度没有继续下降，仍集中在重点区域，主要是因为新冠肺炎疫情影响了新兴市场装机（见图2-12）。

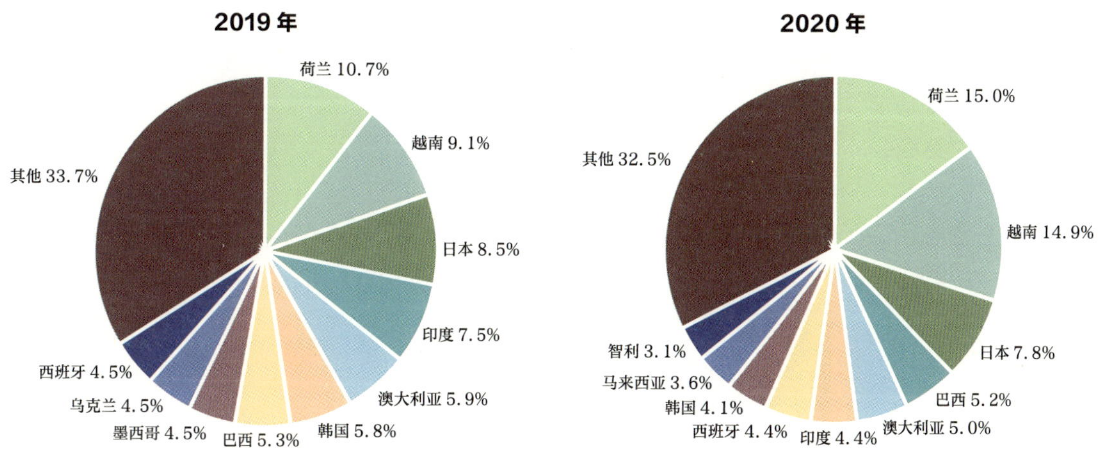

图2-12 2019年、2020年中国光伏产品主要出口国家和地区

资料来源：中国光伏行业协会。

从出口目的地来看，2020年，荷兰继续保持中国第一出口市场的地位，对该国的出口额占中国出口总额的15%。荷兰是欧洲市场的中转站，中国光伏产品经由荷兰鹿特丹港进入欧洲市场。2020年，由于越南本国新增装机增加，而且拥有中国企业海外产能，中国对该国硅片、电池片的出口占不小比例，占出口总额的14.9%。日本、巴西、澳大利亚、西班牙等国家均是新增装机的增加带动了对光伏产品需求的增加。因为印度受到新冠肺炎疫情影响，2020年新增装机同比大幅下降47%，所以中国对印度的出口量出现了下降。

3.“走出去” 遭遇多方贸易摩擦

自2011年遭遇美国“双反”调查以来，中国光伏产品共遭受美国、欧盟、印度、澳大利亚、加拿大、土耳其等国家（地区）16起贸易救济调查以及带政治目的的制裁（见表2-15）。

表2-15 中国光伏产品遭遇贸易摩擦情况

序号	立案日期	国家/地区	涉案产品	调查类型	调查结果
1	2011年11月[美国商务部（DOC）]	美国	原产于中国的光伏晶硅电池、用原产于中国的光伏电池加工成的晶硅组件	反倾销	倾销税率18.32%～249.96%
2				反补贴	补贴税率14.78%～15.97%
3	2012年9月	欧盟	光伏晶硅电池、组件	反倾销	接受121家企业价格承诺，其他企业47.7%～64.9%“双反”税
4	2012年11月			反补贴	
5	2012年11月	印度	光伏晶硅电池、组件，薄膜组件	反倾销	无措施结案
6	2014年1月[美国商务部（DOC）]	美国	2011年“双反”调查涉案产品外的其他光伏晶硅电池、组件（用第三国/地区电池片加工）	反倾销	倾销税率26.71%～165.04%（后改为151.98%）
7				反补贴	补贴税率27.64%～49.79%（后改为49.21%）
8	2014年5月	澳大利亚	光伏晶硅组件	反倾销	损害可忽略不计，终止调查（2016年1月复审撤销原决定，重启调查）
9	2014年12月	加拿大	光伏组件、光伏层压件、薄膜光伏产品和带有光伏组件、蓄电池或其他装置的光伏系统	反倾销	倾销税率9.3%～154.4%
10				反补贴	补贴幅度0.003～0.340元/瓦
11	2016年7月	土耳其	光伏产品	反倾销	20～25美元/米^2
12	2017年5月[国际贸易委员会（ITC）]	美国	光伏产品	201调查	对进口光伏电池片和组件征收为期4年的关税，第1年30%、第2年25%、第3年20%、第4年15%，进口电池片每年有2.5GW的免税配额

（续）

序号	立案日期	国家/地区	涉案产品	调查类型	调查结果
13	2017年7月	印度	光伏产品	反倾销	申请人撤诉，终止调查
14	2017年12月	印度	光伏电池和组件	保障措施	对进口光伏电池和组件征收为期2年的保障措施税。第1年征收25%从价税，第2年前6个月征收20%从价税，第2年后6个月征收15%从价税。除中国、马来西亚以外的发展中国家豁免保障措施
15	2020年3月	印度	光伏电池和组件	保障措施第一次日落复审	对进口光伏电池和组件征收为期1年的保障措施税，其中前6个月征收14.90%从价税，后6个月征收14.5%从价税。此次征税适用于中国、泰国及越南的涉案产品
16	2021年6月	美国商务部	中国合盛硅业及子公司产品	带政治目的的制裁	将中国4家多晶硅生产企业列入“实体清单”，美国海关与边境保护局暂扣合盛硅业产品，并不提供宽限期

资料来源：中国机电产品进出口商会、国家能源集团技术经济研究院。

此外，美国在是否继续201条款中豁免双面组件关税的政策上不停反复（见表2-16）。

表2-16 美国在是否豁免双面组件关税政策上的摇摆情况

时间	政策情况
2019年6月	美国联邦贸易当局裁定双面组件可以豁免201条款

（续）

时间	政策情况
2019年10月	美国贸易代表办公室（USTR）撤回双面组件的排除规定，自2019年10月28日起生效
2019年12月	美国国际贸易法院（CIT）对USTR做出的撤销双面组件201条款关税豁免的决定发布临时禁令
2020年4月	USTR请求CIT解除针对USTR“撤销双面组件排除规定”的生效临时禁令
2020年5月	CIT驳回USTR的请求
2020年6月	USTR撤销了2019年10月做出的撤回双面组件排除规定的决定，撤销条款自2020年6月12日起生效
2020年10月	美国政府又启动了废除豁免双面组件关税规定的计划，同时将201条款下2021年关税税率从15%提高到18%
2021年3月	维持取消豁免双面太阳能组件进口关税，继续实施关税
2021年11月	美国国际贸易法院裁定双面太阳能组件获得关税豁免，201税率从18%降至15%
2022年2月	201关税措施于2022年2月6日到期后再延长4年，继续对进口晶体硅光伏电池征收14%～15%的关税，双面电池板豁免关税

资料来源：国家能源集团技术经济研究院。

双面组件关税的豁免是美国海外制造商努力游说的结果，提出豁免更多的是出于自身的利益考量。对于中国的双面组件产品来讲，豁免201关税条款15%的关税，还有“双反”、301的重重关税，在美国仍然面临不公平竞争。

除了贸易措施限制，印度、土耳其等国家在项目招标时，还对设备当地生产率有所要求，这是另一种对本国的贸易保护措施。面对越来越多的贸易摩擦，中国光伏企业积极采取多种应对措施，其中海外建厂就是重要的手段。2020年，中国光伏企业在海外拥有产能超过53GW，其中包括硅片4.5GW、电池片19.6GW、组件23GW和逆变器6GW。海外产能主要集中在东南亚地区的马来西亚、泰国、越南，这些地区拥有相邻的地理位置、良好的投资环境、低廉的人工成本，可以低税率出口欧美市场；此外，美国、南非等地也正在成为中国企业布局全球产业链的热门地区。

三 前景展望

2020年初突如其来的新冠肺炎疫情给全球太阳能发电的发展带来很大冲击，然而全球装机市场却出乎意料地出现一定幅度的增长。这一方面是因为各国的疫情控制措施起到一定的效果，另一方面表明太阳能发电是未来能源发展的潮流。

（一）全球

1. 全球装机市场仍由六个传统光伏大国引领

虽然新冠肺炎疫情对2020年和2021年全球太阳能发电装机造成了影响，但是大部分国家光伏装机容量实现了正增长。虽然疫情暂时抑制了印度这样的光伏大国2020年的发展，但2021年这些国家很快恢复，并给2022年及以后留下更多的空间。就全球光伏产业而言，疫情的影响仍然存在不确定性，但总体全球装机仍然会保持增长，其中由制造产业链供需矛盾、国际大宗商品行情波动导致的较高的组件价格难以快速下降，会抑制一部分装机需求。2021年，全球太阳能发电新增装机容量180GW，同比增长38%，其中大部分是光伏发电，光热发电只有110MW，占比不足0.1%。我们认为，2022年全球太阳能发电新增装机200～220GW（见图2-13）。

全球太阳能发电装机市场仍由中国、美国、德国、印度、日本和澳大利亚六个传统光伏大国引领（见图2-14）。此外，欧洲地区的意大利、法国、西班牙、波兰、荷兰，中东地区的沙特，亚太地区的韩国、菲律宾、印度尼西亚、马来西亚、泰国，美洲地区的墨西哥、巴西、阿根廷也会有较多增量。

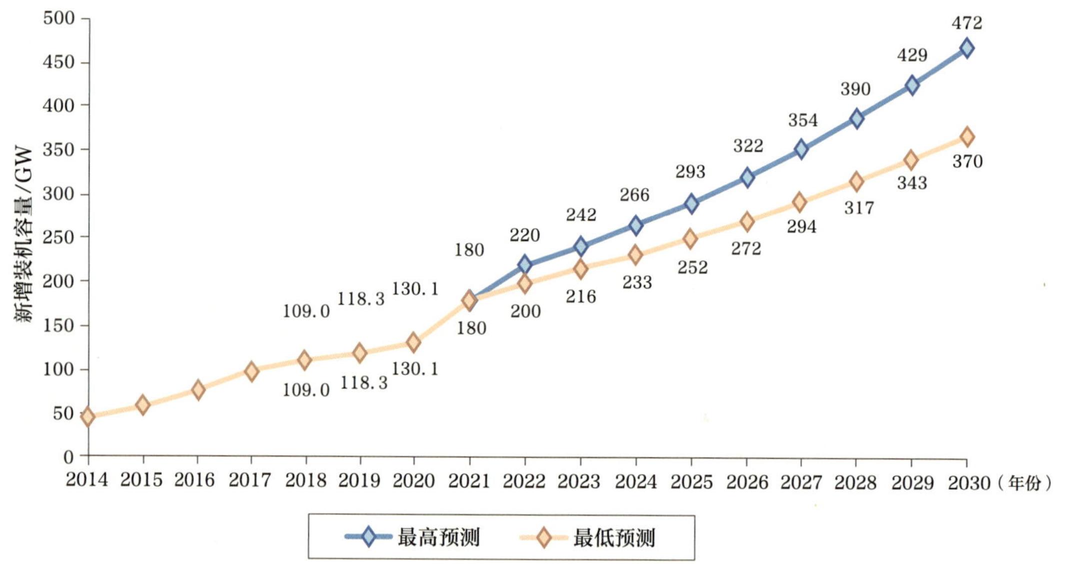

图2-13 2014~2030年全球太阳能发电年新增装机规模及预测

资料来源：中国光伏行业协会、国家能源集团技术经济研究院。

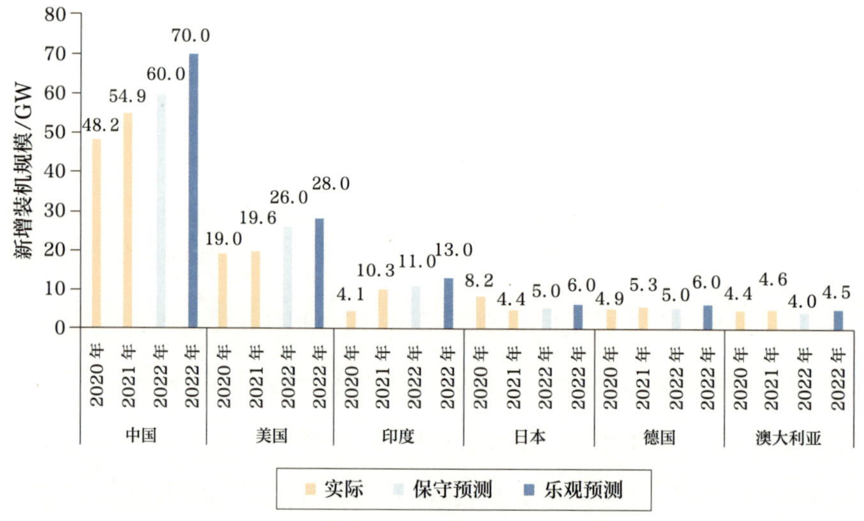

图2-14 2020~2022年中国、美国、印度、日本、德国和澳大利亚太阳能发电新增装机规模预测

资料来源：国家能源集团技术经济研究院。

（1）美国

2021年11月，美国投资税抵免（ITC）再次延期10年。在利好政策刺激下，美国光伏装机容量将持续增长。2021年，美国光伏发电新增装机容量19.6GW，预计2022年将新增26～28GW，2023年新增30GW左右，2025年后保持年新增35GW左右。在美国，住宅和商业屋顶光伏项目发展的空间很大，例如纽约州、明尼苏达州和马萨诸塞州都出台了激励措施。光伏在减少电费支出、避免极端天气情况下的停电风险方面有较大的市场需求。预计2021~2025年美国分布式装机将维持年新增8GW左右。

（2）德国

激进的“去煤去核减碳”的能源战略给德国光伏发电带来巨大机遇。德国将引领欧洲，成为光伏装机新增最快的市场。2021年，德国光伏新增装机达到5.3GW，同比增长约8%。德国计划2025年光伏累计装机达到75GW，预计2022～2025年年均新增5～6GW。

（3）印度

印度是世界第三大电力生产和消费国，将发展可再生能源作为重要的能源战略。新冠肺炎疫情严重影响了2020年印度光伏新增装机，为此印度政府采取了一系列补救措施，包括将所有正在实施的可再生能源项目并网期限延长5个月，豁免过网费至2023年6月，等等。2021年下半年后，印度疫情得到控制，形势有所好转。虽然已经不可能实现2022年累计装机达到100GW的目标，但是被疫情抑制的装机出现反弹。2021年，印度光伏新增装机10.3GW，同比大幅增长151%。2021年4月，印度制定了在2022～2026年支出约6.02亿美元的光伏装机刺激计划。预计2022年印度光伏新增装机11～13GW，此后将保持13GW的年新增量。

（4）日本

2021年5月，日本国会参议院通过修订后的《全球变暖对策推进法》，明确到2050年实现碳中和的目标。在此目标激励下，日本光伏市场会得到更多的发展机遇。但是日本光伏项目条件差异很大，投资成本较高，接网情况不尽如人意，叠加上网电价补贴（FIT）退坡等不利条件，500kW的大型项目从2020年开始已经全部竞价，该国新增装机难有大幅飞跃。2021年，日本光伏新增装机4.4GW，预计2025年之前保持5～6GW的年新增量。

（5）澳大利亚

虽然澳大利亚缺乏联邦层面的光伏支持政策，但是州级的可再生能源目标和政策都非常积极。澳大利亚并未用立法来制定碳中和目标，而是制定了“澳大利亚方式”（the Australian way）的碳中和计划，包括优先投资氢能源、促进钢铁业和铝业的低碳转型、发展碳捕捉和储存（CCS）技术、发展超低成本太阳能技术等。澳大利亚政府计划总投资200亿澳元。2021年，澳大利亚光伏新增装机4.6GW，增长主要由屋顶太阳能推动，弥补了公用事业领域装机规模增长的放缓。预计2022年澳大利亚光伏新增装机4.5GW，至2025年前将保持4～4.5GW的年增量，且大部分是小于20kW的小型项目。

2. 发电成本波动向下

长期来看，太阳能发电经济性将增强。随着技术的成熟、设备的更新，生产规模将扩大，不论是光伏还是光热的度电成本都将下降。但是，短期来看，受国际大宗商品、原材料、辅料以及土地价格等的影响，成本价格将会有一定波动。

（1）系统成本

近年来，光伏项目的系统投资成本总体逐年下降。2020年，全球集中式光伏发电项目（固定支架）系统投资成本约为0.63美元/瓦（见图2-15）。2021年，全球多晶硅料总体产能扩大规模连续两年低于下游硅片需求的增速，供需矛盾非常突出，多晶硅价格因供应紧缩而上涨了3倍，同时大宗商品价格上涨，产业链传导带来2021年前三季度全球光伏组

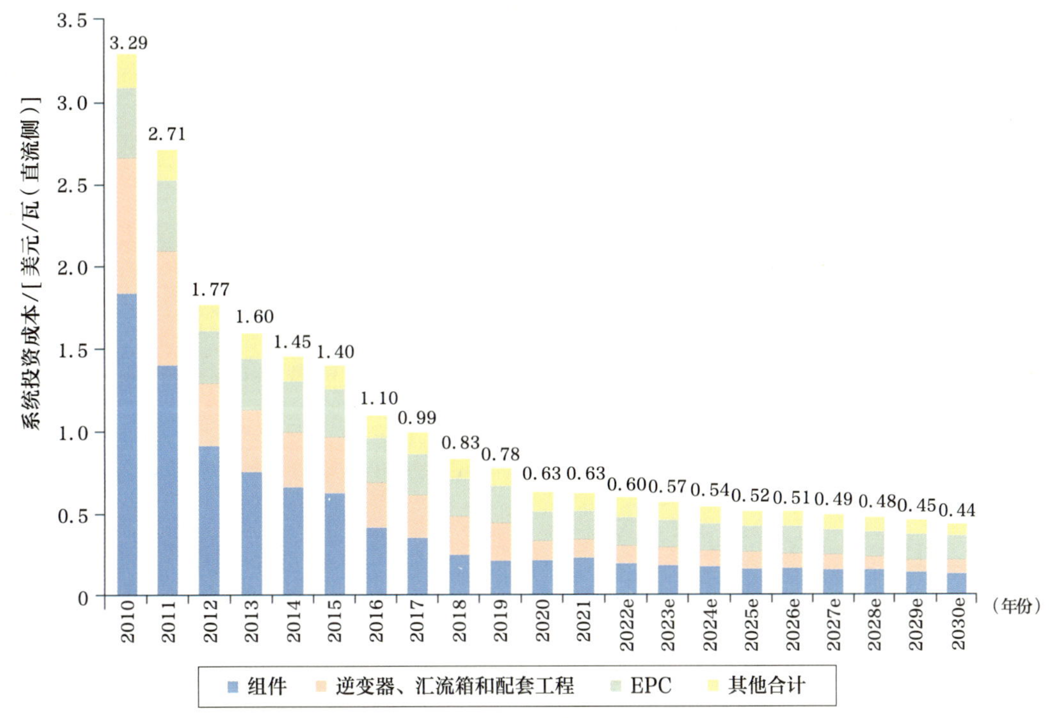

图2-15 2010~2030年全球集中式光伏发电项目(固定支架)系统投资成本

资料来源：国家能源集团技术经济研究院。

件平均价格同比上涨了6%左右，抵销了其他成本的下降，预计2021年全球光伏发电系统成本将维持在0.63美元/瓦。

（2）度电成本

现阶段，在中国、印度、德国、法国、意大利、西班牙、葡萄牙和希腊新建的大型集中式光伏电站的成本，已经可以与新建的燃煤和燃气发电站（加CCS成本）竞争。

中国凭借较低的系统投资和EPC成本，LCOE水平较低，2020年为26~52美元/兆瓦时，2030年还将随着技术和非技术成本的降低继续下降至18~35美元/兆瓦时。

印度凭借优越的光照条件和廉价的人工成本，成为LCOE最低的国家，2020年的LCOE为22~38美元/兆瓦时，2030年预计可以下降至

18～28美元/兆瓦时。

日本因为项目外部环境多样，且有很多小型项目，彼此之间差异较大，所以是LCOE范围最为宽泛的国家，2020年的LCOE为76～215美元/兆瓦时，2030年将进一步下降并缩窄至40～85美元/兆瓦时。

德国是传统光伏大国，虽然“去碳”能源转型战略非常激进，但是光照自然条件并不优越，且可利用土地有限，2020年的LCOE为45～63美元/兆瓦时，虽然未来大型项目LCOE会进一步下降，但还有很多分布式项目与建筑结合，综合来看2030年的LCOE将下降至24～41美元/兆瓦时。

美国和澳大利亚幅员辽阔，光照条件好且可以建设项目的空间很大，所以LCOE总体较低。美国2020年的LCOE为33～51美元/兆瓦时，2030年的LCOE将下降为19～27美元/兆瓦时。澳大利亚小型项目占比很大，户用分布式项目非常多，未来这种趋势将不会改变。因为分布式项目的个体条件各异，2020年澳大利亚的LCOE范围较宽泛，为32～96美元/兆瓦时，2030年将进一步下降至18～35美元/兆瓦时。总之，未来LCOE值会因各个国家各自情况的不同而有所不同，但总体都将呈下降趋势（见图2-16）。

3. 全产业链技术不断探索进步

光伏电池的主要技术目前集中在晶硅和非晶硅两个领域。目前，晶硅技术优势仍然明显，同时新技术、新应用模式层出不穷。

在晶硅领域，硅烷流化床法（FBR）生产的颗粒硅一改往日行业内统一使用改良西门子法生产的局面，产品体积更小，能耗更低。目前上机数控、晶澳科技、中环股份、隆基股份、双良节能等主流硅片厂商已纷纷试用颗粒硅，掺杂比例较此前已大幅提升。预计随着供应量的加大，硅片厂家工艺调试成熟，颗粒硅市场占有率将进一步提高。

在电池领域，目前晶硅PERC电池已经成熟，PERC电池的优点是转

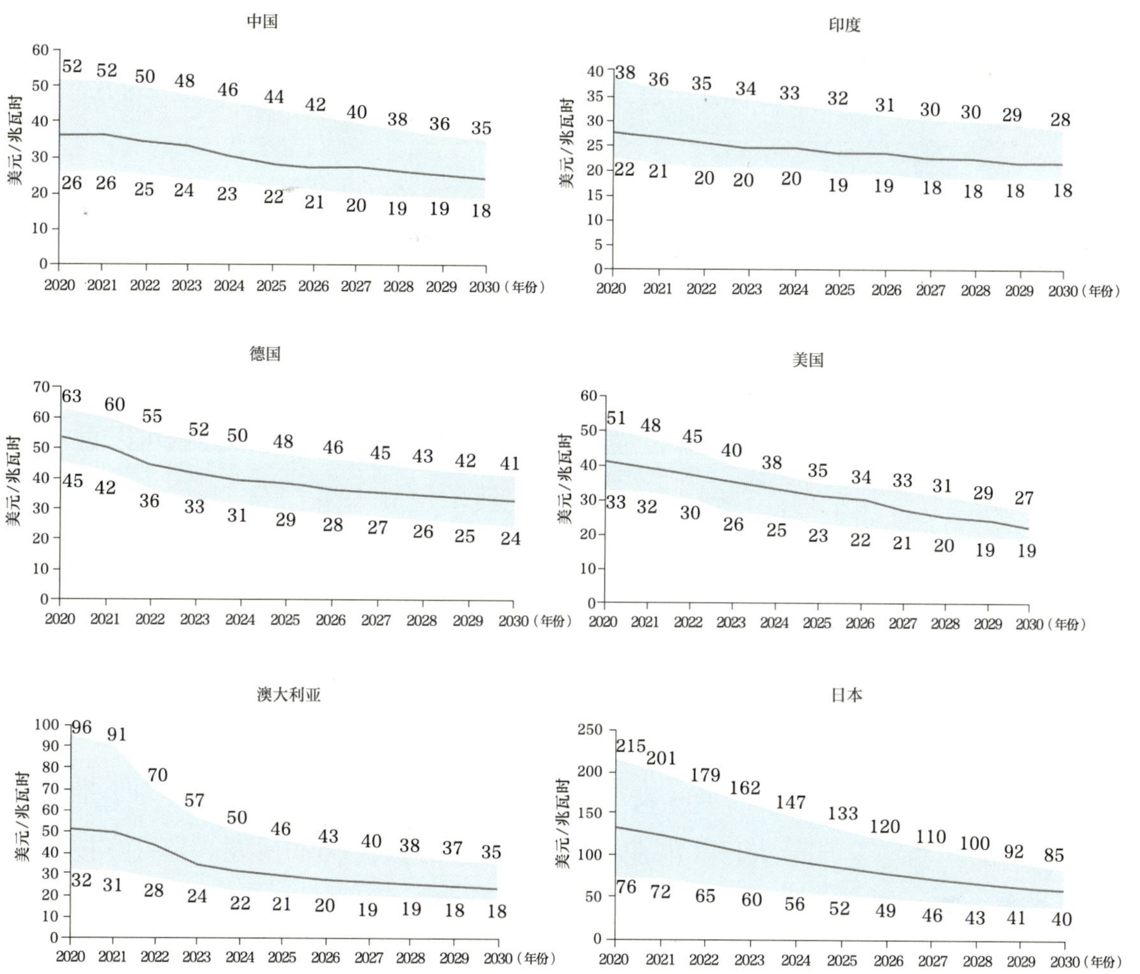

图2-16 中国、印度、德国、美国、澳大利亚、日本光伏发电度电成本趋势预测

资料来源：国家能源集团技术经济研究院。

换效率高、成本低廉、优良率高，制造规模已经超过200GW。制造工艺上，将硅片做大做薄成为行业普遍趋势，主流硅片尺寸逐渐从166mm向182mm、210mm过渡，硅片厚度逐渐从175μm向165μm、160μm甚至更薄发展；在组件环节，高密度封装、多主栅、无损切割、叠瓦等技术得到了更广泛的应用。但是PERC电池在成熟的同时，遇到提高效率方面的瓶颈。据德国弗劳恩霍夫研究所一篇研究论文，PERC电池的极限效率是

24.5%，也有人认为极限转换效率是24%，姑且不论哪项研究更准确，仅从2022年PERC电池效率已经达到23%左右且提升日渐缓慢看，效率的提高缺乏后劲。

未来的两三年内，业界普遍看好Topcon、HJT、IBC三种接续技术路线。三种技术在效率、成本、工艺和投资者上各有差异：理论极限转换效率方面，PERC电池为24.0%～24.5%，Topcon电池为28.2%～28.7%，单体HIT电池为27.5%，HIT电池叠加钙钛矿做叠层电池更高；成本方面，2021年PERC电池新建产线单位成本是1.5亿～1.6亿元/吉瓦，最低可以做到1.3亿元/吉瓦左右；Topcon电池新建产线单位成本是2.3亿元/吉瓦，由PERC电池升级的Topcon电池产线的单位成本是0.6亿～0.7亿元/吉瓦；HIT电池产线单位成本是4.0亿～4.5亿元/吉瓦；工艺方面，Topcon电池可以在PERC产线的基础上进行改造，与PERC电池工艺的主要区别在于增加了硼扩、隧穿氧化层沉积等步骤，而HJT完全是新建产线。虽然布局HIT的企业越来越多，但是以设备厂家为主，它们不仅卖产品，更为了推广产品。当前全球最大HJT电池生产企业量产规模仅600MW。在HJT技术进一步成熟，以及成本下降以后，局面才会有所改变，规模效益才能显现。并且，HJT电池可以和钙钛矿形成良好的叠层电池，目前实验室转换效率已经达到29%，未来有望进一步提升，商业化前景光明。所以，我们认为N型Topcon电池将成为未来两三年头部企业的重要产品。目前全面积电池最高转化效率已经达到25.4%，HIT电池可能会接下一棒。此外，美国SunPower开发的IBC电池也前景广阔，但是技术难度很高，设备投资高导致成本高，中国尚未实现量产，目前相关技术已被环晟光伏收购。

除了晶硅电池，薄膜电池技术同样备受瞩目。除了已经商业化的碲化镉电池、砷化镓电池、铜铟镓硒电池，以及商业化初期的钙钛矿电池，还有处于实验室阶段的有机电池、染料敏化电池、量子点电池等新概念电池。虽然目前薄膜电池在成本、转换效率等方面难以与晶硅电池媲美，但是由于重量轻，具有柔性，弱光性好，适用性强，特别是能与建筑、衣物较好地结合，在特殊应用的小众市场有着广泛的前景。

（二）中国

1. 2021年、2022年新增装机均达50GW以上

2021年，中国太阳能发电新增装机54.88GW，均是光伏装机，光热没有新增；集中式电站新增25.60GW，户用电站新增21.59GW，工商业电站新增7.69GW。截至2021年底，中国太阳能发电总装机容量306GW，占全国发电总装机容量的12.9%。

我们为2022年中国光伏装机市场设定了两种情景模式——基础情景和乐观情景。基础情景是指新冠肺炎疫情对物流、施工、并网产生较大影响，上游价格在一定程度上限制了装机动力；乐观情景是指疫情因素被合理控制而装机意愿高于成本提高。在基础情景下，2022年全年光伏发电新增并网装机容量将达到60GW。其中，光伏集中式电站30GW、工商业电站10GW、户用电站20GW，累计装机规模可达约366GW。在乐观情景下，2022年全年光伏发电新增并网装机容量将为70GW。其中，光伏集中式电站35GW、工商业电站15GW、户用电站20GW，累计装机规模可达约376GW。2022年，光热项目新增并网装机容量约100MW。

2. “十四五”“十五五”时期共新增900GW

预计“十四五”期间太阳能发电新增装机的最低年复合增长率将达到约21%，2021年新增55GW，2022年新增60～70GW，2023年以后年新增90GW左右，5年共新增约400GW，2025年累计装机达到653GW；“十五五”期间，随着装机规模基数加大，最低年复合增长率将下降至约12%，但是年新增规模将达100GW左右，5年共新增约500GW，2030年累计装机将达到1153GW（见表2-17）。

在2020年12月气候雄心峰会上，中国宣布，2030年风电、太阳能

表2-17 “十四五”和“十五五”时期太阳能发电装机增长情况预测

单位：GW

2020年底累计装机	“十四五”新增	2025年底累计装机	“十五五”新增	2030年底累计装机
253	400	653	500	1153

资料来源：国家能源集团技术经济研究院。

发电总装机容量将达到12亿千瓦以上，此目标为最低准绳。我们认为，“十四五”和“十五五”期间将有四种类型的项目——保障性规模项目、大基地项目、市场化并网项目、分布式项目——引领光伏装机增长。在四种方式引领下，太阳能发电装机市场将迎来更大的发展。

（1）保障性规模项目

2020年12月，中国在气候雄心峰会上宣布，到2030年非化石能源占一次能源消费比重将达到25%左右，风电、太阳能发电总装机容量将达到12亿千瓦以上。为落实以上目标，通过可再生能源电力消纳责任权重机制来促进各省份新能源的发展，保障性项目是各省份实现责任权重的重要保障。截至2021年12月，我们统计了2021年23个省份和新疆生产建设兵团下发的136.979GW保障性新能源项目的规模分布，其中包含82.111GW光伏项目和45.818GW风电项目，另有9.05GW未区分类型的项目（见表2-18）。自2021年起，国家发改委于每年初发布各省份权重，同时印发当年和次年消纳责任权重，这是实现未来可再生能源发展的可靠保证。

表2-18 2021年23个省份和新疆生产建设兵团保障性新能源项目的规模分布

单位：MW

序号	发文日期	省份	风电、光伏	风电	光伏	合计
1	4月13日	贵州			1589	1589
2	5月6日	江西			3029	3029

（续）

序号	发文日期	省份	风电、光伏	风电	光伏	合计
3	5月28日	甘肃		2000	5730	7730
4	6月11日	广东	9000			9000
5	8月9日	天津	50	930	4320	5300
6	8月27日	广西		5611	4660	10271
7	8月31日	山东		3081	2367	5448
8	9月7日	陕西		880	5190	6070
9	9月16日	辽宁		12200		12200
10	9月18日	河北		1200	11410	12610
11	9月18日	河南		4040.8		4040.8
12	9月24日	云南		748	3702	4450
13	9月25日	山西		1490	9710	11200
14	10月8日	内蒙古		6800	3850	10650
15	10月15日	湖北		964	7315	8279
16	11月5日	河南			648	648
17	11月17日	福建			323	323
18	11月18日	江西			9260	9260
19	11月19日	新疆			950	950
20	12月3日	重庆		47	140	187
21	12月6日	安徽		1426	4574	6000
22	12月10日	江西		1764		1764
23	12月17日	吉林		2236.6	234	2470.6

（续）

序号	发文日期	省份	风电、光伏	风电	光伏	合计
24	12月29日	新疆生产建设兵团		400	3110	3510
合计			9050	45818.4	82111	136979.4

资料来源：国家能源集团技术经济研究院。

（2）大基地项目

2021年3月，新华社公布《中华人民共和国国民经济和社会发展第十四个五年规划和2035年远景目标纲要》。根据规划，“十四五”期间将重点发展九大清洁能源基地、五大海上风电基地。大基地项目以央企投资为主，可以迅速扩大企业清洁能源资产规模，有效提升发电质量和经济效益，将逐渐成为“十四五”平价光伏时代的一种主流发展模式。

2021年11月，国家发改委办公厅、国家能源局综合司发布《关于印发第一批以沙漠、戈壁、荒漠地区为重点的大型风电光伏基地建设项目清单的通知》，涉及19个省份，规模总计97.05GW。其中，计划2022年并网的项目45.71GW，2023年并网的项目51.34GW。2021年12月，第二批申报工作启动。截至2022年2月，第一批大型风电、光伏基地建设项目，有32个项目（60GW）明确了业主名单。多家发电集团联合开发是主流，部分特高压外送基地项目以企业联合体牵头形式中标。第一批大基地项目采用了外送和就地消纳相结合的方式，第二批大基地项目将以外送为主要消纳形式。国家电网和南方电网都启动了特高压建设计划，可以使大基地项目的送出得到保障。

（3）市场化并网项目

除了上述保障性并网项目，发电企业也可以通过自建、合建或购买调峰储能能力的方式，获得市场化并网项目的指标。据不完全统计，2021年共5个省份下发了73.56GW市场化规模指标，其中，24.73GW光伏项目和

6.70GW风电项目，另有42.13GW未区分类型的项目（见表2-19）。随着电网企业承担并网消纳责任规模和比例的有序调减，预计“十五五”时期市场化并网将是主流，承担大规模装机增量的责任。

表2-19 2021年5个省份市场化新能源项目的规模分布

单位：MW

序号	发文日期	省份	风电、光伏	风电	光伏	合计
1	6月11日	青海	42130			42130
2	10月9日	广西		3251	3954	7205
3	11月11日	山东			10512	10512
4	12月17日	吉林		3450	1050	4500
5	12月31日	河北			9210	9210
合计			42130	6701	24726	73557

资料来源：国家能源集团技术经济研究院。

（4）分布式项目

除了大型集中式项目，分布式项目不可或缺。2020年，大型地面电站占比为67.8%，分布式电站占比为32.2%，其中户用光伏占到分布式市场的65.2%左右。

对于分布式项目，政策方面的推动至关重要。国家机关事务管理局要求国家机关办公楼通过安装分布式光伏等措施，降低能耗，推动中央国家机关本级2021年6月底前全部建成节约型机关，力争80%以上的县级及以上机关2025年底前达到创建要求。这可能带来近百吉瓦市场。2021年6月，国家能源局综合司发布了《关于报送整县（市、区）屋顶分布式光伏开发试点方案的通知》，开启了全国性屋顶分布式开发试点推进工作。依照“自愿不强制，试点不审批，到位不越位，竞争不垄断，工作不暂停”的原则，国家能源局在9月确定了全国31个省区市（含新疆生产建设兵团）676个试点县（市、区），占全国县级单位的24%，主要分布在东南部分布式光伏已经有较好发展基础的省份，以山东、河南、江苏为首，预测总规模约为150GW，均将在“十四五”时期内建成。

2022年以后，户用项目虽然失去国家补贴，但是个别地区依然还有地方补贴。结合乡村振兴战略，以及户用投资成本降低，户用项目的经济性将越来越高，将继续促进户用市场规模的扩大。此外，随着光伏在建筑、交通等领域的融合发展，随着经济性和社会认同度的提升，“光伏+”应用模式将有很大前景，应用规模将有相当的扩大。

3. 平价路上不平坦

根据《中国光伏产业发展路线图》（2020年版）的测算（见图2-17），全投资模型[①]下集中式光伏电站2021年后在大部分地区可实现与煤电基准价同价。

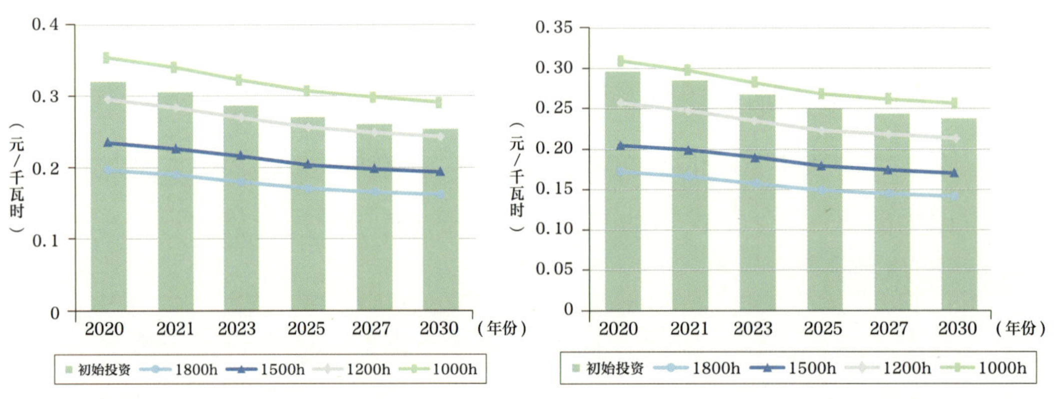

图2-17 2020~2030年光伏集中式和分布式电站不同等效利用小时数LCOE估算

资料来源：中国光伏行业协会。

① 仅考虑全投资情景，不包含融资成本；LCOE值按照《光伏发电系统效能规范》中的LCOE计算公式得出，其中折现率按照5%计算，电站残值率按照5%计算，增值税按5年分期完成抵扣，容配比按1:1考虑。

但是，平价之路并不平坦，光伏装机市场虽然长期向好，但与供应短期短缺之间的矛盾突出。2021年是“十四五”的开局之年，硅料价格再次狂飙，显著影响着光伏电站的经济性。多晶硅料作为光伏组件的上游原料，9月以来的价格进入新一轮快速上涨期。10月13日，致密料均价263元/千克，比9月初上涨了26%，比年初上涨了213%。涨价主要由供不应求导致，下游硅片继续维持相对较高的开工率，并且新增产能投产，需求远大于目前硅料的供给量。此外，9月能耗“双控”限产限电也产生了一定的影响。普遍认为，如果多晶硅料价格涨到260元/千克，组件至少要涨到1.9元/瓦才能保本。国庆假期以后，隆基股份、中环股份、通威集团等电池片大厂都上调了电池片售价，调价幅度为5%~8%。10月14日，中广核新能源2021年第二批光伏组件集采广东台山深井二期项目开标，540W双玻组件投标均价已经达到2.1元/瓦。据测算，组件价格上涨0.1元/瓦，电站收益率将下降0.5%~0.7%，影响显著。

展望2022年，通威集团包头、协鑫乐山、新特能源新疆、东方希望新疆、亚洲硅业青海西宁、OCI马来西亚等企业新产能将投产，大全新能源新疆、通威集团乐山、通威集团保山等企业产能将达产。综合估算，全球2022年主要厂家硅料产能将扩产约25.6万吨（见表2-20）。按照1万吨硅料可产出P型M10（182mm）3.54GW组件粗略估算，2022年新增硅料可支撑新增组件产量约90GW，完全可以满足2022年全球的新增需求。

表2-20 2022年全球多晶硅料产能预计增加情况

单位：吨

企业名称	地点	一期产能	规划扩产	投产进程	2022年预计新增产能	备注
通威集团	四川乐山		50000	2021年11月投产，预计2022年第一季度满产	42000	
	云南保山		50000	预计2021年第四季度投产，2022年第一季度满产	42000	

（续）

企业名称	地点	一期产能	规划扩产	投产进程	2022年预计新增产能	备注
通威集团&天合光能	内蒙古包头		45000	建设中，预计2022年第三季度投产	4000	
通威集团&晶科股份&京运通	四川乐山	100000	200000	预计一期2022年12月投产，二期根据市场待定	0	
协鑫	新疆昌吉		20000	2021年第二季度投产，产能爬坡	20000	
	四川乐山		100000	预计2022年投产	20000	颗粒硅
	江苏徐州		100000	2021年第一季度投产1万吨，2021年第四季度再投产2万吨	30000	颗粒硅
协鑫&上机数控&大全新能源	内蒙古包头	60000	300000	规划一期6万吨，环评已通过	5000	颗粒硅
	新疆石河子		35000	2021年末投产，预计2022年第一季度达产	33000	
	卡塔尔		10000	洽谈规划中		
新特能源	新疆		20000	生产线技术改造、扩建	20000	
新特能源&晶科股份&晶澳科技	内蒙古包头	100000	200000	一期10万吨2023年7月前投产，二期环评中	0	
东方希望	新疆		60000	预计2021年下半年调试，2022年2月投产	20000	
	宁夏石嘴山	250000	400000	2021年5月签约	0	
亚洲硅业	青海西宁	30000	60000	预计2022年底一期3万吨投产	15000	
OCI	马来西亚		5000	预计2022年投产，后续计划再扩3万吨	5000	
合计					256000	

资料来源：国家能源集团技术经济研究院。

新产能释放后，价格有望得到抑制。但是国际大宗商品价格波动，支架所用铝材、钢材，线缆所用铜材，电池片所用银浆等价格随行就市，并且非技术成本中土地成本日益高企，都给未来光伏项目平价之路增添了不确定性。

4. 制造业产能扩张，结构不合理

（1）制造企业全方位加速扩产，产业链供需矛盾突出

为了提高市场占有率，规模降本，布局新技术产线，实现自身垂直一体化，产业链各环节的头部企业基本都宣布了扩产计划，这将进一步提高各环节的集中度，形成全新竞争格局。从产业链环节来看，电池、组件仍是扩产主力军，尤其是电池，无论是产能规模还是投资额度都远大于或高于其他环节。据国家能源集团技术经济研究院统计，13家头部企业电池片计划扩产的规模达到263GW。组件方面，受制于资本、品牌、经销商等多种因素，每家企业都有自己相对稳定的组件销售渠道，并不容易被“后来者居上”，所以组件环节扩产的规模虽然宏大，但是投资决定也相对客观，头部企业组件扩产规模达168GW。

除了龙头企业外，许多二线企业也纷纷扩产。例如上机数控、京运通、双良节能、高景太阳能、江苏美科5家公司在硅片市场陆续建成或已宣布的产能合计超过187GW。此外，行业外企业纷纷杀入光伏制造业，例如主业是电子材料的斯坦得集团拟建设6GW叠瓦组件及1GW异质结电池基地，秦汉集团拟建2GW大尺寸高效组件+3GW智慧能源储能研发生产项目等。辅材方面，2020财年辅材价格犹如“过山车”，高额利润使得玻璃与胶膜也开始扩产。以福莱特、南玻、亚玛顿等为代表的光伏玻璃企业正不断加码产能，以福斯特、海优威、东方日升全资子公司江苏斯威克等为首的胶膜企业也正在全力扩产。

但是，由于各环节扩产并不均衡，结构性短缺特点突出，提升供应链上的把控能力成为未来竞争中制胜的关键。龙头企业之间开始热衷于签订

长单，可以发挥各自强项。企业间若有业务重合部分，也能求同存异、优势互补，达成战略合作。还有多家企业互相参股，合资新建产能，更深一步合作提高把控能力。一时间，通威集团、晶科股份、晶澳科技、隆基股份、上机数控等不少企业相继锁定硅料、硅片、玻璃等长单，价值超过千亿元，核心目的就是形成更深入、更紧密、更长远的利益联盟。硅料-硅片环节的合作最多，下游硅片、电池片企业纷纷与硅料企业签署2021年及长期限的硅料购买订单，提前锁定硅料产能。

行业龙头企业之间的“竞合”愈加深入和密切，这可能会改变过去大小企业鱼龙混杂的局面，使小企业无原料可买，无利润可赚，更加快速地被淘汰。头部“竞合”深刻影响着未来的竞争格局和产业的竞争形态。

（2）头部企业加速布局垂直一体化

头部企业虽然各自切入光伏制造产业的环节不同，但走向垂直一体化是它们共同的新趋势。它们采取自身投资或者与其他企业合资设立公司的方式，补齐自己在产业链上的缺失。隆基股份、天合光能、晶科股份、晶澳科技不仅计划补齐从切片到组件多个环节的缺口，更是采用与通威合资的方式，涉足上游多晶硅料生产环节。东方日升则选择了更加直接的方式，即通过下属全资子公司向内蒙古盾安光伏科技有限公司收购了巴彦淖尔聚光硅业有限公司100%股权，由此正式进军上游多晶硅料领域。

布局垂直一体化有内在因素的考量，也有外在因素的逼迫。首先，在光伏制造行业，颠覆性技术可以带来超额红利，但是近两年并无颠覆性技术出现，龙头企业的技术优势正在逐渐减弱，成本优势相对缩小，它们只能依靠存量博弈。主动布局一体化，可以带来最大的收益。其次，相比前几年，光伏制造企业融资难的问题已有很大转变，银行贷款和股权融资的黄金时代到来，IPO、定向增发、中期票据、可转债等形式的融资难度降低。得益于设备国产化及生产效率提升，建设新项目的单位投资成本也有了很大程度的降低。最后，硅料价格快速上涨引发全产业链涨价，垂直一体化做得好的企业，几个环节可以一起分担成本的压力。

（3）制造高耗能与能耗“双控”存在一定的矛盾

在“双碳”目标的指引下，国家发改委定期发布各地区能耗“双控”目标完成情况。多晶硅制造环节是用电大户，是节能降耗的重点行业。2021年9月，云南省发改委就要求工业硅企业9～12月月均产量不高于8月产量的10%。这带来光伏行业各环节产业链价格的上涨，未来扩产的项目更是面临不确定性，因高价而尚未大规模启动装机的下游投资者面临更加艰难的抉择。但是从另一角度而言，能耗“双控”有利于分布式光伏发展。自发自用分布式光伏可以免受限电影响，在东南部地区有很大发展前景。

（4）光伏产品出口继续增长，国际贸易环境更加复杂

中国光伏产品凭借晶硅技术和成本控制的优势，受到全球市场的欢迎。未来随着国内产业链各环节扩大产能，全球各市场新增装机增长，中国光伏产品出口将继续增长，但是将面临更加复杂的国际贸易环境。一是保护主义继续威胁全球贸易稳定增长，部分国家对外贸易政策日趋保守，形成贸易小团体，贸易限制措施增多。二是以碳为中心的国际贸易规则正在面临改革，欧盟提出碳边境调整机制，中欧之间碳价格、免费配额、绿色电力证书等机制和计算方式存在差异，未来会导致进出口贸易上的诸多问题。欧盟和美国可能推出的碳边境税，将起到关税壁垒的作用，增加出口到该地区的产品成本，削弱时间竞争力。

5. 装机市场格局发生变化

（1）光热发电机遇与挑战并存

在构建以新能源为主体的新型电力系统目标下，光热发电以发电+储能连续供电的优异电力品质，迎来了新的发展机遇。例如吉林吉西基地鲁固直流白城140万千瓦外送项目配套建设光热发电20万千瓦。但是，目前国内的光热电站建设仍存在成本过高的问题。2022年以后，光热项目将失

去政策支持的补贴电价。未来的挑战是如何在首批示范项目已取得成果的基础上，继续实现降本增效，尤其是通过技术进步和规模效应实现成本的快速下降。

（2）大基地以国资企业为主

相比于“十三五”时期各地区自主布局的发展模式，进入“十四五”之后，在“双碳”目标的助推下，统一规划优选的大基地将成为新能源发展的主要模式之一，带来大规模的装机支撑。《中华人民共和国国民经济和社会发展第十四个五年规划和2035年远景目标纲要》提出，“十四五”期间将重点发展九大清洁能源基地及五大海上风电基地，这些大型清洁能源基地主要集中在三北、西南地区，这些地区拥有丰富的风、光资源，是可再生能源最丰富的地区，也有较为丰富的调峰电源。

在大基地项目的竞争中，实施多种电源形式的融合，如风光水互补、水光互补以及风光火互补等。不仅如此，还可能附加乡村振兴、生态治理、土壤修复、农光互补、牧光互补、林光互补、光伏治沙等，需要投资企业全方位地提升综合能力。央企国企将成为大基地的主要参与者，民营企业更多扮演产业配套合作者的角色，单独所获份额甚微。

（3）绿电带来新发展机遇

绿色电力是在现有中长期交易框架下，国家电网、南方电网组织建立的独立的电力交易品种在电力市场交易和电网调度运行中优先组织、优先安排、优先执行、优先结算。2021年9月，中国进行了第一次全国绿色电力交易，由以风电和光伏发电市场化上网项目为市场主体，逐步扩大到水电等其他可再生能源。绿色电力交易价格比普通电力中长期市场价格稍高，可以有效提升新能源企业经营收益。目前，绿色电力的市场化交易尚未常态化，交易量很少，未来有望编制绿色电力交易实施细则，在更大范围、更多地区，有更多市场主体参与。

与一般电力交易不同，绿色电力交易实现了电能与环境价值的同步交割，并提供可溯源的绿色电力消费认证。对绿色电力有需求的企业，特别是外资、外贸的企业普遍认为，与海外市场联系需要进行绿色电力交易，绿色电力交易可以增强国际竞争力。下一步，绿色电力、绿色电力证书与碳交易市场有望有效衔接，进一步促进新能源行业的高质量、可持续、健康发展。

（4）光伏和储能融合成为新趋势

以新能源为主的新型电力系统的构建过程中，发电侧风电、光伏等可再生能源占比持续提升，带来发电侧间歇性、波动性加大，发电/用电失衡概率大幅提升，以及电力系统可调容量、惯量下降，系统应对失衡的能力弱化。新能源+储能是电力系统保持安全稳定运行的必然选择。2021年，湖南、广西、内蒙古、陕西等18个省区市相继发布新能源发电项目储能配置要求，整体储能配置比例为5%～30%，备电时长为1～4小时。发电企业市场化并网方面，企业自建或购买调峰能力可以扩大并网规模，电网企业保障性并网以外的规模在初期需要按照功率15%的挂钩比例（时长4小时以上）配建调峰能力，按照20%以上的挂钩比例进行配建的优先并网。在经济性有保证的前提下，这将激发发电企业进行新能源装机与储能配置的积极性。

（5）国资、民资合纵连横

在“十四五”的平价上网时代，拥有综合优势，特别是资金优势的央企国企开始加速入场，除了加速“跑马圈地”外，资本市场并购民营企业电站的股权交易也异常活跃。此前，光伏装机市场起步，民营企业进入“蓝海”，业务拓展过快，战略方向不明晰，高融资成本吞噬了大部分利润，以致出现了资产负债过高和现金流紧张的局面，补贴拖欠更是加剧了紧张状况。很多企业只能选择出售电站给国资企业、盘活资产补充现金流，更多的企业重新找准自己的定位，专注做自己最擅长的制造环节。在平价上网时代，大型地面电站主要由国企竞得，丰厚的光伏电站利润将被大幅压缩，国企的资金成本优势将凸显，民营企业更多的是在产业配套合作者的角色下发挥重要作用。“国民聚合”模式将成为装机市场新模式。

第三章
全球储能发展状况分析

储能，即能量的存储，在电力领域，指能够实现电力存储且包含电能与其他能量形式单向或双向转换的技术。按照存储原理的不同，储能可分为电化学储能和机械储能两种：电化学储能是指各种二次电池储能，主要包括锂离子电池、铅蓄电池和钠硫电池等；机械储能主要包括抽水蓄能、压缩空气储能和飞轮储能等（见图3-1）。

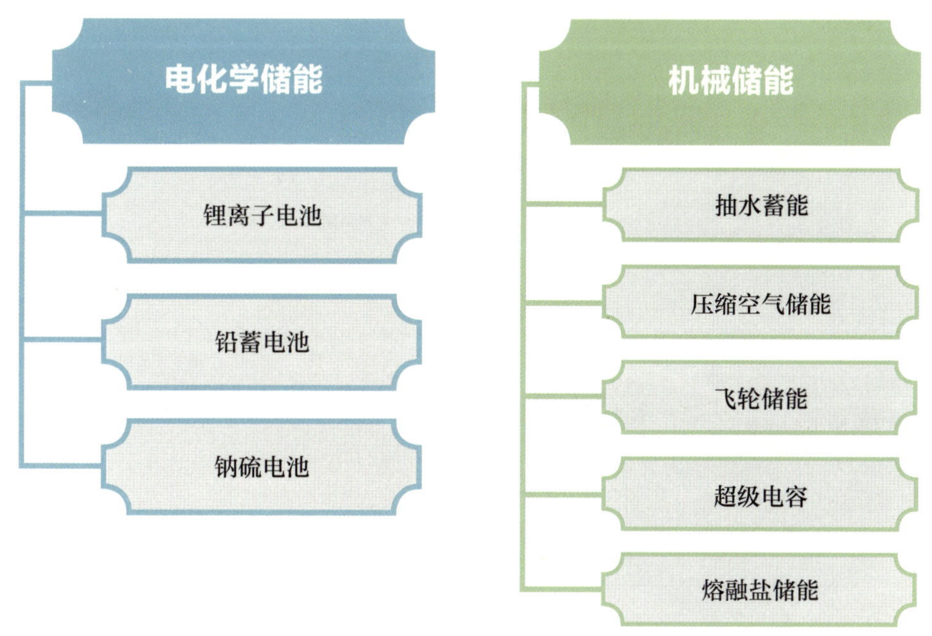

图3-1 储能分类

资料来源：国家能源集团技术经济研究院。

由于商业化应用较早，加之与传统电力系统应用场景的深度结合，抽水蓄能是目前储能的主力军，但电化学储能的累计装机占比呈现持续提高的态势。从目前形势判断，在未来相当长的时间内，它们将基本覆盖储能的所有应用场景。因此，本章将聚焦电化学储能和抽水蓄能这两种储能技术方式，从全球和中国两个角度分别进行分析研究。

一　全球储能市场发展概况

（一）基本情况

截至2020年底，全球储能项目累计装机达1.91亿千瓦，同比增长3.4%。其中，抽水蓄能的累计装机规模最大，为1.72亿千瓦，同比增长0.9%，占比达到90.29%[①]；电化学储能累计装机为1425万千瓦，占比约为7.5%（见图3-2）。

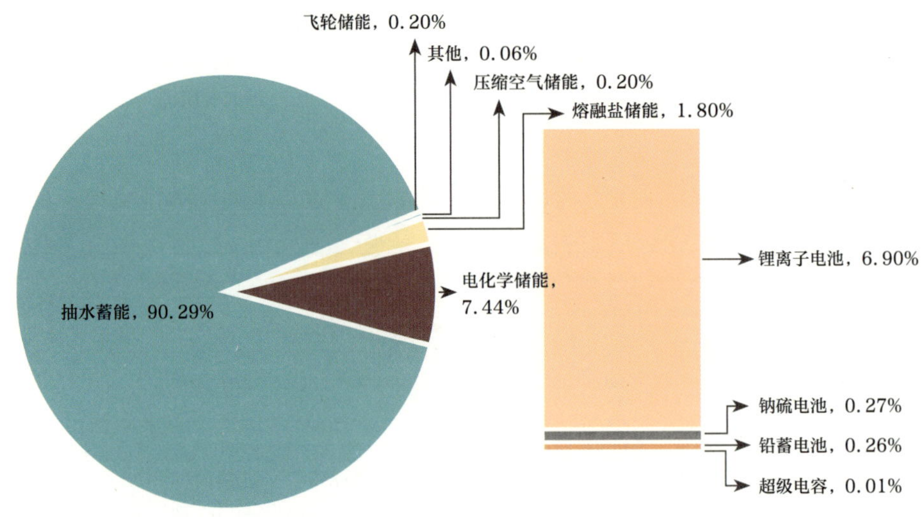

图3-2　2020年全球储能项目累计装机分技术占比

资料来源：中关村储能产业技术联盟《储能产业研究白皮书 2021》。

抽水蓄能仍然是全球储能的绝对主力，占比超过90%，但该比例持续下降，2020年与上年同期相比下降了1.7个百分点。与此同时，电化学储能的累计装机占比则呈现持续增长的态势，与上年同期相比增长了1.7个

① 根据原始数据计算得出。

百分点。2013～2020年，全球电化学储能累计装机规模从70万千瓦增长至1425万千瓦，年均复合增长率为53.8%；在电化学储能中，锂离子电池储能的装机占比为92.0%，是电化学储能中的绝对主力和发展方向。

2020年上半年，国际储能市场受到新冠肺炎疫情影响，很多国家电池储能项目的审批、采购、运输、施工等环节出现一定程度的延误。下半年，市场逐渐回暖，项目的建设规模越来越大，开始进入“大”规模时代，特别是美国、英国和澳大利亚等国家，相继发布了百兆瓦级储能项目建设规划，规模均创造了各自的历史新高。

（二）抽水蓄能发展现状

1. 全球抽水蓄能装机发展历程与现状：在建大型项目装机容量合计约为1500万千瓦，并将继续增加

全球储能长期以来以抽水蓄能为主导。抽水蓄能初具规模的发展始于20世纪50年代，前期发展缓慢，主要用于调节常规水电站发电的季节不平衡性，到1960年仅有350万千瓦的规模。20世纪60～80年代，发达国家核电站的发展速度较快，为配合核电运行，这些国家建设了较多抽水蓄能电站，用来承担调峰和备用功能。1980年，全球抽水蓄能电站装机规模增加至4600万千瓦。20世纪90年代至21世纪初，发达国家电力负荷增长放慢，抽水蓄能电站增长速度随之放缓。21世纪初至今，随着新能源的快速发展，抽水蓄能电站的规划建设再次受到重视，2010年达到1.35亿千瓦。2020年，全球抽水蓄能装机容量达到1.73亿千瓦，新增150万千瓦，增量主力来自中国（120万千瓦）和以色列的首座抽水蓄能设施（30万千瓦）。

从累计装机的区域分布来看（见图3-3、图3-4），主要分布在亚太地区、欧洲和北美洲，其中亚太地区占比最高，达到44%，该区域中的中国（3149万千瓦）和日本（2764万千瓦）是全球抽水蓄能装机最多的两

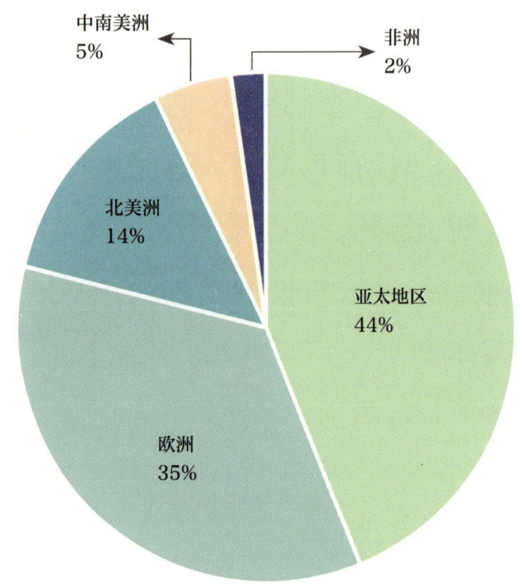

图3-3 截至2020年全球抽水蓄能累计装机按地区分布

资料来源：国际水电协会（IHA）《2021年全球水电报告》。

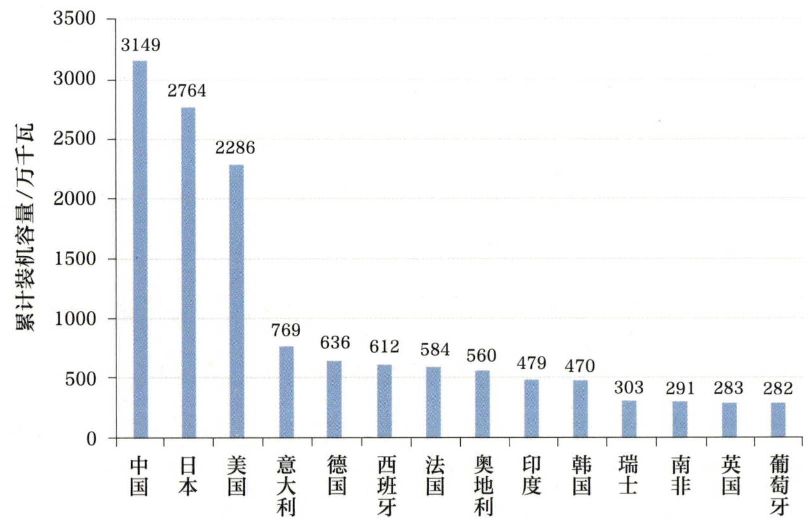

图3-4 截至2020年全球部分国家抽水蓄能累计装机

资料来源：国际水电协会（IHA）《2021年全球水电报告》。

个国家，印度（479万千瓦）和韩国（470万千瓦）的规模也位居全球前十。欧洲累计装机在全球位居第二，占全球的35%。欧洲抽水蓄能分布较为均匀，有16个国家抽水蓄能装机超过100万千瓦，装机位居全球前十的国家有意大利（769万千瓦）、德国（636万千瓦）、西班牙（612万千瓦）、法国（584万千瓦）和奥地利（560万千瓦）等。以美国为主的北美洲位居第三，占全球的14%，其中美国装机2286万千瓦。其他区域，比如中南美洲和非洲抽水蓄能装机相对较小。

除了已建成装机外，全球较大规模的在建抽水蓄能项目如表3-1所示，合计1501万千瓦。

表3-1 全球较大规模在建抽水蓄能项目

单位：万千瓦

国家/地区	项目	装机容量	备注
希腊	Amfilochia	68	
苏格兰	Cloire Glass	150	
土耳其	Eğirdir	100	
印度	Pinnapuram	120	风光抽蓄一体化
印度	Saundatti	120	风光抽蓄一体化
澳大利亚	Snowy 2.0	200	容量扩建项目
澳大利亚	Lake Cethana	60	
澳大利亚	Dungowan	50	
澳大利亚	Big-T	40	
葡萄牙	Gouvães	88	

（续）

国家/地区	项目	装机容量	备注
越南	Bac Ai	120	
阿联酋	Hatta	25	
中国	丰宁	360	

资料来源：国家能源集团技术经济研究院。

2. 技术发展情况：可再生能源发电促使抽水蓄能技术调整，带来了新的商业运营模式

抽水蓄能电站的原理是在两个不同高度的水库之间以重力势能的形式储存能量。抽水蓄能是目前储能方式中最成熟、应用最广、规模最大的一种技术。其单机容量可以达几万千瓦至几十万千瓦，目前世界上已建成和在建的抽水蓄能电站中，装机容量最大的是中国的河北丰宁抽水蓄能电站，容量达到360万千瓦；设备的寿命基本上可以维持50年，水工建筑物寿命在百年以上；电站整体工作效率一般在75%～83%。

抽水蓄能的优点在于技术上成熟可靠，已积累了几十年的建设运营经验；单机容量大，仅受上下水库水头等因素限制，目前世界上单机最大容量可达46万千瓦；运行效率稳定，不存在长时间使用逐渐衰减问题；运行时间长，可达几小时至十几小时，仅受限于水库库容；电站投资较少，单位千瓦造价低廉；清洁环保，可循环利用，不产生污染，有利于节能减排；资源相对丰富，分布较广。

抽水蓄能的缺点在于受地理条件限制较多，站点资源较偏僻，通常远离负荷中心；建设周期长，从前期规划到建成投产通常为6～10年；常规抽水蓄能机组在功率响应速度上与电化学储能、飞轮储能等储能技术有差距，特别是在抽水时，无法灵活调节机组的出力。

抽蓄技术新的发展方向应该是利用海洋或者废弃矿井、地下洞穴作为下水库。通常，使用海洋作为下水库具有吸引力，因为它减少了对水库的需求，然而由于腐蚀性环境问题和海洋生物生长问题，项目需要支付更高的维护成本，可能会部分抵销只有一个水库所带来的成本节省。使用废弃矿井或地下洞穴的地下抽水蓄能项目方案也在评估中。

目前，最引人瞩目的是抽水蓄能商业模式的变化。过去，大多数抽水蓄能用于平衡电力系统在高需求和低需求时期的发电和负载之间的差异。在电价低谷阶段，通过水泵进行蓄水，然后在需求最大的时段发电。这种模式可以在发电时进行功率调节，但在抽水时则不能。现在，随着可再生能源在电力系统中的渗透率不断提高，抽水蓄能电站开发人员越来越关注引入变速抽水蓄能系统，该系统允许在抽水和发电过程中进行功率调节，还实现了比传统装置更高的效率。如此，抽水蓄能就可通过快速爬坡和其他能力为电网提供所需的灵活性和支持服务，包括为大电网安全运行提供有效的旋转备用和频率支撑，并兼具调峰、调相和黑启动等多种功能，是大电网安全经济运行的综合调节工具。

美、英、加、澳等国家已出现新的商业应用模式。美国的加利福尼亚独立系统运营商（CAISO）于2019年签署了合同，明确补偿水电或抽水蓄能机组提供的辅助服务；2019年，英国电力系统运营商举行了首次“电网稳定性”招标，并于2020年初与44万千瓦Cruachan抽水蓄能电站签订了提供同步补偿的合同，Cruachan于2020年中开始提供旋转备用；澳大利亚新南威尔士州的50万千瓦Dungowan抽水蓄能电站被设计为400万千瓦的Walcha能源项目的一部分，旨在提供电网支持服务和稳定的电力；加拿大魁北克等水电资源丰富的地区风电价格相对较低，可以通过鼓励在可用时使用风力并在需要时储存水来改变调度方法。

3. 成本情况及展望：成本总体将维持在100美元/千瓦时的水平

传统的抽水蓄能技术是一种成熟的技术，已经有数十年的建设运行经验。图3-5显示了利用现有湖泊或河流作为下水库的抽水蓄能项目的成本结构。考虑到抽水蓄能系统的场地具有特定性质，各个项目的成本构成可能会有很大差异。对于水库建设成本以及工程采购、施工和其他建设成本来说，差异尤其明显。

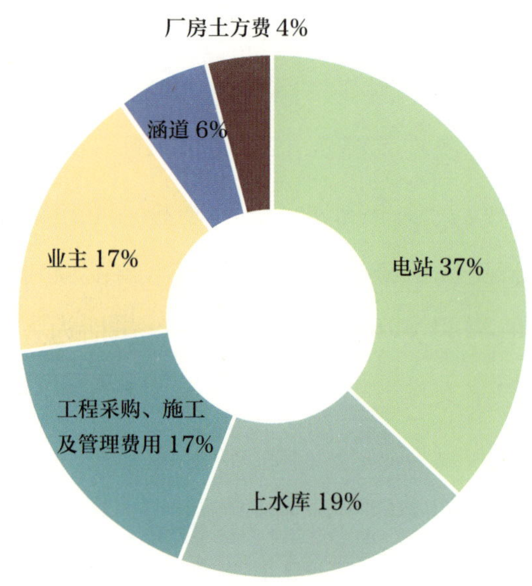

图3-5 利用现有湖泊或河流作为下水库的抽水蓄能项目的成本结构

资料来源：国际可再生能源署（IRENA）, ELECTRICITY STORAGE AND RENEWABLES: COSTS AND MARKETS TO 2030。

未来几年，在成本、结构或改造效率方面，不会有重大的技术改进，成本总体将维持在100美元/千瓦时水平（见图3-6）。适用于抽水蓄能电站的场地并没有增加，水电和抽水蓄能环境标准更严，新项目的开发更加耗时和昂贵。因此，必须改进土木工程技术，以抵销更严格的环境保护带来的潜在成本增加，确保抽水蓄能成本在较长时间内不会上升。

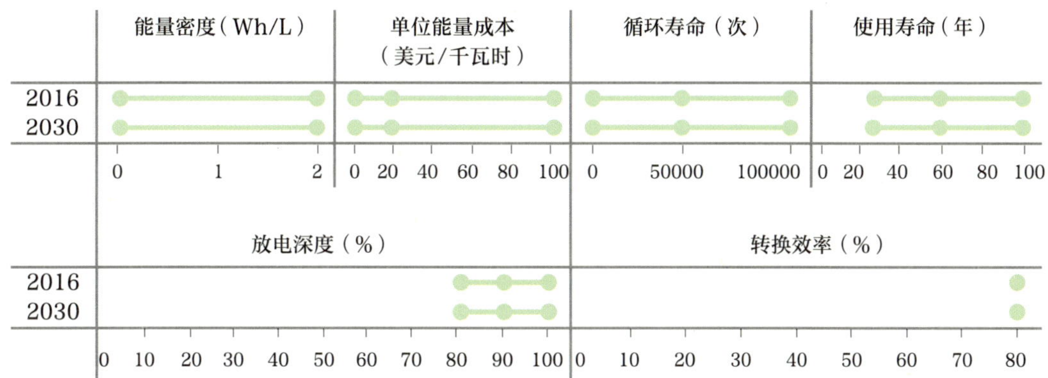

图3-6 抽水蓄能主要技术和成本参数2016年和2030年对比

资料来源:国际可再生能源署(IRENA),ELECTRICITY STORAGE AND RENEWABLES: COSTS AND MARKETS TO 2030。

4. 前景展望:中国主导,未来10年抽水蓄能装机将强势增长

抽水蓄能是最具吸引力的灵活性方案之一。与其他形式的能源存储相比,抽水蓄能具有较长的资产使用寿命、较低的使用寿命期总成本和不受原材料供应影响等几个明显的优势。随着越来越多的风电和太阳能发电并网消纳,抽水蓄能发电的作用更为突出。

国际可再生能源署(IRENA)发布的《电力储存与可再生能源:2030年的成本与市场》提出,到2030年,全球储能装机将在2017年的基础上增长42%~68%,抽水蓄能装机增长幅度为40%~50%。

根据国际水电协会(IHA)发布的报告,到2025年,预计全球运营357个抽水蓄能设施,总装机容量达到1.64亿千瓦,另有124个抽水蓄能设施处于建设中(正在建设、计划或宣布中);到2030年,预计抽水蓄能设施装机容量将增加约50%,达到2.40亿千瓦,其中中国有65个新项目,美国有19个新项目,澳大利亚和印度尼西亚各有10个新项目。

根据彭博新能源财经(BNEF)对公开信息中抽水蓄能项目情况的统计,预测抽水蓄能装机将在未来10年内强势增长,主要将由中国推动,欧洲的项目也在增加(见图3-7)。截至2021年末,已经在建设中或已落实

投资的抽水蓄能项目大约有6900万千瓦，另外有1700万千瓦的项目已处于开发后期阶段。尽管已公布的抽水蓄能项目的数量很多，但通常只有一部分项目能获得融资。

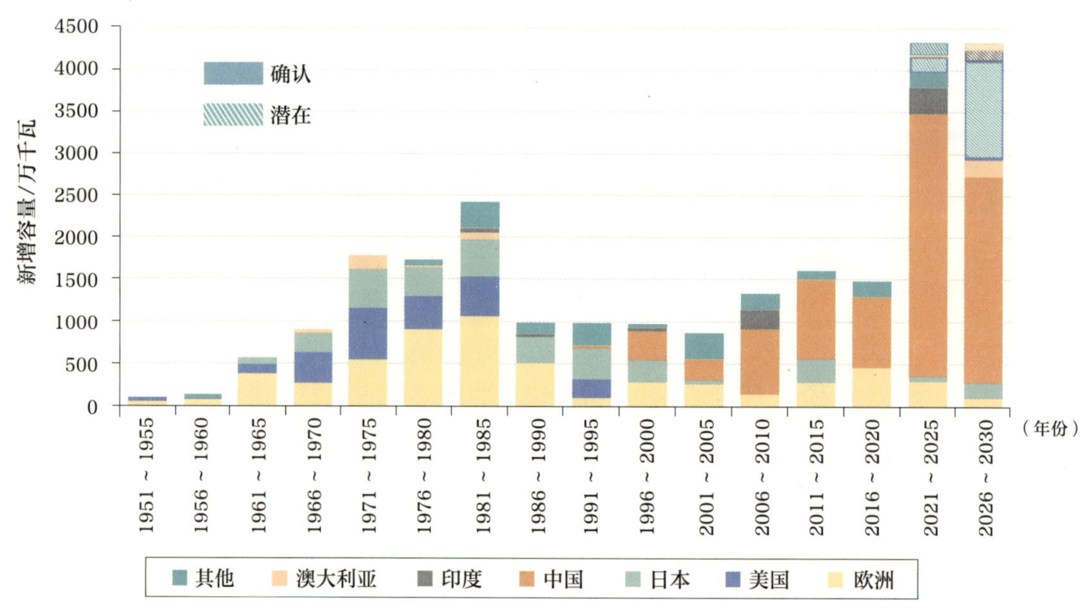

图3-7 主要地区抽水蓄能各时期新增容量与展望

注："潜在"包含已经批准通过但是还未获得融资的后期开发的项目，对欧洲来说，还包括根据国家计划建设的项目。

资料来源：彭博新能源财经（BNEF）。

（三）电化学储能发展现状

1. 市场分布：欧洲容量第一、中国增量第一、美国增速第一

2020年，储能行业上下半年表现迥异，整体发展速度大幅超过预期，新增540万千瓦，再次刷新纪录，是2019年新增装机容量的1.64倍（见图3-8）。

从地区装机增量来看，2020年，中国位居第一，美国、欧洲[①]和东南

① 本书按照行业惯例，将欧洲市场作为整体进行讨论。

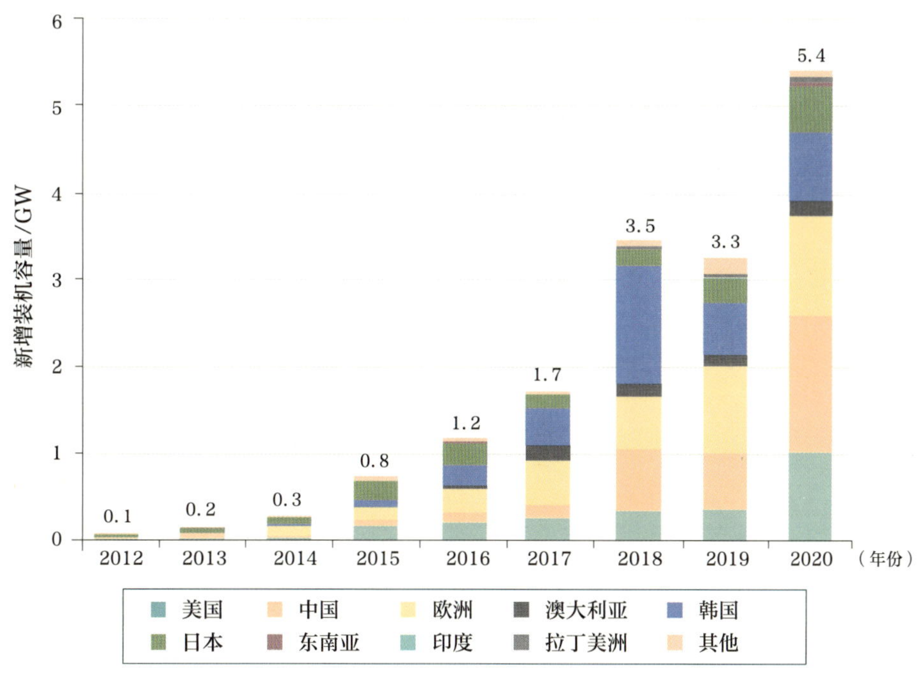

图3-8 2020年全球储能新增装机容量（不含抽水蓄能）

资料来源：彭博新能源财经（BNEF）、国家能源集团技术经济研究院。

亚三地区装机增量总计超过全球的93%，是增量主力。2020年，中、美、欧的装机增量均超过了100万千瓦。美国多年以来新增装机规模增长幅度较小，2020年新增装机增速最快，是2019年的3倍。

从累计装机规模来看，截至2020年末，全球电化学储能累计装机规模达到1630万千瓦/3180万千瓦时，较2019年增长49.5%/48.6%（见图3-9、图3-10）。欧洲、韩国、美国市场的累计装机容量位列全球前三，中国排名第四，但中国累计装机增速十分明显，年增长率达到95%。

从技术角度来看，锂离子电池在全球固定式储能电站中的应用始终占据绝对的主导地位（见图3-11）。2020年，全球有至少93%的非抽水蓄能固定式储能电站采用了锂离子电池作为储能介质（6%为其他/未知类，其中或有相当部分项目也采用了锂离子电池）。目前看不出其他

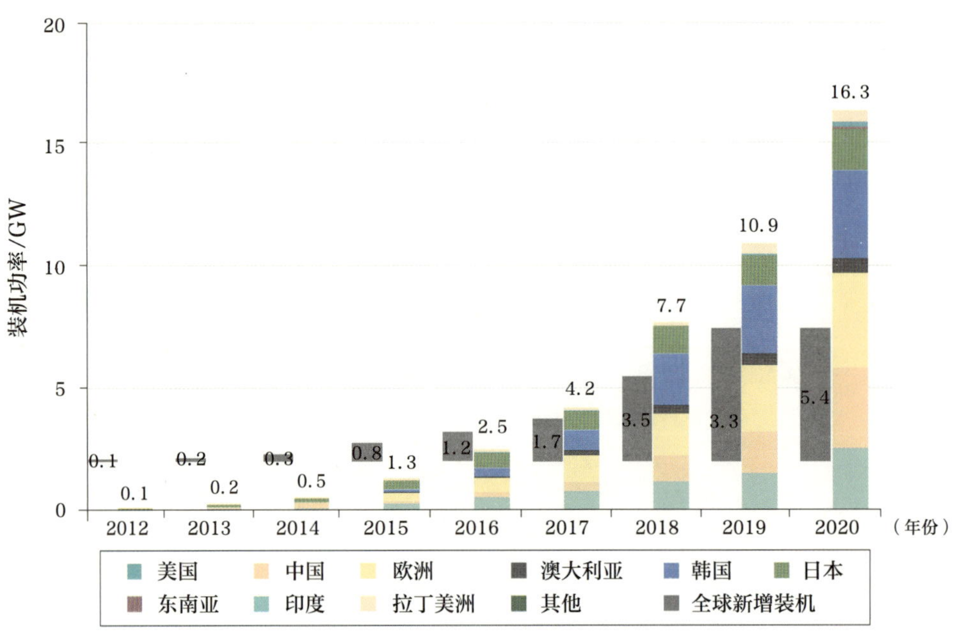

图3-9 2012~2020年全球电化学储能累计装机规模（按功率）

资料来源：彭博新能源财经（BNEF）、国家能源集团技术经济研究院。

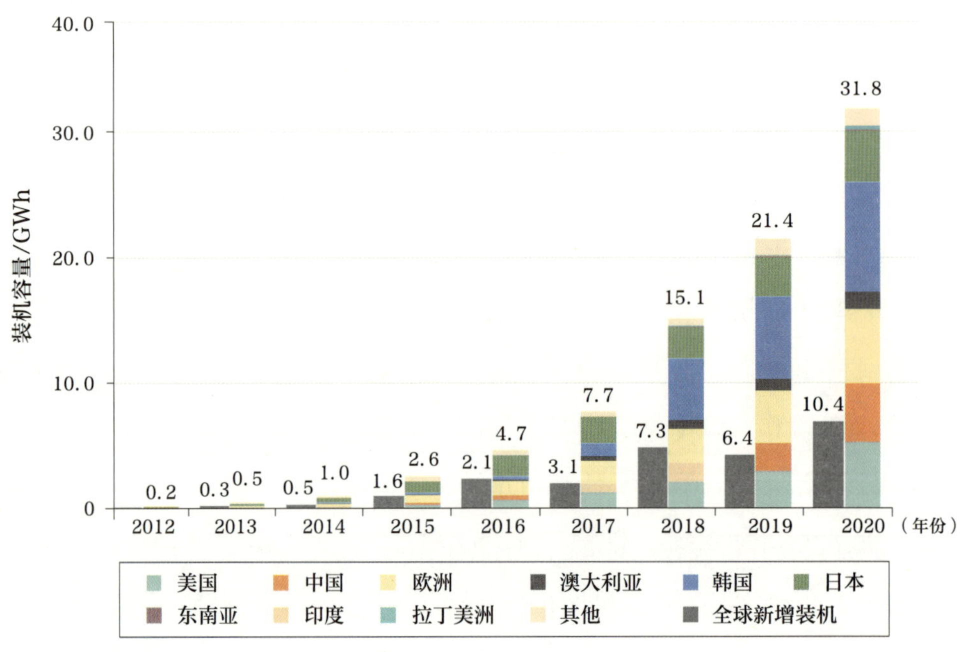

图3-10 2012~2020年全球电化学储能累计装机规模（按容量）

资料来源：彭博新能源财经（BNEF）、国家能源集团技术经济研究院。

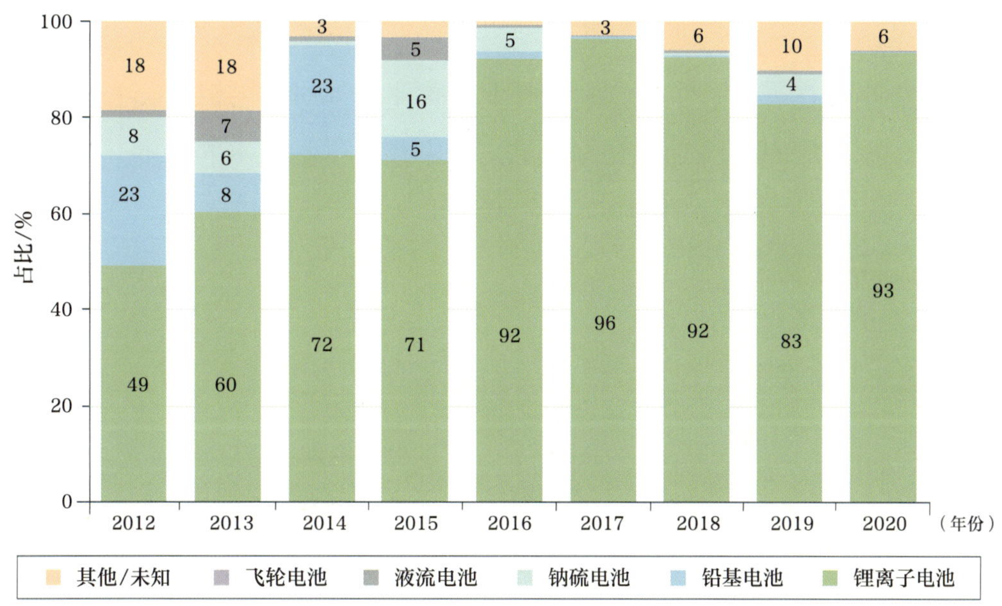

图3-11 2012~2020年全球固定式储能电站分技术占比（基于功率/GW）

注：不含抽水蓄能和压缩空气储能，采用多种技术的项目的统计方式为平均分配。

资料来源：国家能源集团技术经济研究院。

技术在非抽水蓄能领域对锂离子电池构成竞争。液流电池、液化空气储能、储热、压缩空气储能可能会有新项目出现，但整体的市场份额情况将很难发生改变。

2. 成本情况：处于快速下降通道上，锂离子电池的快速推广是成本下降最重要的推手

（1）整体建设成本

目前，可收集并分析的储能项目成本主要指发电和电网侧储能项目建设成本。储能项目成本处于快速下降通道时期，主要是物料和设备成本在不断下降，包括电池组件、系统平衡组件和能量管理系统的成本下降（见图3-12）。此外，系统设计不断升级、行业对系统储能时长的要求提高和市场的成熟及扩张也是成本下降的关键原因。

但不同储能项目间的成本变化较大，功率容量比、项目大小、复杂程

度、系统冗余量、当地法律法规等要素对不同技术、不同项目的成本都有直接影响。在需求条件相似的情况下，硬件成本的变化相对很小，而EPC成本根据地域的区别变化很大，图3-12中仅为平均成本的展示。

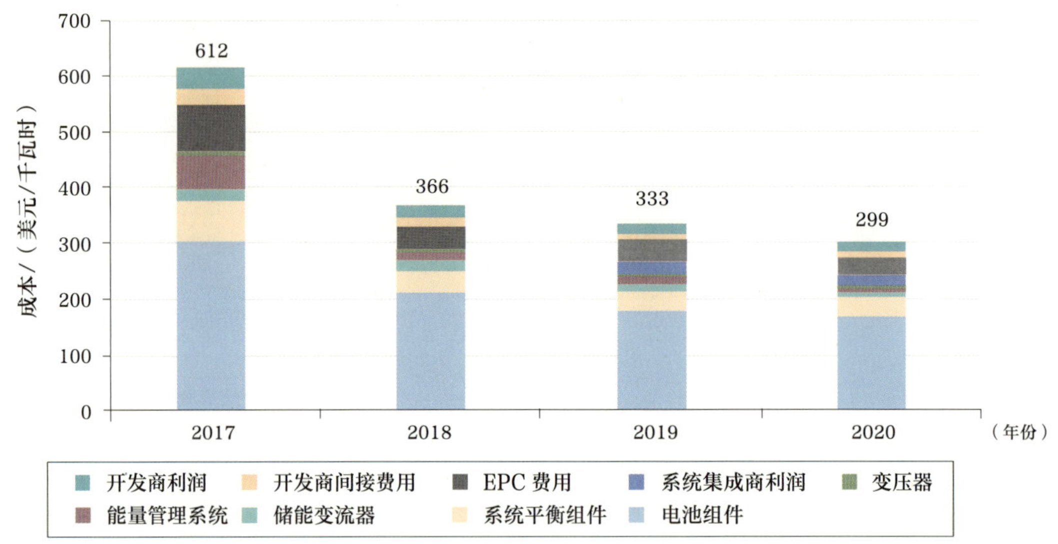

图3-12 2017~2020年20MW/80MWh储能项目建设平均成本变化

注：图中各项成本费用不包含在开发过程中的税、运维费用和电网连接费用部分成本费用解释：

1. EPC 费用：包括建设承包商利润以及设备运输、许可证办理、设计、人工等费用。

2. 储能变流器：用于交直流转换，部分项目不含。

3. 系统平衡组件：包括系统的电器化基础设备、传感器、系统容器、温湿度调节系统、防火设备等。

4. 电池组件：包括电芯、电池模组和电池架。

资料来源：彭博新能源财经（BNEF）、国家能源集团技术经济研究院。

①发电和电网侧储能。据统计，发电和电网侧储能在1～4小时时长基准下，2020年的平均成本为296～364美元/千瓦时（见图3-13）。其中，储能3小时情况下，基于电池实际容量的单位平均成本最低，为296美元/千瓦时；在储能1小时情况下最高，为364美元/千瓦时。2～3小时储能系统的成本下降更快，主要推动因素是中国发电侧存在大量储能时长为2小时的储能系统，且中国储能系统平均成本较世界平均水平更低；而其他主

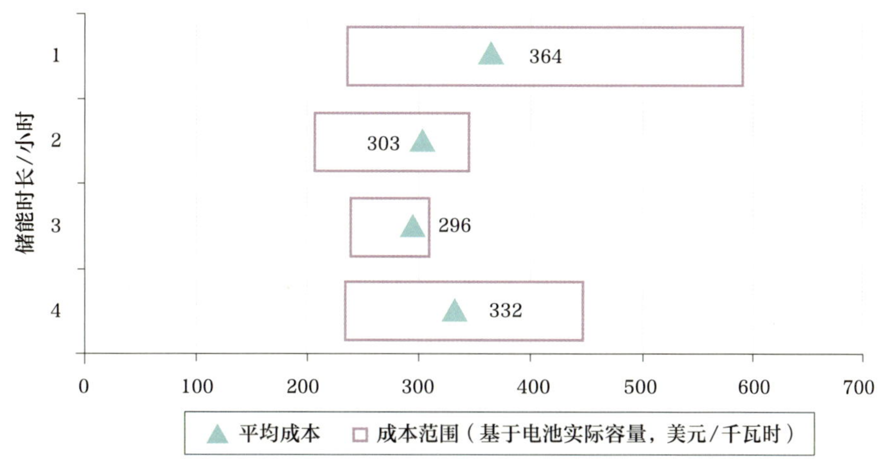

图3-13 2020年发电和电网侧储能项目平均成本和样本成本范围

注：图中成本主要指项目建设成本，涵盖的范围包括系统供应费用、EPC费用和开发商利润，不包括土地使用费、上网费等其他成本。

资料来源：彭博新能源财经（BNEF）、国家能源集团技术经济研究院。

要国家4小时储能系统最为常见，但系统成本比中国高，导致其平均成本比2小时系统更高。

②用户侧。第一，工商业储能。由于项目规模普遍较小，工商业侧的储能项目成本远高于发电和电网侧项目，且其成本根据系统规模、市场和地区的不同，变化范围同样较大。1小时储能系统的成本同样最高，平均达到458美元/千瓦时，最高则已接近500美元/千瓦时（见图3-14）。第二，居民消费储能。与其他两类储能不同，图3-15中居民消费储能项目成本中仅含有设备硬件费用，不包含安装费用。与其他两类相比，居民消费储能项目成本范围更广，以电池实际容量为基准，最高成本为2055美元/千瓦时，最低成本为500美元/千瓦时，平均成本为1065美元/千瓦时（见图3-15）。

（2）锂离子电池成本

锂离子电池是电化学储能市场中的绝对主力。目前，电动汽车领域仍是对锂离子电池价格影响最大的行业。电动汽车的爆发式增长造成锂离子

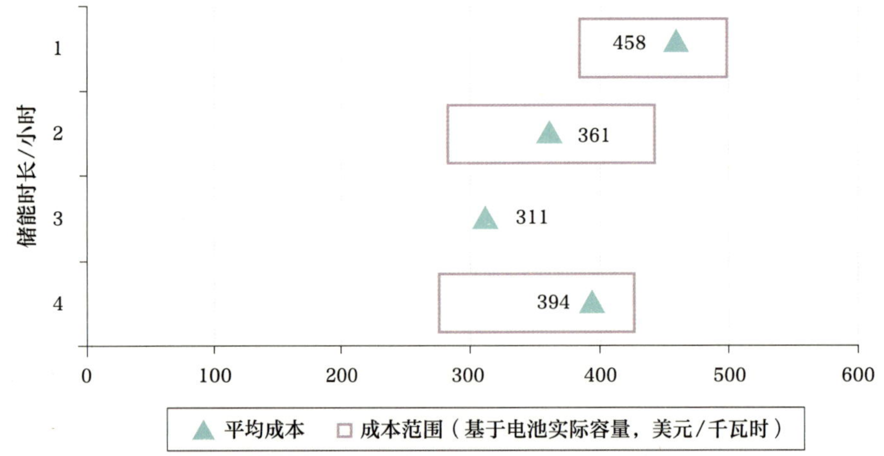

图3-14 2020年工商业储能项目平均成本和样本成本范围

注：储能时长为3小时的样本不足，区间过窄，不具备可比较性，故去除。

资料来源：彭博新能源财经（BNEF）、国家能源集团技术经济研究院。

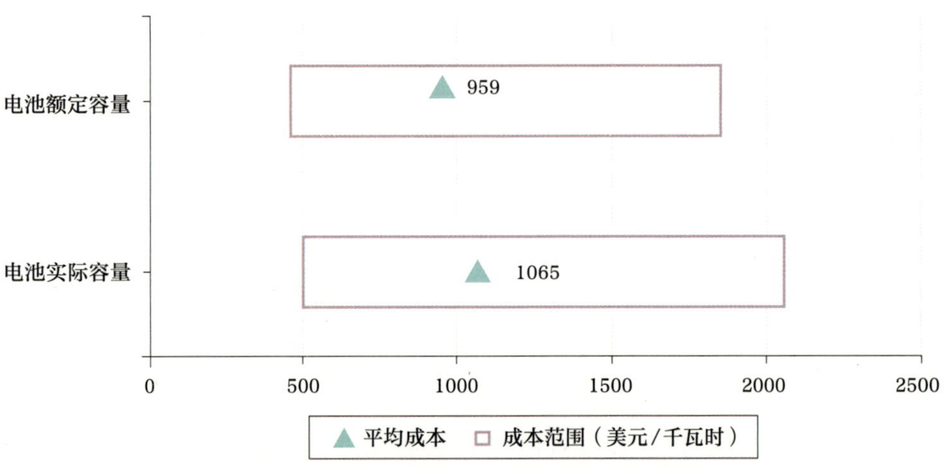

图3-15 2020年居民消费储能项目平均成本和样本成本范围

资料来源：彭博新能源财经（BNEF）、国家能源集团技术经济研究院。

电池制造产业的规模化效应，成本大幅下降。本节所介绍的锂离子电池成本主要覆盖电动乘用汽车、电动公交车、商用电动汽车和固定式储能四个行业。

在电池组件层面，2020年，锂离子电池组件的成本区间为99～600美元/千瓦时，平均成本为137美元/千瓦时，较2019年下降约13%，较2010年下降了88%（见图3-16）。

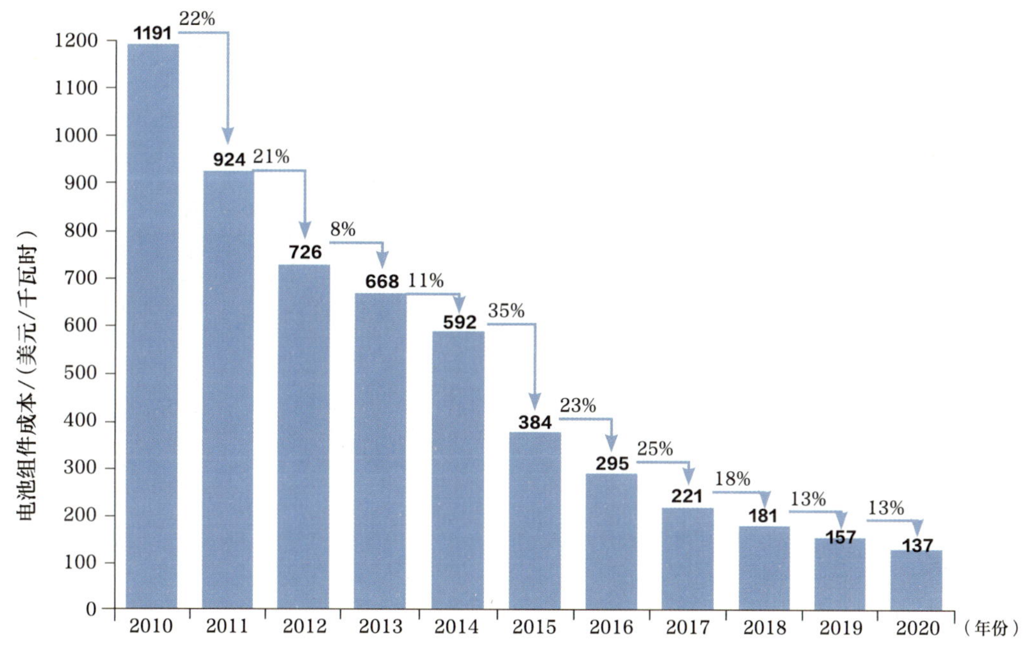

图3-16 2010～2020年锂离子电池组件成本走势

资料来源：彭博新能源财经（BNEF）、国家能源集团技术经济研究院。

在电芯层面，2020年，电芯的成本区间为80～228美元/千瓦时，平均成本为102美元/千瓦时，较2019年下降约7%；在锂离子电池组件成本中，电芯的成本约占74%，较2019年上升了4个百分点（见图3-17）。

2020年，全球锂离子电池的产能继续增长。截至2020年，全球锂离子电池年产能达到5.49亿千瓦时，较2019年新增了0.4亿千瓦时（见图3-18）。中国锂离子电池产能占据主导地位，全球近3/4的锂离子电池产能来自中国。在2020年全球新增的0.4亿千瓦时锂离子电池产能中，有0.32亿千瓦时来自中国。

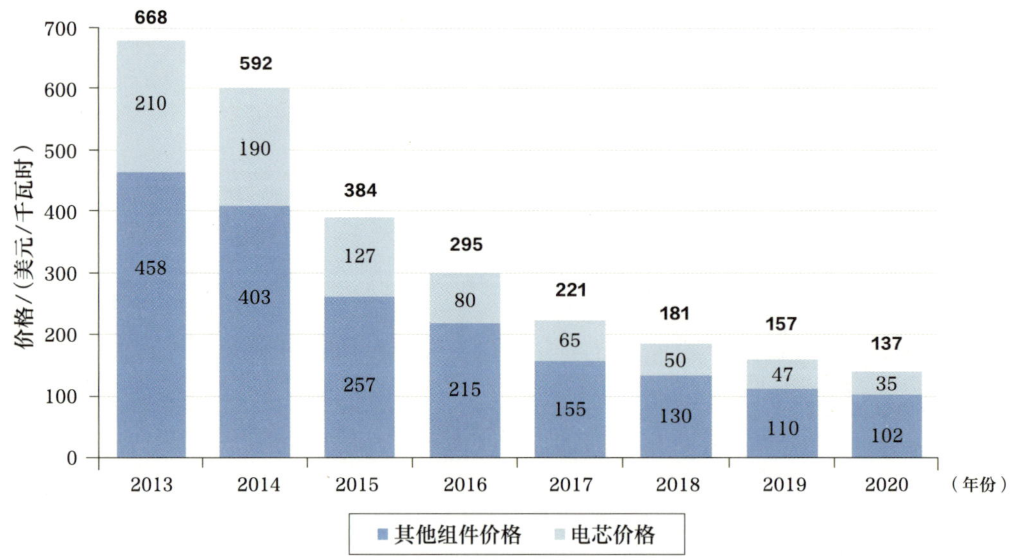

图3-17 2013~2020年锂离子电池组件(电芯和其他组件)平均成本

资料来源:彭博新能源财经(BNEF)、国家能源集团技术经济研究院。

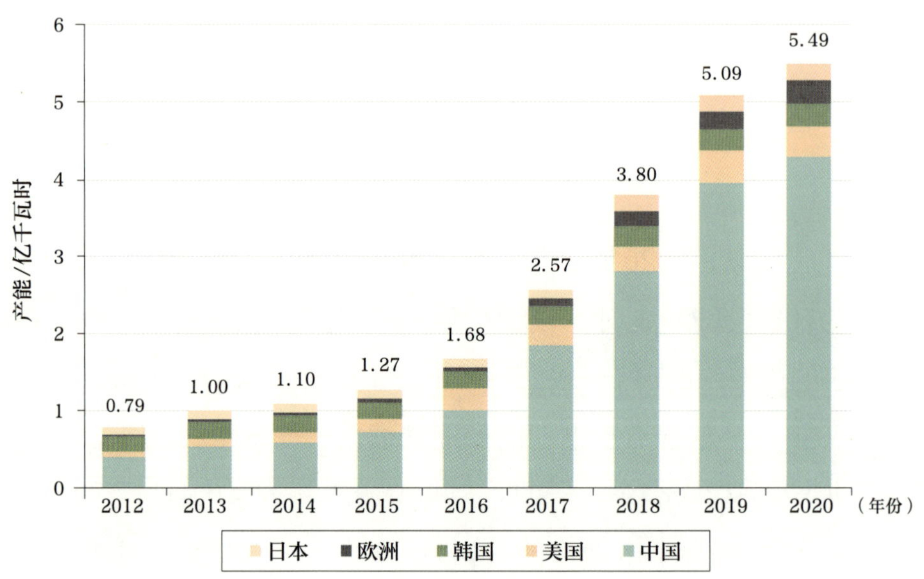

图3-18 2012~2020年主要国家或地区锂离子电池累计产能

资料来源:彭博新能源财经(BNEF)、国家能源集团技术经济研究院。

2020年，全球对锂离子电池的年需求量增长至2.58亿千瓦时，较2019年增加了39%（见图3-19），其中电动汽车行业需求量的增长对整体需求量增长的贡献达到75.6%，固定式储能在锂离子电池需求量中的占比仅为3.6%。2011年以来，全球锂离子电池需求量的年复合增长率达到26.1%。

图3-19 2011~2020年全球锂离子电池需求量（分行业）

资料来源：彭博新能源财经（BNEF）、国家能源集团技术经济研究院。

分地区来看，2020年，全球锂离子电池需求主要分布在中国、欧洲和美国三个地区，合计占比达到91%（见图3-20）。短期内，锂离子电池产能可以完全覆盖需求，总产能虽呈过剩态势，但是结构性分化较为严重，即一线企业的优质产能供应较为紧缺，而三、四线中小企业产能过剩严重。中国仍将在未来多年占据锂离子电池第一大出口国的位置。

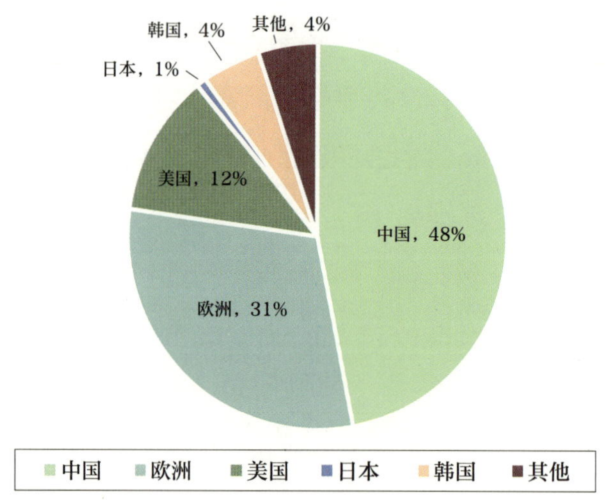

图3-20 2020年全球锂离子电池需求分布

资料来源：彭博新能源财经（BNEF）、国家能源集团技术经济研究院。

3. 企业情况：产业上下游抢占储能系统服务商业务份额

按照企业在储能产业链的位置不同，可将储能从业公司大体分为三类。储能产业链上游包括电池原材料和生产设备供应商等，中游即储能电站的电池、电池管理系统、储能变流器、能量管理系统生产，下游则为储能集成商、安装商和终端用户。储能系统服务供应位于整条产业链的中游。

储能产业链上下游的整合正在抢占储能系统服务商的市场空间。一方面，上游电池生产和制造商（如比亚迪和宁德时代）正在迅速向产业链的下游扩张。宁德时代已经在中国整合了几个储能项目，也在积极地进入新的市场。储能变流器制造商，如阳光电源，也开始对“新能源+储能”的项目服务展开新的投资，目前也已具备供应装配其自身储能变流器的电池的能力。虽然上游企业在市场和项目开发中的经验和人员储备不具备竞争力，但其单纯的规模效应将对其他储能系统供应企业构成足够的竞争威胁。另一方面，下游储能系统客户也开始具备足够的项目开发经验，同时对项目成本较为敏感，在将来或更希望直接从电池制造企业和储能变流器厂家采购设备。未来，仅有部分头部储能系统服务商可以利用规模效应带来的成本和价格优势保持一定的市场份额。

同时，近年来储能系统供应头部企业梯队的发展格局发生很大变化，呈现强者愈强的态势。到2022年，第一梯队（美国Tesla、美国Fluence、荷兰瓦锡兰、美国Powin、中国阳光电源、中国比亚迪、美国FlexGen）7家企业的累计装机将达到2600万千瓦时以上（见图3-21），占据全球累计装机的近8成。其中美国Tesla、美国Fluence和荷兰瓦锡兰3家企业异军突起，不断加速提高产能，在产能扩张的道路上将其他企业迅速甩在身后，占据最大的储能系统市场份额。

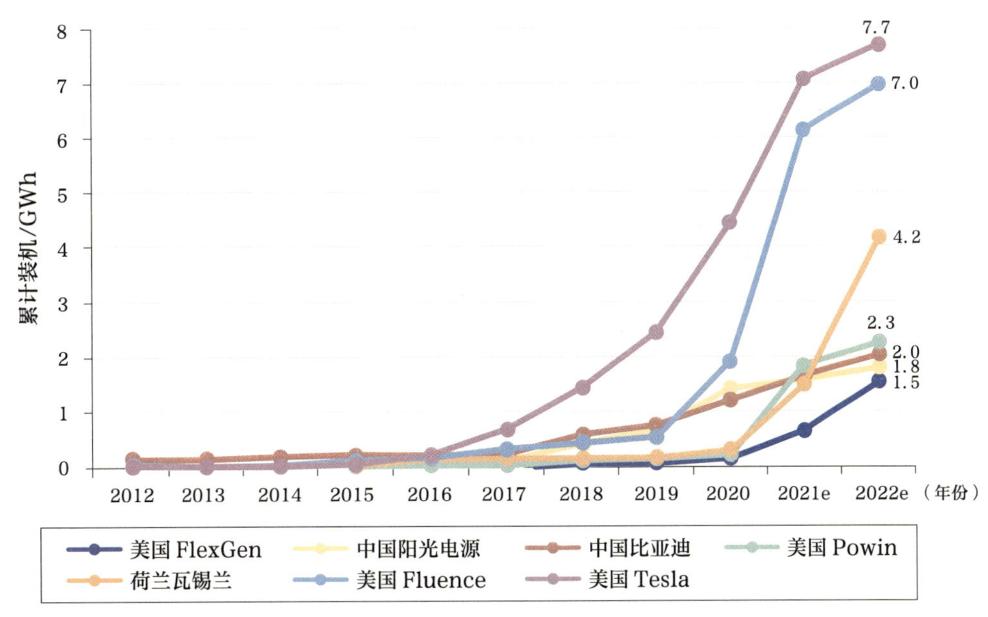

图3-21 2012～2022年全球主要储能系统供应企业累计装机

注：2021年和2022年为预测值。

资料来源：彭博新能源财经（BNEF）、国家能源集团技术经济研究院。

位于美国的Tesla和Fluence连续多年在储能系统供应企业的产能排行榜上名列前茅，保持领军地位，也在储能系统市场中不断突出其维持相关性和规模的能力。两家公司有两个共同点，一是都强调自身最大的竞争力在于电池优化和能量交易方面的软件开发能力，二是近期对超大型储能项目的投运能力都愈加强大。荷兰瓦锡兰在储能领域拥有全球影响力和较高声誉，但迄今为止在装机和产能方面有所落后。该公司将于2022年上线的项目仍在筹备中，成功上线后将巩固其领军企业的地位。

美国的另外两家企业Powin和FlexGen是专注储能领域的新兴企业，都是相对较新的参与者，但近几年发展极快，2022年其累计装机容量将超过大部分其他企业。有以下几个原因，两家企业都是近期市场快速发展的受益者，且与其他储能系统供应企业相比，两家企业在降低成本上更具竞争力。Powin通过改进自己的电池组件设计，大幅降低了硬件成本，同时希望将电芯的采购继续向产业链上游延伸，虽然短期的资金压力较大，但长远来看将实现进一步降低成本。两家企业也遇到一些瓶颈，目前最大的挑战一是融资较为困难，二是难以将现有的市场向外扩张。

越来越多的电池和变流器供应商也开始发展储能系统集成业务，虽然不能单一地专注于储能市场，但这些企业在其擅长的领域对其他的企业造成了一定的威胁。电池供应商，如比亚迪和宁德时代，正持续在交付完整储能系统的业务上增加资源的投入，如增加完整储能系统的供货量、整合储能资产。虽然储能领域的投入可能和部分电池制造企业的整体发展策略（如专注于电动汽车领域）有一定冲突，但这些企业在产业链协调和信息资源的获取上具有更大优势。由于中国的光储一体化发展，中国光伏设备供应商阳光电源在储能领域的业务尤其活跃，还有其他的一些涉及光伏业务的储能系统企业（如GE和Nidec）也希望进入光储一体化领域。

在技术和业务发展方面，近几年几乎所有储能系统供应企业都把目光聚集在提高产品供应能力、降低成本和提升竞争力三件事上，同时在扩张的过程中，不断垂直整合储能产业链的上下游。在提升产品硬件竞争力的同时，供应商也在不断提升其软件和服务能力。但不同的企业在不同的领域有不同的优势和劣势。

4. 资源情况：锂资源产能将释放、钴资源分布不均、镍资源供应偏紧

电化学储能电池对资源有一定的依赖性，如锂电池需要大量的锂作为原材料，对钴和镍的需求也很大。锂、钴、镍等稀有金属矿产的稳定供应对新能源产业发展至关重要。

（1）锂资源

全球锂资源丰富，但分布不均。锂资源主要以液态的盐湖卤水和固态的锂矿石两种形式存在。根据美国地质调查局（USGS）2021年的报告，2020年全球锂资源量约8600万吨，其中盐湖锂的资源占比约为60%，主要分布在南美洲锂三角地区即玻利维亚、阿根廷和智利等地；澳大利亚和加拿大等地的锂资源则以矿石锂为主；中国、美国的盐湖锂和矿石锂资源都较为丰富。从储量来看，2020年全球锂资源的储量为2106万吨，高度集中在以盐湖为主的智利和以矿石为主的澳大利亚两国，两国储量合计占全球的66%（见图3-22）。

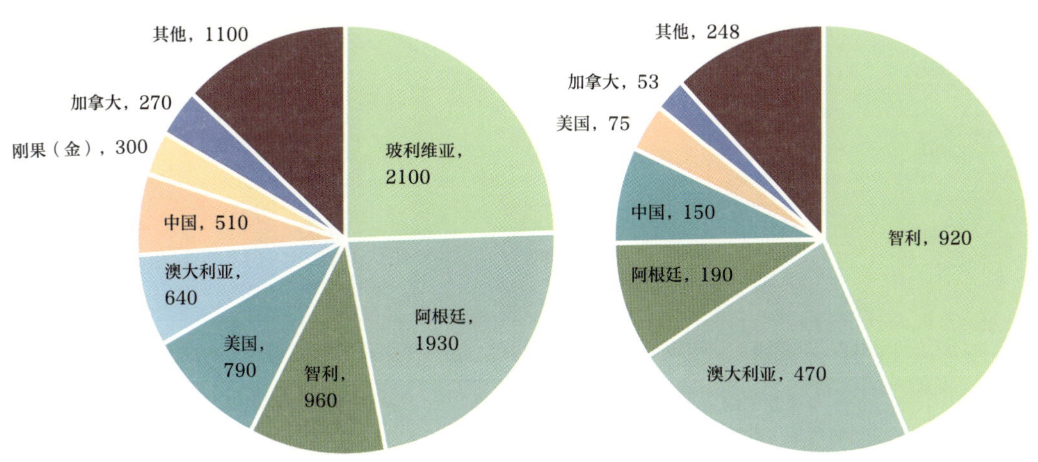

图3-22 2020年全球锂资源量（左）和储量（右）分布（单位：万吨）

资料来源：美国地质调查局（USGS）。

从供应来看，全球锂资源供应市场高度集中。虽然锂资源储量丰富，而且在诸多国家分布，但是由于资源禀赋差异较大，全球经济开采价值较大的锂资源高度集中于南美洲“四湖”和澳大利亚的“三矿”地带。2020年，“四湖”“三矿”供应的锂资源在全球供应量中的占比将近85%，澳大利亚的锂辉石矿占全球锂产品总量的50%，位居第一；随后是智利和阿根廷，其盐湖锂约占1/3。未来全球锂资源的新增产能将集中在澳大利亚和南美洲。由于产地高度集中，产能也基本高度集中在少数几家企业，包括智利的SQM公司、美国的雅宝（ALB）公司、中国的天齐锂业和赣锋锂业等。

从需求来看，在2020年全球锂资源消费中，传统工业需求和消费电子锂电池各占约30%，车用锂电池占比最大，近40%（见图3-23）。预计

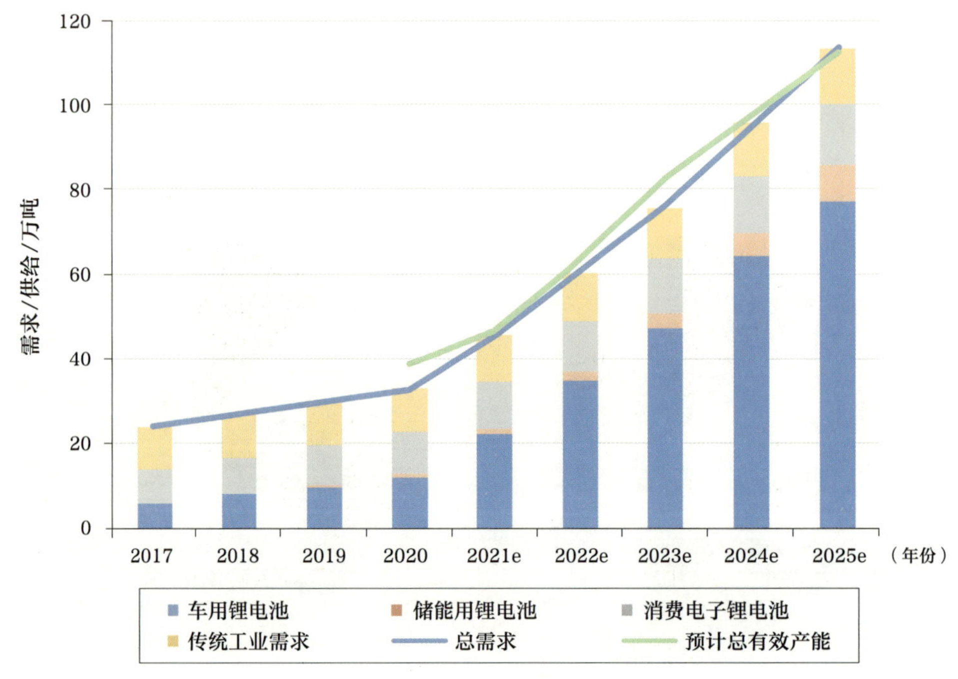

图3-23 2017～2025年全球锂资源需求及供给展望

资料来源：国家能源集团技术经济研究院。

传统工业需求和消费电子锂电池对锂资源的消费量将较为稳定，年均增长率稳定在5%～8%；在快速成长的新能源汽车产业和储能产业推动下，车用锂电池和储能用锂电池对锂资源的消费量将大幅提升。

2018年6月至2020年，由于锂资源供给远大于需求，锂盐和锂资源价格均大幅下降，2020年3～9月更是处于周期底部（见图3-24）。随后在需求的带动下，从2020年9月开始锂价快速回升，2021年下半年锂资源出现一定程度的供应紧张。因此，锂资源主要生产企业尤其是头部企业纷纷加速产能扩张。根据企业公开披露的信息，如果锂资源企业按照规划正常投入资本确保扩产项目如期投产，未来5年全球锂资源的有效供给将大幅增加，从2020年底的不到40万吨碳酸锂当量，提高近两倍至2050年的约110万吨。在需求不出现超预期变动的情况下，全球锂供给基本可以满足

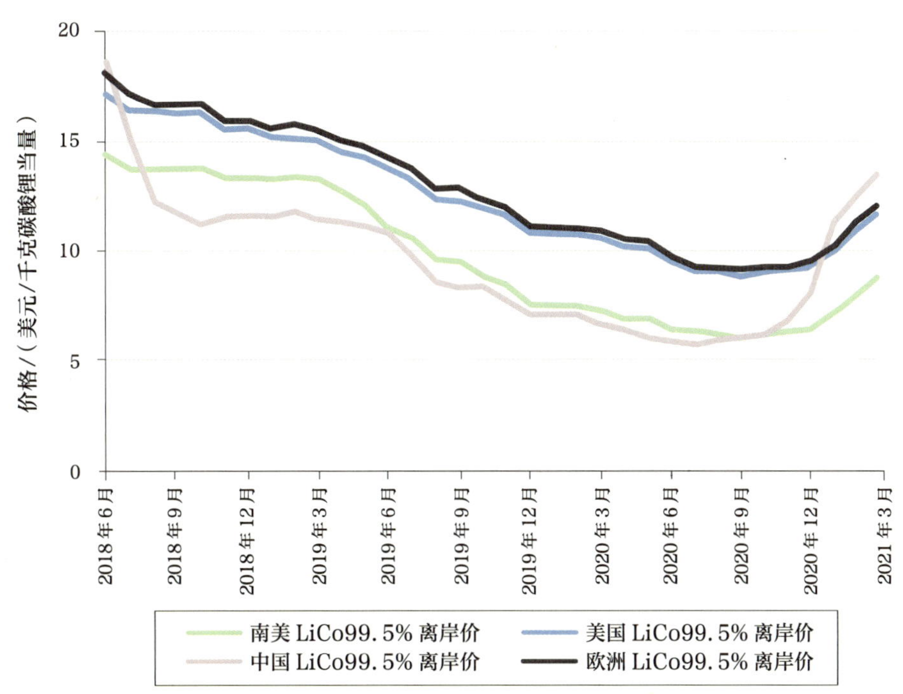

图3-24 2018年6月至2021年3月锂资源价格

资料来源：万得（Wind）。

需求增长，或将处于紧平衡状态。但如果需求持续超预期增长，或者锂资源企业资本投入或扩产进度低于预期，则锂资源供给将呈现持续紧张态势，并出现较大的供给缺口。投资并购方面，由于锂资源价格和股价的提升，2020年全球锂业企业筹集了约28亿美元的股本，预计2021年将达到36亿美元。到2025年，全球新增的40万吨锂资源产能项目预计将带来54亿美元的新增投资需求。2021年，全球锂矿行业的收购和并购极为频繁，澳大利亚Pilpara锂矿公司收购了同在澳大利亚的Altura锂矿公司，中国赣锋锂业收购了墨西哥Bacanora公司的锂黏土项目，澳大利亚两家顶级锂矿商Orocobre与Galaxy Resources宣布达成并购协议。

（2）钴资源

全球钴资源的需求和理论产能多年以来稳步增长（见图3-25）。

图3-25 2014～2021年全球钴资源需求和理论产能

注：2021年为预测值。

资料来源：万得（Wind）、国家能源集团技术经济研究院。

2020年，全球钴矿折合金属钴产能约14万吨，同比下降约3%[①]；理论产能约17.6万吨，实际需求约14.8万吨。2021年，预计需求将达到16.3万吨，理论产能将达到19.4万吨。同时电解钴和硫酸钴持续去库存，2021年库存下降，因此钴价格出现较大回升。

全球钴资源储量和产量分布高度不均，刚果（金）钴矿储量全球第一，占比50%（见图3-26中的左图），全部是铜钴伴生矿；其次是澳大利亚，储量占比20%，主要为硫化镍伴生钴。在2020年全球钴产能14万吨中，刚果（金）的钴产量占比超过70%（见图3-26中的右图）。2019～2021年，刚果（金）钴年产量为7万～9万吨。

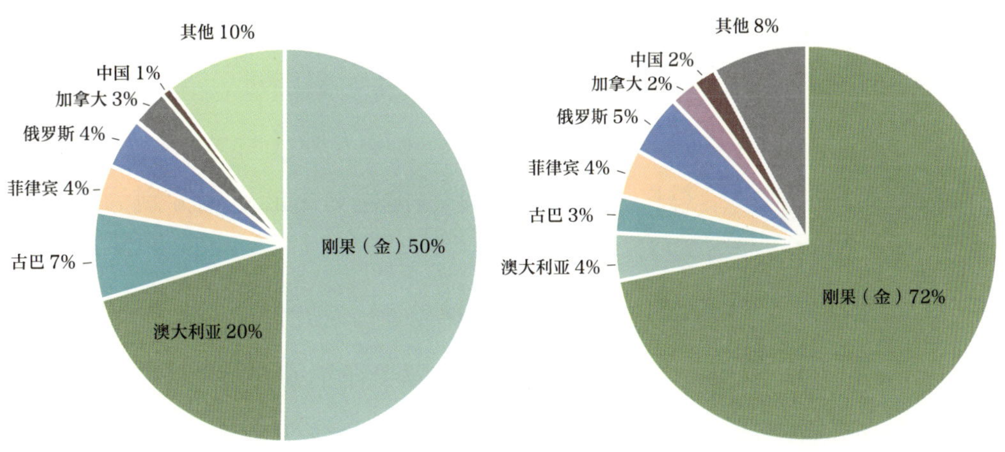

图3-26 2020年世界钴储量（左）和产量（右）的主要分布国家

资料来源：美国地质调查局（USGS）。

刚果（金）钴矿产量占比高，主要原因是当地铜钴矿品位高，开采条件好，品位多为0.3%～0.5%，当地露天民采矿甚至达到8%～10%，全面优于其他产地，尤其是优于镍钴矿山。2019年以来，钴价持续在底部震

① 此处产量数据来自美国地质调查局（USGS）。

荡，导致供给缩减、新增产能大幅减少，尤其是民采矿，而原有矿山的产量也大幅缩减。在需求带动下，铜和钴价格持续走高，铜钴矿开采的经济性提高。除了刚果（金）的铜钴矿外，未来全球钴供应的增量主要来自东南亚的红土镍矿伴生钴。根据全球主要钴矿企业公布的产能利用及扩张情况，预计2020～2025年，钴供应量将从13.4万吨提升至19.5万吨。其中，刚果（金）钴供应量将从10.2万吨提升至15.1万吨，红土镍矿伴生钴供应量（主要位于东南亚，如印尼和菲律宾）将从1.9万吨提升至3.1万吨。此外，预计动力电池回收集中在2023年之后爆发式增长，整体钴供应量预计2025年将超过20万吨。

钴原料企业供给也高度集中，嘉能可、洛阳钼业、欧亚资源供给量之和基本上占全球钴供给总量的一半。而嘉能可自有矿叠加其贸易钴产品的量，一直以来对全球钴行业影响深远。2020年，嘉能可、洛阳钼业、欧亚资源钴产量分别为2.74万吨、1.54万吨、1.55万吨（合计5.83万吨），占全球钴矿山原料供给总量（不含手抓矿、再生钴）的比例分别为22%、13%、13%（合计48%）。

从需求来看，当前钴需求呈现多元化特征。2020年，钴需求主要分布在电池领域（53%），其中大部分需求集中在消费电子所用的锂电池领域（占全部钴需求的38%），动力电池消费的钴在全部钴消费中占比不到15%，另外高温合金（17%）、硬质合金（7%）等对钴也有较大的需求。动力电池以外对钴的需求将保持较为刚性的稳定增长，而动力电池对钴的需求将成为钴消费增量的主力，但弹性较大。这主要是因为在降本压力下，储能电池以磷酸铁锂电池为主，三元锂电池比例很小；在车用锂电池中，商用车当前和未来都以磷酸铁锂电池为主。即使在乘用车领域，对钴的需求同样弹性较大。一方面，以比亚迪为代表的企业推出采用磷酸铁锂的刀片电池，兼具成本低和能量密度较高的优点，提升了磷酸铁锂电池在乘用车中的市场占比；另一方面，高镍低钴是三元锂电池未来发展方向，以三元811电池为例，将比现在主流的523电池和622电池减少一半以上的用钴量。

（3）镍资源

2020年，全球镍矿资源产能为274.1万吨，预计2021年将增长11.8%，达到289.8万吨（见图3-27）。2021年镍矿产能快速增长是因为本应于2020年建成运行的几个矿场将在2021年投产。2020年，镍的供应处于缺乏状态，主要原因是恶劣的天气造成镍矿减产，以及印尼对镍的出口进行了限制。2020年，中国镍矿的进口量下降了30.4%，其中来自印尼的进口量减少了87.5%（见图3-28）。

镍化合物方面，硫酸镍市场仍保持相对平衡。2020年，全球硫酸镍的需求为23.3万吨，产能为26.6万吨。随着未来电池中镍需求的增长，预计到2024年，硫酸镍市场将会进入紧张状态。2020年，全球55%的硫酸镍产能来自中国（见图3-29）。但随着其他国家，如芬兰、澳大利亚和印尼硫酸镍产能的增长，中国产能所占比重将会下降。预计到2025年，全球硫酸镍产能将比2020年增长7成。

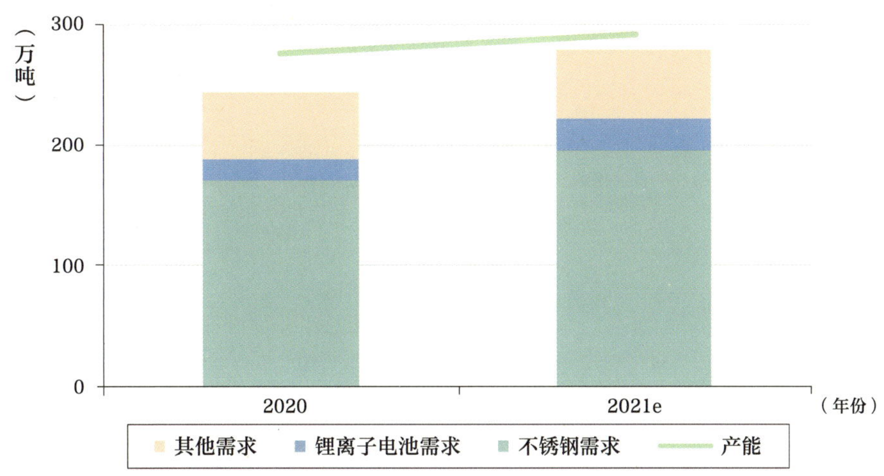

图3-27 2020年、2021年全球镍矿产能和需求

资料来源：彭博新能源财经（BNEF）。

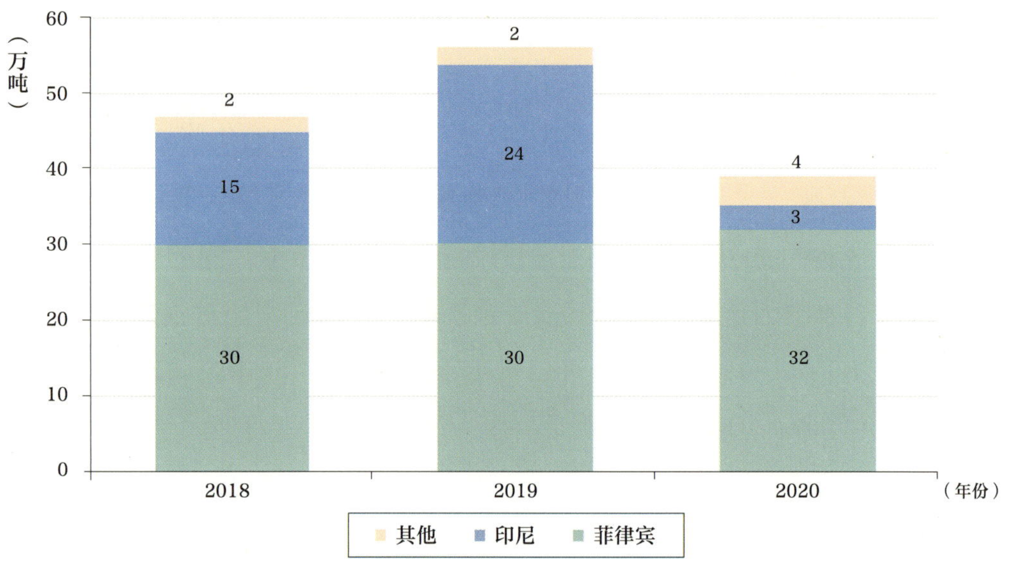

图3-28 2018～2020年中国镍矿进口来源

资料来源：彭博新能源财经（BNEF）。

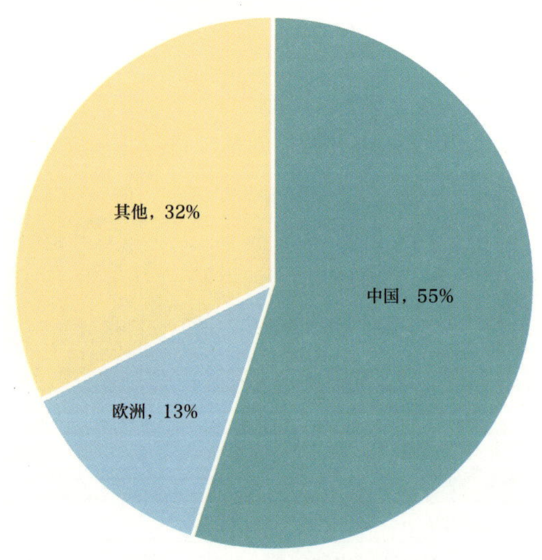

图3-29 2020年全球硫酸镍产能和分布

资料来源：彭博新能源财经（BNEF）。

5. 前景展望：锂离子电池成本将持续下降，市场需求将大幅增长

（1）市场需求

短期来看，2021年储能将迎来一次爆发式发展，较2019年的新增装机大概率将实现翻倍。据彭博新能源财经（BNEF），2021年全球储能新增装机将达到1100万千瓦/2400万千瓦时，中国、美国和欧洲的储能装机容量市场份额之和将达全球的85%，三个地区的领先地位将至少维持到2025年（见图3-30）。到2025年，全球储能新增装机的年复合增长率将达到23%。

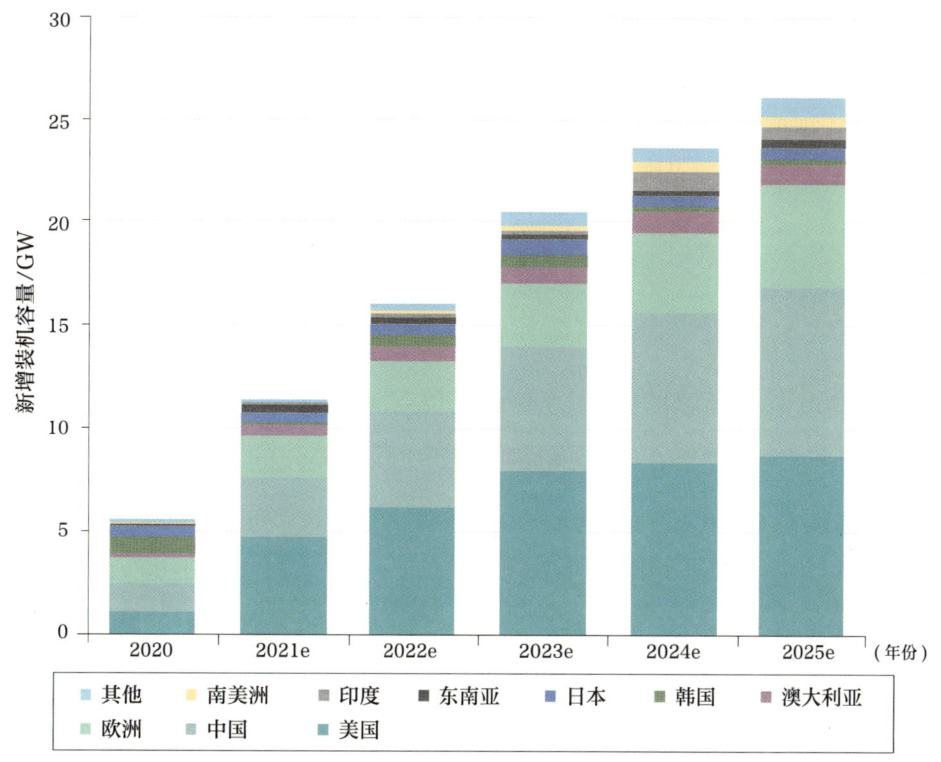

图3-30 2020～2025年全球储能年新增装机预测（分地区）

资料来源：彭博新能源财经（BNEF）。

分应用场景来看，发电和电网侧储能的新增装机将一直主导储能市场（见图3-31）。到2025年，新增装机的80%以上将是发电和电网侧储能，

其新增项目规模的扩大和带来的规模经济效应将推动储能市场迅速发展。用户侧居民消费储能的增长动力比工商业储能更为强劲，主要来源于用户侧光伏储能配备和备用电源的需求。

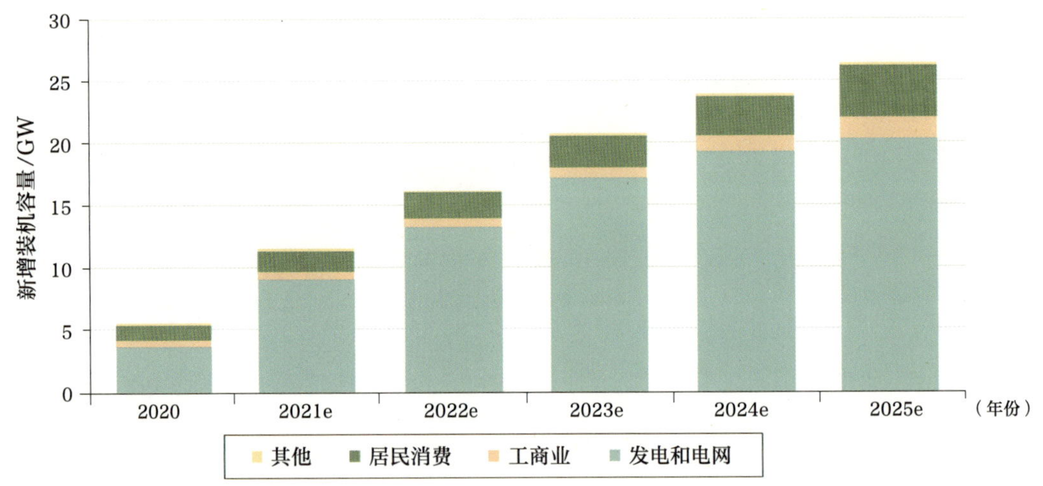

图3-31 2020~2025年全球储能年新增装机预测（分应用场景）

资料来源：彭博新能源财经（BNEF）。

到2050年，全球储能市场累计装机容量将达到16.76亿千瓦/58.27亿千瓦时（见图3-32），30年间将吸引近1万亿美元的投资。中国、美国和印度的储能累计装机容量将排到前三位，占据全球的30%以上。在所有储能装机中，用于发电和电网侧的装机将占到70%，其余为用户侧的工商业和居民消费储能。

（2）成本预测

电化学储能成本将在规模效应和技术进步推动下持续下降。根据国际可再生能源署（IRENA）的预测，2030年铅酸蓄电池、钠硫电池、液流电池、锂离子电池储能的初始投资成本相比2016年的降幅将普遍达到50%或以上，届时铅酸蓄电池、钠硫电池、液流电池成本下降至100美元/千瓦时左右（见图3-33）。

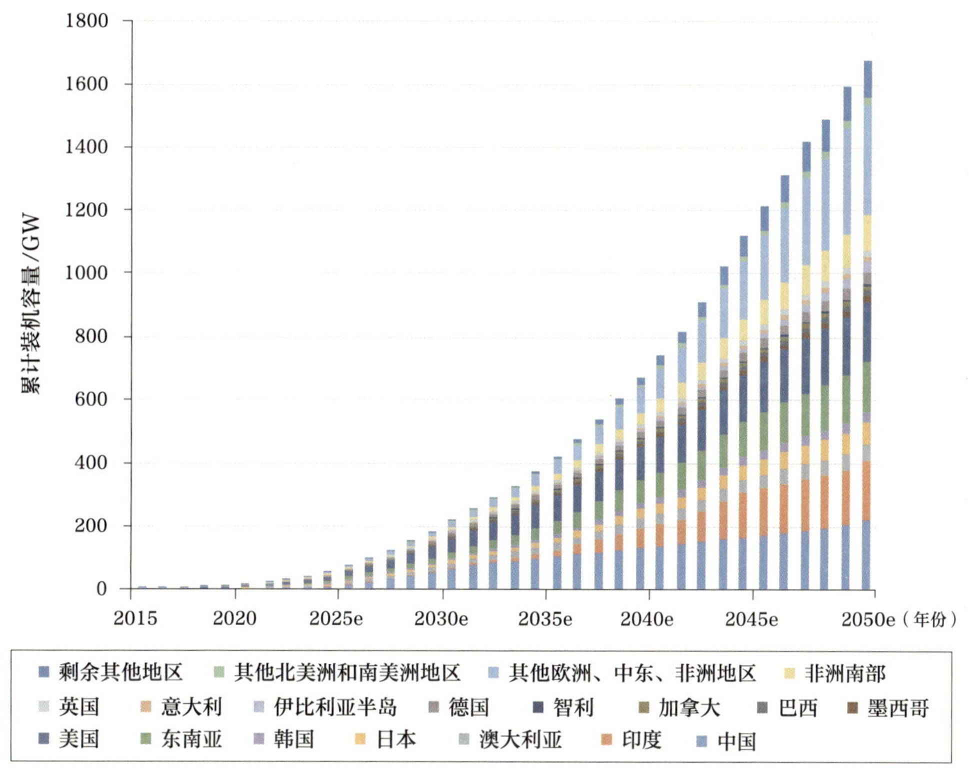

图3-32 2015~2050年全球储能累计装机容量预测（分地区）

资料来源：伍德麦肯兹（Wood Mackenzie）。

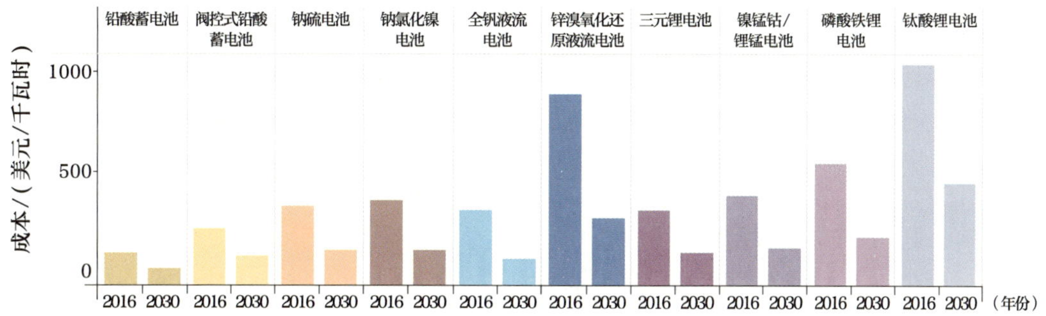

图3-33 2016年、2030年不同电化学储能成本趋势预测

资料来源：国际可再生能源署（IRENA），ELECTRICITY STORAGE AND RENEWABLES: COSTS AND MARKETS TO 2030。

而对于锂离子电池储能，一方面电池产能在电动汽车产业发展的带动下将持续快速增长，另一方面锂离子电池通过技术进步和升级具备很大的成本下降潜力。锂离子电池储能系统中的非电池成本也有较大的下降空间，可随着产能规模的扩大而下降。根据美国国家可再生能源实验室（NREL）预测，到2030年，在低、中、高三种成本值下全球4h锂离子电池储能成本相比2019年分别将有63%、47%、26%的降幅；到2050年，分别将有78%、60%、44%的降幅（见图3-34）。

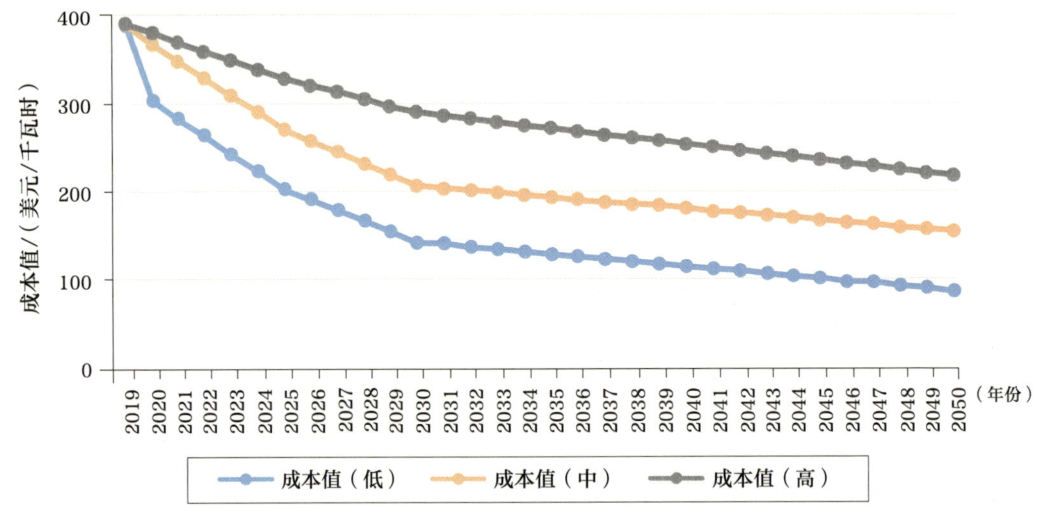

图3-34 2019～2050年全球4h锂离子电池储能成本预测

资料来源：美国国家可再生能源实验室（NREL）。

（3）技术路线预测

现有较为成熟的电化学储能技术各有优劣（见表3-2），整体而言，锂离子电池综合优势较强。锂离子电池已经在电网各个领域获得应用，未来随着该技术在能量密度、功率密度和使用寿命上的进一步提升，其优势地位将进一步增强。

在前沿技术方面，超级电容器和超导储能受到的关注较多，优劣势同样较为明显。此外，钠离子电池、锂硫电池、液态金属电池、金属-空

表3-2 主要储能技术基本情况及发展预期

储能技术	特点	发展预期	主要应用领域
抽水蓄能	优点：成本低、适于大规模、技术成熟 缺点：需要地理资源、建设周期长	具备大规模应用前景	广泛应用于调峰、调频、系统备用
压缩空气储能	优点：容量大、工作时间长、经济性能好、使用寿命长 缺点：传统压缩空气能量转换效率低、地理条件要求严格、依赖化石燃料	地理条件苛刻，大规模应用可能性较小	部分应用于电网调峰、可再生能源并网、备用容量
飞轮储能	优点：功率密度高、使用寿命长（可达15年）、不受充放电次数限制（10万次以上）、便于安装维护、环境危害小 缺点：自放电率高、初始成本较高、能量密度低	仅限于功率型应用场合，不适合电力系统大规模应用	部分应用于电力调频、轨道交通制动能量回收、企业级不间断电源（UPS）
铅蓄电池	优点：传统铅蓄电池的成本低、技术成熟；先进铅蓄电池的功率密度高、充放电速度快、寿命长 缺点：传统铅蓄电池的能量密度低、可充放电次数少、环境不友好；先进铅蓄电池在材料、技术、成本方面仍需进一步研究	预计市场占比将不断减小	广泛应用于可再生能源并网、调频、电力输配、分布式微网
锂离子电池	优点：能量密度高、自放电小、循环寿命长、无记忆效应 缺点：需要复杂的电池管理和热管理系统，在大尺寸制造和成组后循环寿命等方面还存在一定问题	具备大规模应用前景	广泛应用于可再生能源并网、电力调频、电力输配、分布式微网、电动汽车、制动能量回收
液流电池	优点：全钒电池容量大、能量转换效率高、寿命长；锌溴电池能量密度高、配置灵活 缺点：电极、隔膜、电解液等材料成本高、稳定性差	成本较高、稳定性差，大规模应用难度较大	部分应用于可再生能源并网、工商业楼宇、通信基站
钠硫电池	优点：材料成本低、能量密度高、寿命长 缺点：运行温度高、腐蚀性强、安全性差	安全性较差，不适合电力系统大规模应用	部分应用于电网削峰填谷、大规模可再生能源并网、独立发电系统

（续）

储能技术	特点	发展预期	主要应用领域
超级电容器	优点：功率密度高、充电速度快、充放电效率高、寿命长 缺点：能量密度低、技术成熟度较低、放电时间短	能量密度可提高幅度有限，不适合电力系统大规模应用	部分应用于可再生能源并网、分布式微网
超导储能	优点：转换效率高（80%～95%）、响应迅速、储能密度大（107～108J/m^3） 缺点：价格昂贵、技术成熟度低、大规模的强磁场会引发严重的环境问题	成本高，仅限于短期的功率型应用，不适合电力系统大规模应用	电力输配等领域研发示范

资料来源：国家能源集团技术经济研究院。

气电池、铝离子电池等新型电池体系不断涌现，其性能快速提升并逐渐成熟，但要走出实验室，实现商业化开发，还需要解决众多技术成熟度不高、成本控制等关键问题。在中短期内，这些技术还难以对目前主流的储能技术形成挑战。

对比电化学储能与抽水蓄能未来的发展前景，我们认为虽然抽水蓄能成本目前最低，但受技术限制，未来的投资成本几乎没有下降空间，受资源条件约束，成本将呈现一定的上升趋势；锂离子电池储能的成本则有望持续下降，到2030年之后，锂离子电池储能将逐步成为主流储能技术。

二　中国储能产业发展状况

（一）基本情况

2020年，中国储能快速发展，已投运储能项目累计装机规模3560万千瓦，新增装机320万千瓦，占全球市场总规模的18.6%。其中，抽水蓄能累计装机3179万千瓦，占储能装机总量的89.3%，2020年新增装机

120万千瓦；化学储能累计装机327万千瓦，占储能装机总量的9.2%，2020年新增装机156万千瓦。

从新增项目分布来看，由于越来越多的地区要求发电侧配置一定比例的储能，因此2020年新增项目中发电侧储能项目规模较大，达到58万千瓦，同比增长438%，在全部新增储能项目中的占比达到28.8%；其余参与辅助服务、用户侧和电网侧应用的储能项目占比相差不大，介于14%和30%之间。从省份分布来看，2020年新增储能项目较多的省份主要是经济发达的几个东部省份，包括广东、江苏、安徽、山东和浙江等地区，以及新能源占比高的西北省份，包括青海、内蒙古、甘肃、西藏等地区（见图3-35）。

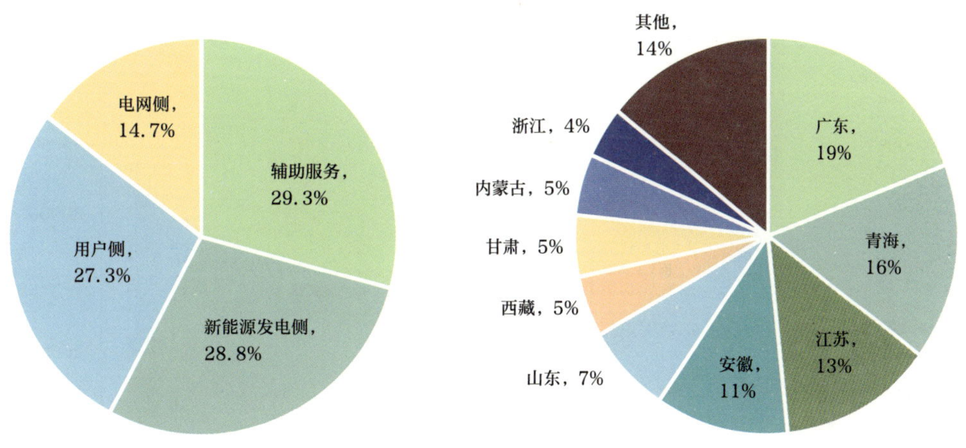

图3-35 2020年中国新增储能项目类型（左）和地区（右）分布

资料来源：中关村储能产业技术联盟。

中国储能市场快速发展的动因主要有二：一是风、光发电装机容量快速提高，必须依赖储能形成可控制、可调度的电网运营模式；二是新能源汽车快速发展，快充电站快速渗透，电网需改变运行方式，推动源—网—荷—储多方资源的智能协同互动。

抽水蓄能是目前中国电力系统中规模最大的以系统运行保障为唯一目标的电力系统灵活性资源，具备调峰、调频、调相、储能、系统备用和黑启动“六大功能”，具有单机容量大、运行成本对运行方式和频率不敏感等优势。抽水蓄能一般的设计库容可满足额定功率下连续发电5小时、备用1小时的调节能力，可以很好地满足日内系统调节需求。因此，目前及未来的相当长时间内，抽水蓄能将维持储能主力地位。

电化学储能随着中国储能发展的外部政策环境不断趋好，在用户侧、电网侧、可再生能源并网、智能微电网等领域快速发力。电化学储能装机容量在近几年保持快速增长，2015～2019年的年复合增长率达79.7%。2020年，虽然中国储能产业的发展受到新冠肺炎疫情的影响，但基于产业发展的市场需求增加、成本下降、政策推动和碳中和目标等因素，电化学储能装机逆势大幅增长，步入发展快车道（见图3-36、图3-37）。

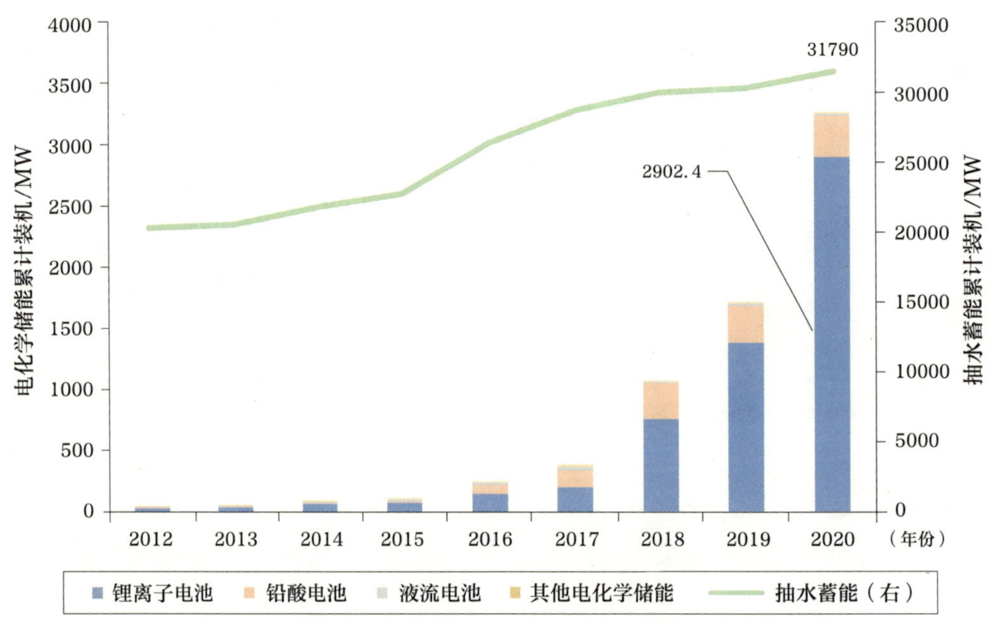

图3-36 2012～2020年中国储能累计装机规模

资料来源：中关村储能产业技术联盟《储能产业研究白皮书2021》。

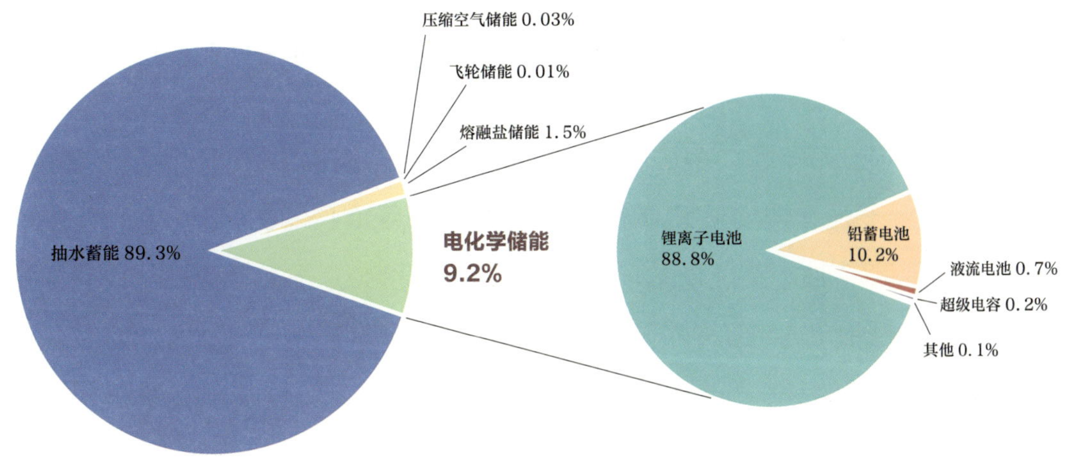

图3-37 2020年中国储能项目累计装机规模分技术占比

资料来源：中关村储能产业技术联盟《储能产业研究白皮书 2021》。

进入2021年，中国储能产业保持了高速发展。到2021年底，根据初步不完全统计，中国投运的储能项目累计装机容量达到45.74GW，同比增长29%。2021年，中国储能装机继续保持高速增长，同比增长220%，新增投运规模达10.14GW，其中，抽水蓄能规模最大，为8.05GW；电化学储能投运规模达到1.87GW/3.49GWh，规划在建规模超过20GW；压缩空气储能新增投运规模大幅提升，达到170MW，是其2020年底累计规模的15倍，电源侧新能源配置储能和独立储能成为新增装机的主要来源。

2021年，中国新增规划、在建、投运百兆瓦级储能项目的数量再次刷新历年纪录，达到65个，是2020年同期数量的9倍，规模达14.2GW，占2021年新增储能项目总规模的57%。仅12月，就有山东首批储能示范项目、湖南儒林储能电站项目、张家口中储国能压缩空气储能电站项目等十余个百兆瓦级项目相继并网。

(二)抽水蓄能发展状况

1. 装机和项目分布：在运3179万千瓦、在建5373万千瓦、在研4030万千瓦

截至2020年底，中国抽水蓄能累计装机规模3179万千瓦，年新增装机120万千瓦，即安徽绩溪抽水蓄能电站项目（4×30万千瓦）；新核准开工建设3个抽水蓄能电站项目，总装机规模430万千瓦，分别是山西浑源的150万千瓦（4×37.5万千瓦）、辽宁庄河的100万千瓦（4×25万千瓦）和福建云霄的180万千瓦（6×30万千瓦）项目，新核准项目装机规模少于2019年的688万千瓦。

截至2020年底，中国在运抽水蓄能电站33座。从区域分布来看，华东区域电网抽水蓄能装机规模最大，达到1156万千瓦，占比37%；其次是南方电网经营区，规模达到788万千瓦，占比25%；华北和华中电网在运规模也较大，分别达到547万千瓦和499万千瓦，占比分别为17%和16%；西南和西北区域几乎没有在运装机。从单机规模来看，近年的新建及目前在建抽水蓄能电站的装机容量普遍高于120万千瓦，单机容量以30万千瓦及以上为主，机组结构不断优化。

截至2020年底，中国约有40座在建抽水蓄能电站，装机规模达到5373万千瓦。从区域分布来看，主要分布在华东、华北和东北区域，其中华东和华北在建规模达到1743万千瓦和1610万千瓦，分别占全国的32%和30%（见图3-38）。此外，全国范围内有31座抽水蓄能电站项目正在开展前期工作，其中16个项目正在进行可行性研究，装机规模1960万千瓦，另有15个项目正在开展预可行性研究，装机规模2070万千瓦。中国抽水蓄能电站建设总体呈稳步有序推进态势。

2. 开发成本和技术情况：成本整体平稳、技术世界领先

开发成本方面，抽水蓄能项目开发成本在“十三五”期间整体平稳，在“十四五”期间或将略有上涨。“十三五”保持平稳的主要原因是：主

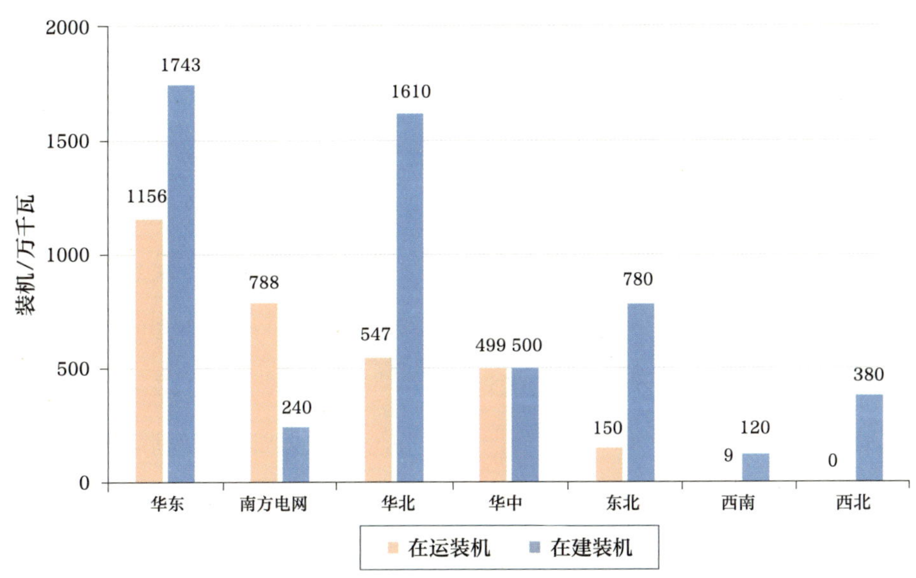

图3-38 截至2020年底中国抽水蓄能电站区域分布情况

资料来源：水电水利规划设计总院《中国可再生能源发展报告 2020》。

要水电机电设备技术成熟，国产化程度、市场化程度提高。近年来，抽水蓄能设备及安装工程投资基本平稳，建设安装条件也基本未发生重大变化。“十三五”期间，抽水蓄能平均投资成本约为6300元/千瓦，预计“十四五”期间抽水蓄能平均投资成本约为6400元/千瓦（见图3-39）。

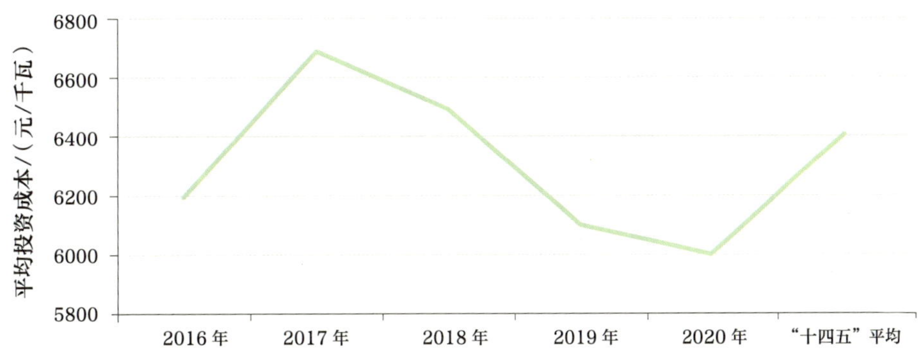

图3-39 “十三五”和“十四五”（预测）期间中国抽水蓄能平均投资成本

资料来源：国家能源集团技术经济研究院。

技术方面，中国已成功实现700米级水头和40万千瓦级抽水蓄能机组等核心装备的研制和应用，装备制造达到世界先进水平。目前在运机组最大单机容量37.5万千瓦（仙居，2016年投运），在建机组最大单机容量40万千瓦（阳江）；在运、在建机组最大发电水头756米（长龙山，2021年投运）。此外，中国已全面掌握复杂大型地下洞室群的设计与建设关键技术，目前在建的丰宁抽水蓄能电站装设12台机组，总装机容量360万千瓦，地下厂房长达414米，装机容量和建设规模均为世界第一，成功解决了复杂地质条件下超长地下厂房开挖、加固支护、变形控制等难题；依托工程攻克了高寒地区抽水蓄能设计和施工难题，具备了在全国各地建设复杂电站的能力和水平。

3. 运行情况：运行小时大幅增加、运行方式地域差异较大

随着新能源装机规模的不断扩大和电力负荷峰谷差的拉大，中国抽水蓄能电站的年综合运行小时数大幅增加，由2010～2016年的平均低于2000小时增加至2016年以后的平均2500小时以上，已超过欧洲、美国的平均水平（见图3-40）。在一些较为极端的情况下，一个抽水蓄能电站的机组一天内启停次数和工况转换次数甚至分别达到14台次和30次，为保障系统安全稳定运行发挥了重要作用。

中国抽水蓄能电站的运行方式和工作特点存在较大的区域化差异。在三北地区，由于新能源装机量大、系统其他灵活性资源少，抽水蓄能电站主要依据新能源发电特点，根据电网调度指令进行抽放，在一些特高压线路两端可作为短期的虚拟输电容量，为特高压线路提供安全备用。在华北、华东、华中地区，负荷变化是系统中的主要变化因素，因此抽水蓄能电站主要是依据负荷曲线进行调节，呈现夜间“一抽”、早晚用电高峰“两放”的运行特点。

新能源大规模并网运行给抽水蓄能运行强度和运行方式带来了显著变化。在抽水工况下，抽水蓄能机组作为电力负荷直接消纳新能源电量，顶峰发电和挂网备用可以间接扩大新能源消纳空间。2018～2020年，国网新源控股有限公司所属的抽水蓄能电站抽水启动次数每年较上年同期分别增加6.4%、3.8%、5.6%，运行强度随着新能源的快速发展而日趋增长。部分地区抽水蓄能电站午间抽水时长有所增加，早晚高峰开机发电时间有所提前，主要是为了适应光伏的规律性变化，在早间光伏出力较少时快速满足早高峰用电需求，并在晚高峰前弥补光伏发电迅速下降造成的用电缺口，午间低谷时段抽水促进光伏消纳，同时配合降低常规电源的启停成本和能源消耗。个别抽水蓄能电站机组启停及工况转换非常频繁，主要用于应对风电出力的突发波动。

图3-40 中国抽水蓄能年综合运行小时数与欧洲、美国的比较

资料来源：国际能源署（IEA）、2011～2020年《电力工业统计资料汇编》。

（三）电化学储能发展状况

1. 装机和项目分布：累计装机326.92万千瓦，年新增装机156万千瓦

截至2020年底，中国已投运电化学储能项目累计装机规模为326.92万千瓦，同比增长91.2%（见图3-41），其中锂离子电池累计装机规模

最大，为290万千瓦。2020年，中国电化学储能新增装机容量首次突破百万千瓦大关，达到156万千瓦。

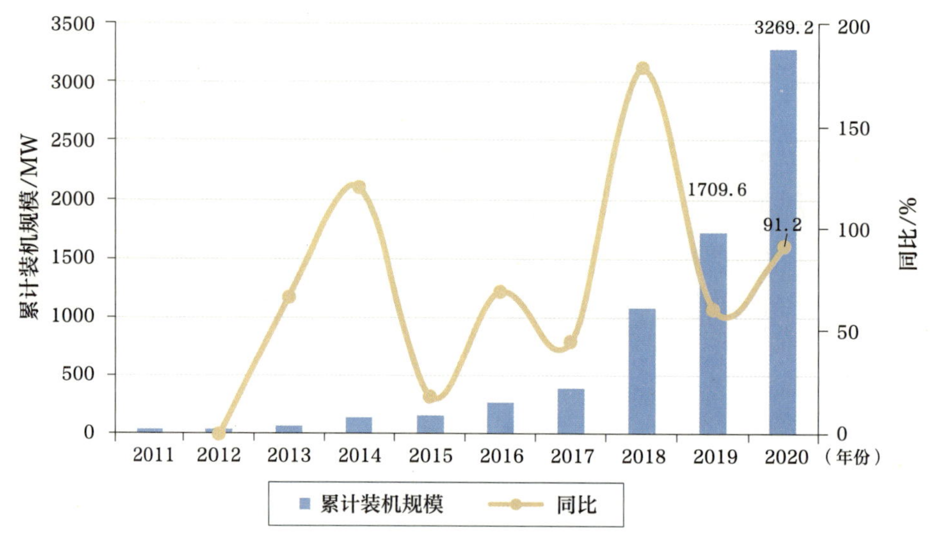

图3-41 2011~2020年中国已投运电化学储能项目累计装机规模及同比

资料来源：中关村储能产业技术联盟。

2. 企业情况：储能发展吸引大量新兴企业，传统储能企业业务链向外延伸

中国储能市场的高速发展吸引了中国许多新的企业进入储能系统的供应市场。产业链上下游不同位置的各类企业在储能市场的开发中发挥着各自的作用，在寻求提高自身份额的同时采用了不同的商业模式、策略，专注于不同领域。

参与储能产业链的企业身份主要有电池制造商、变流器制造商、电动汽车充电桩企业和新能源发电企业。此外，第三方储能系统设计和优化的企业也在高速发展的市场中迎来了新的发展机会（见图3-42）。

电池制造企业在储能产业链中主要专注于电芯和电池组件的供应，同时在利用各自电动汽车电池组的装备能力来提高储能电池产品水平。

图3-42 中国储能产业链上下游主要企业及其主要产业分布

资料来源：彭博新能源财经（BNEF）、国家能源集团技术经济研究院。

2020年，中国储能电池供应企业中国市场装机量排名前十的企业依次为宁德时代、力神、海基新能源、亿纬动力、上海电气国轩、南都电源、赣锋电池、比亚迪、中航锂电、国轩高科（见图3-43）；中国储能电池供应企业海外市场装机量排名前十的企业分别为比亚迪、南都电源、海基新能源、圣阳电源和力神（见图3-44）。其中，作为国内锂电池龙头企业的宁德时代，除了动力电池业务呈现稳定增长并居全球首位外，储能系统业务电池销售更是连续保持200%以上的爆发增长态势，在较2019年大增222%的基础上，2020年宁德时代储能系统业务实现营收19.4亿元，同比增长216%，其中国内装机接近60万千瓦，大幅领先其他厂商。

在储能变流器领域，部分光伏企业利用光伏逆变器的技术积累，以储能变流器供应为突破口进入储能行业，进而开始扩张进入储能系统集成的业务范围。储能变流器与光伏逆变器的底层技术非常类似。储能变流器作为储能系统中的第二大成本构成，占据了11%左右的系统成本。在储能系统集成过程中，变流器制造企业能够利用变流器的规模化产能和技术储备

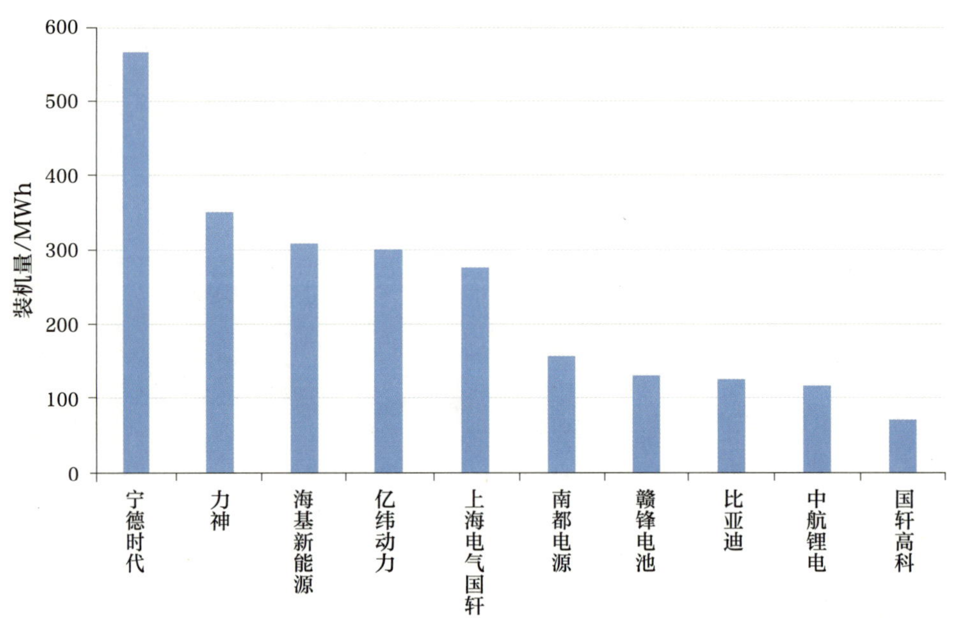

图3-43 2020年中国储能电池供应企业中国市场装机量

资料来源：中关村储能产业技术联盟。

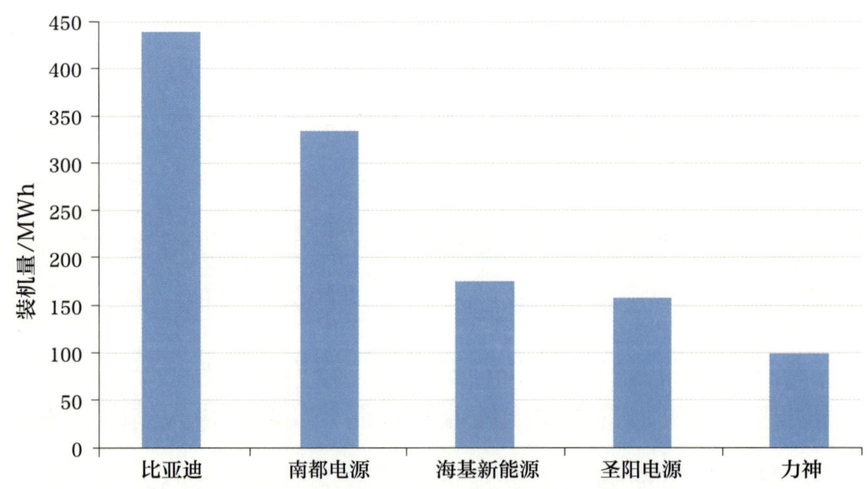

图3-44 2020年中国储能电池供应企业海外市场装机量

资料来源：中关村储能产业技术联盟。

更好地控制系统的成本和性能。例如，阳光电源和科华科技很早就进入了储能领域，早在2016年就着手开展了储能系统集成的业务。2020年，更多企业（如华为、固德威、上能电气等）开始参与变流器市场竞争。2020年，中国新增电化学储能装机中，中国市场变流器供应量排名前十的企业为阳光电源、科华、索英电气、上能电气、南瑞继保、盛弘股份、科陆电子、许继电气、英博电气和智光储能（见图3-45）；海外市场变流器供

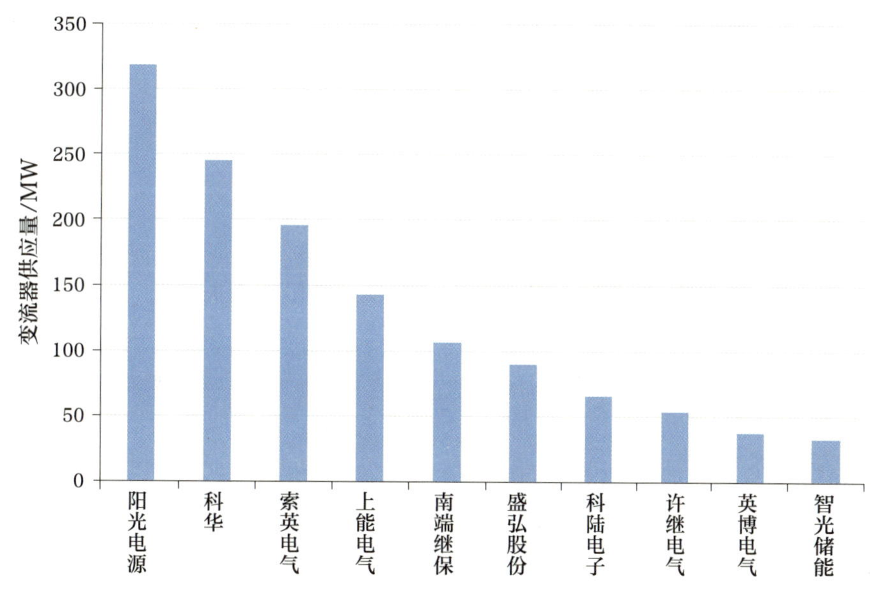

图3-45 2020年中国新增电化学储能装机中企业变流器供应量（中国市场）
资料来源：中关村储能产业技术联盟。

应量排名靠前的企业包括阳光电源、比亚迪等（见图3-46）。

3. 收益情况：多数项目暂不具备收益条件，成本仍有待下降

按照当前的应用场景划分，储能主要包括发电侧、电网侧和用户侧三个方向，其所处位置、功能与作用等见表3-3。

储能项目收益与项目初始投资水平、售电收入的增值税、系统循环效率和储能寿命等因素息息相关，2020年初始建设成本虽然下降较快（见表

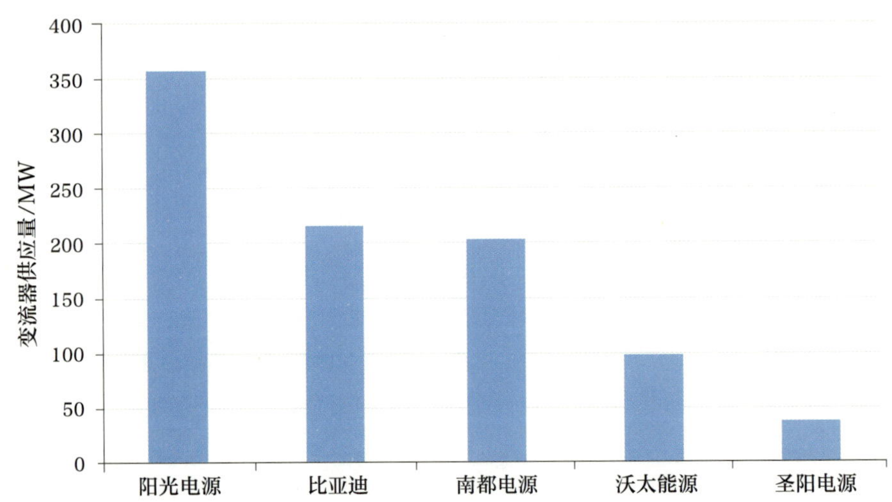

图3-46 2020年中国新增电化学储能装机中企业变流器供应量（海外市场）

资料来源：中关村储能产业技术联盟。

表3-3 发电侧、电网侧、用户侧储能应用相关情况

场景	位置	功能	作用	建设成本	收益模式
发电侧	大规模风光并网	负荷跟踪、平滑输出等	解决新能源消纳问题，实现电网一次调频	1.3元/瓦时	减少弃电量，增加售电收入
电网侧	布置于电网枢纽	提供调峰调频等电力辅助服务	提升新能源消纳能力	1.3元/瓦时	获得调峰调频补偿
用户侧	分布式发电、微网及普通配网系统	实现用户电费管理与需求侧响应	具有电能质量改善、应急备用和无功补偿等附加价值	1.6元/瓦时	利用峰谷价差获益

资料来源：中关村储能产业技术联盟。

3-4），但仍未下降到符合多数储能项目经济性的成本范围内，大部分项目仍不具备收益条件，仅有个别应用场景的经济性已符合收益要求。

考虑到土建等仍需资本投入，发电侧和电网侧2小时放电时长的储能EPC项目平均建设成本均为1.3元/瓦时；因规模小，平摊到单瓦时的土地成

表3-4 2020年储能项目初始建设成本变化

单位：元/瓦时

发电侧类型	最低中标价	
	2020年初	2020年底
风储（充电时长1小时）	2.154	1.634
光储（充电时长2小时）	1.448	1.060

资料来源：中关村储能产业技术联盟。

本和土建成本较高，用户侧储能EPC项目平均建设成本为1.6元/瓦时以上。

按照储能获取收益的典型模式，对于用户侧，当前高电价差区域，比如广东、江苏、北京等地的峰谷价差在0.7元/千瓦时以上，一般工商业和大工业客户可以通过储能系统在谷电价时充电，在峰谷电价模式下项目收益能够保持较好水平。如果全国峰谷价差能够拉大，在储能安全性可控的前提下，用户侧峰谷价差套利模式将具有良好的发展前景。对于发电侧，在2020年的投资成本下，原有高补贴光伏电站配备的储能项目收益率已经满足商业化运营的收益要求。比如，青海、新疆等地有大量的光伏项目上网电价在0.9元/千瓦时以上，储能在发电侧可以协助电源满足调度系统调节的需要，减少弃电量，增加售电收入。按照2020年5月新疆维吾尔自治区发改委发布的《新疆电网发电侧储能管理暂行规则》，发电侧储能电站可以有两种不同的运作模式：弃光严重时期作为自用容量，放电收益享受光伏电站的补贴标准；弃光不足时期作为调峰可用容量，享受0.55元/千瓦时的充电补贴，放电收益按标杆上网电价进行结算。此外，储能电站可以参与电力市场辅助服务，辅助电网进行调峰调频，并获得调峰调频补偿。当前电力辅助服务市场的调峰和调频补偿额度以市场竞价为主，火电、水电等发电企业与储能、综合能源服务商共同决定辅助服务价格。以2019年2月国家能源局江苏监管办公室、江苏省工业和信息化厅发布的

《关于做好辅助服务（调峰）市场试运行有关工作的通知》为例，调峰辅助服务最高限价为0.6元/千瓦时，未报价机组临时调用价格为0.15元/千瓦时。辅助服务市场报价范围波动大，火电等原有已装机电站的边际调节成本低，参与辅助市场的优势明显。储能电站主要胜在响应速度快，辅助服务市场对储能电站的作用主要在于拓展收入来源。

（四）产业发展趋势

1. 政策方向：储能迎来风口，各级政府政策频发

当前国家和各地方纷纷出台支持政策推动储能产业发展，政策设计逐步完善，落地实施不断强化。随着电力现货和辅助服务市场的不断开放和规范，储能将能更好体现自身技术优势和市场价值。

顶层设计方面，出台了《关于加快推动新型储能发展的指导意见》和《抽水蓄能中长期发展规划（2021-2035年）》两项重要政策（见表3-5）。

表3-5 中国储能顶层设计政策

政策名称	出台时间	出台部门	主要内容
《关于加快推动新型储能发展的指导意见》	2021年7月	国家发展改革委、国家能源局	系统阐述了中国关于新型储能的发展目标和政策举措。到2025年，实现新型储能从商业化初期到规模化发展转变，装机规模30GW以上；到2030年，实现新型储能全面市场化发展，装机规模基本满足新型电力系统需求。聚焦强化规划引导、推动技术进步、完善政策机制、规范行业管理、加强组织领导大方向，并制定了相应的政策保障措施
《抽水蓄能中长期发展规划（2021-2035年）》	2021年9月	国家能源局	到2025年，抽水蓄能投产总规模6200万千瓦以上；到2030年，投产总规模1.2亿千瓦左右；到2035年，形成满足新能源高比例大规模发展需求的，技术先进、管理优质、国际竞争力强的抽水蓄能现代化产业，培育形成一批抽水蓄能大型骨干企业

资料来源：国家发展改革委、国家能源局。

价格机制方面，出台了《关于进一步完善抽水蓄能价格形成机制的意见》和《关于进一步完善分时电价机制的通知》（见表3-6）。

表3-6 中国储能相关价格机制政策

政策名称	出台时间	出台部门	主要内容
《关于进一步完善抽水蓄能价格形成机制的意见》	2021年4月	国家发展改革委	坚持并优化抽水蓄能两部制电价政策，明确了以竞争性方式形成电量电价回收抽水、发电的运行成本，抽发运行成本外的其他成本通过容量电价回收，并将容量电费纳入输配电价回收
《关于进一步完善分时电价机制的通知》	2021年7月	国家发展改革委	分时电价政策指出要合理扩大峰谷电价价差，上年或当年预计最大系统峰谷差率超过40%的地方，峰谷电价价差原则上不低于4:1，其他地方原则上不低于3:1；同时实施尖峰电价机制，尖峰电价在峰段电价基础上的上浮比例原则上不低于20%。更大的峰谷电价价差将明显提高用户侧储能项目收益

资料来源：国家发展改革委。

电源侧配置储能逐渐成为趋势。国家能源局于2021年5月出台了《关于2021年风电、光伏发电开发建设有关事项的通知》，要求建立保障性并网、市场化并网等并网多元保障机制。各地区完成年度非水电最低消纳责任权重所必需的新增并网项目，由电网企业实行保障性并网。对于保障性并网范围以外仍有意愿并网的项目，可通过自建、合建共享或购买服务等市场化方式落实抽水蓄能、储热型光热发电、火电调峰、电化学储能、可调节负荷等新增并网消纳条件后，由电网企业予以并网。对于保障性并网项目，虽然国家未出台规定要求配置储能，但是要求配置一定比例储能的地方政府越来越多，大多要求至少配置10%的储能，部分地方比如内蒙古自治区保障性并网项目储能配置比例甚至高达30%/2小时（见表3-7）。

对于市场化并网项目，《国家发改委、国家能源局关于鼓励可再生能源发电企业自建或购买调峰能力增加并网规模的通知》进一步明确了市场化并网2021年的具体要求，即超过电网企业保障性并网以外的规模初期按照功率15%的挂钩比例（时长4小时以上）配建调峰能力，按照20%以上挂钩比例进行配建的优先并网。

表3-7 地方政府新能源配储要求概况

序号	时间	地区	级别	文件名称	储能配比	时长
1	2020年3月	内蒙古	省级	《2020年光伏发电项目竞争配置方案》	5%	1小时以上
2	2021年8月		省级	《关于2021年风电、光伏发电开发建设有关事项的通知》	不低于15%	2小时
3	2021年5月	宁夏	省级	《关于加快促进自治区储能健康有序发展的指导意见》	10%	2小时
4	2021年1月	青海	省级	《关于印发支持储能产业发展若干措施（试行）的通知》	10%	2小时
5	2021年1月	山西大同	市级	《大同市关于支持和推动储能产业高质量发展的实施意见》	5%	—
6	2021年3月	贵州	省级	《贵州省风电光伏发电项目管理暂行办法（征求意见稿）》	—	—
7	2021年3月	江西	省级	《关于做好2021年新增光伏发电项目竞争优选有关工作的通知》	不低于10%	1小时
8	2021年3月	陕西	省级	《关于促进陕西省可再生能源高质量发展的意见（征求意见稿）》	10%（关中、陕北10万千瓦），20%（榆林）	2小时
9	2021年6月		省级	《陕西省新型储能建设方案（暂行）（征求意见稿）》	风电：陕北10%；光伏：关中和延安10%，榆林20%	—
10	2020年4月	河南	省级	《关于2020年申报平价风电和光伏发电项目电网消纳能力的报告》	—	—
11	2021年6月		省级	《关于2021年风电、光伏发电项目建设有关事项的通知》	Ⅰ类区域10% Ⅰ类区域15% Ⅲ类区域20%	2小时

（续）

序号	时间	地区	级别	文件名称	储能配比	时长
12	2020年6月	山西	省级	《关于2020年拟新建光伏发电项目的消纳意见》	15%~20%	
13	2021年9月	山西	省级	《2021年竞争性配置风电、光伏发电项目评选结果》	10%~15%	
14	2021年8月	山西	省级	《关于做好2021年风电、光伏发电开发建设有关事项的通知》	大同、朔州、忻州、阳泉10%以上	
15	2020年6月	山东	省级	《关于2020年拟申报竞价光伏项目意见的函》	20%	2小时
16	2021年2月	山东	省级	《关于印发2021年全省能源工作指导意见的通知》	10%	
17	2021年3月	山东	省级	《关于开展储能示范应用的实施意见（征求意见稿）》	10%	
18	2021年11月	山东	省级	《关于公布2021年市场化并网项目名单的通知》	不低于10%	2小时
19	2021年3月	甘肃	省级	《关于加快推进全省新能源存量项目建设工作的通知》	10%~20%（河西五县），其他5%~10%	2小时
20	2021年5月	甘肃	省级	《关于“十四五”第一批风电、光伏发电项目开发建设有关事项的通知》	河西地区（酒泉、嘉峪关、金昌、张掖、武威）最低10%，其他地区最低5%	2小时
21	2021年5月	福建	省级	《关于因地制宜开展集中式光伏试点工作的通知》	10%（试点项目）	
22	2021年6月	天津	省级	《关于做好我市2021-2022年风电、光伏发电项目开发建设和2021年保障性并网有关事项的通知》	15%（单体容量超过5万千瓦的风电项目）	
23	2021年6月	湖北	省级	《湖北省2021年平价新能源项目建设工作方案（征求意见稿）》	不低于10%	2小时
24	2021年7月	湖北	省级	《关于2021年平价新能源项目开发建设有关事项的通知》	不低于10%	2小时
25	2021年8月	安徽	省级	《关于2021年风电、光伏发电开发建设有关事项的通知（征求意见稿）》	不低于10%	—

（续）

序号	时间	地区	级别	文件名称	储能配比	时长
26	2021年7月	辽宁	省级	《辽宁省新增风电项目建设方案（征求意见稿）》	10%以上	—
27	2021年9月	辽宁	省级	《辽宁省新增风电项目建设方案》	10%	—
28	2021年9月	河北	省级	《关于下达河北省2021年风电、光伏发电保障性并网项目计划的通知》	南网不低于10%，北网不低于15%	2小时
29	2021年10月	河北	省级	《关于做好2021年风电、光伏发电市场化并网规模项目申报工作的补充通知》	南网不低于10%，北网不低于15%	3小时
30	2021年10月	广西	省级	《2021年市场化并网陆上风电、光伏发电及多能互补一体化项目建设方案的通知》	风电20% 光伏15%	2小时
31	2021年10月	湖南	省级	《关于加快推动湖南省电化学储能发展的实施意见》	风电15% 集中式光伏5%	2小时
32	2021年11月	湖南	省级	《关于开展整县（市、区）光伏开发试点的通知》	—	—
33	2021年11月	山东淄博	市级	《淄博市实施减碳降碳十大行动工作方案》	不低于10%	—
34	2021年9月	浙江义乌	市级	《关于推动源网荷储协调发展和加快区域光伏产业发展的实施细则》	光伏10%以上	2小时
35	2021年9月	江苏	省级	《关于我省2021年光伏发电项目市场化并网有关事项的通知》	长江以南8%及以上，长江以北10%及以上	2小时

资料来源：国家能源集团技术经济研究院。

2. 前景预测：规模化带来成本进一步下降，电化学储能装机量将快速增长

（1）电化学储能技术经济性将快速提升

以锂离子电池为代表的电化学储能成本下降速度尤为突出。2010年以来，锂离子电池累计价格降幅超过80%。目前国内磷酸铁锂电池系统价

格已低于800元/千瓦时，循环寿命普遍达到3000次以上；储能系统价格已经降至1100～1500元/千瓦时。随着市场需求不断扩大，未来锂离子电池技术经济性仍有较大提升空间。“十四五”末期，储能系统价格有望降至1000元/千瓦时以内，同时储能循环寿命和日历寿命均将大幅提高，从而进一步大幅提升锂离子电池储能的技术经济性。

（2）政策体系初步建立，奠定储能规模化发展基础

2021年，中国首次明确了将储能作为碳达峰、碳中和的关键支撑技术，为储能长期发展奠定了基础。国家层面，与储能相关的政策密集出台。国家发改委、国家能源局发布的《关于加快推动新型储能发展的指导意见》，明确了储能发展目标与重点任务；《新型储能项目管理规范（暂行）》和《电化学储能电站安全管理暂行办法（征求意见稿）》的出台，将形成储能全生命周期、全流程的管理体系，为储能可持续发展保驾护航；新版“两个细则”（《华北区域并网发电厂辅助服务管理实施细则》和《华北区域发电厂并网运行管理实施细则》），明确了储能的市场主体地位，提出推出“新的交易品种”、完善成本分担机制、建立竞争性的市场价格机制，为储能开拓了市场获益空间；电价市场化改革，将进一步拉大峰谷电价价差，催生更多应用新模式。

（3）电化学储能装机量将快速增长

根据《关于加快推动新型储能发展的指导意见》，“十四五”时期中国新型储能累计装机将达到3000万千瓦，即5年内中国的新型储能装机将增长近10倍。各地基于区域能源发展的切实需求以及带动新兴产业发展的需求，相续发布“十四五”储能发展目标。仅青海、山东、湖南、浙江、内蒙古五省（区）及南方电网储能的“十四五”规划就达3900万千瓦，高于国家制定的3000万千瓦目标。在保守情景下，2025年，中国电化学储能累计装机将达到3552万千瓦，与《关于加快推动新型储能发展的指导意见》中的规划目标相差不大（见图3-47）；而在乐观情景下，2025年，

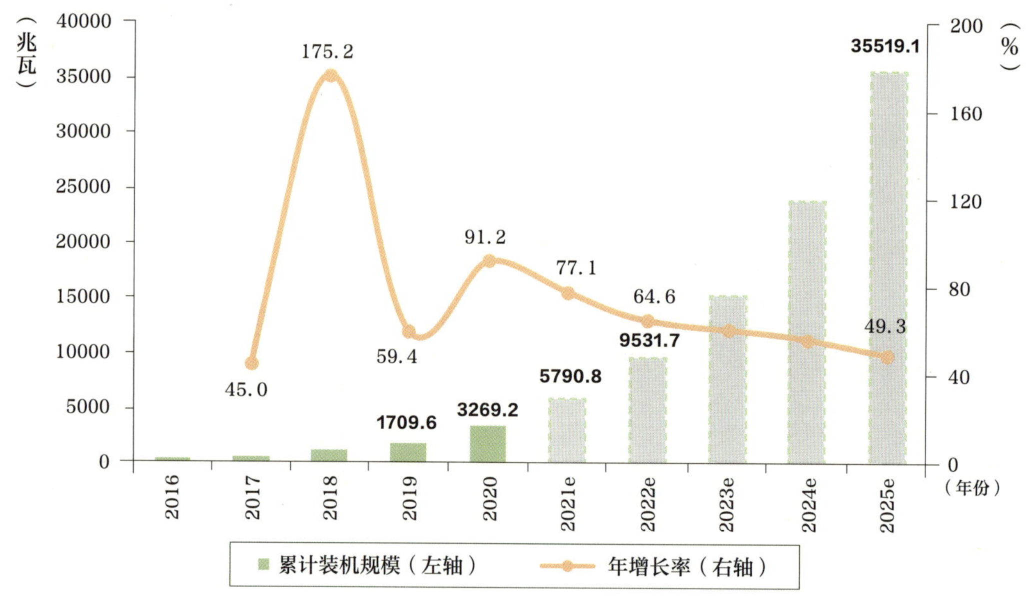

图3-47 保守情景下中国电化学储能累计装机规模预测

资料来源：中关村储能产业技术联盟《储能产业研究白皮书 2021》。

中国电化学储能累计装机将达到5500万千瓦以上，是《关于加快推动新型储能发展的指导意见》中规划目标的近两倍（见图3-48）。从政策走向来看，电源侧储能规模将最大。已有20多地明确新能源配置储能的比例。实际上，储能装机规模的影响因素有很多，政策（尤其是电源侧配置比例不确定性大）和市场因素均会在很大程度上影响实际装机规模。比如，假设“十四五”期间可再生能源保障性并网规模共5亿千瓦，平均配建5%的储能规模，则新增储能装机规模达到2500万千瓦；另外，假设市场化并网规模达到1亿千瓦，其中一半由电化学储能来调峰，则至少还将新增1000万千瓦电化学储能。

（4）“十四五”“十五五”期间抽水蓄能装机将大幅增长，2030年后增速将放缓

根据2021年9月国家能源局出台的《抽水蓄能中长期发展规划

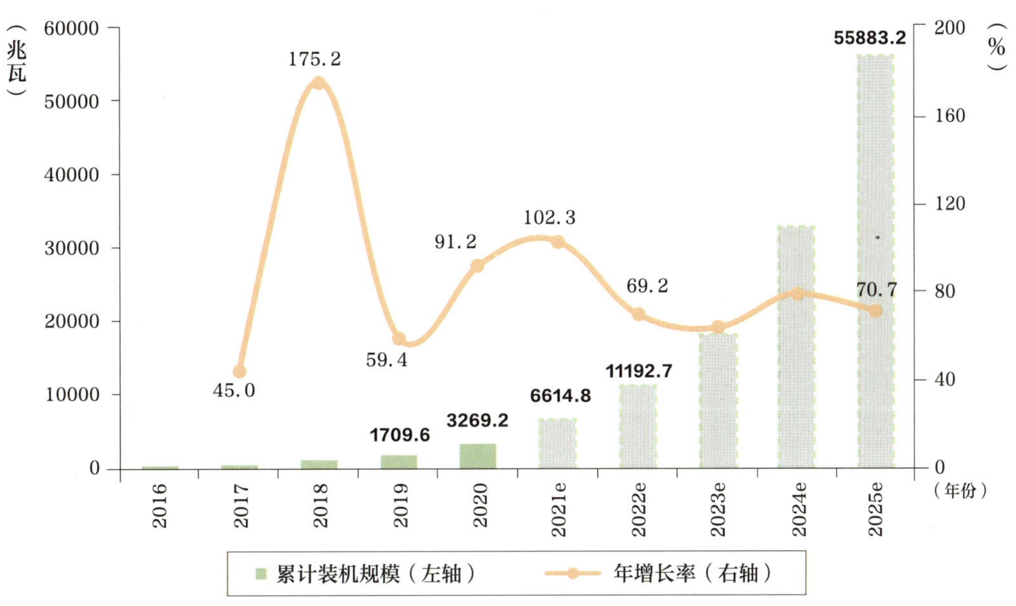

图3-48 乐观情景下中国电化学储能累计装机规模预测

资料来源：中关村储能产业技术联盟《储能产业研究白皮书2021》。

（2021-2035年）》，“到2025年，抽水蓄能投产总规模6200万千瓦以上；到2030年，投产总规模1.2亿千瓦左右；到2035年，形成满足新能源高比例大规模发展需求的，技术先进、管理优质、国际竞争力强的抽水蓄能现代化产业，培育形成一批抽水蓄能大型骨干企业”。我们预计“十四五”“十五五”期间，中国抽水蓄能装机将基本按照上述规划目标发展。

但2030年后，由于资源和地理条件限制，易开发的水利资源将逐渐稀缺，新增抽水蓄能项目的成本将大幅提升。在政策环境不变、技术发展不出现重大突破的情况下，中国抽水蓄能年新增装机量或将在2030年后出现下降。2030年后，绝大多数发电侧新能源调峰、调频的新增储能需求将由新型储能满足。

第四章
全球氢能产业发展状况分析

一 全球氢能产业发展概况

（一）发展现状

1. 产业规模

2020年，全球氢能产业规模继续扩大，燃料电池出货量超过1300MW。自2021年2月以来，全球范围内启动了131个大型氢能开发项目，预计2021年计划投运的电解槽将高达240MW。截至2021年6月底，全球已经建成595座加氢站。

各国纷纷推出氢能发展战略和投资计划，为行业发展定下基调。截至2021年6月，已经制定使用氢燃料战略的国家从2019年的3个增加到17个，而有20多个国家已经公开宣布它们正在制订此类计划。

2. 产业结构

（1）加氢站

截至2021年6月底，中国已成为加氢站数量最多的国家，共160座；其次为日本，共147座；再次为德国，共91座。此外，韩国、美国等建设规模居前（见图4-1）。

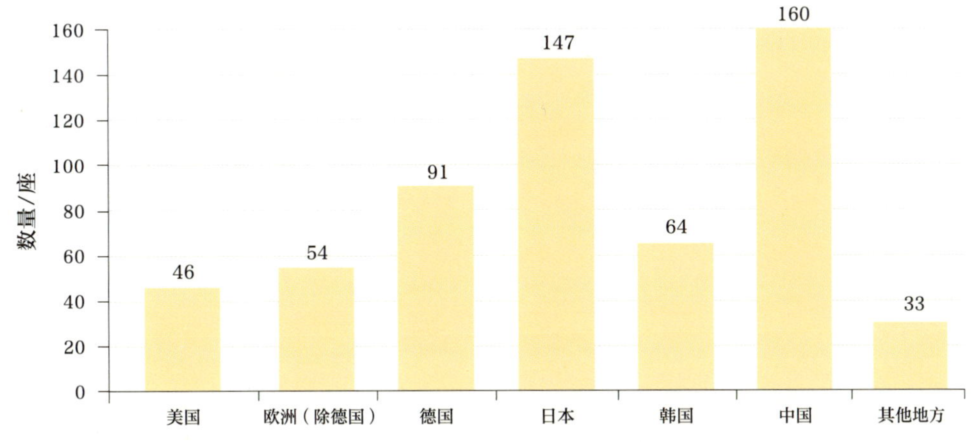

图4-1 截至2021年6月底各国和地区加氢站数量

资料来源：国家能源集团技术经济研究院。

（2）燃料电池

2020年，燃料电池在交通运输行业的出货量最大，接近1000MW；其次为固定式燃料电池，出货量为324.8MW。此外，大部分燃料电池在亚洲地区使用，其占比达到69%，欧洲及北美洲使用量分别占11%、19%（见图4-2）。

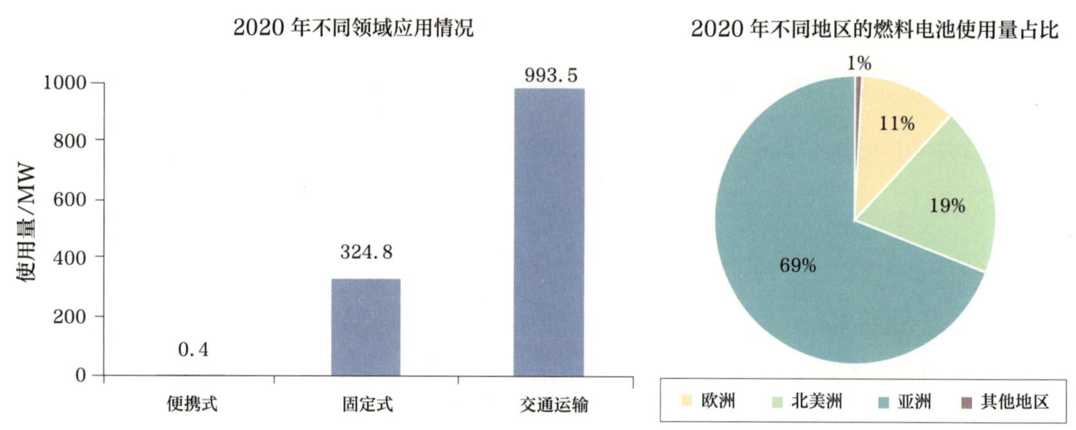

图4-2 2020年燃料电池的不同应用领域及不同地区使用量占比

资料来源：E4tech。

（二）主要国家和地区发展概要

1. 亚洲

（1）日本：全产业链稳步推进

日本传统上即非常重视氢能产业，其技术水平也一直位于全球头部。2020~2021年上半年，如东芝、丰田、川崎重工等企业，技术积累多，在日本政府的支持下，产业链各个示范工程项目稳步开展（见表4-1）。

（2）韩国：发挥氢能优势，燃料电池发电成为特色

韩国在使用氢能进行燃料电池发电的示范工程上，有较多项目的投入（见表4-2）。韩国的示范工程更倾向于直接探索氢能的大规模应用，如

表4-1 2020～2021年上半年日本氢能产业发展概要

产业链环节	企业	具体内容
制氢	东芝能源系统与解决方案公司、日本东北电力公司、岩谷公司	完成10MW级制氢装置建设并试运营
制氢	伊藤忠、法国液化空气集团	将建设日产液氢30吨的生产设施
运氢	新一代氢能链技术研究合作组（AHEAD）	从文莱向日本运输了第一批氢气，将用于燃气涡轮机发电
燃料电池汽车	丰田	为东京奥运会提供了约4000辆氢能大巴（搭载小型乘用车所使用的70MPa氢瓶）
燃料电池船舶	川崎重工	建造全球首艘大型液化氢运输船，计划2026年完工
燃料电池船舶	日本常石集团旗下造船公司（TFC）	完成全球首艘氢燃料小型客渡船Hydro Bingo号的建造，在日本西部山口县的德山-久田松港开始试运营

资料来源：国家能源集团技术经济研究院。

韩国积极布局液氢工厂，探索生产使用液氢的设备，在轮船、火车等大型设备上进行示范探索；还积极探索氢能在发电领域的应用，尤其是利用老工业区的副产品，建设固态燃料电池项目，进行发电探索。

表4-2 2020～2021年上半年韩国氢能产业发展概要

产业链环节	地区	企业	具体内容
制氢	韩国庆尚南道	斗山重工业	斗山重工业将在昌原工厂内构筑液氢的生产以及液化的设施。预计每天可以生产约5吨的液氢
制氢	韩国蔚山	韩国株式会社晓星与林德	工厂将拥有年产1.3万吨液氢的产能，足以为10万辆轿车提供燃料，将成为全球最大的液氢生产工厂
燃料电池发电	韩国釜山市	民营开发商、新再生能源互助组织	在老城区锦丝工业区和回东洞附近建立氢燃料电池发电站，并将其打造成老工业区改造示范项目，初步规划建2座发电站

（续）

产业链环节	地区	企业	具体内容
燃料电池发电	韩国西山	韩华能源	全球最大的工业氢燃料电池发电厂，使用石油化工生产中回收的氢。每年可以生产超过40万兆瓦电力，可以为16万户家庭供电
燃料电池发电	韩国京畿道	Bloom Energy和SK	共有两台机组，分别为：19.8兆瓦，可为约4.3万户家庭供电；8.1兆瓦，可为1.8万户家庭供电。燃料来源可以是天然气或氢气
燃料电池动力船舶	韩国	三星重工与Bloom Energy	在2022年底前开发出适用于三星重工建造的液化天然气（LNG）运输船、穿梭油船等主力船型的燃料电池核心技术
燃料电池有轨电车	韩国蔚山	现代集团	将推出一辆氢动力有轨电车、一座加氢站以及4.6公里长的铁路

资料来源：国家能源集团技术经济研究院。

2. 美洲

美国的氢能产业仍以民间商业行为为主，除加州部分州属企业外，大部分为科技公司的小范围探索（见表4-3）。

表4-3 2020～2021年上半年美国氢能产业发展概要

产业链环节	地区	参与企业	具体内容
加氢站	加州	加州公交公司	加氢站建设，可用于50辆氢燃料电池电动公交车运营
氢燃料电池船	加州湾区	All American Marine	建设氢动力和电驱动的铝制氢燃料电池船e-ferry
氢燃料电池船	旧金山湾区	斯维奇海事公司	世界上第一艘商用氢燃料电池渡轮“海洋变革号”已接近建成，并准备于2021年第三季度在旧金山湾区投入使用

资料来源：国家能源集团技术经济研究院。

3. 欧洲

（1）德国：绿氢的积极布局和探索

德国是欧洲布局氢能产业最快、最广的地区。其关注点集中在建设电解槽生产工厂和探索绿氢在还原炼铁、热电联产、发电等多个领域的应用（见表4-4）。

表4-4 2020～2021年上半年德国氢能产业发展概要

产业链环节	地区	参与企业	具体内容
制氢	摩尔堡市	壳牌、三菱重工、瑞典能源公司、德国汉堡市市政供热供应商	建造一个初始发电量为100兆瓦的可扩展电解槽，预计2025年将生产绿色氢气
制氢	德国	安赛乐米塔尔	建设氢还原炼铁示范工厂
制氢	博格豪森市	瓦克化学股份有限公司、德国林德公司	合作建设一座20兆瓦的电解厂，利用可再生电力制氢，获得资助后，将于2022年初开工建设，2024年底前可能投产
制氢	莱茵市	壳牌	总装机量为10兆瓦的绿氢电解槽项目。每年将生产1300吨绿氢，总耗资约2000万欧元，是目前欧洲最大的绿氢项目
运氢	埃森市	德国天然气管道运营商OGE	一公里氢气网络的计划。目前已经能够添加2%的氢气。计划在某些线路上直接使用100%的氢气
氢能火车	都伦区	阿尔斯通	该列火车已在都伦区测试了两天，每日行驶1000公里
氢能卡车	欧洲	戴姆勒股份公司	戴姆勒卡车计划于2023年在欧洲开始GenH2卡车的客户测试，并于2025年后实现量产
氢能发电	莱比锡市	莱比锡市政公用事业公司	总产能2×62MW的燃气轮机不仅能从天然气中产生电和热能，还能完全依靠氢气运行。该热电联产工厂将从2022年底开始为该市提供电力和供暖

资料来源：国家能源集团技术经济研究院。

（2）英国：天然气掺氢

英国石油公司（BP）作为英国氢能产业发展的主导企业，主要方向是探索绿氢的生产和消纳，尤其在天然气掺氢试验中，较为前沿（见表4-5）。

表4-5 2020～2021年上半年英国氢能产业发展概要

产业链环节	地区	企业	具体内容
运氢	基尔市	BP	示范项目HyDeploy用于向基尔大学现有的天然气网络注入高达20%（按体积计）的氢气，为100户家庭和30座教学楼供气
制氢	提赛德	BP	正在制订英国最大的蓝色氢生产设施计划，目标是到2030年生产1GW的氢。该项目每年还将捕获和输送多达200万吨的二氧化碳
氢动力商用飞机	克兰菲尔德机场	ZeroAvia	在英国克兰菲尔德机场进行了首次成功的氢动力商用飞机试飞，这是一架经过改装的6座Piper Matrix。该项目部分由英国创新政府拨款资助，计划最终实现250～300海里的飞行，计划在2023年前进行10～20座级500英里航程的飞机认证

资料来源：国家能源集团技术经济研究院。

（3）荷兰：开拓海上绿氢和多领域消纳

荷兰壳牌公司积极寻求转型，布局绿氢的生产，也带动了荷兰其他企业的积极探索（见表4-6）。

表4-6 2020～2021年上半年荷兰氢能产业发展概要

产业链环节	地区	企业	具体内容
制氢	荷兰鹿特丹	CEA、Neste、Paul Wurth、ENGIE 和 Sunfire	建造及运营世界上首台用于高效制氢的多兆瓦级高温电解槽。该电解槽额定功率为2.6MW，产氢量为60千克/小时，电效率高达85%。预计该电解槽到2024年底至少将运行16000小时，共产绿氢960吨

（续）

产业链环节	地区	企业	具体内容
制氢	荷兰格罗宁根省	格罗宁根海港与壳牌	将利用海上风力发电厂产生的可再生电力生产绿氢；2030年之前利用3～4吉瓦的风能产氢，到2040年前后达到10吉瓦规模，生产绿氢80万吨
氢船舶	荷兰	荷兰海上运输服务提供商Future Proof Shipping	其内陆船只Maas改装为零排放氢气推进系统，在未来5年里，FPS计划建造并运营一支由10艘零排放内陆和近海船舶组成的船队，并提供租赁服务
氢卡车	荷兰格罗宁根市	—	荷兰格罗宁根市向氢燃料电池动力商用车全球供应商Hyzon购买15辆氢燃料电池卡车和货车。格罗宁根此前从霍尔豪森清洁技术公司购买了10辆燃料电池汽车，该市设定了到2025年消除核心城市所有碳排放，到2035年消除整个城市碳排放的目标
首座氢基住宅区	荷兰霍赫芬市政府	—	除配备有太阳能电池板、低温供暖系统和缓冲罐，还拥有能源网和微型发电厂，以将夏季的太阳能转化为氢能，并在冬季的时候将其转化为电能和热能利用。院子将配备氢气中央供暖锅炉

资料来源：国家能源集团技术经济研究院。

（4）欧洲其他国家：绿氢的生产、探索大规模使用

除上述几个主要国家外，挪威、奥地利、法国、瑞士、比利时、西班牙等国家开启了部分与氢能应用相关的示范项目。

其中，挪威、奥地利、西班牙等主要开启制氢端的示范探索，法国、瑞士、比利时则利用其已有的汽车产业链基础，积极开拓氢能在交通领域的应用（见表4-7）。

表4-7　2020～2021年上半年欧洲各国氢能产业发展概要

国家	产业链环节	地区	企业	具体内容
挪威	制氢供氢	挪威	德国林德公司	将为挪威渡轮运营商Norled公司的客滚渡轮“MF Hydra”号供应液态氢和相关设备，预计将于2022年开始供应氢

（续）

国家	产业链环节	地区	企业	具体内容
挪威	燃料电池	挪威	氢燃料电池公司TECO 2030	开建挪威第一个燃料电池大规模生产基地，使之优化成为氢动力船舶和其他重型装置的核心
	燃料电池	挪威	法国跨国IT服务管理公司Atos、HDF能源公司	建立一个先进的创新中心和一个千兆工厂，燃料电池产能达1200兆瓦。该工厂有望在2022年开始生产燃料电池
奥地利	制氢	奥地利	奥地利石油巨头OMV公司	OMV将为奥地利邮政公司提供绿色氢燃料，以促进氢燃料在重型货车上的使用；OMV还将在其位于奥地利施韦夏特的工厂投资一个电解装置
	制氢	奥钢联厂区	日本三菱重工业公司、奥地利奥钢联集团	在2021年初在奥钢联厂区建成一个氢还原炼铁示范工厂，主要由三菱重工英国分公司托管，计划在年内开始试运行
法国	车用储氢系统	法国巴旺	雷诺集团、佛吉亚集团	于2021年底开始为第一批轻型商用车提供储氢系统。这些储氢系统将在佛吉亚位于法国巴旺的全球专业技术中心开发、生产
	氢能汽车	法国	HysetCo公司	计划在2021年底之前，用丰田生产的Mirai氢动力汽车取代Slota的部分或全部柴油出租车，计划2024年投放1万辆氢动力出租车
瑞士	氢能卡车	瑞士	著名批发零售连锁公司SPAR瑞士	为车队购买了第一台绿色氢卡车，现代XCIENT燃料电池卡车重36吨
比利时	—	比利时	化学品制造商英力士（INEOS）集团、法国公用事业公司Engie	计划在INEOS的比利时工厂中进行一个用氢气替代天然气的试点项目，试点项目的目的是用INEOS燃气轮机使用的氢气替代天然气
西班牙	制氢	普托拉诺	西班牙电力公司Iberdrola	可再生能源的大型绿色氢生产项目，预计容量为100MW光伏加上20MWh储能

资料来源：国家能源集团技术经济研究院。

二　中国氢能产业发展概况

（一）国家政策

1. 国务院

2020～2021年，国务院出台了多项关于汽车、能源、循环经济等的规划文件或指导意见，其中氢能是重要新兴发展方向之一，其重点发展方向和核心环节均被提及。氢能产业的相关产品进口税率逐步确定，在一定程度上说明了产业化的进展。此外，国家市场监督管理总局作为国务院的直属机构，陆续出台了加氢站、液氢装备等相关政策，这标志着国家标准逐步完善，落地障碍逐步减少（见表4-8）。

表4-8　国务院相关机构的政策发布

时间	具体单位	政策名称	相关内容
2020年11月2日	办公厅	《新能源汽车产业发展规划（2021-2035年）》	力争经过15年的持续努力，使燃料电池汽车实现商业化应用；氢燃料供给体系建设稳步推进
2020年12月21日	关税税则委员会	《关于2021年关税调整方案的通知》	自2021年1月1日起，以贵金属及其化合物为活性物的载体催化剂、离子交换膜、燃料电池增压器、燃料电池循环泵和燃料电池用碳电极片5项商品的2021年进口暂定税率分别为4%、5%、5%、2%和5%
2020年12月21日	新闻办公室	《新时代的中国能源发展》白皮书	加速发展绿氢制取、储运和应用等氢能产业链技术装备，促进氢能燃料电池技术链、氢燃料电池汽车产业链发展
2021年2月22日	—	《加快建立健全绿色低碳循环发展经济体系的指导意见》	提升可再生能源利用比例，大力推动风电、光伏发电发展，因地制宜发展水能、地热能、海洋能、氢能、生物质能、光热发电；加强新能源汽车充换电、加氢等配套基础设施建设

（续）

时间	具体单位	政策名称	相关内容
2021年4月30日	国家市场监督管理总局、国家标准化管理委员会	《液氢贮存和运输技术要求》(GB/T 40060-2021)	液氢检验方法及包装、液氢化装置、安全防护、液氢贮存和运输的相关术语等
2021年4月30日	国家市场监督管理总局、国家标准化管理委员会	《液氢生产系统技术规范》(GB/T 40061-2021)	
2021年4月30日	国家市场监督管理总局、国家标准化管理委员会	《氢能汽车用燃料液氢》(GB/T 40045-2021)	
2021年7月20日	国家市场监督管理总局、国家标准化管理委员会	《燃料电池电动汽车加氢口》(国家标准GB/T 26779-2021)	增加了耐臭氧老化测试，增加了耐盐雾腐蚀性测试，增加了耐温度循环性测试，增加了兼容性测试，增加了70兆帕加氢口尺寸，增加了加氢口防冻设计的资料性附录，修改了35兆帕加氢口的加工要求

资料来源：国家能源集团技术经济研究院。

2. 国家发改委、国家能源局

最受关注的是《中华人民共和国能源法（征求意见稿）》的推出。该征求意见稿首次将氢能列入能源体系，较此前一直将其列为“危险化学品”有了本质上的改变。按照该征求意见稿附则中对术语的法律解释，氢能尚不属于非化石能源，但蓝氢和绿氢属于清洁能源，制氢活动属于能源加工转换活动，而以氢为原料的生产活动只能算作上游能源（煤炭、油气）的开发利用活动（见表4-9）。

表4-9 国家发改委、国家能源局相关政策

时间	政策名称	相关内容
2020年4月10日	《中华人民共和国能源法（征求意见稿）》	氢能首次正式被列入能源范畴

（续）

时间	政策名称	相关内容
2020年5月19日	《关于建立健全清洁能源消纳长效机制的指导意见（征求意见稿）》	鼓励绿氢、分布式能源、燃料电池等重点技术的研发和商业应用
2020年6月22日	《2020年能源工作指导意见》	推动储能、氢能技术进步与产业发展。推动新技术产业化发展，制定实施氢能产业发展规划，组织开展关键技术装备攻关，积极推动应用示范
2020年7月31日	《关于公布2020年风电、光伏发电平价上网项目的通知》	有3个省份的4个涉氢项目入选。其中，包括吉林省大安市舍力镇风光制氢储能《源网荷储综合能源》示范项目和乾安县200MW“光伏+储能+制氢”渔光互补扶贫项目、甘肃省二氧化碳加氢合成甲醇中试和示范工程项目、宁夏自治区太阳能电解制氢储能及综合应用试点项目
2021年1月18日	《西部地区鼓励类产业目录（2020年本）》	鼓励贵州省发展氢加工制造、氢燃料电池制造、输氢管道、加氢站等涉氢产业，鼓励陕西省发展风电、光伏、氢能等新能源及相关装置制造产业、产业运营服务，鼓励内蒙古自治区发展氢加工制造、氢燃料电池制造、输氢管道和加氢站建设
2021年4月19日	《2021年能源工作指导意见》	结合氢能、储能和数字化与能源融合发展等新兴领域、产业发展急需的重要领域，研究增设若干创新平台；开展氢能产业试点示范，探索多种技术发展路线和应用路径
2021年6月25日	《关于组织开展“十四五”第一批国家能源研发创新平台认定工作的通知》	高效氢气制备、储运、加注和燃料电池关键技术；氢能与可再生能源协同发展关键技术

资料来源：国家能源集团技术经济研究院。

3. 工业和信息化部

燃料电池汽车作为新能源汽车的重要方向之一，受到工信部的高度重视。在新能源汽车的相关政策中，燃料电池汽车作为纯电动路线的补充技术被广泛提及（见表4-10）。

表4-10 工业和信息化部相关政策

时间	单位	文件名称	相关内容
2020年4月16日	装备工业一司	《2020年新能源汽车标准化工作要点》	燃料电池汽车领域加快燃料电池电动汽车加氢枪、加氢口等标准的制定，完成加氢通信协议的标准立项；推动燃料电池电动汽车碰撞后安全要求等整车标准，低温冷启动、能耗与续驶里程、动力性能等整车试验方法标准，以及燃料电池电动汽车发动机、空气压缩机、车载氢系统等关键部件标准的立项
2020年10月27日	中国汽车工程学会（被委托）	节能与新能源汽车技术路线图2.0	到2020年，中国将建成100座加氢站；到2030年，这一数字将增至1000座。到2025年和2030年，混合动力占传统燃油车的比例将分别达到50%和75%，到2035年达到100%
2021年3月16日	科技司	《2021年工业和信息化标准工作要点》	大力开展电动汽车和充换电系统、燃料电池汽车等标准的研究与制定
2021年6月11日	装备工业发展中心	《关于发布〈燃料电池汽车测试规范〉的通知》	燃料电池系统额定功率测试方法、燃料电池系统质量功率密度测试方法、燃料电池堆体积功率密度测试方法等6项具体内容
2021年6月28日	装备工业一司	《2021年汽车标准化工作要点》	聚焦燃料电池电动汽车使用环节，推动燃料电池电动汽车能耗及续驶里程、低温冷启动、动力性能、车载氢系统、加氢枪等标准的制修订

资料来源：国家能源集团技术经济研究院。

4. 其他部委和单位

氢能及燃料电池产业具有产业链长、涉及领域广的特点，因此相关政策形成了多部委联合发布的重要特征。2020年至2021年6月，有两份联合发布文件尤其值得关注。一是国家发改委、科技部、工信部、财政部于2020年9月发布的《关于扩大战略性新兴产业投资 培育壮大新增长点增长极的指导意见》。该文件明确了氢能及燃料电池的具体细分领域成为战略性新兴产业，这为氢能及燃料电池产业落地地方且带动区域经济发展“正了名”。二是四部委联合发布的“以奖代补”政策，成为氢能及燃料电池产业发展的“定心丸”。该政策从交通领域出发，以燃料电池汽车、加氢补贴等入手，从技术落地、产业发展、商业模式、能源供给等多方面进行考察，明确补贴额度。这是未来4年氢能产业发展最重要的政策基础（见表4-11）。

表4-11 其他部委和单位的相关氢能政策

部委或单位	时间	政策名称	内容
科技部	2020年3月23日	《关于发布国家重点研发计划“可再生能源与氢能技术”重点专项2020年度项目申报指南的通知》	“可再生能源与氢能技术”重点专项氢能研究方向共包括以下9项：车用耐高温低湿质子膜及成膜聚合物批量制备技术；碱性离子交换膜制备技术及应用；扩散层用炭纸批量制备及应用技术；车用燃料电池催化剂批量制备技术；质子交换膜燃料电池极板专用基材开发；车用燃料电池堆及空压机的材料与部件耐久性测试技术与规范；公路运输用高压、大容量管束集装箱氢气储存技术；液氢制取、储运与加注关键装备及安全性研究；醇类重整制氢及冷热电联供的燃料电池系统集成技术
	2021年5月11日	《科技部关于发布国家重点研发计划“信息光子技术”等“十四五”重点专项2021年度项目申报指南的通知》	“氢能技术”重点专项2021年度项目申报指南
住房和城乡建设部	2021年6月28日	《汽车加油加气加氢站技术标准》（GB50156-2021）	加氢站标准
新华社	2021年3月12日	《中华人民共和国国民经济和社会发展第十四个五年规划和2035年远景目标纲要》	在类脑智能、量子信息、氢能与储能等前沿科技和产业变革领域，组织实施未来产业孵化与加速计划，谋划布局一批未来产业

（续）

<table>
<tr><th>部委或单位</th><th>时间</th><th>政策名称</th><th>内容</th></tr>
<tr><td>国家发改委、科技部、工信部、财政部</td><td>2020年9月8日</td><td>《关于扩大战略性新兴产业投资 培育壮大新增长点增长极的指导意见》</td><td>要加快新能源产业跨越式发展，加快突破风光水储互补、先进燃料电池等新能源电力技术瓶颈，建设制氢加氢设施、燃料电池系统等基础设施网络</td></tr>
<tr><td>财政部、工信部、科技部、国家发改委</td><td>2020年4月23日</td><td>《关于完善新能源汽车推广应用财政补贴政策的通知》</td><td rowspan="2">将当前对燃料电池汽车的购置补贴，调整为选择有基础、有积极性、有特色的城市或区域，重点围绕关键零部件的技术攻关和产业化应用开展示范，中央财政将采取“以奖代补”方式对示范城市给予奖励</td></tr>
<tr><td>财政部、工信部、国家发改委、国家能源局</td><td>2020年9月16日</td><td>《关于开展燃料电池汽车示范应用的通知》</td></tr>
</table>

资料来源：国家能源集团技术经济研究院。

（二）地方政府层面的产业规划

2020年至2021年6月，超过25个省份发布专门的氢能产业发展规划，主要针对燃料电池汽车推广数量、加氢站的建设等提出了具体的目标。

1. 总数量

根据统计，在25个省份发布的氢能产业发展规划中，2023年燃料电池汽车的销量要达到2.4万辆，2025年则为7.8万辆，2030年为11.8万辆（见图4-3）。中国工程院院士欧阳明高曾预测，2025年氢燃料电池汽车累计销量将达到5万辆。

2. 格局

从规划的车辆数量的全国分布来看，2025年，包括内蒙古、辽宁、宁夏、山西等地在内的东北、西北地区数量最多，达1.7万辆；京津冀地区其次，主要是北京和河北地区，规划数量为1.68万辆；长三角地区，包括江苏、上海、浙江、安徽等省市，规划数量达到1.56万辆；山东一省撑

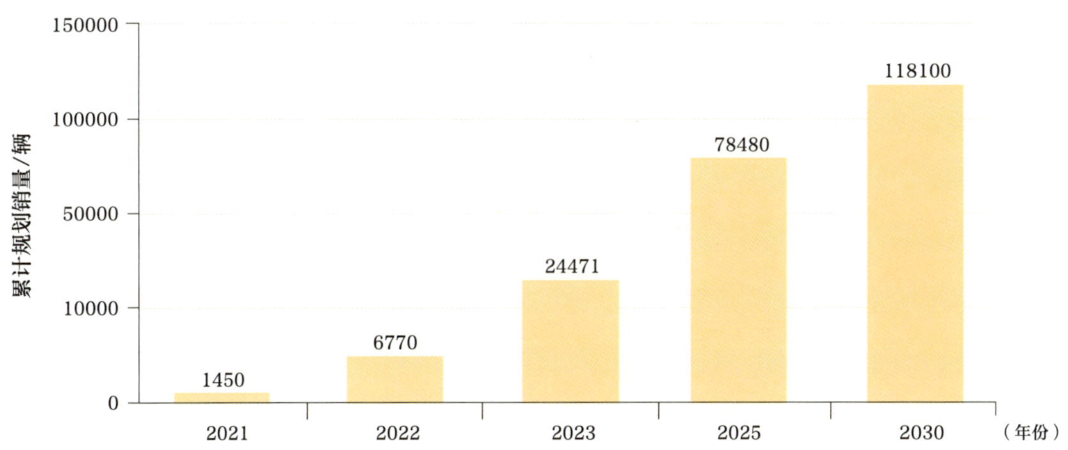

图4-3 2020年至2021年6月地方政府发布的政策规划中2021~2030年燃料电池汽车累计规划销量

资料来源：国家能源集团技术经济研究院。

起一片区域，规划数量达1.39万辆。另外，广东省规划1.1万辆，四川及重庆地区规划0.75万辆，河南、湖北规划0.8万辆。

三 中国氢能产业规模

（一）燃料电池汽车产销规模

2020年，中国燃料电池汽车产销分别完成1199辆和1177辆（见图4-4），同比分别下降57.5%和56.8%。从每月的销量数据来看，前三季度受疫情停工停产及地方财政支出缩减等因素影响，销售量下滑较为明显，但11~12月有较为明显的回暖反弹迹象。

2021年上半年，产销量无明显起色，直至6月才有所恢复（见图4-5）。燃料电池汽车产销不振，一方面因为汽车行业受疫情等重要外因影响，出现下滑；另一方面因为行业整体激励政策不明朗。

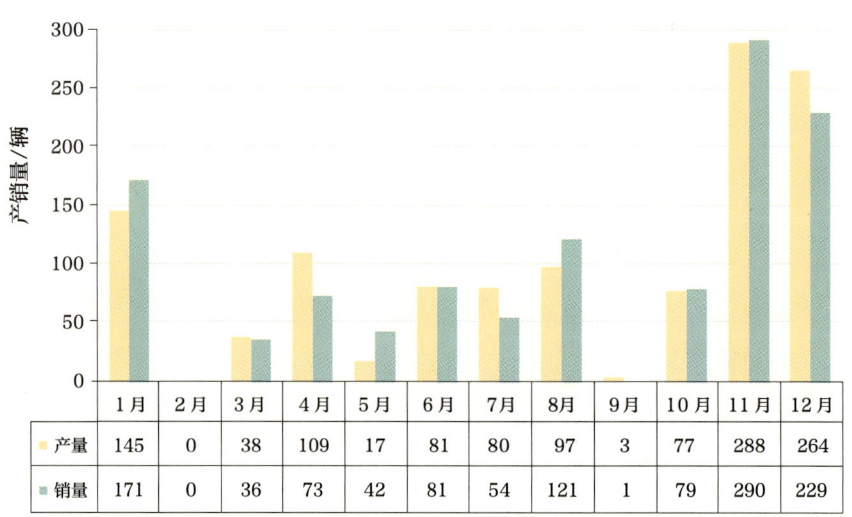

	1月	2月	3月	4月	5月	6月	7月	8月	9月	10月	11月	12月
产量	145	0	38	109	17	81	80	97	3	77	288	264
销量	171	0	36	73	42	81	54	121	1	79	290	229

图4-4 2020年1~12月燃料电池汽车产销量情况

资料来源：中国汽车工业协会、国家能源集团技术经济研究院。

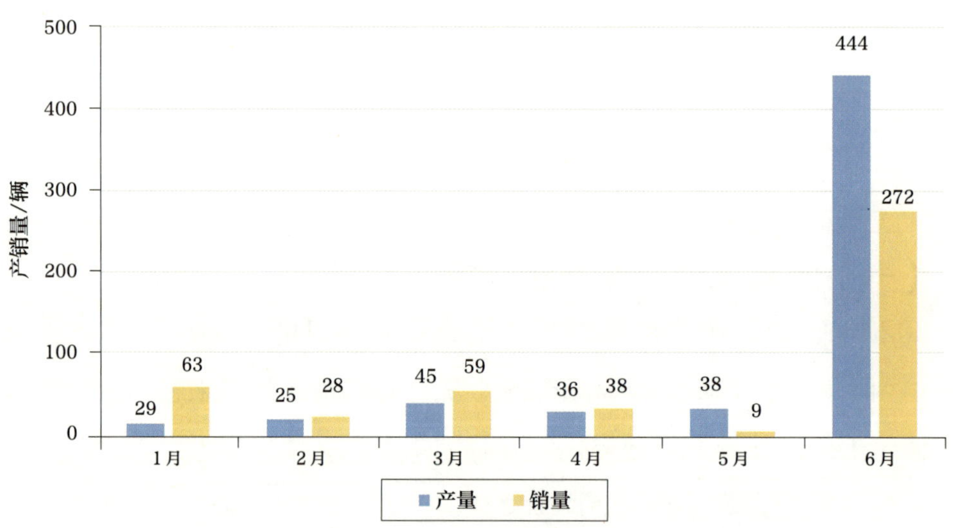

图4-5 2021年1~6月燃料电池汽车产销量数据

资料来源：中国汽车工业协会、国家能源集团技术经济研究院。

（二）氢气生产供应规模和格局

1. 建设规模

根据公开信息统计，2020年以前，全国仅有数十个风光制氢项目，且以小规模的科研项目为主。随着“双碳”政策、氢能产业发展趋于明朗，在2020年至2021年6月，中国公布的计划建设的风光项目总数量超过67个（并未完全建成），其中披露产能数据的项目超过27个，这部分产能总规模超过3000MW。电解槽功率从1MW到数百MW不等，多数为10～50MW。

2. 建设格局

（1）规模分布

已公布的风光制氢项目分布在18个省份，大部分为西部、北部地区。其中，内蒙古、河北、吉林等地数量远超其他省份，分别为13个、14个、9个。特别是河北，仅张家口一市，规划建设数量就达12个。此外，甘肃、宁夏、山西、山东等省份也积极推进绿氢生产。

（2）电力来源

根据统计，在公布的项目中，以风电资源、光伏资源为单一电力来源的项目占比分别为25%、31%，风电、光伏一体化的项目占比约为39%（见图4-6）。风电大部分分布在河北、吉林、内蒙古等北部地区，光伏则分布在山东等经济发达省份或宁夏、甘肃等高原地区，风光一体化项目在大部分地区都有。此外，在福建、山东等地，小范围的海上风电制氢项目将陆续开展，四川的水电制氢亦在陆续推进。

（三）基础设施建设规模和格局

1. 建设规模

加氢站是氢能最重要的基础设施之一。2020年至2021年7月，中国新

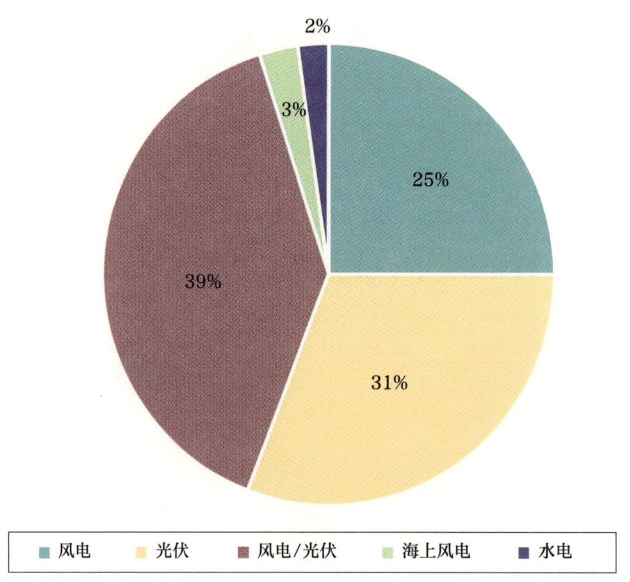

图4-6 2020年至2021年6月中国风光制氢项目资源分布情况
资料来源：国家能源集团技术经济研究院。

建的加氢站数量快速增加，一年半多的时间内新建的加氢站数量达116座（见图4-7）。

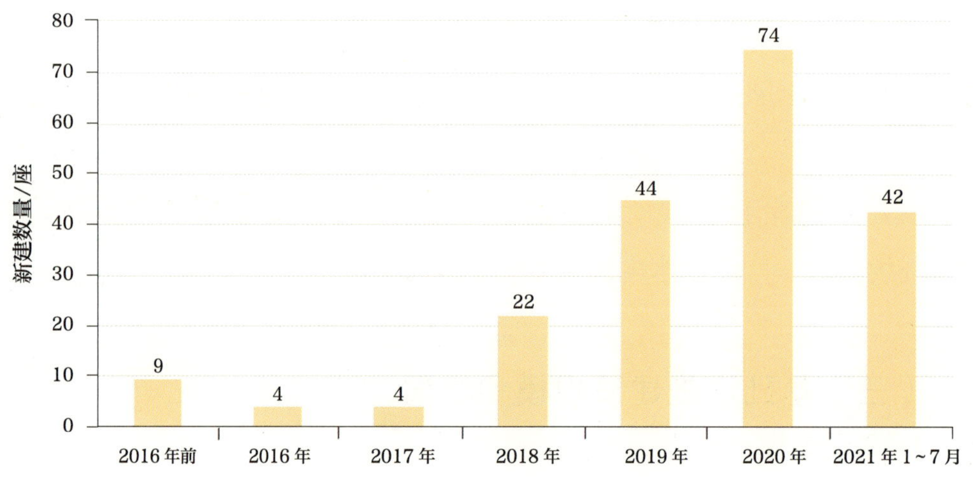

图4-7 历年来中国加氢站新建数量统计
资料来源：国家能源集团技术经济研究院。

2. 建设格局

2020～2021年，加氢站建设在中国多个省份均有涉及，有超过25个省份新建了加氢站。其中广东省建设数量远超其他省份，达到23座；其次，山东、河北、江苏、浙江四省建设数量均超过10座，分别为12座、10座、11座、13座；此外，北京、湖北建设数量超过5座；其他省份新建设1～5座不等。值得注意的是，在最南端的海南省亦建设了1座加氢站。

四　中国氢能产业重点环节分析

（一）制氢

1. 技术、成本

制氢技术的攻关方面，目前主要由研究机构主导，重点攻关电解水设备的催化剂、氢气提纯，或探索其他制氢技术路径，如光催化机理等。北京大学、南方科技大学、中国科学院福建物质结构研究所、中国科学院大连化学物理研究所等相关团队均发布了有关催化剂的最新研究进展（见表4-12）。这一方面显示电解水设备的核心技术是目前国家、各省份重点支持方向，亦是行业发展趋势；另一方面显示其进步和创新空间较大，目前国内的产业化产品技术水平有待提升。

表4-12　中国上游产业链关键技术动态

技术方向	团队	成果
催化剂	北京大学马丁团队、大连理工大学石川团队等	制备出一种高效、稳定的Pt/α-MoC催化剂。该催化剂可用于催化水煤气变换（WGS）制氢反应，是迄今报道的催化性能最佳的WGS催化剂
催化剂	南方科技大学材料科学与工程系谷猛团队	制备出的具有超高活性的催化剂，可有效提升氢的利用率，电流密度比传统电解水制氢设备提高160倍

（续）

技术方向	团队	成果
催化剂	中国科学院福建物质结构研究所研究员曹荣、曹敏纳团队	设计并合成了表面部分氧化的Au@AuIr2核壳合金纳米催化剂，该材料表现出优异的电催化分解水的性能。该研究更大限度地提升了催化剂的活性与稳定性，也极大地提升了贵金属催化剂的利用效率
催化剂	中国科学院大连化学物理研究所刘健团队，大连理工大学周思、天津大学梁骥团队	构筑了钴单原子催化剂掺杂碳载金属钌纳米反应器，实现了电催化析氢反应中绿氢的高效制备，为碳载金属纳米催化剂性能的调控提供了新思路。该复合纳米反应器催化HER反应（电催化析氢反应）是文献报道中的反应活性最高的催化反应
氢气提纯	河南利源煤焦集团、西南化工研究设计院有限公司	项目依托原有焦炉煤气制液化天然气项目，处理约含75%氢气的富氢尾气，经二段PSA（变压吸附）纯化后，最终制得99.999%的高纯氢气
氢气提纯	中国科学院青岛生物能源与过程研究所研究员江河清、德国汉诺威大学	相较于传统铁基双相膜的化学不稳定性，钛基双相膜材料在含有水蒸气和高浓度氢气的情况下处理100小时，仍然保持原有的相结构和微观形貌，抗还原稳定性十分优异
制氢技术路径	宁夏大学实验室研究员马保军团队	在光催化制氢机理研究方面取得新进展，发现并提出了不同组装方法的复合催化剂的电子转移路径
制氢技术路径	浙江大学机械工程学院/海洋研究院交叉团队	国际上首例海洋能制氢系统成功进行了实海况系统的单元联调试验，首次实现海洋能发电与绿色制氢全过程，扎实地走出“淡氢氧”三联供海洋能创新技术方案的第一步
直接电解海水制氢技术路径	中国科学院宁波材料技术与工程研究所燃料电池技术团队	基于前期开发多年的扁管型固体氧化物燃料电池，创新性地尝试了在高温下进行海水电解制氢的研究。在未使用任何贵金属催化剂的情况下，获得了最高72.47%的能量转化效率。长期实验后，电池的内部结构、成分和性能均未发生明显变化，电解电压亦远低于室温电解槽

（续）

技术方向	团队	成果
碳捕捉、提纯	中国科学院大连化学物理研究所研究员杨维慎、副研究员班宇杰团队	提出了以简单“零维分子”——2-甲基咪唑为基元构筑高选择性分子筛膜。这种“零维”概念的分子筛膜，实现了氢气（H_2）/二氧化碳（CO_2）分子的有效分离，为获取高纯H_2及捕获CO_2提供了潜在实现路径

资料来源：国家能源集团技术经济研究院。

2. 企业动态及趋势

能源央企仍为主要承建方。中广核、中国大唐集团、中国能建、国家电投集团、中国华能集团、三峡能源、华北电力、华润集团等均为参与风光制氢的重要承建方。此外，中石油、中石化等油气公司，也开始在其临近区块内设计建设电解水制氢项目。

除能源央企外，本地新能源公司和风光上市公司也在制氢领域积极开拓。例如，在河北张家口、山西大同、山东青岛等地，本地注册的新公司承接氢能业务。此外，阳光电源、明阳智能、宝丰能源等也公布了其在风光制氢领域的建设规划。

电解水制氢助推风、光资源开发指标的获取。一是大部分政府或企业只是公布了开展风、光制氢的规划，并未公布制氢项目的具体产能；二是在西北部资源丰富的地区，以风电资源或风光资源一体化开发的项目，其风、光的规划装机量往往远高于制氢设备的设计产能。

（二）储氢、加氢

1. 技术进展

（1）标准制定

2021年7月20日，国家市场监督管理局、国家标准化管理委员会发布了《燃料电池电动汽车 加氢口》（国家标准GB/T 26779-2021），增加了耐臭氧老化测试，增加了耐盐雾腐蚀性测试，增加了耐温度循环性测试，增加了兼容性测试，增加了70兆帕加氢口尺寸，增加了加氢口防冻设计的资料性附录，修改了35兆帕加氢口的加工要求。

2021年4月30日，国家市场监督管理总局、国家标准化管理委员会发布了《液氢贮存和运输技术要求》（GB/T 40060-2021）、《液氢生产系统技术规范》（GB/T 40061-2021）、《氢能汽车用燃料液氢》（GB/T 40045-2021），涉及液氢检验方法及包装、液氢化装置、安全防护、液氢贮存和运输的相关术语等内容。

（2）技术进展

储集目前主要在材料、阀门、系统等方面开展技术攻关（见表4-13）。

表4-13 中国中游产业链关键技术动态

技术方向	团队	成果
储氢系统	舜华新能源	自主研发的车用氢气瓶组合阀（型号：QKF-A）正式通过了德国交通部（KBA）EC79/EU406认证，并获得了型式批准证书。这是全球首个获得德国交通部认证的车用氢气瓶组合阀。车用氢气瓶组合阀是车载储氢系统与燃料电池汽车的核心零部件
储氢系统-车载储氢系统	清能股份子公司海易森汽车（Hyzon Motors）	新的车载储氢系统。该系统能够减少车辆重量与制造成本。据悉，该车载储氢系统将轻质复合材料与金属框架相结合，可将系统的总重量降低43%，将总成本降低52%，将所需的制造组件数量减少75%
氢储氢-检测技术	北京航天试验技术研究所	完成中国首例车载液氢瓶火烧试验，标志着中国氢能装备检测能力的进一步提升，为车载液氢瓶检测标准的制定提供了重要的参考依据。该试验瓶为高真空多层绝热结构的液氢重卡车载氢瓶，瓶内充装液氢真实介质，先后完成了蒸发率、维持时间和耐火烧性能等关键测试

资料来源：国家能源集团技术经济研究院。

2. 政府、企业动态及趋势

2021年1月，天津滨海新区积极谋划建设从滨海新区到高新区化工园区的氢能输送管道，保障下游企业的生产和研发用氢，打造国内首个管路直接送氢入企的示范项目。2021年6月9日，中国石油天然气管道工程有限公司中标河北定州至高碑店氢气长输管道可行性研究项目。据悉，该管道起点为河北定州旭阳新能源产业园，终点为河北保定高碑店新发地物流园，全长约145公里，管径508毫米，设计输量10万吨/年，是目前国内规划建设的最长氢气管道。

（三）加氢站

1. 技术标准

2021年6月28日，住房和城乡建设部发布《汽车加油加气加氢站技术标准》（GB50156-2021），相关内容包括加氢站技术等标准。

2. 重点企业动态

中石化是重要的承建方。2020年，中石化提出了建设1000座加氢站的目标。截至2021年6月，中石化共建设了14座加氢站，其中主要为固定式加氢站，且80%以上为油氢合建站，加氢能力在500～1100千克不等（见表4-14）。

表4-14　2020年初到2021年6月央企新建加氢站情况

央企	省份	地点	名称	压缩机压力（MPa）	类型	加氢能力（千克）
中石油	河北	张家口	太子城服务区加氢站（35MPa）	35	固定站	1000
	河北	张家口	太子城服务区加氢站（70MPa）	70	固定站	200
国电投	北京	延庆	延庆园加氢站（一期）	35	固定站	500

（续）

央企	省份	地点	名称	压缩机压力（MPa）	类型	加氢能力（千克）
中石化	山东	青岛	格尔汉川加氢站	35	固定站	1100
	辽宁	大连	中石化北方能源保税区疏港高速加氢充电合建站	35	固定站	500
	辽宁	大连	中石化北方能源（大连）环普综合能源站	35	固定站	500
	江苏	南京	高淳城北科技新城油氢合建站	35	固定站	500
	浙江	宁波	镇海炼化加氢站	35	固定站	500
	河南	新乡	南二环油氢电合建站	35	固定站	1000
	湖南	岳阳	云港路油氢合建站（一期）	35	—	500
	广东	佛山	禅城河滘加油加氢站	35	固定站	1000
	广东	东莞	东发油氢合建站	35	固定站	500
	广东	广州	黄埔开泰北油氢合建站	35	固定站	500
	广西	柳州	中石化博园路油氢合建站	35	固定站	500
	重庆	重庆	半山环道气氢合建站	35	固定站	1000
	贵州	六盘水	盘州双红氢能综合能源示范站	35	撬装站	500
	海南	琼海	银丰油氢合建站	35	撬装站	500

资料来源：国家能源集团技术经济研究院。

地方国企承担部分运营工作。除央企积极承建加氢站、推进加氢站改造外，地方国企也表现抢眼。如河钢集团、张家口交投新能源、浙江能源等地方相关企业参与了加氢站的建设工作，尤其是浙江能源在浙江省内推进建设了10个加氢的综合服务站，均为撬装站。

设备企业积极转型参与。设备厂商成为2020～2021年间加氢站建设的重要工程承包商和运营商。如国富氢能、厚普股份、海德利森、安瑞科、安泰环境、氢枫、舜华等企业，部分承建后交由国企、央企运营，部分则自己持有进行运营。其中，国富氢能在新建的加氢站项目中，市场占有率超过30%。

（四）燃料电池系统及零部件等

1. 技术、成本进展

表4-15 中国下游产业链关键技术动态

技术方向	团队	成果
燃料电池系统	上汽红岩、捷氢科技	上汽红岩官方网站显示，搭载了捷氢科技PROME P390燃料电池系统的红岩重卡在-30℃，甚至在-35℃的极端环境里，圆满地完成了燃料电池系统的标定工作。据悉，这可能是目前为止中国车型最丰富的一次氢燃料重卡的冬季标定
燃料电池	中国一汽集团	一汽国际领先、国内公开发布第一台热效率可达42%并可实现零碳排放、零污染排放的内燃机。采用高压缩比米勒循环、超稀薄清洁燃烧系统、高压射流氢气直喷系统、高效增压系统、零排放后处理系统等国际领先技术，且具有完整、独立的自主知识产权
燃料电池-客车热管理技术	福田欧辉	福田欧辉正式发布全球首个氢燃料客车应用综合热管理技术——U度。该技术集空调、除霜、采暖、电池热管理于一体，客车内部设置三个温度控制分区，通过余热交换器，利用燃料电池系统产生的废热为车内采暖和前风窗除霜、除雾。这一技术的大规模应用不仅让燃料客车的成本进一步降低，还将大幅减少碳排放

资料来源：国家能源集团技术经济研究院。

2. 企业动态及趋势

2018年，共有86款燃料电池汽车工信部推荐车型。2019年，共有100款燃料电池汽车工信部推荐车型。2020年，工信部共上榜燃料电池汽车285款车型，共有47家车企参与制造燃料电池汽车，包括城市客车、燃料电池厢式运输车、燃料电池保温车等；共有59家系统企业与这些车型进行配套，其中亿华通、国鸿重塑、上海重塑、捷氢科技、氢蓝时代、潍柴动力、爱德曼、雄韬氢能、武汉众宇、广东泰罗斯等企业的系统配型数量较多。

2020年，新增燃料电池汽车数量、新增的企业类型都较多，从系统功率这一指标来看，呈现两极分化的特点。一方面，2020年首次上工信部目录的车型+系统组合变多，这类车型的燃料电池系统功率普遍较低，车型及系统仍处于相对早期的试用阶段，功率多低于60kW，甚至集中在50kW以下。另一方面，产业历经几年的发展，已有部分燃料电池系统企业不断研发突破，2020年出现了较多功率80kW以上的新产品，甚至有20余款功率超过100kW的车型（见图4-8）。

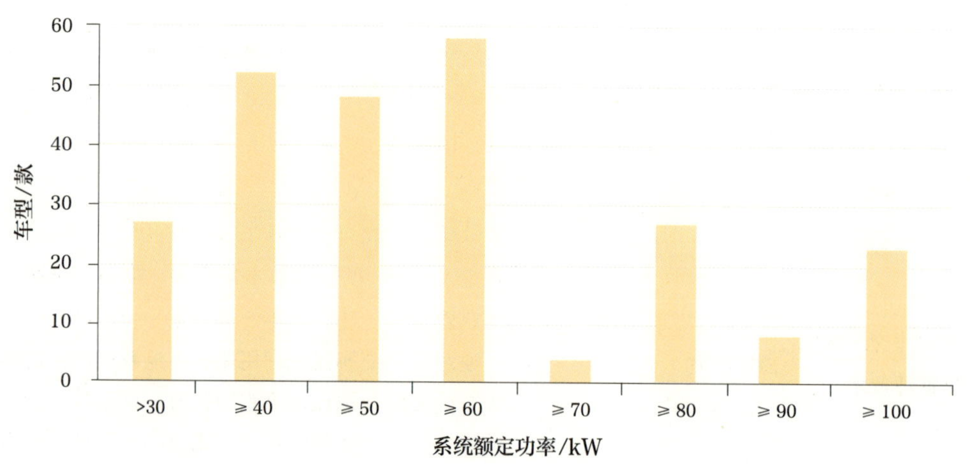

图4-8 2020年工信部目录新增燃料电池车型中燃料电池系统的额定功率分布

资料来源：工信部、国家能源集团技术经济研究院。

五　中国重点企业趋势分析

（一）能源企业

1. 国电投：积极与地方政府合作

国电投以进入氢能全产业链为发展战略，近年来采取积极与地方政府合作的方式，探索实践在全产业链的布局，涉及产线建设、园区建设、风光资源利用等多个领域（见表4-16）。

表4-16　国电投氢能产业布局

时间	参与方	主要布局
2020年5月11日	国电投	国电投与北京市人民政府在京签署协议，双方将围绕绿电进京、能源创新、氢能应用、综合智慧能源、能源数字产业、绿色金融等方面开展全方位、宽领域、多层次战略合作
2020年5月15日	国电投、武汉开发区	国电投华中氢能产业基地通过线上签约的形式落户武汉开发区。该项目旨在打造氢能关键技术研发及产业化平台。首期项目投资16亿元，建设氢能关键材料研究院和中试生产线、燃料电池量产线
2020年8月20日	国电投、渤化集团、海河产业基金及天津港保税区	加大与天津市属重点企业合作，加快氢能全产业链应用场景的布局，重点围绕四个方面开展，助力天津打造全国先进制造研发基地。参与成立10亿元规模的氢能产业基金
2020年10月30日	国电投、上海舜华	国电投旗下子公司上海电力及所属子公司，以及国电投智慧能源共计1.92亿元入股上海舜华，共持股33.8%
2021年3月1日	国电投河南新能源有限公司、河南中平云能新能源、康明斯（中国）	在河南新能源举行三方洽谈，并签订合作备忘录。三方就贯彻落实好河南公司党委决策部署、深化清洁能源多领域合作等方面内容开展了深入交流，在风光清洁能源开发利用、燃料电池和氢能产业布局方面达成一致意见

（续）

时间	参与方	主要布局
2021年4月1日	国电投	中韩（长春）国际合作示范区碳中和产业园，主要建设国电投氢能源综合利用产业基地、制氢装备制造基地、氢能电池生产研发中心、碳交易中心及其他配套设施

资料来源：国家能源集团技术经济研究院。

2. 中石化：深入产业链，探索转型

中石化依赖资源优势、终端优势，同时不断提高自身资本协同能力，在能源、汽车、零部件等领域通过合作、资本投资等方式深入全产业链（见表4-17）。

表4-17 中石化氢能产业布局

时间	企业	主要布局
2020年10月1日	中石化、恩泽海河基金、康明斯（中国）	在北京签署合作意向书，将利用各方优势和资源，共同促进电解水制氢技术的开发及推广，推进绿氢产业发展
2021年1月1日	中石化、协鑫集团、天合光能、隆基集团、中环电子	在氢能、地热、光伏、风电、生物质等方面展开积极布局，努力将其打造为实现绿色洁净、转型发展的重要增长极
2021年5月	中石化氢能、爱德曼氢能	园区将逐步构建从加氢站、燃料电池及动力系统到氢能整车的氢能汽车全产业链
2021年5月	中石化、长城控股	双方将在氢能产业、氢能技术和氢能资本领域展开多项合作，将协同推进氢燃料电池汽车示范，以及加氢站或油氢合建站的建设；强化气态和液态氢能源制、储、运、加、用等领域专项课题的研究合作；积极协作，通过金融创新赋能实体经济

资料来源：国家能源集团技术经济研究院。

3. 其他能源央企：向相关领域延伸

国家能源集团、中石油、中海油等立足自身优势，向相关领域延伸（见表4-18）。

表4-18 其他能源央企的氢能产业布局

央企名称	时间	央企名称	主要布局
国家能源集团	2020年7月28日	国家能源集团国华投资公司	国家能源集团设立旗下首家全资产业基金管理公司——国华投资公司。发起设立百亿级的清洁能源产业基金，全力打造和推动氢能产业链发展，支持风电、光伏等新能源项目整合，加快新能源产业发展步伐
	2021年4月1日	国家能源集团国华投资公司、中车株洲所	在延安打造300万千瓦新能源大基地、氢能产业链和清洁能源装备制造链。建成后预计可实现产值超100亿元
中石油	2020年4月21日	中石油与亿华通、北汽福田、中石油北京分公司	达成合作意向，三方将发挥各自优势，共同推进北京市加氢站建设及运营。按照协议，规划加氢站选址位于北京市昌平区，加注能力覆盖35MPa及70MPa，服务于北汽福田测试用氢与氢燃料电池汽车批量商业化运营
	2020年8月7日	中石油、申能	中石油、申能并列第一股东的上海中油申能氢能科技有限公司成立，从事氢能科技领域内的技术服务、技术开发
中海油	2021年4月1日	中国燃气、中海石油气电集团有限责任公司	订立合作框架协议，致力于推进氢能及综合能源的合作

资料来源：国家能源集团技术经济研究院。

（二）上市公司

1. 亿华通

亿华通整体不及预期，但市场占有率有所提升。2020年，亿华通营业收入5.72亿元，同比增长3.37%。虽营收增长未及预期，但市场占有率和业务开拓能力有实质性的提升。营收增长不及预期的原因主要是受到宏观经济状况及行业发展状况不理想的影响，包括燃料电池汽车示范应用政策出台时间滞后等。2020年全年，中国燃料电池汽车产销累计仅分别完成1199辆和1177辆，同比分别下降57.5%和56.8%，全行业均处于新的困难时期。

2020年，中国燃料电池发动机系统呈现总销量和单价双降的局面，但亿华通的营收不降反升，说明其市场占有率有所提升，这在一定程度上彰显了其较强的实力。

2020年，亿华通实际依旧亏损，但略好于2019年。2019年，亿华通的净利润为4590.52万元，其中包括放弃原控股公司张家口海珀尔控制权后获得的6345.82万元投资收益和收到的事故赔偿款约2000万元。扣除非经常性损益后，其净利润为-1410.99万元，实际主营业务处于亏损状态。2020年，亿华通的净利润为-3257.34万元，但存在非经常性损益4036.58万元，主要来自提跌信用减值损失和存货计价准备，实际主营业务净利润为-779万元，状况要好于2019年。

亿华通沿产业链进行重点布局。截至2020年，亿华通共有9家一级控股子公司、1家二级控股子公司（上海神力科技）、9家参股公司。在10家控股子公司中，有3家做新能源技术推广、4家做技术开发，分别布局在河北张家口、北京大兴、四川成都、山东淄博等地；另外3家主要做燃料电池电堆生产及系统生产，分别在上海和张家口注册。

2020年，亿华通对外投资成立子公司及参股公司，一方面为进入新的城市群，设立了如北京大兴、山东淄博等地的公司；另一方面继续产业链布局，与业内汽车、加氢站等企业成立了联营公司。

从公司的联营企业（参与经营，但没有决定权）来看，亿华通主要沿产业链进行布局。除上海中科同力化工是原神力早年投资外，其他的企业主要为近两年的布局。从收益来看，无论是加氢站建设运营，还是膜电极生产这类上游公司，均处于亏损状态（见表4-19）。

表4-19 亿华通联营企业的投资收益情况

被投资单位（均为联营企业）	公司主营业务	股权比例（%）	2020年投资收益损益（元）
张家口海珀尔新能源科技有限公司	加氢站运营建设	25.46	-8350033.16
上海中科同力化工材料有限公司	有机中间体、医药中间体、有机氟化学和有机聚合物	5.76	70685.98
上海亿氢科技有限公司	膜电极产品	15.76	-651181.71
张家口市交投氢能新能源科技有限公司	加氢站设计、氢气销售、氢气管道工程施工	32.00	-496842.35
空气华通（北京）氢能源科技有限公司	加氢基础设施和加氢站的投资、开发、建设、运营	35.00	-316188.25
联合燃料电池系统研发（北京）有限公司	商用车燃料电池系统研发工作	15.00	-1089815.54

资料来源：北京亿华通科技股份有限公司2020年财报。

2. 美锦能源

美锦能源多地布局氢能产业。一是山西：晋中美锦氢能产业园一期一阶段制造中心及园区内配套加氢站建成，已具备投产条件，晋中氢动力车间及油化库、联合站房在建。该项目为山西省“三个一批”重点项目。二是山东：青岛美锦氢能科技园整车制造中心投入生产，并开启了国内首条5G氢燃料公交示范线，实现“车站线园”一体化运营。该项目为山东省新旧动能转换重大项目。三是江苏：美锦嘉兴氢能科技产业园正式开工，探索“产业+资本+技术+服务”的氢能投运模式。四是广东：2020年，美锦能源控股的飞驰汽车销售各种燃料电池车辆324辆，以佛山地区为重点，辐射珠三角地区市场，开拓华北、长三角地区业务，努力做大、做强新能源汽车销售市场。美锦能源陆续与河钢集团、京能集团、中科富海等企业达成战略合作协议，探索氢燃料车站一体化示范运行模式、氢能制储运加用全场景模式和产业生态链战略融合模式。

基于自身优势布局产业链。该公司年报显示，共有7家控股公司从事氢能产业。受2020年整体行业发展形势影响，该公司联营公司总体收益呈亏损状态，但影响有限。当前行业仍处于起步阶段，规模化发展仍未完全铺开。通过美锦能源的涉氢布局战略，可发现该公司一方面利用自身资源优势掌握了供氢的下游——加氢站；另一方面积极布局氢能应用——交通行业的下游，即汽车制造环节。同时，该公司向产业链上游延伸，通过布局联营公司、投资相关企业，实现产业链的相对闭环。联营公司方面，美锦能源投资了燃料电池的重要环节——膜电极企业，如鸿基创能，也投资了加氢站的上游，如氢气运输等环节。

工程制造集中在整车制造领域。从该公司的在建工程来看，2020年新增投入主要集中在商用车、整车制造方面，在山西晋中投资了1.7亿元，在山东青岛投资了3666.7万元。这说明美锦能源在氢能产业中的主营业务仍旧是整车业务。另外公开资料显示，在与晋中、青岛等当地政府达成的合作协议中，投资均为百亿元级，但实际投资额度仅1亿元左右，实际执行情况与规划的差距依旧巨大。

3. 雄韬股份

雄韬股份注重核心产品研发布局，致力于提高在产品研发、设计、检测等方面的自主创新能力。完成了45~120kW燃料电池发动机及42~120kW燃料电池电堆的研发及试生产，各项性能处于国内领先水平，并已实现在公交车、物流车、环卫车、重卡等多种车型上的应用。与多家整车企业联合开发了多款涵盖公交车、物流车、重卡、环卫车等的燃料电池车型及底盘。与阳泉煤业（集团）有限责任公司针对重卡市场联合开发了大功率燃料电池发动机系统，并在大同完成了前期研发与测试工作。该公司正开发用于船舶以及发电领域的大功率燃料电池发动机系统，推动国产燃料电池向全功率技术迈进；提供燃料电池汽车系统设计、车用加氢站建设和运维、燃料电池车队运营规划、燃料电池汽车数据监控与数据分析、数字化的运维服务系统、全生命周期追溯系统等多维度服务。

各地子公司的设置较为同质化。在雄韬股份旗下，共有8家涉氢子公司，其中2家非全资控股，其余均为100%控股。从年报等资料来看，大同氢雄云鼎科技有限公司开展了较多业务，但并未赢利。此外，其子公司的设置出现了较为明显的同质化现象，几家子公司几乎均从事燃料电池系统、燃料电池电堆的研发、生产、销售业务，只是分布区域不同，这在一定程度上反映出该公司在不同地区以“投资换市场”的发展逻辑。

联营企业主要承担延伸布局公司产业链的职责（见表4-20）。其子公司以燃料电池电堆及系统为主，联营企业则布局了加氢站、重卡生产、汽车租赁等燃料电池下游的各类领域。2019年6月，雄韬股份在大同建设“雄韬氢雄大同氢能产业园”，由大同氢雄云鼎氢能科技有限公司投资建设，总投资将达27亿元。2019年，项目一期氢燃料电池发动机自动化产线投产，年产能1万套；二期、三期将扩大规模并建设燃料电池电堆生产线。全线达产后，发动机系统及电堆产能均可达5万套/年，总产值达百亿元。

表4-20 雄韬股份投资企业的投资收益情况

被投资企业	主要业务	地点	股权比例（%）	2020年收益（元）
武汉理工氢电科技有限公司	膜电极	武汉	50.07	-583812.19
青岛国际院士港氢雄燃料电池有限公司	氢能源产业链研发	青岛	45.00	—

资料来源：深圳雄韬电源科技股份有限公司2020年财报。

从实际投产来看，雄韬股份在大同的建设累计投入5625.3万元，2020年新增投入约2360.3万元，工程进度62.52%（见表4-21），相关工程建设与网络报道的“投资27亿元”不符。

表4-21 2020年雄韬股份在大同的在建工程情况

项目名称	地点	累计投入（元）	2020新增投入（元）	工程进度（%）
雄韬氢雄生产设备配套工程	山西大同	56253086.41	23602736.07	62.52

资料来源：深圳雄韬电源科技股份有限公司2020年财报。

4. 其他涉氢上市公司

宝丰能源太阳能电解水制氢储能及综合应用示范项目于2020年4月开工建设一期工程，项目整体工程计划于2021年底建成。2021年3月开工建设太阳能电解水制氢储能及综合应用示范项目二期工程，即100MWp/年太阳能发电配套1万标立方/小时电解水制氢装置，计划2021年建成投产（见表4-22）。

表4-22 宝丰能源在建工程项目情况

项目名称	预算金额（元）	2021年期间增加金额（元）	工程进度（%）	设计产能	在建产能预计完工时间
电解水制氢项目	632765700.00	44805644.92	7.25	2×100MWp/年太阳能发电配套2万标立方/小时电解水制氢装置	2021年

资料来源：国家能源集团技术经济研究院。

（三）潍柴动力：深耕氢燃料电池发动机

潍柴动力坚持“混合动力、燃料电池、纯电动”多路线并举，建成具有2万台产能的氢燃料电池发动机工厂，成为目前全球最大的氢燃料电池发动机制造基地。

2020年，潍柴动力与巴拉德合作，在山东成立子公司（见表4-23）。

表4-23 潍柴动力对涉氢子公司投资情况

子公司名称	主要经营地	持股比例（%）	2020年投资金额（元）	累计投资金额（元）
潍柴巴拉德氢能科技有限公司	山东	60.75	161925000.00	413100000.00

资料来源：潍柴动力股份有限公司2020年财报。

潍柴动力开发的50~140kW多款燃料电池发动机，据相关报道效率达到62%，寿命超过2万小时，达到行业领先水平，实现批量配套。

2020年12月24日，潍柴动力2020年第十次临时董事会审议通过了公司非公开发行A股股票相关议案，拟募集资金总额不超过130亿元，扣除发行费用后拟全部投资于“燃料电池产业链建设项目”“全系列国六及以上排放标准H平台道路用高端发动机项目”“大缸径高端发动机产业化项目”“全系列液压动力总成和大型CVT动力总成产业化项目”“补充流动资金”。

六 中国产业发展总体趋势及预测

（一）产业总体趋势

产业发展驱动力由“下游需求”变为“双碳”目标。随着“双碳”目标的提出，产业发展的内部驱动因素发生巨大变化。此前，中国氢能产业发展的主要驱动力是下游需求，“以下游带上游”基本是行业发展的共识。“双碳”目标的提出对高碳行业减排减碳提出更高要求，电力、钢铁、建筑、化工领域对氢能产生“内生需求”，更多企业开始自主布局氢能产业。

跳过“灰氢、蓝氢”，绿氢将成为主流路线。产业内关于使用“灰、蓝、绿”氢的争论一直未中断，以煤制氢为代表的“灰氢”、以天然气制氢为代表的“蓝氢”和副产氢因成本相对低的优势被多数从业者认为是主要氢源增量。但在“双碳”目标大背景下，产业路径将发生根本变化，将跳过“灰氢、蓝氢”阶段，直接由“绿氢”引领产业发展。此外，可再生能源价格下降速度快、分布式微网模式不断涌现，带来绿氢成本持续下降，也助推了绿氢的快速应用。

技术发展缓慢与快速发展的行业要求形成新的主要矛盾。过去几年，由于氢能及燃料电池市场空间小、政策不明朗、项目落地及企业发展未获得资本市场的全面认可，整个行业面临缺乏资金支持的局面。而受“双碳”政策影响，氢气相关产业链的发展逐渐被资本认可，对行业发展形成新的速度要求，但核心环节、重点技术领域却面临国产技术储备少、团队稀缺等问题。如PEM电解槽、SOEC电解槽等技术路径，虽受到资本市场的大力追捧，但国内的技术团队稀缺、产能有限，制约了产业发展。

（二）政策方向研判

发布政策旨在构建更完善的产业链体系。氢能及燃料电池产业经过几年的发展，逐渐受到国家层面的认可，但现有政策更注重促进产业链下游发展，即遵循“以下游促上游”的发展逻辑。在“双碳”背景下，政策导向将向构建更完善的产业链体系倾斜，中、上游产业均将有所获益。

产业发展与补贴政策“难产”，行业发展将更多依靠市场资金。因为“燃料电池城市群”发展及奖励方案一直未明确，2021年上半年氢能产业仍局限在规划、研发、计划、布局等层面，具体市场数据与前两年同期相比并无显著变化。可最直接、最有效促进产业发展的补贴政策迟迟不见出台，行业发展将更多依靠企业与市场资金。

地方政府规划总体与其经济发展情况相匹配。从“燃料电池城市群”最终选定北京、上海、广东三地这一结果判断，经济实力较强、科技研发水平较高的区域是行业发展高热度区域；对地方政府的规划发布情况进行统计，可以发现经济发达地区的规划数量多、规划决心强，对企业吸引力大；与同样具有较大转型压力的省份相比，内蒙古、山西等资源型省份的人均经济实力较强，总体政策规划目标也较高。这符合行业发展整体逻辑与经济发展规律，未来，地方政府规划与经济发展状况强挂钩的状况将得以延续。

（三）市场规模预测

2022年，市场规模将迎来拐点。燃料电池汽车销量在2017～2019年保持了较快增长，但受疫情及政策影响，2020年及2021年上半年的销量趋于稳定。随着2021年下半年“燃料电池汽车城市群”的政策落地，各项工作将陆续开展，燃料电池汽车生产、购买、落地运营的区域也将逐渐明确，预计2022年市场规模将迎来拐点，未来4年各地的示范项目将稳步开展，带来燃料电池汽车销量的快速上涨。

“绿氢”制氢市场将爆发。绿氢减碳已成为能源企业的共识之一。2020年初至2021年6月，绿氢工厂的规划建设规模快速扩大。2022年，将有部分项目陆续完工。目前，市场上已呈现绿氢设备“供不应求”的局面，“绿氢”制氢市场将迎来爆发式增长。

基础设施建设稳步推进，油氢合建站将成为主流。2017年至2021年上半年，氢能基础设施建设规模保持相对稳定扩大，但建设主体发生较明显变化，中石化、浙江能源等传统大型能源公司加大了对加氢站的投入，主要通过建设油氢合建站、综合能源站的方式实现。

(四)企业发展状态预测

能源企业开始发力。受“双碳”政策、能源转型、中小企业业务压缩等诸多因素影响，能源企业在氢能行业将发挥更加重要的作用。能源企业尤其是大型能源企业拥有资金、资源、工程等多重优势，将通过资本投资的方式逐渐布局产业链，积极布局上游资源，大资金投资建设基础设施，抢占行业先机。

设备制造企业将跨界发展。燃料电池汽车市场具有产业链长、带动效应强的特点。过去几年，产业链发展多为资本链接、企业抱团寻求业务的模式。近两年，受疫情和补贴政策不明朗影响，燃料电池汽车市场有萎缩迹象，但部分设备制造企业具有一定的知名度和品牌效应，逐渐成为资本重点扶持的对象。获得资金扶持后，这些设备制造企业将向上下游积极延伸，开拓不同类型的业务。

上市公司相关业务亏损状况中短期内不会改善。从公司年报披露的2019年、2020年经营情况来看，亿华通及其他涉氢企业的相关板块均处于亏损的状态，一般子公司亏损额度均在千万元级别。如果企业在涉氢领域开展的实际运营业务和投资较多，则亏损风险可能会更高。目前来看，受市场发展阶段及国家政策力度限制，这一状况并不会在短期内得到有效改善。实际上多数企业已经做好连续亏损的准备，倾力于降本增效和资金募集等工作。

专题讨论之一：欧盟碳市场发展对中国碳市场的启示

碳排放权交易体系（简称“碳市场”）是以温室气体减排为目标，将碳排放权作为商品流通的交易市场。纳入碳排放交易体系的项目每排放1吨二氧化碳，需要有1个单位的碳排放配额（以下简称“碳配额”）。它们可以获取或购买这些配额，也可以和其他公司进行配额交易。

截至2021年1月底，全球正在运行的碳市场有24个，另有8个计划实施和14个考虑实施碳市场的国家或地区。24个正在运行的碳市场覆盖的温室气体排放量占全球温室气体排放总量的16%。①

欧盟碳排放交易体系（EU ETS）于2005年正式启动，经过16年的发展，于2021年启动了为期10年的第四阶段。目前，EU ETS涵盖了30个国家（欧盟27个成员国、挪威、冰岛和列支敦士登）②，包括供电、供热、炼油、玻璃、炼钢等高能耗产业近11000个排放设施（installations）以及航空业600家往返于欧洲经济区（EEA）的航空公司，覆盖欧盟38%的温室气体排放量。

EU ETS是全球首个、迄今为止体系较为成熟、配额流通性较强且行业影响范围最为广泛的碳排放交易体系。因此，对欧盟碳市场的交易机制、发展特点等进行深入分析，对中国碳市场的建设路径及未来发展趋势都具有重要的参考价值。

一　欧盟碳市场

（一）发展历程及现状

《京都议定书》确立后，为更好地实现控排目标，进一步降低减排

① 2021年，中国启动全国碳市场的第一个履约期，对2019年和2020年有追溯履约的义务，因此，将中国碳市场纳入的项目排放量放到2020年统计。

② 英国脱欧之后，于2021年退出EU ETS，实施单独的碳交易机制。

成本，欧盟于2005年在欧盟内部建立了企业级的碳排放交易体系，即欧盟碳排放交易体系，并以其为关键抓手，逐步推进欧盟碳排放交易市场的建设。

EU ETS的实施是分四个阶段逐步推进的，每个阶段的目标、交易机制和覆盖行业范围等均有变化（见表5-1）。

表5-1 EU ETS各阶段情况

	第一阶段	第二阶段	第三阶段	第四阶段
履行期	2005～2007年	2008～2012年	2013～2020年	2021～2030年
覆盖国家	欧盟27个成员国	欧盟27个成员国、挪威、冰岛和列支敦士登	欧盟28个成员国、挪威、冰岛和列支敦士登	欧盟27个成员国、挪威、冰岛和列支敦士登
管控气体	CO_2	CO_2，N_2O	CO_2，N_2O，PFCs	CO_2，N_2O，PFCs
减排目标	到2020年，比1990年下降20%			到2030年，比1990年下降40%[①]
覆盖行业	电力、热力、提炼业、钢铁业等10个高排放行业	2012年新增航空业	增加基础化工业、铝业等	与第三阶段相同
配额总量	2005年为20.96亿吨CO_2	2009年为20.49亿吨CO_2	2013年为20.84亿吨CO_2，之后每年线性减少系数为1.74%[②]	每年线性减少系数为2.20%
配额分配方法	各国自下而上提出总量控制目标		欧盟委员会统一制定配额分配方案	
	免费分配比例达99%	免费分配比例达90%；部分国家采用拍卖法	至少50%的配额通过拍卖形式获得[③]	至少57%的配额通过拍卖形式获得；拍卖比例计划升至90%[④]
跨期存储	不允许	允许	允许	允许

（续）

	第一阶段	第二阶段	第三阶段	第四阶段
配额预借	不允许		允许，但是不可以从下一个阶段预借	
抵销机制	允许无限制使用CERs和ERUs⑤		有限制使用CERs和ERUs	不允许
惩罚措施	每吨40欧元	每吨100欧元，且次年配额发放时还要扣除超标量		

注：①2020年12月，欧盟领导人同意，到2030年欧盟温室气体排放量要比1990年降低至少55%。此前欧盟设定的减排目标是40%。2021年5月，欧洲议会通过了《欧洲气候法》，将减排目标合法化。但目前并未将该目标分解到EU ETS，因此，此处仍使用以前的数据。②确保2020年配额总量比2005年减少21%。③其中，电力行业100%拍卖；工业企业2013年免费发放80%、拍卖20%，每年免费发放的比例逐年减少，直到2020年免费发放的比例下降到30%。④工业企业的免费分配将在2026～2030年减少至0。⑤CERs和ERUs是指清洁发展机制（CDM）所产生的核证减排量（CERs）和联合实施机制（JI）项目核证减排量（ERUs）。

资料来源：国家能源集团技术经济研究院、欧盟委员会（EC）。

第一阶段（2005～2007年）为试验阶段，主要目的是获得碳市场经验。由于缺少碳排放历史数据，碳配额总量设定过高，各国发放的碳配额总量远远超过实际的碳排放量，且配额不可跨期存储①，导致碳配额价格（以下简称“碳价”）几近于0。

第二阶段（2008～2012年）覆盖范围不断扩大，碳配额总量逐步缩紧，但欧债危机导致碳价不断下滑。

第三阶段（2013～2020年）为成熟发展阶段，覆盖行业范围继续扩大，并设定减排目标，2020年要比2005年下降21%，即每年线性减少系数为1.74%。随着碳配额总量上限的收紧、折量拍卖的引入以及市场稳定储备（MSR）机制的实施，EU ETS从根本上发生了变化，碳价逐步上涨。

第四阶段（2021～2030年）覆盖范围基本与第三阶段相同。为实现欧盟到2030年较1990年减排40%的目标，EU ETS将每年线性减少系数由

① 不可跨期存储指不允许转结至下一阶段。

第三阶段的1.74%上升到2.20%。清洁发展机制（CDM）所产生的核证减排量（CERs）在本阶段不可以使用。随着碳市场的逐渐成熟，碳配额加速减少，叠加欧盟上调温室气体减排目标等原因，2021年欧盟碳价快速升高，由年初的33.7欧元/吨（合266元/吨）升至9月初的60.1欧元/吨（合457元/吨）[①]。

1. 覆盖范围

EU ETS的覆盖行业、气体范围逐步扩大，由最初的电力和热力（20MW以上）、炼油、钢铁、造纸、水泥等逐步扩大到航空、基础化工、铝制品等行业[②]。EU ETS监管覆盖的实体细化到了设施层面，而非公司层面。此外，EU ETS管控的气体从最初的二氧化碳（CO_2）逐步增加到现在的CO_2、一氧化二氮（N_2O）、全氟化合物（PFCs）。

2. 配额总量设定和分配机制

配额总量设定呈现“循序渐进、适度从紧”的原则。在前两个阶段，由于政治可行性原因，欧盟采用自下而上的分权治理模式。欧盟每个国家都有对配额分配的自主权，各国先制定“国家分配方案”（NAPs）[③]以确定本国控排总量，再将NAPs提交欧盟委员会批准。这种方法导致很多国家倾向于政府和企业利益，遵循多多益善的原则上报，叠加缺乏历史排放数据，导致市场存在严重的配额分配过量问题。

进入第三阶段，欧盟委员会采取统一制定配额分配方案的模式，使配额总量大幅降低且逐年递减。排放上限的设置参照第二阶段发放配额数量的平均值，然后每年线性递减20.84%，这意味着配额从2013年的20.84亿

---

① 根据2021年1月和9月平均汇率折算，1月1欧元=7.8853元，9月1欧元=7.6102元。

② 按照中国行业分类国家标准来看，EU ETS覆盖的行业包括电力、热力生产和供应业，石油、煤炭及其他燃料加工业，化学原料和化学制品制造业，黑色金属冶炼和压延加工业，非金属矿物制品业，造纸和纸制品业，航空运输业，建筑业等八大行业。

③ NAPs的内容包括本国总的排放限额、覆盖的排放设施清单，以及当期给各个部门和企业的配额。

吨逐年递减至2020年的18.16亿吨。

配额分配机制主要包括免费发放和拍卖两种形式。EU ETS具有两大特点。一是具有过渡性，由前期的以免费发放为主逐渐向以拍卖为主过渡。在前两个阶段，碳配额以免费分配为主，第一阶段的拍卖比例不得超过5%，第二阶段上升至10%。进入第三阶段，拍卖部分已经占到57%，第四阶段计划达到90%。其中，从2013年开始电力行业100%需要通过拍卖来购买配额，工业企业拍卖比例从2013年的20%提升到2020年的70%，在2026～2030年最终实现100%。二是具有灵活性。欧盟对新加入成员国、存在碳泄漏[①]风险的行业以及低收入成员国的分配有特殊规定。新加入成员国在满足一定条件的基础上，可以放宽执行能源行业全面通过拍卖取得配额的规定，获得一定的免费配额，但仍要保证一定比例的拍卖量。存在碳泄漏风险的行业可获得100%的免费配额，2009年底欧盟委员会确定了高风险碳泄漏行业清单，这个清单5年更新一次。低收入成员国（如匈牙利、波兰等8个国家）的电力行业在2019年前可获得一定比例的免费配额。

3. 交易机制

从交易主体来看，除履约企业外，任何自然人和法人均可交易。交易主体主要有三类：配额的供给者、最终使用者和金融中介。

从交易标的来看，主要是欧盟碳配额（EUA），每一个EUA相当于1吨CO_2排放权限。此外，也包括用于抵销碳排放量的碳减排信用类产品、清洁发展机制（CDM）所产生的核证减排量（CERs）和联合实施机制（JI）项目核证减排量（ERUs）。

从交易方式来看，可以在场内交易，也可以通过经纪人、交易所或

① 碳泄漏是指碳排放交易体系导致企业成本增加，从而出现与碳排放交易体系之外的同行业企业相比竞争力削弱或生产发生转移的情况。

者中介进行场外交易。EU ETS初期约80%的交易量发生在场外市场，其中伦敦能源经纪人协会（LEBA）完成的交易量占场外交易总量的54%。2008年金融危机后，大部分交易活动逐渐转向场内交易或清算。

4. 监管机制

EU ETS的监管由特定的主管机构执行，最重要的监管机构是欧盟和各成员国的环境部门。

所有履约企业须按照欧盟制定的标准方法对其CO_2排放量进行监测和报告，经第三方机构核证后向政府提交。企业的报告和核查结果都需要公开，接受大众的监督。

同时，EU ETS制定了处罚规则，任何未能在每年4月30日前完成履约的企业都将被追责。在第一阶段，每超排1吨CO_2，将罚款40欧元；第二阶段后，每超排1吨CO_2的罚款额升至100欧元，而且来年配额发放时还要扣除超标量。

5. 柔性机制

柔性机制的实施是为了让履约更加灵活，包括配额存储、配额预借和抵销机制。

配额存储：EU ETS第一阶段是不允许跨期储备的，导致2007年末碳价几乎为0。2008年以后，EU ETS允许跨期储备。

配额预借：前两个阶段，配额是不允许预借的。到第三阶段后，允许配额在一个阶段内预借。

抵销机制：第一阶段和第二阶段允许使用国际抵销信用额度，包括清洁发展机制（CDM）和联合实施机制（JI）。大量价低的国际抵销信用额度的使用，成为碳价在第二阶段持续走低的主要原因之一。从第三阶段开始，EU ETS严格限制使用国际抵销信用额度，包括对类型（如工业气体类的项目，HFC-23和N_2O相关项目）和来源国（仅允许来自最不发达国家的项目）进行限制，减少了国际抵销信用额度供过于求对市场碳价的冲击。

6. 调节机制

为应对需求侧压制和配额过剩对碳价造成的冲击，2019年EU ETS启动了市场稳定储备（MSR）机制。MSR类似蓄水池，当配额剩余高于8.33亿吨时，就把其中12%～24%放进储备；当配额剩余低于4亿吨时，就从储备中调出部分配额放进市场。EU ETS2020年底的规定是，在2030年前，将过剩配额总数的24%转存入市场稳定储备。截止到2019年底，过剩配额总数累计达13.9亿吨，所以2020年9月到2021年8月底的配额拍卖量将减少3.3亿吨。

7. 碳金融

EU ETS在2005年运行伊始，引入了期货、期权、远期等金融衍生品。其中，碳期货交易尤为活跃，2012年碳配额与CER期货成交量就已经分别达到64.7亿吨和15.7亿吨，期货成交总量是当年欧盟碳排放量的2.15倍。2015年，EU ETS碳期货成交量是现货的30多倍。同时，EU ETS鼓励金融机构创新开发碳信贷、碳基金等各类金融产品，将金融属性内置于EU ETS，助力碳现货市场平稳运行。

进入第三阶段，欧盟委员会对《金融工具市场指令》《反市场滥用指令》进行了修改，碳金融衍生品首先在立法上被列入金融工具范畴，碳市场的金融属性再次得到强化。

（二）碳价

在EU ETS的前两个阶段，由于制度设计不合理和经济冲击，配额供求失衡导致碳价始终在低位徘徊。随着改革的不断深入，第三阶段后，碳价整体呈上升趋势。

第一阶段初期，碳价较高，在20欧元/吨左右，后上扬至历史高点30欧元/吨，随后不断下跌，期末停滞在近0欧元/吨的水平。由于采用自下而上的分权治理模式，加上没有历史数据，市场配额供过于求。在2006年官方公布排放数据时，企业意识到免费发放配额过高，碳价快速下滑；叠加不允许未用完的配额转至第二阶段，碳价在第一阶段结束时几乎跌至0欧元/吨。

第二阶段对配额发放采取了较为严格的减控措施，使得2018年7月1日的碳价上涨到历史高值（31.71欧元/吨）。但是欧债危机的爆发使得欧盟工业萧条，产量降低带来的碳排放量的减少远远超过预期，供求失衡导致碳价一路下跌，并在低价徘徊。

随着第三阶段改革的不断深入，欧盟碳价稳步上涨，从2013年的6.57欧元/吨升至2020年底的32欧元/吨。碳价的每次上涨都主要是受政策的推动。2013年1月实施总量递减政策，碳价开始稳步上升。2014年2月实施折量拍卖政策，碳价在一个月内由4.57欧元/吨上升至6.90欧元/吨。2018年2月欧盟委员会宣布将于2019年启动市场稳定储备（MSR）机制以后，碳价一路攀升，从2月的8.93欧元/吨上涨到2018年底的24.67欧元/吨，上涨幅度达到176%。

2020年，受疫情影响，经济活动减少，欧洲碳排放量减少，对排放配额的需求也相应下降，碳价于3月暴跌40%至15.25欧元/吨的低位。但随后在MSR机制的作用下，过剩配额有效减少，在欧盟气候新政的不断刺激下，欧盟碳市场进一步活跃，欧盟大力推动“绿色经济复苏”，欧盟碳价分别在7月、9月两次突破30欧元/吨的关口。2020年底，碳价达32欧元/吨，相比年初上涨了32%（见图5-1）。

2021年以来，由于第四阶段改革中配额的收紧，欧盟“绿色新政”一揽子复苏计划以及《欧洲气候法》中包含的2030年的新目标催生更大的气候雄心，欧盟碳价一路高涨，在2021年9月达到历史最高位，为62.8欧元/吨，较年初增长1倍。

2021年，欧盟碳价屡创新高，主要有如下四方面原因。一是EU ETS

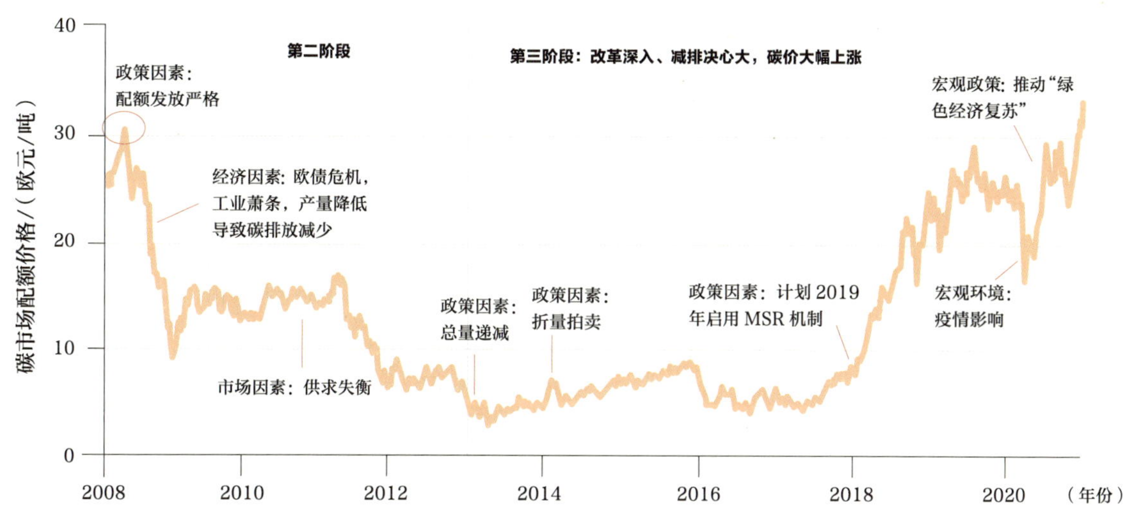

图5-1 EU ETS 第二、第三阶段碳市场配额价格变化趋势

资料来源：国家能源集团技术经济研究院、英国气候和能源智库机构恩伯（Ember）。

的拍卖延期，导致短期配额供需失衡，叠加冷冬推高电力需求，火力发电量上升，配额需求提高，在供需双重作用下，碳价上涨。二是4月30日为上一年排放的履约最后期限，部分企业购买配额，推高配额需求。三是欧盟提高气候目标，这是碳价上升的内在原因。2020年12月，欧盟领导人同意到2030年欧盟温室气体排放量要比1990年降低至少55%，此前欧盟设定的减排比例目标是40%。2021年5月，欧洲议会通过了《欧洲气候法》，将减排目标合法化。碳市场配额总量的设定是由欧盟总减排目标决定的，减排目标提高势必影响碳配额供给。在现行的40%减排目标要求下，碳市场2030年减排比例为43%；在新的55%减排目标之下，尽管碳市场的减排比例和其他行业的减排比例如何划分还没有定案，但是在欧盟委员会发布的量化评估报告中，碳市场的减排比例会提升到62%～65%，这也就意味着配额总供给会下降得更多。四是碳价的不断上涨使得工业企业更加珍惜手中的过剩配额，无意愿出售配额，进而使得配额供给减少。另外，预期未来配额短缺而提高对配额的需求，也是支撑碳价上涨的因素。

（三）减排效果

1. 在电力和热力行业的带领下，超额完成减排目标

从欧盟27国温室气体排放量来看，截止到2019年，欧盟27国的温室气体排放量为37.4亿吨二氧化碳当量，相对于1990年下降了24%，已实现《京都议定书》第二承诺期的减排目标。

从EU ETS覆盖的固定设施①的温室气体排放量来看，截止到2020年，EU ETS覆盖的固定设施温室气体排放量为13.6亿吨二氧化碳当量，较2013年下降了28.9%，较2005年下降了42.8%（见图5-2）。

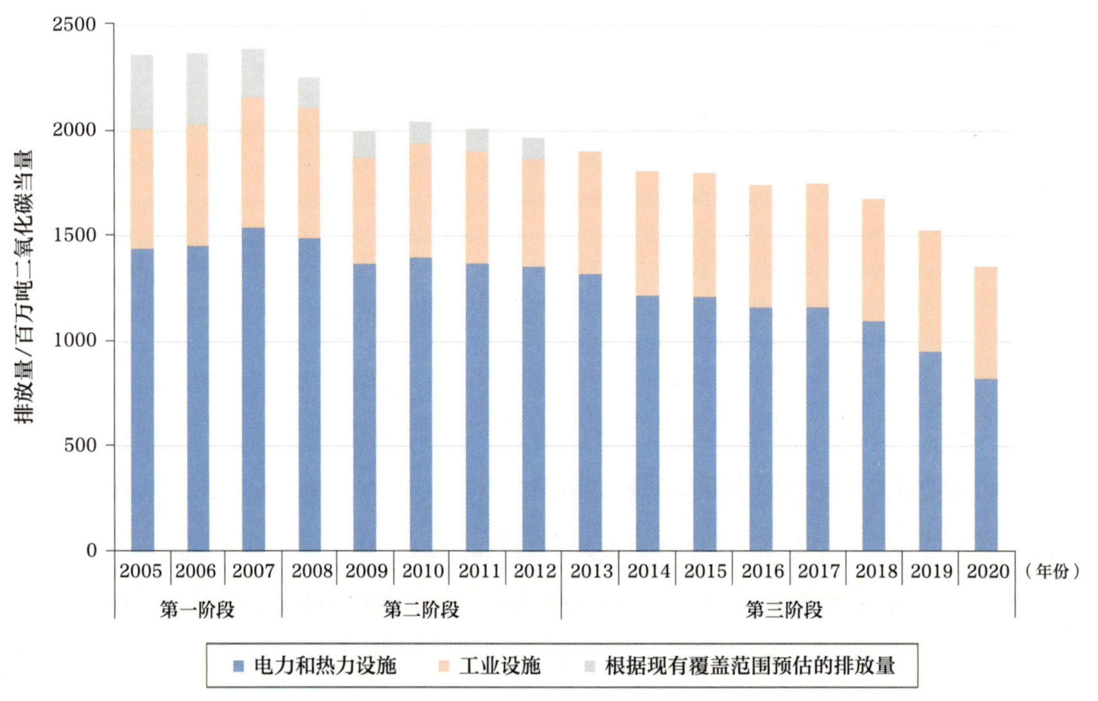

图5-2 2005～2020年EU ETS 分行业温室气体排放量

资料来源：欧洲环境署（EEA）。

① 固定设施主要包括电力和热力设施、工业设施（水泥、炼化、化工、钢铁、造纸设施等）。

分行业来看，电力和热力设施碳排放量减少得最多，2020年占所有覆盖固定设施的60.6%，同时下降幅度最大，2020年碳排放量较2005年下降了43.1%，较2013年下降了37.7%；工业设施2020年碳排放量较2005年下降了6.5%，较2013年下降了9.2%。

分年份来看，2020年碳排放量下降幅度最大，较2019年下降了11.4%。其中，电力和热力设施降幅最大，下降14.9%；工业设施下降7%。2020年，在电力和热力行业中，电力行业的碳排放量下降幅度大，一方面受新冠肺炎疫情影响，经济活动减少导致碳排放量减少；另一方面，在高碳价、可再生能源更具竞争力以及天然气价格不高的推动下，电力行业碳排放量快速下降。

2. 在碳价提升和电力市场的双重推动下，电力和热力行业减排速度加快

在第一阶段、第二阶段时，因配额过剩导致碳价过低，EU ETS没有完全发挥其应有的减排作用。从减排效果最好的电力和热力行业来看，2012年前，电力和热力行业碳排放量仅下降5.8%，年复合下降率为2.6%。

进入第三阶段后，EU ETS积极推动欧洲电力和热力行业减排，使得电力和热力行业碳排放量下降了39.6%，年复合下降率为4.6%。电力和热力行业碳排放量的下降主要来自电力行业，最主要的原因是欧洲气候政策的实施，风电和光伏发电成本不断下降，可再生能源发电比例逐步提高，替代了近50%的硬煤发电量、少部分褐煤发电量（与2013年相比）。同时，在欧洲自由化程度较高的电力市场中，高碳价将使排放量较少的气电在现货电力市场中更具竞争力。2014年底后，天然气价格低迷，也进一步降低了天然气的边际发电成本，推动天然气替代煤炭发电（见图5-3）。

3. 拍卖收入

2012年至2020年6月，配额拍卖所得总收入超过570亿欧元。从2018

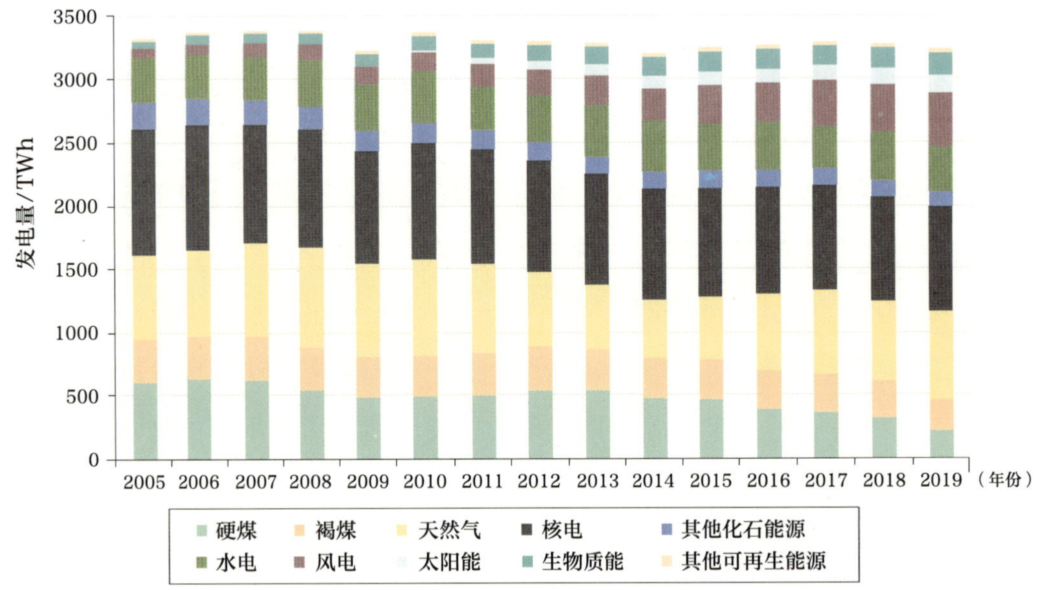

图5-3 2005~2019年不同发电技术的发电量

资料来源：欧洲环境署（EEA）。

年开始，配额拍卖收入快速增长。2019年，因配额收紧以及英国配额拍卖暂停，配额拍卖总量减少，但启动市场稳定储备（MSR）机制后，碳价高涨，因此拍卖收入创新高，全年拍卖所得收入超过141亿欧元，占总收入的24.7%。

2013~2019年配额拍卖所得总收入的77%用于气候和能源相关活动。

二 中国碳市场

（一）全国碳市场交易框架设计

2021年7月16日，全国碳排放权交易市场（以下简称“全国碳市场”）上线交易。全国碳市场建设采用“双城”模式，交易中心位于上海，碳配额登记结算系统设在武汉。在湖北注册登记账户，在上海进行交易，两地共同承担全国碳排放权交易体系的运作。

1. 覆盖范围

目前，全国碳市场覆盖的重点排放单位是2013～2019年任一年碳排放量达到2.6万吨二氧化碳当量的发电企业（含自备电厂）。首批被纳入全国碳市场的2162家电力企业，包括11亿千瓦煤电装机、1亿千瓦气电装机，这些企业碳排放量达到40亿吨二氧化碳当量。

全国碳市场初期以电力行业（纯发电和热电联产）为突破口，未来将按照“成熟一个、批准发布一个”的原则，进一步扩大至石化、钢铁等八大高排放行业。

全国碳市场和地方试点碳市场并存，尚未被纳入全国碳市场的企业将继续在地方试点碳市场进行交易，被纳入全国碳市场的重点排放单位不再参与地方试点碳市场。

2. 配额总量及分配

全国碳市场采取的是以强度控制为基本思路的行业基准法，实行免费分配。根据重点排放单位2019～2020年的实际产出量以及政策规定的配额分配方法和碳排放基准值，核定各重点排放单位的配额数量，这些配额数量加总形成全国碳市场的配额总量。

根据欧盟碳市场的经验可以看出，这种“自下而上”的总量控制方法，将很有可能导致配额总量宽松。

3. 交易机制

目前，全国碳市场分为一级市场和二级市场。一级市场对碳配额进行初始分配。二级市场涉及各排放主体的自由市场行为，可以采取协议转让等交易方式，具体形式包括挂牌协议交易和大宗协议交易。二级市场包括一主一辅两个市场，主市场是碳配额市场，交易标的是碳配额；辅市场为自愿减排市场，交易标的是国家核证自愿减排量（CCER）。

交易主体仅限于控排企业，机构和个人的参与渠道暂未开启，且只允许现货交易。

4. 调节机制

在配额清缴过程中，重点排放单位每年可以使用国家核证自愿减排量抵销应清缴的碳配额，抵销量不得超过应清缴碳配额的5%。

（二）全国碳市场发展现状

2021年12月31日，全国碳市场第一个履约期结束，共运行114个交易日，碳配额累计成交量达1.79亿吨，成交额达76.61亿元，其中83%的成交量来自大宗协议交易（线下）。2021年，碳配额平均价格为每吨43.85元。全国碳市场自启动上线交易以来，呈现以下几个特点。

1. 碳配额年度平均价格低于开盘价

2021年，全国碳市场碳配额价格先扬后抑，临近履约期时回暖，整体在40～60元/吨波动。碳配额初始开盘价为48元/吨，开市首周实现价格较快增长，最高价曾达到61.07元/吨，伴随着交易量的下降，其后一个月内呈下降趋势，临近履约期时成交量快速增加，价格持续上升。2021年，碳配额平均价格为每吨43.85元。

平均价格低于开盘价的原因包括两个方面。一是碳配额总量的设定较为宽松，据路孚特（Refinitiv）测算，第一期分配的碳配额为90.10亿吨，而排放量为86.80亿吨，加上利用CCER抵销的3000万吨，第一期碳配额将剩余3.6亿吨。宽松且免费获取的配额方式，将造成二级市场价格不高。二是参与主体和交易品种单一。当前全国碳市场参与主体限于控排企业，控排企业参与的目的仅为履约，交易品种仅为配额现货。

2. 履约效应明显，履约期前成交量大幅增加

从成交量来看，除首日成交量达到410万吨外，随后一直到2021年10月底，成交量低迷，7～10月成交量为2020万吨，仅占全年总成交量的11%，日均成交量基本维持在20万吨以下。自11月下旬起，履约期临近，

重点排放单位实际配额盈缺情况得以明确，成交量快速增长，12月成交量占总成交量的76%。

当前，中国的碳市场还是以强制性参与为主，市场交易由政府主导。由于控排企业以履约为主要目的参与碳市场，因此会出现履约期碳配额成交量较大、非履约期碳配额成交量偏小的现象。

3. 交易以大宗交易为主

全国碳市场的碳配额交易以大宗线下交易为主。大宗交易量达到1.48亿吨，占总交易量的82.7%；大宗交易额占总交易额的81%。大型央企倾向于先内部分配配额，再对外进行交易。大宗交易价格一般相对挂牌成交价有一定幅度的折价，大宗交易平均成交价为41.95元/吨，平均折价率达到11%，最高折价率达到20%。

4. 以履约为驱动，履约情况整体较好

按履约量计，全国碳市场第一个履约期的履约完成率为99.5%，大部分企业能按时履约，但仍有0.5%核定应履约量未完成履约。

三　启示及建议

（一）欧盟碳市场改革措施及经验总结

EU ETS在碳价不断下跌、市场持续低迷的情况下，进行了一系列的改革，对促进市场公平、稳定碳价、减少碳配额盈余起到积极作用。

一是逐步扩大控排行业范围，有效增加碳配额需求。EU ETS在第二阶段将控排企业扩大至航空业企业，在第三阶段又加入了基础化工、铝业等工业企业。

二是由于抵销信用CERs和ERUs等同于碳配额用于履约，EU ETS从第三阶段开始严格使用CERs和ERUs，到第四阶段不再允许使用CERs和ERUs，这些措施避免了抵销信用供过于求对市场的冲击。

三是减排目标不断提高，从第三阶段的每年线性减少1.74%提高到第四阶段的每年线性减少2.20%，给碳市场带来减排压力。

四是通过折量延迟拍卖和市场稳定储备（MSR）机制，为碳价提供强有力的支撑。2013年1月实施的总量递减政策，使碳价在一个月的时间里上升了51%。2018年宣布启动市场稳定储备（MSR）机制后，碳价在不到一年的时间里上涨了176%。

（二）中国碳市场发展方向

根据EU ETS不断改革的经验，以第四阶段的碳市场交易机制为参照对象，中国的全国碳市场还存在较大提升空间（见表5-2）。

表5-2 中国的全国碳市场与欧盟碳市场对比

<table>
<tr><th colspan="2">项目</th><th>EU ETS</th><th>中国的全国碳市场</th></tr>
<tr><td colspan="2">交易主体</td><td>配额的供给者、最终使用者和金融中介</td><td>配额的使用者</td></tr>
<tr><td rowspan="2">覆盖范围</td><td>覆盖气体</td><td>CO_2，N_2O，PFCs</td><td>CO_2</td></tr>
<tr><td>覆盖行业</td><td>电力和热力、高能耗工业（炼化、钢铁、水泥、造纸、玻璃、铝冶炼）、航空</td><td>电力</td></tr>
<tr><td colspan="2">分配方式</td><td>初期以免费发放为主，目前以拍卖为主，电力企业100%拍卖获得配额。免费分配比例在2026年前要减少到30%，到2030年将全部拍卖。存在碳泄漏风险的行业实施免费分配</td><td>免费发放为主，适时引入有偿分配</td></tr>
<tr><td>配额分配及供给</td><td>配额总量</td><td>初期采用“自下而上”的分配方法。目前，欧盟采用“自上而下”的分配方法，对欧盟整体实施绝对排放量限额，这意味着可供分配的碳排放配额固定。进入第四阶段，年线性减少系数从第三阶段的1.74%增加0.46个百分点，达到2.20%</td><td>“自下而上”地进行总量控制。根据重点排放单位2019~2020年的实际产出量以及政策规定的配额分配方法和碳排放基准值，核定各重点排放单位的配额数量，这些配额数量加总形成全国碳市场的配额总量</td></tr>
</table>

（续）

项目		EU ETS	中国的全国碳市场
配额分配及供给	市场调节机制	市场稳定储备（MSR）机制、配额折量延迟拍卖（back-loading）	可以采取公开市场操作、调节国家核证自愿减排量（CCER）使用等措施，进行必要的市场调节
跨期存储		允许	允许
配额预借		不允许	—
衍生品		期货、远期、期权、掉期	无
碳价		60欧元/吨（合430元/吨）	50元/吨

资料来源：国家能源集团技术经济研究院。

1. 配额总量：遵循“适度从紧、循序渐进”的原则

根据欧盟碳市场的经验可以看出，这种“自下而上”的总量控制方法，将很有可能导致配额总量宽松。在市场稳定运行后，中国将遵循“适度从紧、循序渐进”的原则，逐步收紧，减少碳配额的供应。同时，中国将在“双碳”目标的指引下，从目前的基于强度减排的配额总量设定方式，向基于总量减排的配额总量设定方式过渡。

2. 配额分配：将从免费逐渐过渡到有偿

EU ETS配额分配方式前期以免费发放为主，随后拍卖比例逐步增大。全国碳市场目前处于起步阶段，全部配额采用免费发放的方式，这样做是符合碳市场发展规律的，但是长久这样做容易造成碳配额价格发现机制缺失。全国碳市场逐步成熟后，将向有偿分配发展，引入拍卖等有偿分配方式。

3. 覆盖范围：将逐步扩大

全国碳市场从发电行业碳配额交易起步，未来将逐步扩大覆盖范围。目前来看，钢铁、水泥等行业可能将于2022～2023年被纳入全国碳市

场，未来化工、有色、造纸、民航、建材等高能耗行业也将逐渐被纳入全国碳市场。预计完成八大行业覆盖之后，全国碳市场的配额总量将从2021年的40亿吨提高到70亿吨。

4. 交易主体：将逐步扩充

尽管中国拥有全球覆盖规模最大的碳市场，但呈现明显的新兴市场特征，即交易主体类型少、数量小，市场流动性较弱。这需要碳市场积极引入不同类型的投资机构入市交易，逐步打破上述发展瓶颈。未来，符合条件的金融机构将被允许参与市场，以提升碳市场的流动性。

预期全国碳市场的市场主体会更加多元化，在2022～2023年将优先纳入机构投资者，之后逐步纳入个人投资者。

5. 金融属性：将逐步引入

在中国碳市场体系建设初期，立足一级市场和二级市场现货交易健全体系和规则是重点；随着交易市场的逐步成熟，中国碳市场将逐步推进二级市场金融衍生市场的发展，充分发挥碳市场在价格发现、资产配置、风险管理、引导资金融通等方面的资源配置功能。

EU ETS在2005年运行伊始，同时开展了期货、远期、期权、掉期等交易，其中，碳期货交易尤为活跃。相比之下，中国虽然部分试点试行了配额回购融资、碳资产质押、碳债券、碳掉期、碳远期等产品，但产品数量不多，金额也不大，碳市场的金融属性尚未得到充分开发。

在全国碳市场成熟完善后，中国也将把碳期货、期权、远期等金融衍生品引入碳市场。目前，广州期货交易所已在筹备碳期货品种。由于广州期货交易所成立时间比较短，团队还在建设当中，目前其对碳期货的研究还处于早期阶段。不过，由于期货需建立在现货基础上，广州期货交易所已经与上海环境能源交易所密切对接和互动。预计广州期货交易所对碳期货的研究，还需要等到全国碳市场正式运行一段时间后才会有更多成果。

6. 调节机制：确保碳价在合理区间

全国碳市场是基于市场机制的减排政策工具，碳价过低或者过高都不能实现成本效益最优的减排。因此，中国碳市场也应该建立碳价调控机制，或借鉴欧盟的市场稳定储备（MSR）机制，防止碳价过低；或给拍卖价格设置起步价，通过价格储备机制防止碳价过高。

7. 并行机制：全国碳市场与碳税并行

2021年10月24日，新华社发布《中共中央、国务院关于完整准确全面贯彻新发展理念做好碳达峰碳中和工作的意见》，提出要落实环境保护、节能节水、新能源和清洁能源车船税收优惠，研究碳减排相关税收政策。未来，中国有望加速出台碳税相关政策，使之与全国碳市场协同助力“双碳”目标的实现。

专题讨论之二：
光热产业发展状况浅析

一 光热产业发展现状

（一）光热发电系统简介

太阳能光热发电是将比较集中的太阳光能通过传递介质转化为热能，再转化为电能的技术。该技术利用汇聚的太阳光加热液体或气体等介质，然后把这部分由液体或气体拥有的热量，通过汽轮机或燃气轮机转换为电能。其最具竞争力的优点是易于和储热系统结合在一起，通过储热系统，光热电站发电可以摆脱太阳光不稳定带来的影响，出力曲线更加平稳，更加符合电网需要。

一般光热发电系统可以分成四个部分：集热系统、热传输系统、蓄热和热交换系统、发电系统。集热系统，顾名思义就是聚集太阳光能，并将太阳光能转换为热能，简而言之就是利用太阳把集热工质“烤热”。热传输系统，是通过泵等设备将工质输送给蓄热系统或热交换系统。蓄热和热交换系统，相当于一个“大电池”和一座“烧火炉”。蓄热系统将送来的热量存储下来，热交换系统将工质（一般是水）“烧开”成蒸汽，以推动汽轮机旋转。发电系统则类似于常规火力发电系统，蒸汽驱动汽轮机，再带动发电机发电。因此，光热发电经历了三个能量转换过程，即光能——热能（存储或者发电）——机械能（汽轮机转动）——电能（见图6-1）。

目前国际上光热发电的主流形式为高温光热发电，这种形式根据集热方式的不同分为塔式、槽式、碟式等种类。塔式系统利用多台平面反射镜（称为定日镜），将太阳光反射到中心高塔顶部的接收器上，并转换成热能传给工质。槽式系统的聚光镜为槽型抛物面，一般成串使用，细长型的管状集热器被固定在聚光镜的焦点线上，工质在集热管内被加热。碟式光热发电是利用旋转抛物面聚光镜将太阳光聚集在集热器上，集热器内的工

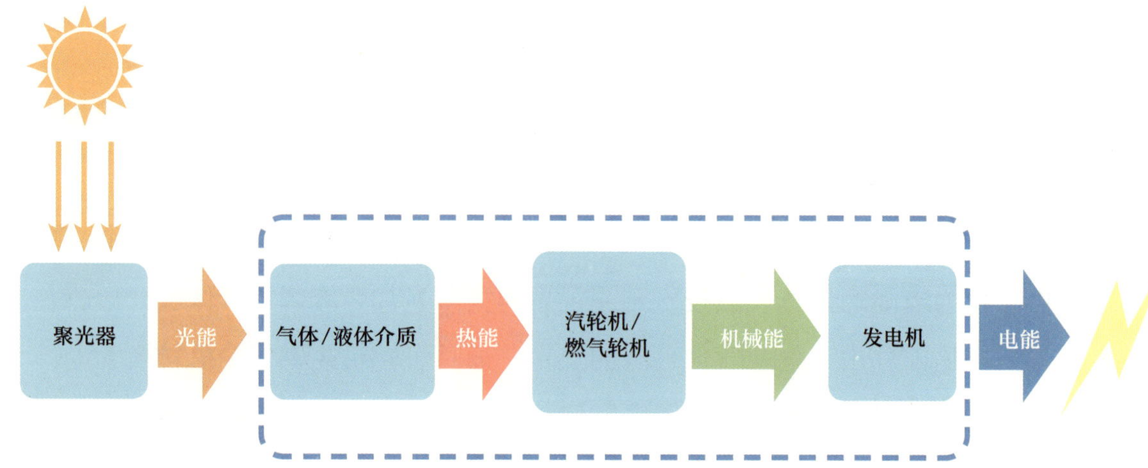

图6-1 光热发电原理

资料来源：国家能源集团技术经济研究院。

质被加热，从而驱动发电机发电，是目前发电效率最高的。

在已投运和在建光热电站中，槽式系统因技术成熟度高而占比高，但其进一步提升效率的空间已十分有限，成本下降只能通过大规模生产来实现。相比槽式系统，塔式、碟式系统具有更高的能量转换效率，其技术也逐渐获得认可，采用这两种技术的商用或大型实验电站已在近几年建成投产。在规划的光热项目中，塔式系统占比迅速攀升，其价格也逐渐接近槽式系统。随着塔式系统生产规模的扩大，其效率还有一定的提升空间，其发电成本的下降速度也明显快于槽式系统。预计未来光热发电系统的技术路线将以塔式为主。

（二）中国通过首批示范项目初步建立了光热发电产业链

中国光热发电处于示范阶段。2016年，中国安排了首批光热发电示范项目建设，共20个项目，134.9万千瓦装机，分布在北方5个省区，电价1.15元/千瓦时。同时，国家鼓励地方相关部门对光热企业采取税费减免、财政补贴、绿色信贷、土地优惠等措施，多措并举促进光热发电产业发展。截至2020年底，中国光热发电装机容量为45万千瓦，共10个项目。按照财政部、国家发展改革委、国家能源局发布的《关于促进非水可再生能源发电健康发展的若干意见》（财建4号文）要求，根据目前项目进展，预计有2～3个项目可在2021年底前并网，总建成项目数量可超过示范项目数量的一半。

光热发电全产业链初步健全。第一批已建成和预期建成的光热发电示范项目，采用了不同的集热、导热、储热技术，应用在不同省份和条件下，打通了集成技术路线，拉动了制造业的发展，基本达到了示范目的。中国光热发电产品制造产业链基本形成，光热发电站使用的设备、材料得到了很大发展，并具备了相当的产能。目前，中国已经建成各类技术方式的试验回路、小型示范项目、商业电站，使用的设备、材料80%以上来自国内生产制造，正在建设中的国家首批光热发电示范项目，使用和计划使用的设备、装备、材料，总体上国产化率达90%以上。国内光热制造企业制造的产品涵盖了太阳能聚光部件、吸热部件、传热储热及材料、汽轮发电机组、集成控制系统、辅助系统六大类，基本覆盖光热发电建设的全部产业链。

光热发电产业尚处于发展初期，成本依然较高。光热发电项目装机规模较小、数量有限，对设备和组件的有效需求不足。受限于市场容量，上游设备制造企业未形成规模化产能，聚光镜、集热管、追踪器等关键组件的生产成本居高不下。通过企业调研，当前新建光热发电项目成本为0.9～1.0元/千瓦时，远高于陆上风电和光伏发电。在新增项目补贴下放至地方的政策下，光热发电未来发展面临挑战。此外，整个产业链发展不够均衡，如熔盐泵、熔盐阀、旋转接头、光热发电高运行温度下的测试仪表等产品生产能力较弱，产能小，产品质量不高，部分还需要依靠进口。

二　光热和风电、光伏一体化发展的必要性

（一）当前光热发电发展面临多重困境

一是针对存量项目，包括首批示范项目以及为示范项目技术探路的先导项目的电价问题。根据财建4号文，2021年底前并网的光热发电示范项目被纳入国家补贴范围，即享受1.15元/千瓦时的电价，但是按照建设进度，2021年预计年底前还有将近一半的示范项目将无法并网。此外，还有两个为示范项目技术路线探路的先导项目，即首航光热在甘肃敦煌的1万千瓦塔式光热发电项目、兆阳光热在河北张家口的1.5万千瓦改良菲涅尔式光热发电项目，均在首批示范项目前期建设，目的是探索技术尤其是集成技术路径，但至今没有明确的电价政策。

二是对于新增项目，政策规定将光热发电电价补贴支持由中央转到地方，因此“十四五”时期可能是光热发电发展最为艰难的时期，三北地区的省份制定单独的电价补贴政策的可能性几乎为零。由于新建光热发电项目的成本仍远高于燃煤发电基准价，如果不采取有效措施，“十四五”时期光热发电市场规模将大大缩小，部分地方为首批项目之后的项目准备的大量前期工作也将被浪费。

三是如果政策不力，光热发电市场严重萎缩，制造业将遭遇“严冬”。光热发电在全球有一定的市场，尤其在中东、拉美、北非、南欧等地区。中国浙江中控凭借首批示范项目业绩，正在开发希腊的光热发电项目，并且这一项目被纳入国家“一带一路”项目范围内。可以说，首批示范项目为中国光热发电产业提供了支撑，而光热发电产业可以成为中国清洁能源技术和产业输出的又一名片，但如果政策断崖式调整，对产业将产生巨大冲击。

（二）光热技术的重要性和光热、光伏、风电一体化发展的必要性

高比例可再生能源给电力系统带来了巨大挑战。当前各国正在构建以新能源为主体的新型电力系统，以风电、光伏为主的新能源将成为新增电能供应的主体，但由于新能源发电固有的强随机性、波动性和间歇性，新能源装机的高歌猛进无法实现可调容量的有效增长，从而会造成系统有效容量的不足；同时与火电相比，风电、光伏发电缺旋转备用，所以大规模新能源接入电网后，电力系统的电力电量时空平衡难度将显著加大，提升新型电力系统“储”和“调”等灵活调节能力变得越来越重要。

光热发电在建设新型电力系统中具有独特作用，可与风电、光伏发电形成优势互补。支持光热发电，不能仅仅看其与风电、光伏发电、煤电相比是否具有经济性和市场竞争力。光热发电技术多样灵活，可低成本地配备储能设施，具有较强的电力输出调节能力，可单纯进行电力输出和热电联产，规模可大可小，也可与常规能源结合，比如与燃气发电和燃煤电厂结合，蒸汽主要由光热产生，高温段提升或临时不足部分由燃气或燃煤补充，从而实现对化石燃料的替代。在电力系统调节性方面，光热发电带储能且启停快的优势可与燃气发电相当。当风电、光伏发电较多的时候，光热以储热为主不发电或者少发电，待夜间或者风小的时候，将储存的热量通过汽轮机发电。因此，如果希望在风电和光伏发电渗透率较高的情况下，提高西部清洁能源基地中可再生能源电量占比，或提高特高压外送线路上的可再生能源电量占比，可以配备一定规模的光热发电，以充分体现多能互补下电力品质的效益，弥补风电、光伏发电不可控的不足。

光热发电有较大的技术进步潜力和成本下降潜力。虽然当前光热发电成本高，但在技术进步和规模效应推动下，还有较大的成本下降潜力。近年来，国际新投运的光热发电项目电价呈现逐步下降趋势。如图6-2所示，总体上，光热发电LCOE在2010～2020年下降了一半以上，2020年已

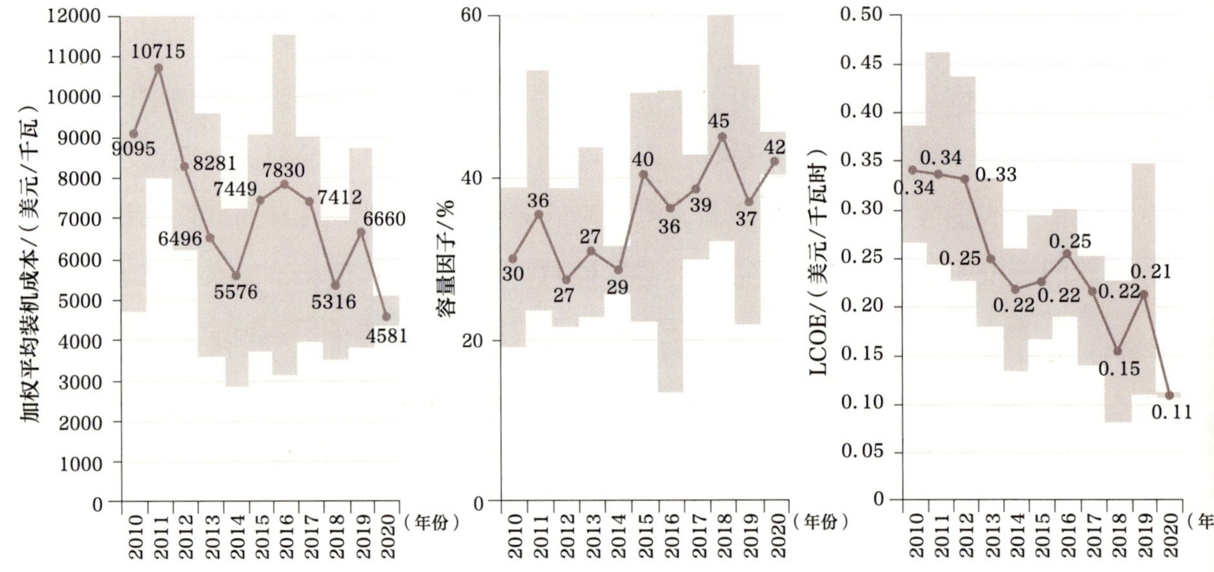

图6-2 2010～2020年全球光热发电加权平均装机成本、容量因子和LCOE变化态势

资料来源：国际可再生能源署（IRENA）《2020年可再生能源发电成本》。

降至10～20美分/千瓦时，虽然与风电、光伏发电相比成本高，但其可储热、出力可调节、响应速度堪比燃气发电，在国际上有一定的应用市场。工程、采购和建设成本下降是当前光热发电成本下降的主要因素，占总成本下降的一半左右；设备中定日镜成本下降大概占到总成本下降的1/4。另外由于塔式光热发电技术相比槽式光热发电技术发展时间短，当前塔式光热发电项目的成本相对槽式光热发电项目较高，后期成本下降的潜力较大。未来，如果保持一定的市场和产业规模（国内如保持数十万千瓦的年新增装机，即每年5个左右的新项目建设），中国光热发电的成本有望在“十四五”末期与目前燃气发电成本相当，国内电价将降至0.6～0.8元/千瓦时。考虑到光热发电具有与燃气发电相当的电力输出调节能力，结合电力市场建设，发挥其储能调节能力，可以逐步补贴退坡和去补贴，实现纯商业化发展。

三 光热和风电、光伏一体化建设的经济性分析

光热与风电、光伏结合，最大的优势在于可以通过储热的方式储能，并且储能的成本比锂电池储能低得多。结合当前地方实际项目配置情况，比如吉林白城项目和青海海西州的项目，我们对光热和风电、光伏一体化建设当前以及“十四五”末期的经济性进行测算。

对于风电、光伏、光热一体化建设，以白城项目为例，该项目要求建设40万千瓦风电和20万千瓦光伏，同时配套10万千瓦的光热。对于光热项目，在追求不同的度电成本和储能效果时，其配置差别很大。为了追求最低的度电成本，需要尽量增加发电小时数，因此需要加大集热面积，大幅增加投资。而当以为风电、光伏调节为主要目的时，可以选择将光热本身的发电小时数降到2000小时左右（相应的镜场投资可减少一半），并提高储能小时数，这样既能保证储能的效果，又能大幅降低投资成本。如表6-1所示，按照2021年的造价，光热发电按储能最优模式建设，当资本金内部收益率为8%时，项目整体的度电成本为0.294元/千瓦时；而若按照发电最优模式建设，虽然光热发电本身的度电成本更低，但是综合下来的度电成本高了约10%。由于该项目所在地要求的上网电价是约0.3元，因此按照储能最优模式建设，该项目具备经济性。展望“十四五”末期，风电、光伏和光热造价均将不同程度地下降，相同配置下的度电成本将降至0.253元/千瓦时，经济性得到进一步提升。

对于光伏、光热一体化建设，以青海项目为例，当地光资源更好，但是风资源较差，因此当地要求建设90万千瓦光伏，配套10万千瓦的光热。如表6-2所示，按照2021年的造价，光热发电按储能最优模式建设，项目整体的度电成本为0.311元/千瓦时，同样低于按照发电最优模式建设的成本。展望“十四五”末期，相同配置下的度电成本可降至0.257元/千瓦时，该配置下项目将具备较好的经济性。

表6-1 风电、光伏、光热互补项目经济性分析（白城案例）

		风电	光伏	光热-储能最优（8~12小时）	全部	光热-发电最优	全部
规模（万千瓦）		40	20	10	70	10	70
发电小时数（时）		3300	1500	1800	2520	3500	2860
2021年	单位造价（元/千瓦）	5500	3700	20000	7926	35000	10932
	度电成本（元/千瓦时）	0.180	0.270	1.170	0.294	0.990	0.338
2025年	单位造价（元/千瓦）	5000	3000	16000	6671	25000	8475
	度电成本（元/千瓦时）	0.163	0.227	0.960	0.253	0.770	0.281

注：储热系统成本150元/千瓦时，汽轮机效率43%。项目按资本金内部收益率8%、贷款利率4.6%、贷款比例80%、固定资产残值5%测算，下同。

资料来源：国家能源集团技术经济研究院。

表6-2 光伏、光热互补项目经济性分析（青海案例）

		光伏	光热-储能最优	全部	光热-发电最优	全部
规模（万千瓦）		90	10	100	10	100
发电小时数（时）		1800	2000	1820	4000	2020
2021年	单位造价（元/千瓦）	3700	20000	5330	35000	6830
	度电成本（元/千瓦时）	0.216	1.08	0.311	0.94	0.359
2025年	单位造价（元/千瓦）	3000	16000	4300	25000	5200
	度电成本（元/千瓦时）	0.183	0.86	0.257	0.68	0.281

资料来源：国家能源集团技术经济研究院。

采用上述类似的方法，计算光热比例不同时项目整体的度电成本（见图6-3）。可以看到，光热比例相同时，风电、光伏、光热互补项目的经济性整体优于光伏、光热互补项目。按照2021年市场化并网至少15%-4h储能配置的要求，若能做到不限电，在三北风光资源均较好的地区进行风电、光伏、光热市场化并网的项目，度电价格需求约为0.285元/千瓦时，这在内蒙古、吉林等部分地区已经具备平价条件；到2025年，随着投资成本下降，预计按15%的比例配建光热时的度电价格需求将降至0.250元/千瓦时。考虑到未来市场化并网对储能配置比例的要求会逐渐提高，假设2025年市场化并网对储能配置比例的要求提高到25%，则度电价格需求为0.287元/千瓦时，仍然具备平价条件。对于光伏、光热互补项目，由于2021年光伏组件价格较高，达到市场化并网要求时的度电价

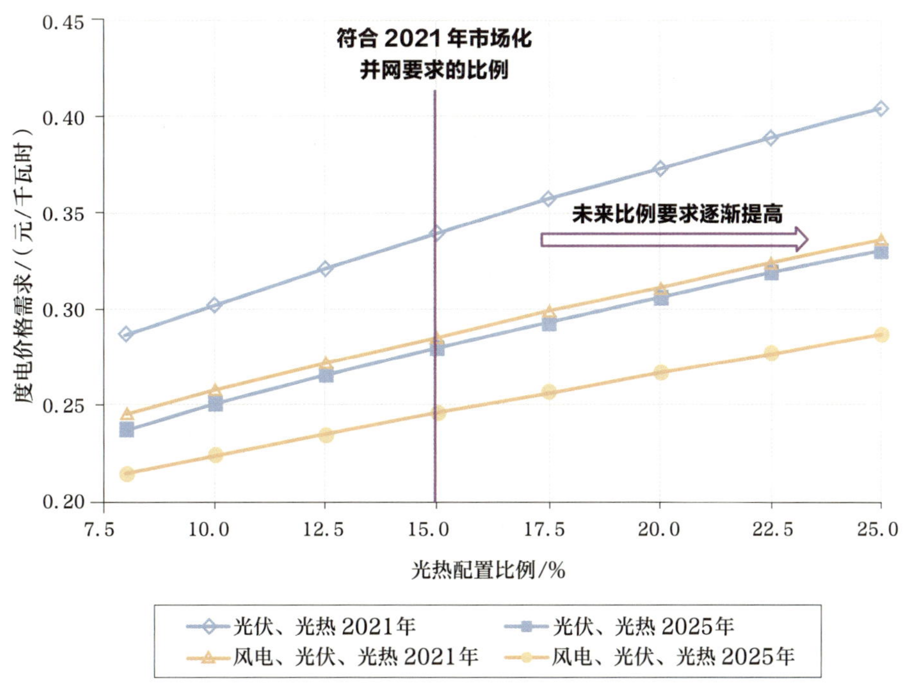

图6-3 2021年、2025年多能互补项目度电价格需求与光热配置比例关系

资料来源：国际可再生能源署（IRENA）《2020年可再生能源发电成本》。

格需求为0.340元/千瓦时，因此当前国内能够具备市场化并网条件的地区较少；到2025年，按照15%的比例配建光热时，度电价格需求将降至0.280元/千瓦时，部分区域将具备平价条件。提高光热比例后，度电价格需求将有所增加，光热20%和25%比例时的度电价格需求将分别提升至0.300元/千瓦时和0.330元/千瓦时。

专题讨论之三：
太阳能发电钙钛矿电池技术与经济性浅析

钙钛矿太阳能电池（Perovskite Solar Cells）技术是目前技术研发活动最为活跃、最有可能商业化的新型技术之一。其主要优点是光电转换效率提升速度快和制造成本低，但仍处于实验室研发和量产初期阶段，商业前景可观。本报告主要介绍这一技术的性能与优缺点、主要研究团队与研发企业，并探讨其生产成本与经济性问题，对未来前景做出判断。

一 性能与优缺点

钙钛矿电池技术是指使用具有钙钛复合氧化物晶体结构的化合物作为吸光半导体材料的一类太阳能电池技术。该技术具有理想的禁带宽度、极高的吸光系数、很低的电子空穴对结合能、均衡的载流子迁移率和较长的载流子寿命等化学和电学特征。

（一）转换效率分析

电池转换效率方面：目前，钙钛矿/硅叠层电池转换效率最高。2021年7月，美国国家可再生能源实验室发布了全球冠军太阳能电池实验室转换效率图，在三种主流钙钛矿电池类型中，钙钛矿/硅叠层电池最高转换效率达到了29.5%，单结钙钛矿电池达到25.5%（见表7-1）。

表7-1 钙钛矿电池最高转换效率和研究机构

单位：%

序号	研究机构	电池类型	最高转换效率
1	牛津光伏（Oxford PV）	钙钛矿/硅叠层电池，1.12cm^2	29.5
2	韩国蔚山国家科学与技术研究院（UNIST）	单结钙钛矿电池	25.5

（续）

序号	研究机构	电池类型	最高转换效率
3	德国海姆霍兹柏林材料所（HZB）	钙钛矿/铜铟镓硒叠层电池	24.2

资料来源：美国国家可再生能源实验室（NREL），2021.7。

组件转换效率方面：尚不及晶硅组件。2020年10月，“太阳能之父”马丁·格林教授联合多国科学家发布的太阳能电池效率纪录表（Solar cell efficiency tables）（第57版）显示，全球钙钛矿小组件实验室最高转换效率为18.6%，组件面积只有29.539cm^2；拥有实验室最高转换效率的钙钛矿大组件是由日本松下公司研发的，在804cm^{2}的面积上实现转换效率17.9%±0.5%。表7-2对比了实验室和商业化两个阶段钙钛矿与晶硅组件在面积和最高转换效率方面的区别，可以看出目前钙钛矿组件的效率相比晶硅组件还有较为明显的差距，组件面积也小得多。最重要的是，从商业性上讲只有大面积组件才有价值。

表7-2 钙钛矿与晶硅组件面积和最高转换效率对比

单位：cm^2，%

面积	研究阶段	研究机构	组件类型	面积	最高转换效率
小面积	实验室	美国北卡罗来纳州立大学（黄劲松课题组）	钙钛矿	29.539	18.6±0.2
大面积	实验室	日本松下公司	钙钛矿	804	17.9±0.5
		日本Kaneka公司	单晶硅	13177	24.4±0.5
		韩国Hanwha Q CELLS公司	多晶硅	14818	20.4±0.3

（续）

面积	研究阶段	研究机构	组件类型	面积	最高转换效率
大面积	商业化	中国隆基股份	单晶硅（Hi-MON）	25600	22.3

资料来源：太阳能电池效率纪录表（Solar cell efficiency tables）（第57版）。

（二）优缺点分析

业界普遍认为钙钛矿电池有其独特的优势。第一，光电转换效率提升速度快、潜力大。2009年，钙钛矿太阳能电池实验室转换效率为3.8%，如今实验室小面积器件转换效率最高达29.5%，转换效率提升速度惊人。而单结钙钛矿电池理论转换效率可达33%，双结钙钛矿电池理论转换效率可达40%以上，未来转换效率提升还有很大潜力。第二，制造成本低。钙钛矿材料来源丰富、原材料成本低，且钙钛矿材料配方可调，比例选择空间大，制备工艺相对简单。对比硅基太阳能电池必须使用99.9999%高纯硅，钙钛矿材料纯度要求90%以上即可，可以通过溶液涂布工艺生产，生产工艺流程温度不超过150℃，而晶硅材料的铸锭和拉晶都需要1500℃以上高温，生产能耗差距显著。因此，钙钛矿电池生产成本较晶硅电池显著降低。第三，大面积、轻质化、柔性化。钙钛矿材料吸光系数大，厚度仅需微米级就能实现对太阳光的有效利用，可采用轻薄、柔性基底，由此可以减轻太阳能电池重量，并应用在大面积柔性场景，这是晶硅电池难以媲美的。

然而，钙钛矿电池的劣势也不容忽视。首先，尺寸小。转换效率较高的钙钛矿电池的尺寸均为实验室级别，尚未达到商业化级别。随着电池尺寸的增加，目前很难产生薄且均匀的钙钛矿层，其光电转换效率会随之下降。其次，稳定性差，寿命较短。钙钛矿电池对潮湿环境敏感，暴露在潮湿空气中会很快分解，就连昼夜温差造成的水蒸气也可能对它造成伤害，因此对防水封装的要求严苛，此外也会受氧气、光辐照、紫外线等影响。目前，钙钛矿电池已经过1万小时的持续光照实验，按照全天平均日照时长4小时计算，钙钛矿电池的理论寿命为6.8年，考虑到实际日照时间和日常损耗，钙钛矿电池的正常寿命应短于6.8年，与晶硅电池的理论寿命25年有很大差距。

为了扭转钙钛矿电池的劣势，业界普遍采用添加元素或改进涂布工艺、与晶硅电池或者其他电池叠层等技术，提升钙钛矿电池转换效率和稳定性。

二　研究团队与研发企业

研究团队及企业层面：开始初步尝试商业化转变。目前进行钙钛矿电池研发的研究机构和团队众多（见表7-3），发布的论文和研究成果令

表7-3　全球钙钛矿电池领先研究团队

研究团队	效率和面积	技术特点
欧洲薄膜太阳能电池研究联盟（Solliance）	30.2%	钙钛矿/硅异质结，叠层
德国柏林科技大学	29.2%	钙钛矿/硅，叠层
德国海姆霍兹柏林材料所（HZB）	29.15%	钙钛矿/硅，叠层
韩国蔚山国家科学与技术研究院（UNIST）	25.5%	钙钛矿/硅，叠层
美国北卡罗来纳州立大学（黄劲松课题组）	25.5%，0.49cm^2	钙钛矿/硅，叠层
中国中科院半导体研究所游经碧团队	23.7%，0.10cm^2	新空穴传输材料
瑞士洛桑联邦理工学院（EPFL）	25.2%，0.49cm^2	钙钛矿/硅，叠层

（续）

研究团队	效率和面积	技术特点
美国加州大学洛杉矶分校（UCLA）杨阳课题组	22.43%，0.042cm^2	钙钛矿/铜铟镓硒，叠层
美国国家可再生能源实验室	19.6%	卷对卷大规模印刷-刮涂

注：研究成果均来源于相关论文及媒体报道，非国际权威机构认证。
资料来源：中国光伏行业协会。

人眼花缭乱，其中具有潜在商业化价值的部分研究团队值得关注（见表7-4），部分已获得政府或大企业的资金支持。

表7-4 全球钙钛矿电池研发领头机构/企业研发情况

机构/企业	效率和面积	研发情况
牛津光伏	29.52%，～1cm^2	作为种子选手，既是研发机构也是商业企业，主要投资者包括欧洲投资银行、牛津大学等，中国风机制造商金风科技也是其股东。2016年，收购了德国一家薄膜电池制造厂，后来又收到了德国政府的研究拨款和勃兰登堡州政府的出资，用于支持其工厂建设。研发重点是钙钛矿/硅叠层电池，并与德国著名异质结设备公司——梅耶博格公司展开合作，开发钙钛矿/硅异质结（HJT）叠层电池。目前，其生产的钙钛矿/硅叠层电池转换效率为29.5%，是世界纪录的保持者
纤纳光电	18.04%，19.28cm^2；14.3%，300cm^2	成立于2015年，创立初期就以钙钛矿为研究重点。2017年第1次打破国外钙钛矿电池纪录，2020年7月以转换效率18.04%第7次居钙钛矿小组件转换效率世界纪录榜首（Solar cell efficiency tables中）。2021年1月，由三峡资本领投，京能集团、衢州金控、三峡招银等资方跟投，完成了C轮融资，共计3.6亿元将用于百兆瓦级产线扩建、叠层产品升级等
协鑫纳米	15.3%，1241.16cm^2	已经打造了10MW钙钛矿电池中试产线，据悉正在昆山高新区建设一条100MW级别的大面积钙钛矿光伏组件量产产线，产品尺寸1米×2米。据称组件成本大幅低于晶硅组件，工作寿命将达到25年以上，2022年底或可建成

(续)

机构/企业	效率和面积	研发情况
日本松下	16.1%，800cm^2; 17.9%，900cm^2	是大组件转换效率的世界纪录保持者，用喷墨打印法生产
极电光能	20.5%，63.98cm^2	成立于2017年，是长城控股投资的一家从事钙钛矿电池的企业，推出无甲胺钙钛矿材料体系、“原位固膜”薄膜制备技术和先进的纳米晶导电墨水三大创新技术，发布了可实现大面积制备、高效率和高稳定性的钙钛矿光伏组件“极创”整体解决方案，计划在2023年初建设6GW钙钛矿电池产线

资料来源：中国光伏行业协会。

除了以上几家机构和企业，部分国内企业也采取过初步行动或表达过意向，进行前期技术布局（见表7-5）。

表7-5 国内钙钛矿电池研发企业及部署

企业	内容部署
国家电投集团黄河上游水电开发有限责任公司	2021年6月，联合西安电子科技大学微电子学院研发的钙钛矿/晶硅四端叠层电池转换效率达到28.08%，已经通过TÜV北德测试
晶科太阳能	作为晶硅龙头制造企业的晶科表示，在新加坡南洋理工大学的支持下，与澳大利亚Greatcell Solar（前身为 Dyesol）签署了非排他性的谅解备忘录，将获得Greatcell Solar开发的钙钛矿太阳能电池技术，并致力于实现30%的转换效率，目前已经完成高效叠层钙钛矿技术平台的建设
赛维	与苏州大学合作的小面积钙钛矿/晶硅叠层电池转换效率已经达到18%
其他	隆基股份、宁德时代、中来股份等都宣布过研发或布局钙钛矿电池的消息

资料来源：美国国家可再生能源实验室（NREL），2021.7。

国家层面：美国目前处于技术领先地位，投入大量资金用于研发钙钛矿电池。2020年5月，美国国家可再生能源实验室（NREL）联合华盛顿大学清洁能源测试台、北卡罗来纳大学教堂山分校和托莱多大学等，组成了美国先进钙钛矿制造（US-MAP）联合体，加速钙钛矿技术的商业化。2020年8月，美国能源部（DOE）宣布拨款2000万美元资金支持钙钛矿电池研发，主要集中在设备、大面积制造以及第三方验证方面。桑迪亚国家实验室（SNL）牵头的商业化技术中心研发的钙钛矿光电加速器获得了美国能源部1400万美元资金，以及美国其他几家研究机构和公司的投资。迄今，多项研究课题取得了优秀的研究成果。

三　生产成本与经济性

（一）生产成本：比晶硅电池低

目前，有三家公司公开宣布过其钙钛矿电池的生产成本。

纤纳光电：100MW生产线成本约为0.15美元/瓦；扩大至吉瓦级生产线后成本约为0.1美元/瓦。

协鑫纳米：吉瓦级生产线成本可低于0.1美元/瓦。

牛津光伏：生产成本0.4美元/瓦，钙钛矿/硅异质结（HJT）叠层电池。

目前，商业化的单晶硅组件垂直一体化厂商最优内部生产成本为0.21～0.22美元/瓦，相比钙钛矿电池高出不少。

（二）经济性：商业化后成本较低，但并无绝对优势

目前，尚无应用钙钛矿电池建成的商业化电站，精确地衡量其经济性存在一定困难。为了比较，这里假定钙钛矿组件已经商业化，通过与目前成熟的晶硅电池电站做对比，对其经济性做些探讨（见表7-6）。

考虑到钙钛矿电池转换效率低，因此要达到与单晶硅相同的输出功率，需要更多数量组件，按容配比1.27∶1，使用钙钛矿组件的数量是单晶硅组件数量的1.24倍，由此带来占地面积、支架等投资成本增加，这里假

表7-6 假设边界条件对比

类别	假设条件
项目情况	甘肃敦煌“光热储能+光伏”一体化综合能源示范项目中的600MW光伏工程
容配比	1.27∶1，交流侧装机容量600MW，直流侧装机容量约762MW
资金来源	资本金占总投资的20%，其余为银行贷款
组件选择	单晶硅组件选用隆基Hi-MO5产品，并且假设钙钛矿组件稳定性问题解决，也可用25年
售价	单晶硅组件1.76元/瓦，钙钛矿组件1.5元/瓦
转换效率	单晶硅组件21.3%，钙钛矿组件按可以实现商业化效率17%假设
输出功率	单晶硅组件540W，根据转换效率计算钙钛矿组件按458W假设
组件面积	225.6cm × 113.3cm=25560.48cm^2
组件块数和用地面积	单晶硅组件141.1111万块。使用钙钛矿组件166.3755万块，则建设用地将增加24%

资料来源：国家能源集团技术经济研究院。

设也增加24%，由此使用单晶硅组件和钙钛矿组件的工程概算情况见表7-7。

表7-7 使用单晶硅组件和钙钛矿组件的工程概算简要对比

单位：万元

		单晶硅组件			钙钛矿组件				
		设备费	安装费	合计	设备费变化比例（%）	安装费变化比例（%）	设备费	安装费	合计
一	设备及安装工程	173385	29280	202665	—	—	163069	36331	199400
1	光伏发电设备及安装	160647	7994	168641	—	—	147264	9919	157183

（续）

		单晶硅组件			钙钛矿组件				
		设备费	安装费	合计	设备费变化比例（%）	安装费变化比例（%）	设备费	安装费	合计
1	其中 光伏组件	134013	4132	138145	85	124	114216	5127	119343
	其中 支架用钢	26634	3862	30496	124	124	33048	4792	37840
2	汇流及变配电设备及安装	12738	374	13112	124	124	15805	464	16269
3	集电线路		18724	18724	124	124		23232	23232
4	接地		1492	1492	124	124		1851	1851
5	分系统调试		607	607	124	124		754	754
6	整套启动调试		89	89	124	124		111	111
二	建筑工程概算			24179				30002	30002
1	发电厂工程			21797	124			27046	27046
2	交通工程			2106	124			2613	2613
3	其他建筑工程			276	124			342	342
三	其他费用概算			8738				9004	9004
1	项目建设用地费用			1104	124			1370	1370
2	项目建设管理费			4682	100			4682	4682
3	生产准备费			252	100			252	252
4	勘察设计费			600	100			600	600

（续）

		单晶硅组件			钙钛矿组件				
		设备费	安装费	合计	设备费变化比例（%）	安装费变化比例（%）	设备费	安装费	合计
5	其他税费			2100	100			2100	2100
四	基本预备费			7067	100			7067	7067
一至四	工程静态投资			242649				245473	245473
五	建设期利息			2740	124			3397	3397
六	工程动态投资			245389				248870	248870
	不含外送单位静态投资（元/瓦）			3.18				3.22	
	不含外送单位动态投资（元/瓦）			3.22				3.27	

资料来源：国家能源集团技术经济研究院。

钙钛矿组件比单晶硅组件便宜，假设商业化售价为1.5元/瓦，则在第一项光伏发电设备及安装费中，单晶硅组件设备费134013万元（1.76元/瓦，直流端762MW），替换成钙钛矿组件的话，设备费只有114216万元，是单晶硅组件的85%，节省了很大一部分投资成本。为了实现相同的输出功率，使用钙钛矿组件需要更多的安装面积和块数（比单晶硅组件增加24%），由此带来支架用钢、汇流及变配电设备及安装、集电线路、接地、分系统调试、整套启动调试、建筑工程概算、建设用地费用（土地使用税）均增加24%。假设安装面积影响不到的费用保持不变。

综合概算结果，若该项目由使用单晶硅组件改为使用钙钛矿组件，不含外送单位静态投资为3.22元/瓦，不含外送单位动态投资为3.27元/瓦；而单晶硅组件仅分别为3.18元/瓦和3.22元/瓦。使用钙钛矿组件不含外送单位静态投资和不含外送单位动态投资的增幅分别达到1.26%和1.55%，成本有所增加。

近几年，组件成本在投资成本中的占比越来越小（2020年约为39%），节省组件费用对经济性的影响越来越弱。而非组件成本，特别是土地使用费用，在投资成本中的占比越来越大，所以钙钛矿组件仅凭成本低，并不存在太大优势，关键还是要提高转换效率和稳定性。

四 钙钛矿电池技术发展潜力浅析

（一）产业发展需要新技术不断突破

太阳能发电的主流技术——晶硅电池经过几十年的发展，在日臻成熟的同时也暴露出短板：单结单晶电池已经接近转换效率天花板；柔性、可定制性较弱；尤其是2021年，硅料价格上涨幅度已逼近行业发展最大承受能力，使得寻找晶硅的替代技术或补充技术路线成为业界关注的焦点问题之一。

进行能源转型是人类社会发展的必然要求。习近平总书记提出的“双碳”目标为各类新能源技术提供了更加广阔的发展前景，新型技术不断突破瓶颈既有动力又有土壤。

（二）钙钛矿技术面临的最大瓶颈

钙钛矿电池迫切需要解决的问题是：提升大尺寸组件的转换效率，并保持稳定性。此外，由于尚无公认的测试标准，一些测试结果可能存在误差。没有可靠的数据支持，投资商不敢贸然使用，大规模商业化的脚步缓慢。

（三）钙钛矿技术将有更广阔的应用场景

钙钛矿技术的应用场景较晶硅技术更为广泛，不仅可适用于大型电站，还将因其轻薄、柔性好和可定制的特性，广泛适用于光伏建筑一体化、消费电子产品、传感器、布料等多种场景。一旦研发突破了关键技术问题，钙钛矿及其叠层电池可能会打破晶硅产品一统天下的局面。

专题讨论之四：
中国CCUS技术的进展与未来

一 CCUS技术的特点和应用

（一）CCUS技术的特点

CCUS在技术成熟的前提下有可能实现近零排放，是全球气候解决方案的重要组成部分。CCUS在促进煤清洁利用方面具有重要作用，有可能对油气、燃煤发电、煤化工等行业起到明显的推进作用，对世界能源供给也具有战略意义。CCUS与其他二氧化碳减排技术的优缺点比较如表8-1所示。

表8-1 CCUS与其他二氧化碳减排技术的优缺点比较

	CCUS	能效技术	核电	太阳能发电	风电	水电	氢能
技术成熟度	相对不成熟	相对成熟	相对成熟	相对成熟	相对成熟	相对成熟	相对不成熟
成本	高	可提高化石燃料转换和使用效率，成本较高	基建投入大，总发电成本低	成本已与火电持平，局部地区低于火电，并持续下降	新建项目已实现平价上网，成本持续下降	基建投入大，发电成本低	高
安全性	可能因CO_2泄漏而存在安全隐患	安全可靠	核废料、反应堆放射性物质存在泄漏危险，潜在危害大	安全可靠（供给稳定性差）	安全可靠（供给稳定性差）	安全可靠，极端事件发生概率小	易爆炸
稳定性	高	高	高	相对低	相对低	较高	高
对生态环境的影响	大规模工程施工可能会对生态环境造成影响，CO_2泄漏的环境影响大	小	如发生泄漏，对环境影响巨大	较小	较小	大水电对流域生态环境的影响大；小水电生态影响相对较小	小

（续）

	CCUS	能效技术	核电	太阳能发电	风电	水电	氢能
优势	减排潜力大，促进煤的清洁利用，符合中国国情	不会对现有产业进行大规模改造，不额外增加环境负担，总体较经济	核燃料储量大，储存、运输方便，总体成本低、发电总成本稳定	太阳能资源丰富、清洁、可再生。基建周期短，装机规模灵活	风资源丰富、清洁、可再生，经济可开发资源上不封顶	水资源丰富、清洁、可再生，发电效率高，发电启动快	氢能源是目前最干净、可循环的能源。绿氢可提高可再生能源利用效率
问题	发电成本不稳定，捕集、封存、监测环境存在技术挑战，CO_2泄漏带来安全隐患	效率提高越来越难，取决于技术突破，存在温室效应	核废料处理要求高，存在泄漏风险，投资成本大，放射性物质安全隐患大	能源利用率低，占地面积大。供给不可控（需要配置大规模储能）	风电不稳定、供给不可控（需要配置大规模储能），占地面积大，受环境制约	受季节和天气影响，供给不稳定，建设阶段蓄水淹没大量土地、居民搬迁成本高，社会影响大	运输成本高，不易储存，液化工艺较复杂，易爆炸

资料来源：国家能源集团技术经济研究院。

（二）CCUS技术的应用

（1）CCUS上游的碳捕集方面，除了工业过程分离外，目前主要有三种捕集方式：①燃烧后捕集，从燃烧生成的烟气中分离CO_2；②燃烧前捕集，如IGCC（整体煤气化联合循环发电）工艺；③富氧燃烧，通过燃烧前开展空分（脱除氮气），降低或避免后续专门的CO_2捕集过程。其中燃烧前捕集技术只能用于新建发电厂，燃烧后捕集和富氧燃烧技术则可同时应用于新建发电厂和既有发电厂、化工厂等。从技术上来讲，物理和化学吸收法比较成熟，其他技术如变压吸附法（PSA）、膜分离等CO_2捕集技术及化学链燃烧技术还处于试验阶段。

（2）CCUS中游的碳输送，是指将捕集的CO_2运送到可利用场地或封存场地的过程。根据运输方式的不同，分为罐车运输、船舶运输和管道运输，其中罐车运输包括汽车运输和铁路运输两种方式。

（3）CCUS下游的技术应用主要是CO_2的应用，分为地质应用、化工应用和生物应用等。地质应用主要将CO_2注入地下，进而强化能源生产、促进资源开采。化工应用以化学转化为主要特征，将CO_2和共反应物转化为目标产物，从而实现CO_2的资源化利用。生物应用以生物转化为主要特征，通过植物光合作用等，将CO_2用于生物质的合成，从而实现CO_2资源化利用，主要是以微藻固定CO_2，再转换为生物燃料和化学品，如生物肥料、食品和饲料添加剂等。CCUS具体应用技术如表8-2所示。

表8-2 CCUS主要应用情况

	含义	主要形式
地质应用技术	指将CO_2注入地下，进而强化能源生产、促进资源开采，相对于传统工艺可减少CO_2排放	将CO_2注入油藏、煤层、天然气藏和页岩层，分别提高原油采收率、煤层气采收率、天然气采收率、页岩气采收率
化工应用技术	以化学转化为主要特征，将CO_2和共反应物转化为目标产物，从而实现CO_2的资源化利用	CO_2与CH_4重整制备合成气，CO_2经CO制备液体燃料，CO_2加氢合成甲醇，CO_2合成碳酸二甲酯等
生物应用技术	以生物转化为主要特征，通过植物光合作用等，将CO_2用于生物质的合成，从而实现CO_2资源化利用	以微藻固定CO_2，再转换为生物燃料和化学品，如生物肥料、食品和饲料添加剂等

资料来源：国家能源集团技术经济研究院。

二　中国CCUS发展现状与趋势

（一）中国CCUS发展现状

1. 中国CCUS项目发展现状

截至2021年底，中国已投运或建设中的CCUS示范项目约为40个，捕集能力300万吨/年，捕集方式、运输方式和封存/利用的类型多样化。其中捕集技术包括燃煤电厂的燃烧前捕集、燃烧后捕集和富氧燃烧捕集，煤化工燃烧前捕集以及水泥窑尾气燃烧后捕集等多种技术，如中国华能集团天津绿色煤电项目（燃烧前捕集）、国家能源集团天津北塘电厂CCUS项目（燃烧后捕集）、华中科技大学35兆瓦富氧燃烧项目（富氧燃烧捕集）、中石油吉林油田EOR研究示范项目（煤化工燃烧前捕集）、海螺集团芜湖白马山水泥厂5万吨CO_2捕集与纯化示范项目（水泥窑尾气燃烧后捕集）等。截至2021年底，中国已投运或建设中的万吨级CCUS示范项目如表8-3所示。

表8-3　中国已投运或建设中的万吨级CCUS示范项目

项目	捕集方式	运输方式	封存/利用	规模	备注
中国华能集团上海石洞口捕集示范项目	燃煤电厂 燃烧后捕集	罐车运输	工业利用与食品	12万吨/年	2009年投运 间歇式运营
中国华能集团天津绿色煤电项目	IGCC 燃烧前捕集	罐车运输	计划天津大港油田EOR	10万吨/年	2015年捕集装置完成，封存工程延迟
中石化胜利油田CO_2捕集和驱油示范项目	燃煤电厂 燃烧后捕集	罐车运输	胜利油田EOR	一阶段4万吨/年 二阶段100万吨/年	一阶段2010年投运

（续）

项目	捕集方式	运输方式	封存/利用	规模	备注
中石化齐鲁石油化工CCS项目	化工生产 工业分离	管道运输 距离75千米	胜利油田EOR	一阶段35万吨/年 二阶段50万吨/年	一阶段捕集单元2017年建成
中石化中原油田CO_2-EOR项目	化肥厂合成氨尾气化学吸收	罐车运输	中原油田EOR	10万吨/年	2015年建成捕集装置
延长石油陕北煤化工CO_2捕集与示范项目	煤化工 燃烧前捕集	罐车运输，计划建200～350千米管道	靖边油田EOR	5万吨/年	2013年建成，在运营
国家能源集团鄂尔多斯咸水层封存项目	煤化工 燃烧前捕集	罐车运输 距离13千米	咸水层封存	10万吨/年	2011年投运，2016年停止注入，监测中
中石油吉林油田EOR研究示范项目	煤化工 燃烧前捕集	管道运输 距离20千米	吉林油田EOR	一阶段25万吨/年 二阶段60万吨/年	一阶段2008年投运，二阶段在建中
中电投重庆双槐电厂碳捕集示范项目	燃煤电厂 燃烧后捕集	无	用于焊接保护电厂发电机氢冷置换等	1万吨/年	2010年投运，在运营
华中科技大学35兆瓦富氧燃烧项目	燃煤电厂 富氧燃烧捕集	罐车运输	市场销售 工业应用	10万吨/年	2014年建成，在运营
连云港清洁煤能源动力系统研究设施	IGCC 燃烧前捕集	管道运输	盐水层封存	3万吨/年	2011年投运，在运营
国家能源集团天津北塘电厂CCUS项目	燃煤电厂 燃烧后捕集	罐车运输	市场销售 食品应用	2万吨/年	2012年投运，在运营
新疆克拉玛依敦华石油-新疆油田CO_2-EOR项目	甲醇厂 燃烧前捕集	罐车运输 距离26千米	准噶尔盆地新疆油田EOR	10万吨/年	2015年投运，在运营
长庆油田CO_2-EOR项目	甲醇厂 燃烧前捕集	罐车运输	长庆油田EOR	5万吨/年	2017年投运，在运营
大庆油田CO_2-EOR示范项目	天然气处理 燃烧前捕集	罐车运输+管道运输	大庆油田EOR	20万吨/年	2003年投运，在运营

（续）

项目	捕集方式	运输方式	封存/利用	规模	备注
海螺集团芜湖白马山水泥厂5万吨CO_2捕集与纯化示范项目	水泥厂 燃烧后捕集	罐车运输	市场销售	5万吨/年	2018年投运，在运营
华润电力海丰碳捕集测试平台	燃煤电厂 燃烧后捕集	罐车运输	市场销售	2万吨/年	2019年投运，在运营
中石化华东油气田CCUS全流程示范项目	化工厂 燃烧前捕集	槽车槽船 100千米	华东油田EOR	10万吨/年	2005年投运，在运营
新疆准东CO_2-EWR野外先导性试验	化工厂 燃烧后捕集	罐车运输	试验中	—	2018年投运，在运营
国家能源集团国华锦界电厂15万吨/年燃烧后CO_2捕集与封存全流程示范项目	燃煤电厂 燃烧后捕集	—	—	15万吨/年	2019年投建
齐鲁石化-胜利油田CCUS项目	化工厂 燃烧前捕集	槽车运输 距离80千米	胜利油田EOR	100万吨/年	2021年7月投建
中石化齐鲁石化CCS项目	炼油厂 燃烧前捕集	管道运输 距离75千米	EOR	50万吨/年	项目暂停
中国大唐集团CO_2捕集和示范封存	电厂 富氧燃烧捕集	管道运输距离50～100千米	EOR或咸水层封存	100万吨/年	项目中止
延长集团EOR项目	煤化工 燃烧前捕集	管道运输 距离140+42千米	EOR	40万吨/年	计划2017年投运，项目滞后
山西国际能源集团CCUS项目	电厂 富氧燃烧捕集	管道运输	未明确	200万吨/年	项目滞后，可能取消
神华宁夏煤制油项目	煤制油 燃烧前捕集	管道运输距离200～250千米	未明确	200万吨/年	计划2020年投运，目前项目滞后
中国华能集团绿色煤电IGCC项目三期	电厂 燃烧前捕集	管道运输距离50～100千米	EOR或咸水层封存	200万吨/年	计划2020年投运，目前项目滞后

（续）

项目	捕集方式	运输方式	封存/利用	规模	备注
神华鄂尔多斯煤制油项目二期	煤制油 燃烧前捕集	管道运输距离200～250千米	咸水层封存	100万吨/年	计划2020年投运，目前项目滞后
华润电力碳捕集与封存集成示范项目	电厂、炼油厂燃烧后、燃烧前捕集	管道运输距离150千米	离岸EOR或咸水层封存	100万吨/年	计划2025年建成

资料来源：《中国二氧化碳捕集利用与封存（CCUS）年度报告（2021）》。

从已投运的CCUS项目来看，以石油、煤化工、电力行业小规模的捕集驱油示范为主，还没有开展大规模的多种技术组合的全流程工业化示范。但随着示范项目的不断完善，中国已具备大规模CCUS的工程能力。

2. 中国CCUS技术发展现状

中国在CCUS的各技术环节均开展了示范项目，近年来取得了显著进展，部分技术已经具备规模化或商业化应用潜力。

捕集技术：CO_2捕集技术种类繁多，且技术成熟程度差异较大。目前工业分离的物理吸收法已经处于商业应用阶段，燃烧后化学吸附法尚处于中试阶段，其他大部分捕集技术处于工业示范阶段。燃烧后捕集技术是目前中国最成熟的捕集技术，可用于大部分火电厂的脱碳改造。国华锦界电厂开展的15万吨/年碳捕集与封存示范项目已经完成捕集装置的调试，是目前中国规模最大的燃煤电厂燃烧后碳捕集示范项目，封存项目正在建设中。燃烧前捕集系统相对复杂，IGCC系统是典型的可进行燃烧前碳捕集的系统。中国的IGCC项目有中国华能集团天津IGCC项目以及连云港清洁煤能源动力系统研究设施。富氧燃烧技术是最具潜力的燃煤电厂大规模碳捕集技术之一，产生的CO_2浓度较高（90%～95%），更易于捕获。近年来，富氧燃烧技术发展迅速，可用于部分改造后的火电厂。

当前，第一代碳捕集技术（燃烧后、燃烧前、富氧燃烧捕集技术）在中国的发展渐趋成熟，主要瓶颈为成本和能耗偏高、缺乏广泛的大规模示范工程经验；第二代技术（如新型膜分离技术、新型吸收技术、新型吸附技术、增压富氧燃烧技术等）仍处于实验室研发或中试阶段，技术成熟后其能耗和成本会比成熟的第一代技术降低30%以上，预计在2035年前后有望大规模推广应用。

输送技术：在现有的CO_2输送技术中，罐车运输和船舶运输技术已达到商业应用阶段，主要应用于规模10万吨/年以下的CO_2输送。中国已有的CCUS示范项目规模较小，普遍采用罐车输送。华东油气田和丽水气田的部分CO_2通过船舶与液态管道运输。管道输送尚处于中试阶段，吉林油田和齐鲁石化采用路上管道输送CO_2。海底管道运输的成本比陆上管道高40%～70%，目前国内CO_2海底管道输送尚处于研究阶段，缺乏示范经验。

利用与封存技术：在CO_2地质利用及封存技术中，CO_2地浸采铀技术已经达到商业应用阶段，强化采油（EOR）已处于工业示范阶段，驱水技术（EWR）已完成先导性试验研究，提高煤层气采收率（ECBM）已完成中试阶段研究，矿化利用已经处于示范阶段，CO_2强化天然气、强化页岩气开采技术尚处于基础研究阶段。中国CO_2-EOR项目主要集中在东部、北部、西北部、西部地区的油田附近，以及近海地区。

在项目建设应用方面，国家能源集团的鄂尔多斯10万吨/年的CO_2咸水层封存已于2015年完成30万吨注入目标，之后停止注入。国家能源集团国华锦界电厂15万吨/年燃烧后CO_2捕集与封存全流程示范项目，拟将捕集的CO_2进行咸水层封存，目前尚在建设中。中石化（齐鲁石化-胜利油田CCUS项目）已启动建设，这是中国首个百万吨级CCUS（CO_2-EOR）项目，有望建设成为国内最大的CCUS全产业链示范基地。中国科学院过程工程研究所在四川达州开展了5万吨/年钢渣矿化工业验证项目。浙江大学等在河南强耐新材股份有限公司开展了CO_2深度矿化养护制建材关键技术万吨级工业试验项目。四川大学联合中石化等公司在低浓度尾气CO_2直接矿化磷石膏联产硫基复合肥技术研发方面取得良好进展。

中国CCUS技术类型和发展阶段情况见表8-4。

表8-4 中国CCUS技术类型和发展阶段情况

技术阶段	CCUS技术类型	发展阶段
捕集	燃烧前-物理吸收法	商业应用
	燃烧前-化学吸附法	工业示范
	燃烧前-变压吸附法	工业示范
	燃烧前-低温分馏法	工业示范
	燃烧后-化学吸收法	工业示范
	燃烧后-化学吸附法	中试阶段
	燃烧后-物理吸附法	工业示范
	燃烧后-膜分离法	中试阶段
	富氧燃烧-常压	工业示范
	富氧燃烧-增压	基础研究
	富氧燃烧-化学链	中试阶段
输送	罐车运输	商业应用
	船舶运输	商业应用
	管道运输	基础研究-中试阶段
生物利用 化工利用	重整制备合成气	工业示范
	制备液体燃料	基础研究

（续）

技术阶段	CCUS技术类型	发展阶段
生物利用 化工利用	合成甲醇	工业示范
	制备烯烃	中试阶段-工业示范
	光电催化转化	基础研究
	合成有机碳酸酯	工业示范
	合成可降解聚合物	工业示范-商业应用
	合成异氰酸酯/聚氨酯	工业示范-商业应用
	制备聚碳酸酯/聚酯材料	工业示范
	钢渣矿化利用	工业示范
	磷石膏矿化利用	工业示范-商业应用
	钾长石加工联合矿化	中试阶段
	混凝土养护利用	中试阶段
	微藻生物利用	中试阶段
	气肥利用	基础研究
	合成苹果酸	中试阶段-工业示范
地质利用 封存	强化石油开采	工业示范
	驱替煤层气	中试阶段-工业示范
	强化天然气开采	基础研究
	强化页岩气开采	基础研究
	置换水合物	基础研究-中试阶段
	地浸采矿	商业应用

（续）

技术阶段	CCUS技术类型	发展阶段
地质利用封存	采热利用	基础研究
	强化深部咸水开采与封存	中试阶段

资料来源：《中国二氧化碳捕集利用与封存（CCUS）年度报告（2021）》。

（二）中国CCUS技术发展趋势

CCUS技术的发展，离不开碳中和的背景。根据国内外的研究结果，生态环境部预测碳中和目标下中国各行业CCUS二氧化碳减排需求为：2030年0.2亿～4.08亿吨，2050年6亿～14.5亿吨，2060年10亿～18.2亿吨。各机构情景设置中主要考虑了中国实现1.5℃目标、2.0℃目标、可持续发展目标、碳达峰碳中和目标，各行业CO_2排放路径，CCUS技术发展以及CCUS可以使用或可能使用的情景。2025~2060年各行业CCUS二氧化碳减排需求潜力见表8-5。

表8-5 2025～2060年各行业CCUS二氧化碳减排需求潜力

单位：亿吨/年

年份	2025	2030	2035	2040	2050	2060
煤电	0.06	0.2	0.5～1.0	2～5	2～5	2～5
气电	0.01	0.05	0.2～1.0	0.2～1.0	0.2～1.0	0.2～1.0
钢铁	0.01	0.02～0.05	0.1～0.2	0.2～0.3	0.5～0.7	0.9～1.1
水泥	0.001～0.17	0.1～1.52	0.2～0.8	0.3～1.5	0.8～1.8	1.9～2.1
生物质能碳捕集和封存（BECCS）	0.005	0.01	0.18	0.8～1.0	2～5	3～6
直接空气碳捕集和封存（DACCS）	0	0	0.01	0.15	0.5～1.0	2～3
石化和化工	0.05	0.5	0.3	0	0	0

（续）

年份	2025	2030	2035	2040	2050	2060
全行业	0.09～0.30	0.20～4.08	1.19～8.50	3.70～13.00	6.00～14.50	10.00～18.20

资料来源：《中国二氧化碳捕集利用与封存（CCUS）年度报告（2021）》。

火电行业是当前中国CCUS示范的重点。在燃煤电厂加装CCUS可以捕获90%的碳排放量，使其变为一种相对低碳的发电技术，结合生物质能源（BE）或直接空气碳捕集（DAC）可以实现零碳排放。这有助于充分利用现有的煤电机组，在碳中和背景下适当保留煤电产能，避免一部分煤电资产提前退役而导致资源浪费。技术适用性标准和成本是影响现役煤电机组加装CCUS的主要因素。现阶段燃煤电厂改造需要考虑的技术适用性标准包括CCUS实施年份、机组容量、剩余服役年限、机组负荷率、捕集率设定、谷值/峰值等。

中国钢铁生产工艺以排放量较高的高炉-转炉法为主，电炉钢产量仅占中国钢铁产量的10%左右，而高炉-转炉法炼钢约89%的能源投入来自煤炭，导致中国吨钢碳排放量较高。CCUS技术可以应用于钢铁行业的许多方面，主要包括氢还原炼铁技术中氢气的产生以及炼钢过程。目前中国钢铁行业最主流的碳捕集技术是从焦化和高炉的尾气中进行燃烧后捕集。钢铁行业捕集的CO_2除了进行利用与封存以外，还可直接用于炼钢过程。这些技术已于首钢集团测试成功，并被推广到天津钢管集团和西宁特殊钢集团。充分应用这些技术能够减少总排放量的5%～10%。钢铁行业CO_2利用主要有四个发展方向：（1）用于搅拌，CO_2可代替氮气（N_2）或氩气（Ar），用于转炉的顶吹/底吹或用于钢包内的钢液混合；（2）作为反应物，在CO_2-O_2混合喷射炼钢中，减少氧气与铁水直接碰撞引起的挥发和氧化损失；（3）作为保护气，CO_2可部分替代N_2作为炼钢中的保护气，从而最大限度地减少钢的损失，以及降低成品钢中的氮含量和孔隙率；

（4）用于合成燃料，CO_2和甲烷（CH_4）的干燥重整反应能够生产合成气（主要成分是一氧化碳和氢气），然后将其用于直接还原铁（DRI）炼钢或生产其他化学品。

水泥行业的CO_2排放主要是石灰石分解产生的CO_2气体，约占水泥行业总排放量的60%，而CCUS是水泥行业脱碳的必要技术手段。

石化和化工行业是CO_2的主要利用领域，通过化学反应将CO_2转变成其他物质，然后进行资源再利用。由于化工行业有很多高浓度CO_2（高于70%）排放源（包括天然气加工厂，煤化工厂，氨/化肥生产厂，乙烯生产厂，甲醇、乙醇及二甲基乙醚生产厂等），相较于低浓度排放源，其捕集能耗低、投资成本与运行维护成本低，有显著优势。因此，石化与化工领域高浓度排放源可为前期CCUS示范提供低成本机会。CCUS示范项目优先采用高浓度排放源与EOR相结合的方式，通过CO_2-EOR产生收益。当市场油价处于高位时，CO_2-EOR收益不仅可以完全抵销CCUS成本，还可以为CCUS相关利益方创造额外经济利润，即以负成本实现CO_2减排。

（三）CCUS技术成本发展趋势

CCUS的成本主要包括经济成本和环境成本。经济成本包括固定成本和运行成本，环境成本包括环境风险和能耗排放。经济成本的首要构成是运行成本，指CCUS技术在实际操作的全流程中，各个环节所需要的成本投入。运行成本主要涉及捕集、运输、封存、利用这四个环节。

其中捕集是能耗和成本最高的环节。CO_2排放源可以划分为两类：一类是高浓度排放源（如煤化工厂、炼化厂、天然气净化厂等），另一类是低浓度排放源（如燃煤电厂、钢铁厂、水泥厂等）。高浓度排放源的捕集成本大大低于低浓度排放源。当前燃烧后捕集技术已进入工程示范阶段，主要应用于燃煤电厂。有关资料显示，中国华能集团所属工程CO_2捕集成本约为300元/吨，华润电力海丰碳捕集测试平台成本为500元/吨。仅华中科技大学在燃煤电厂开展了富氧燃烧捕集小试与中试，成本分别为900元/吨、780元/吨。

CO_2输送主要采用罐车运输，成本为0.9～1.4元/（吨·千米）。吉林油田采用管道输送，输送距离约为20千米，成本为0.8元/（吨·千米）。

中国唯一的咸水层封存项目——国家能源投资集团有限责任公司（神华）煤制油分公司深部咸水层CO_2地质封存示范工程，其CO_2气源来自煤制油，采用罐车运输，全流程成本为249元/吨。驱油封存技术的成本因技术水平、油藏条件、气源、源汇距离等不同而差异较大，全流程成本为120～800元/吨。

总体来看，中国CCUS成本受到技术路线、项目规模和环境、区域政策等因素的影响，导致示范项目的单位成本差异较大，在项目成本上并不具备太大的参考性。根据麦肯锡的估算，在经过初期的示范阶段之后，CCUS产能规模每翻一番，成本将有望下降10%～20%。中国CCUS的典型项目成本见表8-6。

表8-6 中国CCUS的典型项目成本

项目名称	CO_2来源类型	项目规模	单位成本
中国华能集团上海石洞口捕集示范项目	燃煤电厂 燃烧后捕集	12万吨/年	300元/吨
华润电力海丰碳捕集测试平台	燃煤电厂 燃烧后捕集	2万吨/年	500元/吨
华中科技大学35兆瓦富氧燃烧项目	燃煤电厂 富氧燃烧捕集	10万吨/年	780元/吨
华中科技大学示范项目	燃煤电厂 富氧燃烧捕集	0.8万吨/年	900元/吨
国家能源集团鄂尔多斯咸水层封存项目	煤制油 咸水层封存	10万吨/年	249元/吨

（续）

项目名称	CO_2来源类型	项目规模	单位成本
延长石油陕北煤化工CO_2捕集示范项目	煤制油 驱油封存	5万吨/年	120元/吨
中石油吉林油田EOR研究示范项目	天然气处理 驱油封存	一阶段25万吨/年 二阶段60万吨/年	166元/吨
中石化华东油气田CCUS全流程示范项目	化工厂 驱油封存	10万吨/年	200元/吨
中石化中原油田CO_2-EOR项目	化肥生产 驱油封存	10万吨/年	350元/吨
中石化胜利油田CO_2捕集和驱油示范项目	燃煤电厂 驱油封存	一阶段4万吨/年 二阶段100万吨/年	450元/吨
新疆克拉玛依敦华石油-新疆油田CO_2-EOR项目	甲醇生产 驱油封存	10万吨/年	800元/吨

资料来源：《中国二氧化碳捕集利用与封存（CCUS）年度报告（2021）》。

从表8-6可以看到，示范项目的捕集规模越大，单位成本越低。目前中国CCUS示范项目整体规模较小，导致整体成本较欧美已运行项目偏高。

根据生态环境部的预测，至2030年，CO_2捕集成本为90～390元/吨，2060年为20～130元/吨；管道运输是未来大规模示范项目CO_2的主要输送方式，预计2030年和2060年管道运输成本分别为0.7元/（吨·千米）和0.4元/（吨·千米）。2030年CO_2封存成本为40～50元/吨，2060年封存成本为20～25元/吨。2025～2060年CCUS各环节技术成本预测见表8-7。

表8-7　2025～2060年CCUS各环节技术成本预测

年份		2025	2030	2035	2040	2050	2060
捕集成本（元/吨）	燃烧前	100～180	90～130	70～80	50～70	30～50	20～40
	燃烧后	230～310	190～280	160～220	100～180	80～150	70～120

（续）

年份		2025	2030	2035	2040	2050	2060
捕集成本（元/吨）	富氧燃烧	300～480	160～390	130～320	110～230	90～150	80～130
运输成本[元/（吨·千米）]	罐车运输	0.9～1.4	0.8～1.3	0.7～1.2	0.6～1.1	0.5～1.1	0.5～1.0
	管道运输	0.8	0.7	0.6	0.5	0.45	0.4
封存成本（元/吨）		50～60	40～50	35～40	30～35	25～30	20～25

资料来源：《中国二氧化碳捕集利用与封存（CCUS）年度报告（2021）》。

（四）中国CCUS技术发展目标

CCUS作为一项有望实现化石能源大规模低碳利用的技术，是中国未来减少CO_2排放、保障能源安全和实现可持续发展的重要手段。随着示范项目范围的扩大，未来有望建成低成本、低能耗、安全可靠的CCUS技术体系和产业集群，为化石能源低碳利用提供技术选择，为应对气候变化提供有效的技术保障，为经济可持续发展提供技术支撑。根据中国21世纪议程管理中心的资料，中国在CCUS技术上的发展目标如表8-8所示。

表8-8 中国在CCUS技术上的发展目标

年份		2025	2030	2035	2040	2050
发展目标	技术要求	掌握现有技术的设计建造能力	掌握现有技术产业化能力，验证新型技术的可行性	掌握新型技术的产业化能力	掌握CCUS项目集群的产业化能力	实现CCUS的广泛部署
	CO_2利用封存量（万吨）	900	>2000	>7000	>20000	>80000
	产值（亿元/年）	200	>600	>1000	>1800	>3300
捕集	单体规模（万吨/年）	100	100～300	300～500	300～500	300～500

（续）

年份		2025	2030	2035	2040	2050
捕集	成本（元/吨CO_2）	100～310	90～280	70～220	50～180	30～150
输送	成本[元/（吨·千米）]	0.80	0.70	0.60	0.55	0.45
地质利用	CO_2利用量（万吨/年）	300	>700	>1500	>3000	>5500
	产值（亿元/年）	30	>60	>100	>200	>300
化工利用	CO_2利用量（万吨/年）	500	>1000	>2000	>4000	>6000
	产值（亿元/年）	90	>200	>450	>1000	>1500
生物利用	CO_2利用量（万吨/年）	40	>150	>200	>300	>900
	产值（亿元/年）	90	>300	>400	>600	>1500
地质封存	封存量（万吨/年）	100	>300	>3000	>15000	>70000
	成本（元/吨CO_2）	50～60	40～50	35～40	30～35	25～30

资料来源：《中国二氧化碳捕集利用与封存（CCUS）年度报告（2021）》。

三　中国CCUS相关政策及进展

目前，中国CCUS领域的支持政策主要包括2006年以来相关部门出台的一系列路线图与专项规划，具体如下。

2006年，国务院发布《国家中长期科学和技术发展规划纲要（2006—2020年）》，首次将“主要行业二氧化碳、甲烷等温室气体的排放控制与处置利用技术”列入环境领域优先主题，并在先进能源技术方向提出“开发高效、清洁和二氧化碳近零排放的化石能源开发利用技术”。

2007年，科技部、国家发改委等十四部门联合发布《中国应对气候变化科技专项行动》，将CCUS技术列为重点支持、集中攻关和示范的技术领域。

2011年，科技部发布《国家“十二五”科学和技术发展规划》；2012年，科技部等部门发布《“十二五”国家应对气候变化科技发展专项规划》，均提出要发展二氧化碳捕集利用与封存等技术。

2012年，科技部社会发展科技司和中国21世纪议程管理中心联合出版《中国碳捕集、利用与封存技术发展路线图研究》，首次初步明确了中国CCUS技术的定位、目标和研究重点，提出了各阶段应优先开展的研发与技术示范的建议，对明确当时形势下CCUS技术的发展重点和方向以及开启CCUS示范工作起到至关重要的作用。

2013年，科技部发布《“十二五”国家碳捕集利用与封存科技发展专项规划》，旨在全面推进中国CCUS技术的研发与示范，为中国CCUS示范项目的开展提供了技术支持。同年，国家发改委正式颁布推动CCUS试验示范项目的通知——《关于推动碳捕集、利用和封存试验示范的通知》，环保部发布《关于加强碳捕集、利用和封存试验示范项目环境保护工作的通知》等。

2016年，环保部针对CCUS项目存在的环境风险，出台了《二氧化碳捕集、利用与封存环境风险评估技术指南（试行）》，对中国CCUS项目的环境友好发展提出了明确要求，并给予了技术指导，提出了CCUS环境风险防范措施和环境风险事件的应急措施，加强了对二氧化碳捕集、运输、利用和封存全过程中可能出现的各类环境风险的管理。

2016年，国务院印发《“十三五”控制温室气体排放工作方案》，在“打造低碳产业体系”部分的“控制工业领域排放”部分，明确提出推进工业领域碳捕集、利用和封存试点示范，并做好环境风险评价。

2017年，科技部、环保部、国家气象局印发《“十三五”应对气候变化科技创新专项规划》，在具体目标中提出要突破大规模低成本CCUS关键技术，增强中国低碳产业的国际竞争力，并设置专栏提出要继续推进大规模低成本CCUS关键技术的研发与应用示范。

2019年，科技部社会发展科技司和中国21世纪议程管理中心出版《中国碳捕集利用与封存技术发展路线图（2019）》。该路线图是当前中国固碳技术发展的纲领性文件，在2011年版路线图评估结果的基础上，结合CCUS技术发展现状，重新评估了CCUS技术成熟度，确定了技术发展新目标，细化了相关指标并优化了评估方法，全面、客观、科学地评估和预测了中国CCUS技术发展路线和趋势。除此之外，2019年版路线图为中国固碳技术制定了具体目标，分别设置了CCUS关键技术环节至2025年、2030年、2035年、2040年和2050年的阶段性目标。

2020年，生态环境部联合多家单位发布《中国二氧化碳捕集利用与封存（CCUS）报告（2019）》，总结了中国CCUS领域的努力和实践，评估了发展状况和需求，规划布局了CCUS在中国未来的发展。

2021年7月，生态环境部环境规划院、中国科学院武汉岩土力学研究所、中国21世纪议程管理中心联合发布《中国二氧化碳捕集利用与封存（CCUS）年度报告（2021）——中国CCUS路径研究》，对在中国碳达峰、碳中和目标下CCUS的战略定位和发展路径进行了详细介绍，进一步明确了面向碳中和目标的CCUS发展路径，有助于进一步推动在中国开展大规模的CCUS示范与产业化集群建设，助推中国碳达峰、碳中和目标的实现。

2021年11月，国资委印发《关于推进中央企业高质量发展做好碳达峰碳中和工作的指导意见》，在“强化绿色低碳技术科技攻关和创新应用”部分，首次对中央企业提出明确要求，即要深入开展CCUS关键技术攻关，加强推动建设低成本、全流程、集成化、规模化的二氧化碳捕集、利用与封存示范项目（见表8-9）。

表8-9 中国CCUS领域的主要支持政策

时间	发文部门	文件/图书名称	重点内容
2006	国务院	《国家中长期科学和技术发展规划纲要（2006—2020年）》	首次将“主要行业二氧化碳、甲烷等温室气体的排放控制与处置利用技术”列入环境领域优先主题
2007	科技部等十四部门	《中国应对气候变化科技专项行动》	将CCUS技术列为重点支持、集中攻关和示范的技术领域
2011	科技部	《国家“十二五”科学和技术发展规划》	发展二氧化碳捕集利用与封存等技术
2012	科技部等	《“十二五”国家应对气候变化科技发展专项规划》	发展二氧化碳捕集利用与封存等技术
2012	科技部社会发展科技司和中国21世纪议程管理中心	《中国碳捕集、利用与封存技术发展路线图研究》	首次初步明确了中国CCUS技术的定位、目标和研究重点
2013	科技部	《“十二五”国家碳捕集利用与封存科技发展专项规划》	旨在全面推进中国CCUS技术的研发与示范
2013	国家发改委	《关于推动碳捕集、利用和封存试验示范的通知》	推动CCUS试验示范项目建设
2013	环保部	《关于加强碳捕集、利用和封存试验示范项目环境保护工作的通知》	推动CCUS试验示范项目建设
2016	环保部	《二氧化碳捕集、利用与封存环境风险评估技术指南（试行）》	对中国CCUS项目的环境友好发展提出了明确要求，并给予了技术指导
2016	国务院	《“十三五”控制温室气体排放工作方案》	明确提出推进工业领域碳捕集、利用和封存试点示范，并做好环境风险评价
2017	科技部、环保部、国家气象局	《“十三五”应对气候变化科技创新专项规划》	将突破大规模低成本CCUS关键技术研发与应用示范列为发展目标
2019	科技部社会发展科技司和中国21世纪议程管理中心	《中国碳捕集利用与封存技术发展路线图（2019）》	评估了CCUS技术成熟度，确定了技术发展新目标，细化了相关指标并优化了评估方法，全面、客观、科学地评估和预测了中国CCUS技术发展路线和趋势

（续）

时间	发文部门	文件/图书名称	重点内容
2020	生态环境部联合多家单位	《中国二氧化碳捕集利用与封存（CCUS）报告（2019）》	总结了中国CCUS领域的努力和实践，评估了发展状况和需求，规划布局了CCUS在中国未来的发展
2021	生态环境部环境规划院联合多家单位	《中国二氧化碳捕集利用与封存（CCUS）年度报告（2021）——中国CCUS路径研究》	对在中国碳达峰、碳中和目标下CCUS的战略定位和发展路径进行了详细介绍，进一步明确了面向碳中和目标的CCUS发展路径
2021	国资委	《关于推进中央企业高质量发展做好碳达峰碳中和工作的指导意见》	对中央企业提出明确要求，即要深入开展CCUS关键技术攻关，加强推动建设低成本、全流程、集成化、规模化的二氧化碳捕集、利用与封存示范项目

资料来源：国家能源集团技术经济研究院。

除国家部门外，近年来地方层面对CCUS的关注也在不断增加。截至2021年底，中国已有29个省级行政区发布了CCUS的相关政策。从近15年出台的系列政策和行业报告可以看出，CCUS在中国愈加得到重视。但也应看到，中国的CCUS相关政策主要集中在科研和创新层面，这有效推动了CCUS技术全面取得重大进步。但是国家层面迄今为止尚未颁布任何具体法律来鼓励CCUS项目的具体部署和建设，为此还需要研究出台相关法律和政策框架，采取市场激励措施，包括出台解决大型项目高运营成本问题的二氧化碳定价和补贴机制。

四　中国CCUS发展面临的挑战

目前，中国在提高能效和发展清洁能源方面的进展已经居于世界前列，但在CCUS技术上，总体还处于研发和示范的初级阶段。由于CCUS

的技术体系处于发展且不断完善的过程中，还存在技术、经济、环境和政策等方面的挑战和问题，要实现规模化发展还存在很多阻力和挑战。

（一）经济方面的挑战

发展CCUS面临的最大挑战是示范项目的成本相对过高。在现有技术条件下，安装碳捕集装置将产生额外的资本投入和运行维护成本等，以火电厂安装为例，将额外增加140~600元/吨的运行成本，直接导致发电成本大幅增加。例如，中国华能集团上海石洞口捕集示范项目运行时的发电成本从每千瓦时0.26元提高到0.50元。CCUS项目的重要贡献在于减少碳排放，但企业在投资巨额费用后，却无法实现减排收益，这严重影响了企业开展CCUS示范项目的积极性。除此之外，CO_2的输送以罐车为主，运输成本高，而CO_2管网建设初期投入高、风险大，这也影响着CCUS技术的规模化。

（二）技术方面的挑战

目前中国针对CCUS全流程各类技术路线都开展了研究，涉及范围广，但整体仍处于研发和示范阶段，而且项目规模普遍偏小。虽然新建项目数量增加、规模扩大，但还缺少全流程一体、更大规模的、可复制的、经济效益明显的集成示范项目。另外，受现有的CCUS技术水平的制约，规模化部署将使一次能耗增加10%～20%甚至更多，效率损失很大，这严重阻碍着CCUS技术的推广和应用。要迅速改变这种状况，需要更多的资金投入与技术进步。

（三）环境方面的挑战

CCUS捕集的是高浓度和高压下的液态CO_2，如果在运输、注入和封存过程中发生泄漏，将给事故附近带来安全、健康与环境风险。特别是

CCUS的地质复杂性带来环境影响和环境风险的不确定性，严重制约着政府和公众对CCUS的认知和接受程度。这需要针对CCUS项目在环境监测、风险防控的过程中考虑全流程、全阶段制定切实有效的方案。

（四）政策方面的挑战

目前，中国针对CCUS示范项目的全流程各个环节均有相关法律法规可供参考，但整体来看，中国对CCUS仅有有限的研发政策支持，还缺乏商业化所需的系统性政策、法律、标准、金融等支持，导致企业开展CCUS示范项目的积极性不高。从现有政策来看，中国对于发展CCUS持鼓励态度，以宏观的引导和鼓励为主，并没有针对CCUS发展的具体财税支持，在示范项目的选址、建设、运营和场地关闭及关闭后的环境风险评估、监控等方面均缺乏相关法律法规，对捕集、运输、利用和封存等过程的环境影响与环境风险缺乏必要的监管。

专题讨论之五：
2021年中国发电企业新能源发展回顾

中国电力行业经过数十年的发展，形成了两大电网、中电建、中能建、五大发电集团的格局。其中，五大发电集团是央企在发电行业的主力军，其业务涉及火电、水电、风电、光伏发电、核电等各种发电领域。在中国2020年提出碳达峰、碳中和目标之后，五大发电集团的清洁低碳转型之路将是中国能源系统清洁低碳发展的重要组成部分。

一 发展现状

（一）整体情况

五大发电集团发电结构的变化在很大程度上代表着中国电力结构的变化。“十三五”期间，五大发电集团的各类装机容量都实现了大幅增长，增幅最大的是国家能源集团，增幅最小的是中国大唐集团。截至2020年末，五大发电集团总装机容量达到95452万千瓦。其中，国家能源集团、中国华能集团、国家电投集团居前三位，总装机容量分别达到25713万千瓦、19644万千瓦和17629万千瓦（见图9-1）。

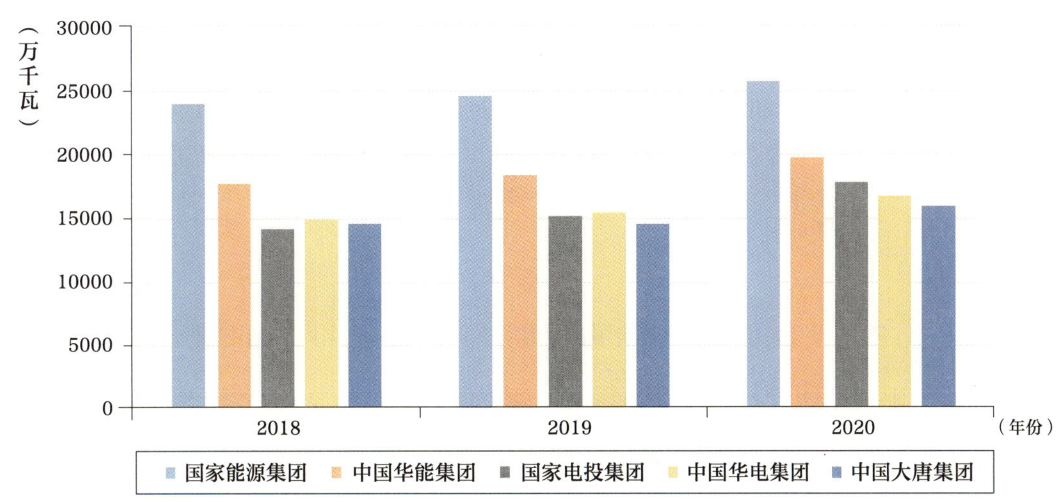

图9-1 2018～2020年五大发电集团总装机容量

资料来源：国家能源集团技术经济研究院。

(二)新能源装机容量大幅增长

在碳达峰、碳中和的大背景下，发展新能源是当前和未来的长期趋势。五大发电集团在新能源装机容量上也迎来突飞猛进的增长。“十三五”期间，五大发电集团新能源装机容量呈现几何式增长。其中，五大发电集团2020年新能源装机容量增长幅度最大。截至2020年末，五大发电集团新能源装机容量达19237万千瓦，比2019年末增长了约5000万千瓦（见图9-2）。

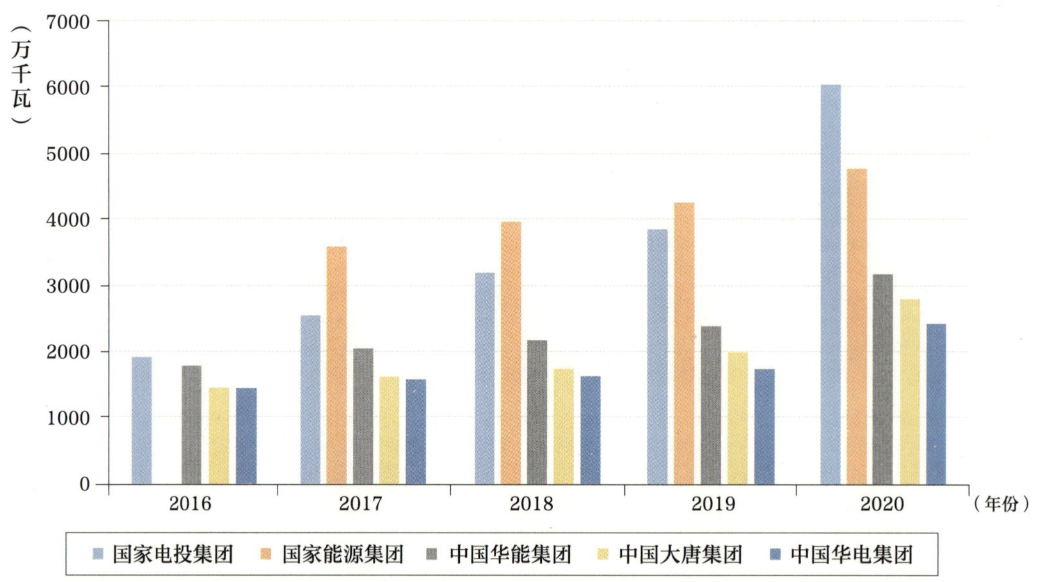

图9-2 2016~2020年五大发电集团新能源装机容量

资料来源：国家能源集团技术经济研究院。

自2015年成立以来，国家电投集团新能源装机容量持续攀升，仅2020年新能源装机容量比2019年增长超2000万千瓦。截至2020年底，国家电投集团的新能源装机容量已经遥遥领先于其他集团，装机规模超7500万千瓦，其中光伏发电装机规模超3800万千瓦，均位居世界第一。

作为全球最大的火电企业和煤炭企业，国家能源集团新能源装机容量仅次于国家电投集团。截至2020年底，国家能源集团新能源装机容量达到4772万千瓦，较2019年增长了520万千瓦。这也体现了国家能源集团在中国“双碳”目标提出的背景下进行清洁低碳转型的决心。

（三）水电发展均衡

2011～2020年，五大发电集团水电装机容量均实现大幅增长，整体翻番。其中，“十二五”期间增长较快，“十三五”期间增长速度逐渐放缓。截至2020年底，五大发电集团水电装机容量达到12464万千瓦。其中，中国华能集团、中国华电集团、中国大唐集团居前三位，水电装机容量分别达到2756万千瓦、2741万千瓦和2706万千瓦（见图9-3）。

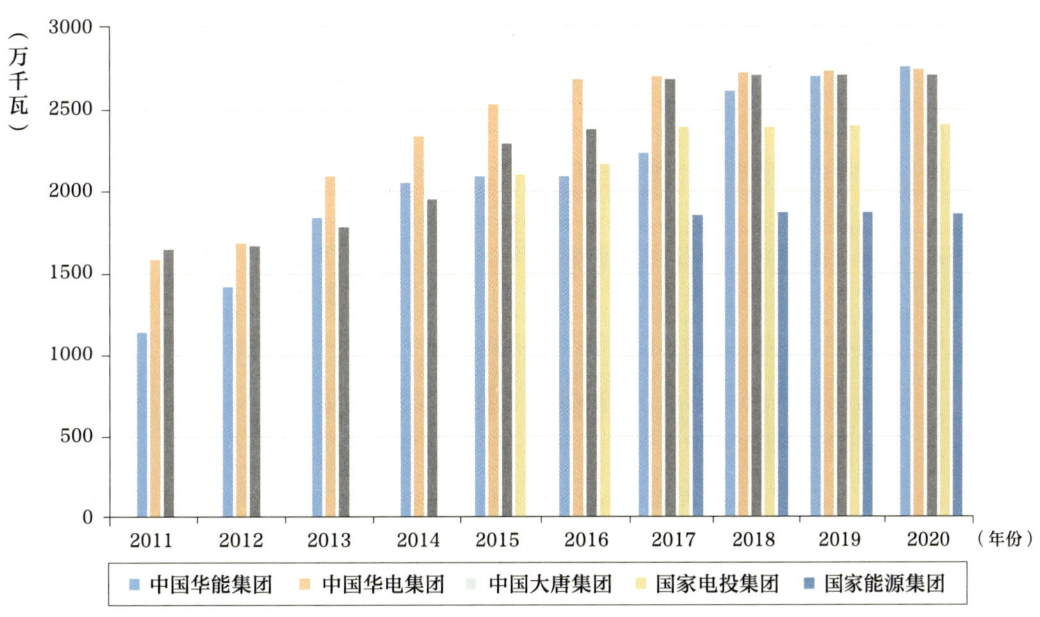

图9-3 “十二五”“十三五”期间五大发电集团水电装机容量

资料来源：国家能源集团技术经济研究院。

二　转型举措

（一）整体情况

1. 发展目标

五大发电集团都已公布“十四五”期间新能源的投资装机目标。“十四五”期间，五大发电集团新增新能源装机规模按规划总计将超过3亿千瓦（见表9-1）。

表9-1　五大发电集团“十四五”新能源发展目标

单位：万千瓦

发电集团	2025年目标	“十四五”期间预估新增新能源装机规模
国家能源集团	实现清洁可再生能源跨越式发展，新增装机7000万～8000万千瓦	7000～8000
中国华能集团	到2025年，发电装机达到3亿千瓦左右，新增新能源装机8000万千瓦以上，确保清洁能源装机占比50%以上，碳排放强度较“十三五”下降20%；到2035年，进入世界一流能源企业前列，发电装机突破5亿千瓦，清洁能源装机占比75%以上	8000以上
国家电投集团	计划2023年实现碳达峰；到2025年，电力装机达到2.2亿千瓦，清洁能源装机占比超过60%；到2035年，电力装机达到2.7亿千瓦，清洁能源装机占比超过75%	4000
中国大唐集团	力争实现到2025年非化石能源装机占比超50%的目标，提前5年实现碳达峰	3800
中国华电集团	“十四五”力争新增新能源装机7500千瓦，非化石能源装机占比力争达到50%，非碳（清洁能源）装机占比接近60%，努力于2025年实现碳达峰	7500

资料来源：国家能源集团技术经济研究院。

2021年11月底，国资委发布《关于推进中央企业高质量发展做好碳达峰碳中和工作的指导意见》，明确到2025年，中央企业产业结构和能源结构调整优化取得明显进展，重点行业能源利用效率大幅提升，新型电力系统加快构建，绿色低碳技术研发和推广应用取得积极进展；中央企业万元产值综合能耗比2020年下降15%，万元产值二氧化碳排放比2020年下降18%，可再生能源发电装机比重达到50%以上，战略性新兴产业营收比重不低于30%，为实现碳达峰奠定坚实基础。

与国家“十四五”规划内容相比，中央企业的降耗目标略高于全国水平，而减碳目标基本一致。五大发电集团全部为中央企业，均为《关于推进中央企业高质量发展做好碳达峰碳中和工作的指导意见》的指导对象。该意见出台之前，五大发电集团在社会责任报告中分别按照各自对绿色发展的理解及自身优势和特点，向外界公布了各类型电源占比情况。2020年，中国华能集团“低碳清洁能源比重”为36.61%，中国大唐集团“清洁能源比重”为38.16%，中国华电集团“清洁能源装机占比”为43%，国家电投集团“清洁能源装机占比”为56.09%，国家能源集团“非化石能源装机占比”为25.8%。

但各集团所指的“清洁能源”含义不同，如国家电投集团把核电包括在其中；中国华电集团把天然气发电包括在内；而中国华能集团、中国大唐集团的“清洁能源”与国家能源集团的“非化石能源”内涵基本相同，主要指水电、风电和光伏发电。该意见统一了统计标准，即“可再生能源发电装机比重达到50%以上”。按照《中华人民共和国可再生能源法》的定义，可再生能源是指风能、太阳能、水能、生物质能、地热能、海洋能等非化石能源。所以，核电和天然气发电未被纳入统计范围之内。

2. 各集团基本情况

（1）国家能源集团

截至2020年末，国家能源集团总发电装机容量遥遥领先，达2.571亿千瓦，较排名第二的中国华能集团高30.3%。同时，火电、风电累计装机容量与占比均排名第一，非水可再生能源累计发电装机容量排名第二。但是，可再生能源累计发电装机容量与占比明显落后，光伏发电装机容量仅为168.7万千瓦。

在能源转型的大目标下，国家能源集团正在以前所未有的力度转向新能源开发，尤其是光伏发电。2020～2025年，光伏发电装机容量将新增2500万～3000万千瓦，经济发达地区装机比重将加大，光伏发电装机规模将占电力总装机规模的7%～8%。“十四五”时期，将确保实现新增新能源装机7000万～8000万千瓦、新能源装机占比达到40%的目标，2025年将实现碳达峰，清洁能源装机占比50%以上。

国家能源集团还将加快“风光火储氢一体化”发展，建设若干个千万千瓦级综合能源基地，加大新能源和可再生能源开发建设力度，参与“一带一路”清洁能源开发，确保实现年均开工、投产“两个1500万+”的目标。

（2）国家电投集团

国家电投集团较早确定了清洁能源发展方向，非水可再生能源累计装机容量占比在五大发电集团中最高，尤其光伏发电、风电累计装机容量相当，这种情况在五大发电集团中仅此一家。2020年，国家电投集团新增发电设备、非水可再生能源装机容量均排名第一，其开标的风电项目也在五大发电集团中居榜首。在五大发电集团中，国家电投集团是首个清洁能源装机占比过半的企业。作为中国最大的清洁能源企业，国家电投集团把重点放在储能、氢能、分布式光伏平台等领域，拓展光储、光伏制氢等版图，打造独角兽企业。

根据规划，到2025年，国家电投集团电力装机达到2.2亿千瓦，清洁能源装机比重提升到60%；到2035年，电力装机达到2.7亿千瓦，清洁能源装机比重提升到75%。此外，国家电投集团将于2023年实现碳达峰，是首家公布碳达峰时间的央企。根据目前所开展的风电基地项目，国家电投集团“十四五”风电规划新增装机将不低于2000万千瓦。

（3）中国华能集团

中国华能集团风电累计装机容量与国家能源集团有明显差距，但公布了更为激进的“十四五”可再生能源装机规划。要完成到2025年清洁能源装机占比达50%以上，意味着中国华能集团未来的发电装机增量几乎要全部依靠清洁能源。

“十四五”期间，中国华能集团制定的战略目标为“加快建设世界一流现代化清洁能源企业”，并做出“两步走”战略安排，以全力实现“六个新领先”战略任务。“清洁”，就是在碳达峰、碳中和目标引领下，以“三型”（基地型、清洁型、互补型）、“三化”（集约化、数字化、标准化）能源基地开发为主要路径，全力打造新能源发电、核电、水电三大支撑，加快提升清洁能源比重，积极实施减煤、减碳。到2025年，中国华能集团将进入世界一流能源企业行列，发电装机达到3亿千瓦左右，新增新能源装机8000万千瓦以上，确保清洁能源装机占比50%以上，碳排放强度较“十三五”下降20%，初步估算新能源调整的投资力度在7000亿元人民币左右。到2035年，中国华能集团计划进入世界一流能源企业前列，发电装机突破5亿千瓦，清洁能源装机占比75%以上。

（4）中国华电集团

中国华电集团将实现碳达峰、碳中和作为公司重点任务之一，加快制定碳达峰行动方案，力争2025年非化石能源装机占比达到50%（清洁能源装机占比超过60%），努力实现碳达峰。“十四五”期间，中国华电集团将大力发展新能源，加快发展风电、光伏发电，加快创建世界一流能源企业。为加快清洁能源发展步伐，中国华电集团计划在未来5年内关闭超过300万千瓦的火力发电容量，力争在“十四五”期间新增新能源装机7500万千瓦。

截至2020年底，中国华电集团可再生能源（风光水）装机占比为31%，光伏发电装机占比只有3%，风电装机占比12%，水电装机占比

16%。因此为了在5年内实现17%的提升，中国华电集团还需新增约75GW新能源装机。

在中国华电集团目前的发电装机结构中，水电占比（16%）仅次于煤电，其风光等新能源装机容量并不高，位于五大发电集团之末。但从中长期看，受资源限制，国内水电发展空间并不大，且许多优质资源被掌握在水电龙头企业三峡集团手中。这意味着中国华电集团要想完成目标，必须重点发展新能源。2021年，中国华电集团做出一系列转型新动作，将重心放在了风电、光伏发电领域。

（5）中国大唐集团

中国大唐集团提出以"打造'绿色低碳、多能互补、高效协同、数字智慧'的世界一流能源供应商"为发展愿景，争取实现"两个转型"，即从传统电力企业向绿色低碳能源企业转型，到2025年非化石能源装机占比超过50%，提前5年实现"碳达峰"；从传统电力企业向国有资本投资公司转型，成为落实"四个革命、一个合作"能源安全新战略、实现"碳达峰""碳中和"目标的主力军。

中国大唐集团要完成2025年清洁能源装机占比达50%存在一定的压力，其"十四五"期间的电力新增装机几乎全部要依靠清洁能源，甚至煤电存量还需要淘汰一些。中国大唐集团在2021年的工作会上提出要开启"二次创业"新征程。

（二）战略举措

2020年，五大发电集团在新能源开发领域与传统风电大省（区、市）（如内蒙古、新疆、辽宁等）形成未来战略合作，以加强三北地区风电布局。同时，各家企业高层领导频频拜访、洽谈。下半年，云贵川地区成为焦点，尤其云南省在发布7.9GW的短期风电建设规划后成为各家投资企业的重点区域（见表9-2）。

表9-2 2020年五大发电集团重大公司动态概览

发电集团	时间	主要内容
国家能源集团	2020.5.29	国电电力与辽宁省东港市人民政府签署新能源合作开发框架协议，开发总装机容量230万千瓦的海上风电、陆上风电、光伏发电等新能源项目
	2020.8.20	龙源电力与内蒙古赤峰市宁城县人民政府签订200万千瓦的新能源开发协议，包括120万千瓦风电项目、80万千瓦光伏项目，配置20万千瓦容量的储能设备及1座智慧型新能源集控中心
	2020.9.4	龙源电力与陕西省吴堡县人民政府达成“风光储+设施农业”合作框架协议，拟开发100万千瓦新能源综合示范基地，其中风电规划容量30万千瓦，光伏发电规划容量70万千瓦
	2020.10.11	国家能源集团与巴彦淖尔市在呼和浩特市签订战略合作协议，将在中蒙跨境“风、光、火、储”千万千瓦级综合能源基地建设、能源国际合作、稳妥推进氢能产业等多领域开展合作
	2020.10.20	由国家能源集团和EDF合资的中国首个中外合资海上风电项目——国华东台50万千瓦海上风电项目落地揭牌仪式在南京举行
中国华能集团	2020.3.4	中国华能集团与吉林省人民政府通过视频连线签署战略合作框架协议，旨在加快大型平价风光互补新能源基地开发建设，构建具有较强竞争力的风光煤电输用一体化清洁能源集群，科学发展氢能产业
	2020.9.22	云南省人民政府与中国华能集团在昆明签署能源经济合作协议，加强绿色能源、绿色制造业、节能环保等领域的务实合作
	2020.10.12	内蒙古自治区人民政府与中国华能集团在呼和浩特签署战略合作协议，积极发展壮大风电、光伏发电、氢能等新能源产业和储能技术应用
	2020.11.17	总经理邓建玲在参加四川省与中央企业合作发展座谈会暨项目签约仪式时表示，“十四五”期间将新增投资1000亿元，其中加快开发甘孜州、阿坝州、凉山州、攀枝花市新能源基地项目
	2020.11.25	天津市人民政府与中国华能集团签署战略合作框架协议，“十四五”期间将加大氢能领域科技创新力度，积极拓展风电、光伏等新能源业务，设立新能源发展方向的股权投资基金，总规模超过200亿元
国家电投集团	2020.1.8	国家电投国核电力规划设计研究院有限公司与华电重工签订战略协议，以海上风电为切入点，建立全面战略合作伙伴关系
	2020.4.24	国家电投集团与陕西省延川县人民政府签订50亿元清洁智慧能源项目战略合作协议，拟通过5年时间建设100万千瓦光伏、风电及综合智慧能源、储能等清洁智慧项目

（续）

发电集团	时间	主要内容
国家电投集团	2020.6.11	国家电投集团与甘肃省金昌市在金昌市政府行政中心签订战略合作协议，在清洁能源、综合智慧能源、多能互补基地开发等方面开展深入合作
	2020.7.24	国家电投集团与海南省人民政府在琼签署战略合作协议，设立海南区域总部，开发清洁能源项目，发展智慧能源服务产业和能源生态产业
	2020.11.3	国家电投集团与江苏省无锡市地方企业签订了投资总额60亿元的7项战略合作协议，涵盖智慧城市、机场、换电重卡物流中心、氢能动力船舶等
	2020.11.6	国家电投集团与辽宁省铁岭市清河区签订“风光火储一体化”示范项目战略合作协议
	2020.11.17	总经理江毅参加四川省与中央企业合作发展座谈会暨项目签约仪式时表示，投资100亿元的国家电投区域总部项目将落地天府新区
	2020.12.11	国家电投集团与贵州省人民政府签署战略合作框架协议，“将全力把宏伟蓝图转变为美好现实，为贵州能源产业转型升级和高质量发展做出更大的贡献！”
中国华电集团	2020.11.17	中国华电集团与四川省人民政府签订战略合作协议，推进在川绿色清洁能源项目的开发建设，深化战略合作机制，促进企地协同发展
	2020.12.13	海南省与中国华电集团签订战略合作协议，设立总部型企业，开展清洁能源、科技环保以及国际业务，投资建设清洁能源和环保水务等基础设施
中国大唐集团	2020.11.17	中国大唐集团与四川省人民政府签订战略合作协议，将积极争取储备项目，加强与重点省属企业的深度合作，确保风电项目按期投产
	2020.12.19	中国大唐集团与广东省签署战略合作框架协议，未来5年将加大在广东的投资，加快发展分布式多能互补、智能微网、风光储能等新模式、新业态，大力发展海上风电、陆上风电及光伏产业

资料来源：国家能源集团技术经济研究院。

在对外合作方面，国家能源集团及国家电投集团均有涉及。2019年，两个集团分别与EDF（法国电力集团）及Equinor（挪威国家石油公司）签订项目合作备忘录。国家能源集团与EDF的合作项目已落地。国家电投集团与Equinor的合作项目也在推进中。

中国华能集团与各方企业、机构的合作最为积极，2020年与清华大学、西安交通大学、明阳智能、艾尔姆（中国）投资有限公司等学校、企业、供应链企业签订合作协议。

五大发电集团与各能源领域参与方的合作已形成初步趋势，除了加强风电产业链布局外，还积极推进能源互补及储能、氢能等未来智慧能源领域的战略规划。

进入2021年，各发电集团都把工作重心放到风光项目资源的开发与建设当中。各集团之间对于可再生发电资源的争夺持续白热化，争取对象已扩张至市级、县级甚至乡镇级政府，与各级地方政府不断签订合作开发协议。

此外，国家“十四五”规划中对于九大清洁能源基地和五大海上风电基地的布局区域也是各大发电企业的必争之地，包括河北、内蒙古、黑龙江、辽宁、吉林、甘肃、青海、新疆、四川、贵州、云南11个清洁能源基地涉及省（区），以及广东、福建、江苏、浙江、山东5个未来的海上风电发展大省（见表9-3）。

表9-3 2021年发电集团新能源动态

发电集团	时间	主要内容
中国华能集团	2021.1.5	与山西朔州市人民政府就加快推进晋北风光火储输一体化项目进行深入交流，将加快推进晋北风光火储输一体化项目建设，参与朔州“能源强市”“能源绿都”建设
	2021.1.19	中国华能集团与辽宁省营口市人民政府签署战略合作协议，围绕营口玉石抽水蓄能电站项目、“风光储氢”一体化大型综合能源基地、海上风力发电基地、氢能及零碳城市开发示范项目四方面内容开展合作
	2021.1.19	中国华能与青海省格尔木市人民政府签署战略合作框架协议，“十四五”期间双方将以格尔木为中心推进总装机规模1000万千瓦的大型综合能源基地建设
	2021.1.21	福建省漳州市人民政府与中国华能签署战略合作框架协议，计划在漳州投资1000亿元，引进海上风电装备制造龙头企业，建设漳州外海千万千瓦级海上风电能源基地和古雷开发区综合能源基地等

（续）

发电集团	时间	主要内容
中国华能集团	2021.2.3	启动新能源装机8000万千瓦绿色发展重点工程劳动竞赛，确保公司“十四五”新增新能源装机8000万千瓦以上，2025年清洁能源装机占比达到50%以上
	2021.2.20	华能碳中和研究所成立，开展碳中和战略方向、演进规律和科技创新，碳中和对国家能源体系、能源市场、供需关系等产生的影响，中国华能集团实现碳中和目标的路径和关键技术选择等方面的研究
	2021.2.24	与中环股份、TCL科技签署能源科技领域战略合作框架协议，聚焦新能源项目开发、科技创新、金融服务、海外业务拓展等重点领域，建立互惠互利、合作共赢的战略合作关系
	2021.3.12	与中国电建在集团总部签署战略合作框架协议，在水电、海上风电、“一带一路”绿色能源开发等领域合作上迈出更大步伐
	2021.3.31	中国华能集团清洁能源技术研究院与中国海装在北京签署战略合作协议，将在重大科技项目、“卡脖子”技术攻关、大基地开发设计等方面开展合作
	2021.3.31	中国华能集团江苏分公司与亨通集团签署战略合作协议，双方就共同推进“十四五”海上风电项目、打造漂浮式海上风电示范项目、开展陆上风电和光伏项目、开展新兴能源项目等内容进行多维度合作
	2021.4.4	华能新能源、中国能源建设集团西北电力建设工程有限公司、广东粤港澳合作促进会大湾区央企联盟、北票聚电科技发展有限公司与辽宁北票市洽谈并成功签约了5GW风光+农畜+储能新能源项目
	2021.4.12	华能西藏雅鲁藏布江水电开发投资有限公司与西藏当雄县人民政府举办清洁能源开发签约仪式，将建设当雄县境内清洁能源项目规划基地3个，总投资约114.4亿元
	2021.4.16	中国华能集团贵州分公司与贵州省荔波县签订400兆瓦光伏电站项目建设框架协议书，计划总投入30亿元
	2021.5.7	中国华能集团与大连皮杨中心产业区、大连嘉运电子科技有限公司签署项目合作开发战略协议。三方将共同打造风电+光伏+储能+海水制氢+智能养殖+清洁能源港口的5GW新能源综合基地，为当地提供优质的能源服务
	2021.5.11	中国华能集团与辽宁省人民政府签署战略合作框架协议。双方将聚焦能源安全、绿色转型和创新引领，加强战略规划合作，助力辽宁实现碳达峰、碳中和目标，推进辽宁经济社会高质量发展。中国华能集团“十四五”期间在辽宁省的清洁能源投资力争达到1000亿元

（续）

发电集团	时间	主要内容
中国华能集团	2021.5.14	中国华能集团、上海电气、山东能源等企业与山东蓬莱区牵手，共同签订新能源发展战略合作、海上风电法兰及轴承、储能电池研发制造基地等9个合作项目
	2021.6.10	中国华能海上风电产业技术创新联合体与福建省漳州市人民政府签订战略合作框架协议
	2021.6.17	中国华能集团河北分公司与河北省邯郸市磁县签署战略合作框架协议，携手推进清洁能源开发建设
	2021.8.17	华能新能源广东分公司与广东省大埔县人民政府签订大埔县陆上风电投资开发项目合作框架协议，共规划风电装机容量约50万千瓦，拟安装100台5兆瓦风力发电机组
	2021.11.7	与内蒙古自治区兴安盟行政公署签订战略合作协议，将在兴安盟投资300亿元，规划建设500万千瓦新能源基地项目
	2021.11.11	与河南省三门峡市签订全面战略合作框架协议，将在灵宝、渑池等地开发华能绿色能源产业基地，建设光伏、风电、抽水蓄能、零碳智慧示范产业园等重大项目
中国华电集团	2021.3.12	华电重工与上海博强重工集团有限公司、烟台中集来福士海洋工程有限公司举行“海上风电合作协议签约仪式”，致力于在海上风电业务领域展开全方位合作，共同开拓海上风电市场
	2021.3.30	华电福新成功发行2021年度第一期绿色中期票据（碳中和债），发行规模20亿元，募集资金将全部用于华电福新收购7家新能源发电公司股权
	2021.4.1	天津市人民政府与中国华电集团签署战略合作协议，“十四五”期间，中国华电集团计划在津能源投资200亿元，重点围绕风能、太阳能、天然气分布式能源、综合能源、储能等领域加快开展项目建设
	2021.4.20	广东省人民政府与中国华电集团签署战略合作框架协议，将重点推进粤海上风电、光伏发电及燃机热电联产项目，“十四五”期间预计中国华电集团在粤总投资超过1000亿元
	2021.5.21	中国华电集团与重庆市人民政府签署战略合作框架协议，将重点开发风光电新能源项目

（续）

发电集团	时间	主要内容
中国华电集团	2021.5.28	中国华电集团与江苏省人民政府达成战略合作框架协议。双方将聚焦新能源及清洁能源开发利用、综合能源服务、先进制造业发展等领域拓展合作新空间
	2021.6.10	中国华电集团福建分公司与福建省漳州市签订战略合作框架协议
	2021.6.15	与青海省人民政府签订战略合作协议。双方在源网荷储一体化、多能互补综合智慧能源、可再生能源制氢等方面深化合作
	2021.11.15	由国电南自、中国华电集团甘肃分公司、华电电力科学研究院与飞腾公司联合研制的“华电睿风”自主可控3MW级陆上风电主控系统成功投运
国家能源集团	2021.1.13	国家能源集团国电电力发展股份有限公司和禹水电开发公司与辽宁省桓仁县人民政府签订新能源项目合作开发协议书，规划开发171.11万千瓦新能源项目，其中光伏项目68.11万千瓦、风电项目103万千瓦
	2021.1.22	国家能源集团江西电力有限公司与江西九江市人民政府签订战略合作框架协议，将于“十四五”期间在九江地区投资180亿元用于发展清洁高效煤电、新能源和综合能源服务等项目
	2021.1.22	国能新能源产业投资基金合伙协议在北京签署，该基金整体规模为100.2亿元，主要投资方向为风电、光伏产业，以及氢能、储能、综合智慧能源等新兴产业的新技术项目
	2021.2.25	获准公开发行不超过500亿元的绿色债券，2021年度第一期绿色公司债券（专项用于碳中和）计划发行50亿元，票面利率为3.45%，为期3年
	2021.3.2	国能龙源（福建）新能源有限公司与莆田市秀屿区人民政府签订深海网箱养殖融合漂浮式海上风机示范项目框架协议，在南日岛海域建设漂浮式海上风机，同时风机浮体平台将作为养殖基地进行海上立体养殖，以电养鱼、以渔养电
	2021.4.29	国华能源投资有限公司与山东省港口集团有限公司签署战略合作协议，在山东海上风电项目开发、港区及周边风电光伏项目开发、打造“碳达峰、碳中和”示范性港口等方面开展全方位合作
	2021.6.1	与甘肃省人民政府签署战略合作协议。双方将在电力外送通道与综合能源基地建设、新型电力系统建设与示范、战略性新兴产业、生态环境保护等方面深化合作
	2021.6.3	国能大渡河流域水电开发有限公司与四川省阿坝州签署战略合作备忘录，双方达成共同打造大渡河上游国家级千万千瓦“水风光一体化综合能源试点基地”的共识

（续）

发电集团	时间	主要内容
国家能源集团	2021.8.5	国华能源投资有限公司与福建省莆田湄州湾北岸经济开发区签约合作，重点围绕可再生绿氢供应基地、整区光伏、风光氢一体化全产业链、综合智慧能源、零碳示范园区建设、绿色增量配售电业务等领域开展全面合作，先行开展氢能产业和新能源产业规划及项目实施
	2021.9.1	国家能源集团与中国海油集团签署战略合作协议，双方将在海上风电、可降解塑料、高端化工品、海外投资等方面不断拓宽合作领域
	2021.9.13	习近平总书记来到国家能源集团榆林化工有限公司考察，了解煤炭综合利用等情况。他强调，煤炭能源发展要转化升级，走绿色低碳发展的道路。这样既不会触碰到超出资源、能源、环境的极限，又有利于实现碳达峰、碳中和目标，适应建设人类命运共同体的要求，把我们的地球家园呵护好
	2021.11.5	国华能源投资有限公司与维斯塔斯签署新能源领域合作框架协议。双方将积极探索海上及陆上风电领域的项目合作，形式包括合作开发、共同建设等
国家电投集团	2020.1.5	旗下中国电力国际发展有限公司与辽宁省朝阳市签署3个清洁能源项目投资合作协议，所涉及项目总投资额超过72亿元
	2021.2.2	获准公开发行不超过300亿元的绿色债券，2021年度第一期绿色中期票据（碳中和债）计划发行6亿元，3月1日结果显示，实际发行金额5亿元，票面利率为3.45%，为期2年
	2021.2.5	与中国石油在京签署战略合作协议，在新能源及电能综合替代、能源产品互供、科技创新等重点领域，充分发挥各自在产业、技术、市场、资本等方面的优势，建立战略合作伙伴关系
	2021.2.8	与明阳智能签署面向“十四五”全面深化战略合作的协议，建立战略合作伙伴关系，深化多领域合作
	2021.2.26	在北京举办“绿动未来”媒体日暨2020年社会责任报告发布会，宣布“2023年实现国内碳达峰”，是第一家宣布“碳达峰”的中央企业，同时宣布正式进军“绿电交通”
	2021.4.20	国家电投集团与辽宁省朝阳市签署战略合作协议，打造新能源产业示范基地、国内一流氢能产业基地和国内一流绿电交通产业平台
	2021.4.21	山西省朔州市人民政府与国家电投、复旦大学和一道新能源组成国家电投朔州新能源基地产业联盟，共同签署山西新能源产业示范基地战略合作协议

（续）

发电集团	时间	主要内容
国家电投集团	2021.4.29	国家电投集团与江苏省张家港市签订战略合作协议，助力张家港市构建以新能源为主体的新型电力系统，实现绿色低碳高质量发展目标
	2021.5.6	国家电投集团与辽宁省人民政府签订战略合作框架协议，与鞍山市人民政府和鞍钢集团签署三方战略合作框架协议。“十四五”期间，国家电投集团将全面加大在辽投资力度，确定了包括清洁能源、综合智慧能源、核能以及传统能源产业升级改造在内的投资基本盘，计划投资额度达千亿元
	2021.5.19	国家电投集团与无锡签署“十四五”碳达峰、碳中和全面框架合作协议，将在无锡开展“智慧城市平台+智慧能源网络（融合低碳监控指挥中心）、低碳（零碳）示范区、风光储充、煤改燃气、换电重卡、乡村振兴、抽水蓄能、氢电船舶、重大专项、核技术应用”等一系列规划项目
	2021.6.3	国家电投集团与宁夏盐池县人民政府签署新能源产业一体化发展框架协议，开发风光发电及综合智慧能源等项目，规划总投资279亿元
	2021.9.2	国家电投集团与协合新能源签署山西繁峙乔家窑100MW风电项目的并购协议
	2021.9.16	国家电投旗下露天煤业集团拟与灵丘平安益财土地开发有限公司签订关于开发建设山西省大同市灵丘县100MW+300MW风光互补发电项目合资协议，共同开发建设大同市灵丘县100MW+300MW风光互补发电项目
	2021.9.27	国家电投集团黄河上游水电开发有限责任公司正式接管青海水电集团所属的六家新能源公司，将新增新能源装机39万千瓦，其中光伏26万千瓦、风电13万千瓦

资料来源：国家能源集团技术经济研究院。

附录：统计数据

一 全球能源消费数据

（一）历年全球能源消费量

1. 2011～2020年全球一次能源消费量（分类型）

单位：Exajoules

能源类型	2011	2012	2013	2014	2015	2016	2017	2018	2019	2020
全球	517.64	524.61	534.32	539.56	544.41	551.74	561.82	576.13	581.51	556.63
石油	174.19	176.64	178.54	179.65	183.63	186.87	189.50	191.33	191.89	173.73
天然气	116.49	119.54	121.49	122.40	125.22	128.11	131.53	138.16	140.54	137.62
煤炭	158.47	159.08	161.97	162.50	158.64	156.61	157.40	159.26	157.64	151.42
核能	24.75	22.91	22.95	23.28	23.46	23.66	23.74	24.13	24.93	23.98
水电	32.66	33.84	34.99	35.68	35.38	36.38	36.60	37.37	37.69	38.16
可再生能源	11.08	12.60	14.38	16.04	18.10	20.11	23.06	25.88	28.82	31.71
太阳能	0.61	0.94	1.28	1.81	2.33	2.97	4.01	5.16	6.31	7.60
风能	4.11	4.92	5.86	6.47	7.57	8.71	10.26	11.36	12.64	14.13
生物质能及其他	3.76	4.04	4.34	4.68	4.98	5.08	5.34	5.66	5.91	6.22

资料来源：英国石油公司（BP）*Statistical Review of World Energy 2021*（《BP世界能源统计年鉴2021》）。

2. 2011～2020年全球新能源消费量（分类型）

单位：Exajoules

能源类型	2011	2012	2013	2014	2015	2016	2017	2018	2019	2020
核能	24.75	22.91	22.95	23.28	23.46	23.66	23.74	24.13	24.93	23.98
水电	32.66	33.84	34.99	35.68	35.38	36.38	36.60	37.37	37.69	38.16

（续）

能源类型	2011	2012	2013	2014	2015	2016	2017	2018	2019	2020
可再生能源	11.08	12.60	14.38	16.04	18.10	20.11	23.06	25.88	28.82	31.71
太阳能	0.61	0.94	1.28	1.81	2.33	2.97	4.01	5.16	6.31	7.60
风能	4.11	4.92	5.86	6.47	7.57	8.71	10.26	11.36	12.64	14.13
生物质能及其他	3.76	4.04	4.34	4.68	4.98	5.08	5.34	5.66	5.91	6.22

资料来源：英国石油公司（BP）*Statistical Review of World Energy 2021*（《BP世界能源统计年鉴2021》）。

3. 2011～2020年全球及主要国家一次能源消费量

单位：Exajoules

国家/全球	2011	2012	2013	2014	2015	2016	2017	2018	2019	2020
全球	517.64	524.61	534.32	539.56	544.41	551.74	561.82	576.13	581.51	556.63
中国	112.54	117.05	121.38	124.82	126.53	128.63	132.80	137.58	142.03	145.46
美国	92.05	89.62	92.04	92.99	92.09	91.96	92.26	95.64	94.90	87.79
意大利	23.80	25.04	26.02	27.79	28.68	29.95	31.14	33.14	33.89	31.98
俄罗斯	28.92	28.98	28.65	28.72	28.23	28.82	29.00	30.11	29.90	28.31
日本	20.02	19.89	19.73	19.22	18.92	18.70	18.91	18.80	18.37	17.03
加拿大	13.78	13.81	14.14	14.19	14.26	14.11	14.24	14.44	14.45	13.63
德国	13.20	13.37	13.74	13.16	13.40	13.62	13.78	13.44	13.05	12.11
伊朗	9.11	9.21	9.55	9.98	9.93	10.40	10.79	11.42	11.97	12.03
巴西	11.46	11.67	12.10	12.38	12.20	11.89	12.04	12.12	12.42	12.01
韩国	11.33	11.44	11.47	11.57	11.75	12.03	12.27	12.43	12.25	11.79
沙特阿拉伯	9.18	9.74	9.78	10.49	10.82	10.96	10.93	10.65	10.68	10.56

资料来源：英国石油公司（BP）*Statistical Review of World Energy 2021*（《BP世界能源统计年鉴2021》）。

4. 2011～2020年全球及主要国家可再生能源消费量

单位：Exajoules

国家/全球	2011	2012	2013	2014	2015	2016	2017	2018	2019	2020
全球	11.08	12.60	14.38	16.04	18.10	20.11	23.06	25.88	28.82	31.71
中国	1.05	1.36	1.81	2.23	2.64	3.44	4.61	5.81	6.75	7.79
美国	3.03	3.27	3.70	3.98	4.19	4.74	5.17	5.44	5.71	6.15
德国	1.11	1.25	1.30	1.43	1.66	1.64	1.88	1.97	2.10	2.21
巴西	0.85	0.87	1.02	1.19	1.41	1.46	1.59	1.80	1.99	2.01
印度	0.44	0.50	0.56	0.63	0.65	0.79	0.95	1.18	1.33	1.43
英国	0.32	0.37	0.49	0.59	0.74	0.74	0.88	0.99	1.09	1.20
日本	0.30	0.33	0.39	0.49	0.64	0.67	0.80	0.90	1.01	1.13
西班牙	0.59	0.70	0.72	0.69	0.67	0.66	0.68	0.69	0.73	0.77
法国	0.28	0.34	0.37	0.41	0.46	0.47	0.52	0.56	0.63	0.68
意大利	0.40	0.53	0.60	0.61	0.63	0.65	0.67	0.64	0.65	0.67

资料来源：英国石油公司（BP）*Statistical Review of World Energy 2021*（《BP世界能源统计年鉴2021》）。

5. 2011～2020年全球及主要国家核能消费量

单位：Exajoules

国家/全球	2011	2012	2013	2014	2015	2016	2017	2018	2019	2020
全球	24.75	22.91	22.95	23.28	23.46	23.66	23.74	24.13	24.93	23.98
美国	7.76	7.51	7.66	7.69	7.64	7.68	7.63	7.60	7.60	7.39
中国	0.81	0.91	1.03	1.22	1.56	1.93	2.23	2.64	3.11	3.25
法国	4.13	3.94	3.91	4.00	3.98	3.65	3.59	3.69	3.56	3.14
俄罗斯	1.61	1.65	1.59	1.66	1.78	1.78	1.83	1.83	1.86	1.92
韩国	1.44	1.39	1.28	1.43	1.50	1.47	1.34	1.19	1.30	1.42

（续）

国家/全球	2011	2012	2013	2014	2015	2016	2017	2018	2019	2020
加拿大	0.87	0.87	0.95	0.98	0.92	0.91	0.91	0.90	0.90	0.87
乌克兰	0.84	0.84	0.77	0.81	0.80	0.73	0.77	0.76	0.74	0.68
德国	1.01	0.92	0.90	0.89	0.84	0.77	0.69	0.68	0.67	0.57
西班牙	0.54	0.57	0.52	0.53	0.52	0.53	0.52	0.50	0.52	0.52
瑞典	0.56	0.59	0.61	0.59	0.51	0.57	0.59	0.61	0.59	0.48
英国	0.64	0.65	0.65	0.58	0.64	0.65	0.63	0.58	0.50	0.45
印度	0.30	0.31	0.31	0.32	0.35	0.34	0.34	0.35	0.40	0.40
日本	1.52	0.17	0.13	—	0.04	0.16	0.26	0.44	0.59	0.38

资料来源：英国石油公司（BP）*Statistical Review of World Energy 2021*（《BP世界能源统计年鉴2021》）。

6. 2011～2020年全球及主要国家风能消费量

单位：Exajoules

国家/全球	2011	2012	2013	2014	2015	2016	2017	2018	2019	2020
全球	4.11	4.92	5.86	6.47	7.57	8.71	10.26	11.36	12.64	14.13
中国	0.69	0.96	1.27	1.46	1.69	2.18	2.74	3.27	3.61	4.14
美国	1.13	1.32	1.56	1.68	1.75	2.08	2.31	2.46	2.66	3.03
德国	0.47	0.48	0.49	0.54	0.73	0.72	0.95	0.98	1.12	1.16
英国	0.15	0.18	0.26	0.29	0.37	0.34	0.45	0.51	0.57	0.67
印度	0.22	0.25	0.28	0.31	0.30	0.39	0.47	0.54	0.56	0.54
巴西	0.03	0.05	0.06	0.11	0.20	0.30	0.38	0.43	0.50	0.51
西班牙	0.40	0.46	0.51	0.48	0.45	0.44	0.44	0.46	0.47	0.47
法国	0.11	0.14	0.15	0.16	0.19	0.19	0.22	0.26	0.31	0.36

（续）

国家/全球	2011	2012	2013	2014	2015	2016	2017	2018	2019	2020
加拿大	0.10	0.10	0.10	0.12	0.25	0.28	0.28	0.30	0.29	0.32
瑞典	0.06	0.07	0.09	0.10	0.15	0.14	0.16	0.15	0.18	0.25

资料来源：英国石油公司（BP）*Statistical Review of World Energy 2021*（《BP世界能源统计年鉴2021》）。

7. 2011～2020年全球及主要国家太阳能消费量

单位：Exajoules

国家/全球	2011	2012	2013	2014	2015	2016	2017	2018	2019	2020
全球	0.61	0.94	1.28	1.81	2.33	2.97	4.01	5.16	6.31	7.60
中国	0.02	0.03	0.08	0.22	0.36	0.60	1.06	1.58	2.00	2.32
美国	0.04	0.08	0.15	0.27	0.36	0.50	0.70	0.84	0.96	1.19
日本	0.05	0.07	0.12	0.22	0.31	0.39	0.49	0.56	0.64	0.74
印度	0.01	0.02	0.03	0.04	0.06	0.10	0.19	0.33	0.41	0.52
德国	0.18	0.24	0.29	0.33	0.35	0.34	0.35	0.41	0.41	0.45
意大利	0.10	0.17	0.20	0.20	0.21	0.20	0.22	0.20	0.21	0.23
澳大利亚	0.02	0.02	0.04	0.05	0.06	0.07	0.08	0.11	0.16	0.21
西班牙	0.08	0.11	0.12	0.13	0.13	0.12	0.13	0.11	0.13	0.18
韩国	0.01	0.01	0.01	0.02	0.04	0.05	0.06	0.08	0.12	0.15
法国	0.02	0.04	0.04	0.05	0.07	0.07	0.08	0.09	0.10	0.12

资料来源：英国石油公司（BP）*Statistical Review of World Energy 2021*（《BP世界能源统计年鉴2021》）。

8. 2011～2020年全球及主要国家生物质能及其他能源消费量

单位：Exajoules

国家/全球	2011	2012	2013	2014	2015	2016	2017	2018	2019	2020
全球	3.76	4.04	4.34	4.68	4.98	5.08	5.34	5.66	5.91	6.22
中国	0.26	0.28	0.34	0.42	0.49	0.56	0.72	0.84	1.00	1.20
美国	0.71	0.71	0.74	0.77	0.76	0.75	0.75	0.73	0.68	0.68
巴西	0.30	0.33	0.38	0.43	0.45	0.46	0.48	0.49	0.49	0.49
德国	0.34	0.40	0.42	0.44	0.46	0.46	0.46	0.46	0.45	0.45
英国	0.12	0.14	0.17	0.21	0.27	0.27	0.29	0.31	0.33	0.35
日本	0.20	0.21	0.21	0.22	0.26	0.21	0.25	0.27	0.29	0.31
印度	0.16	0.18	0.21	0.23	0.24	0.22	0.22	0.24	0.26	0.29
意大利	0.15	0.17	0.21	0.23	0.23	0.23	0.23	0.23	0.23	0.23
韩国	0.05	0.06	0.07	0.10	0.11	0.11	0.13	0.14	0.13	0.15
印度尼西亚	0.09	0.09	0.09	0.09	0.09	0.10	0.12	0.13	0.13	0.14

资料来源：英国石油公司（BP）*Statistical Review of World Energy 2021*（《BP世界能源统计年鉴2021》）。

（二）2020年全球能源消费情况

1. 2020年全球一次能源消费结构（分类型）

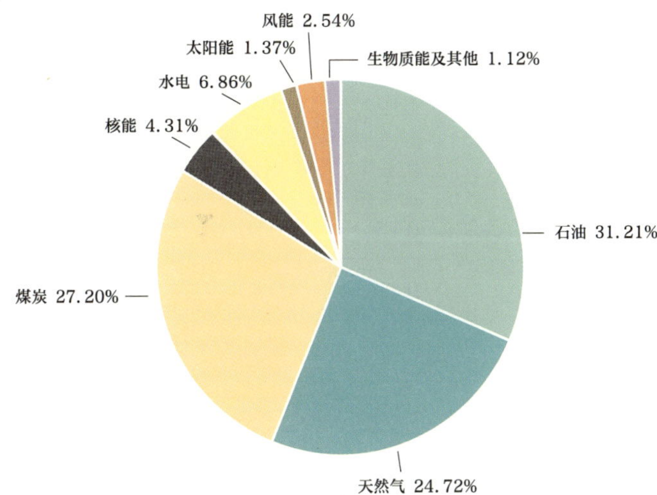

资料来源：英国石油公司（BP）*Statistical Review of World Energy 2021*（《BP世界能源统计年鉴2021》）。

2. 2020年全球新能源消费结构（分类型）

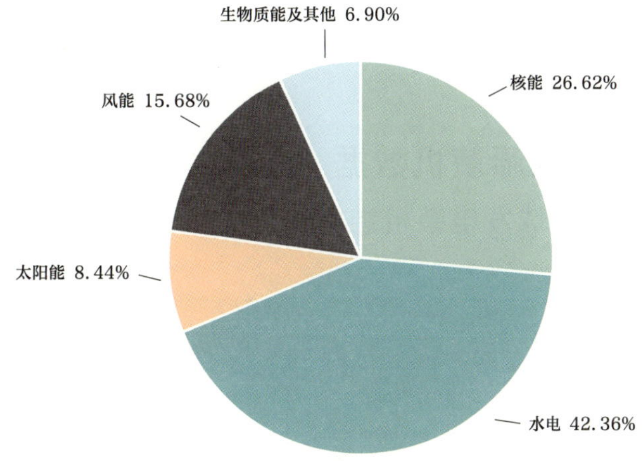

资料来源：英国石油公司（BP）*Statistical Review of World Energy 2021*（《BP世界能源统计年鉴2021》）。

3. 2020年全球及主要国家新能源消费量（分类型）

单位：Exajoules

国家/全球	核能	水电	太阳能	风能	生物质能及其他	可再生能源
全球	23.98	38.16	7.60	14.13	6.22	31.71
美国	7.39	2.56	1.19	3.03	0.68	7.79
中国	3.25	11.74	2.32	4.14	1.20	6.15
法国	3.14	0.54	0.12	0.36	0.09	0.68
德国	0.57	0.17	0.45	1.16	0.45	2.21
巴西	0.14	3.52	0.07	0.51	0.49	2.01
俄罗斯	1.92	1.89	0.02	0.01	—	0.04
印度	0.40	1.45	0.52	0.54	0.29	1.43
韩国	1.42	0.03	0.15	0.03	0.15	0.36
英国	0.45	0.06	0.11	0.67	0.35	1.20
加拿大	0.87	3.42	0.04	0.32	0.09	0.54

资料来源：英国石油公司（BP）*Statistical Review of World Energy 2021*（《BP世界能源统计年鉴2021》）。

二　全球能源装机数据

（一）历年全球能源装机数据

1. 2013～2020年全球发电装机结构（分类型）

单位：GW

装机类型	2013	2014	2015	2016	2017	2018	2019	2020
燃煤发电	1744	1806	1855	1929	1971	1987	1999	2024
燃气发电	1782	1834	1866	1895	1932	1983	2012	2048
燃气轮机	323	323	317	310	309	301	296	294

（续）

装机类型	2013	2014	2015	2016	2017	2018	2019	2020
燃油发电	327	333	332	335	339	332	325	319
核电	337.2	341.2	351.3	361.6	364.0	377.4	379.6	384.9
水电	987	1036	1074	1104	1129	1140	1161	1178
抽水蓄能	122	129	130	134	139	141	142	144
地热能	11	11	12	12	13	14	16	17
生物质能	91	96	102	106	114	120	126	131
陆上风电	312	360	418	470	517	562	614	705
海上风电	7	8	12	13	18	22	29	35
公用事业规模光伏	65	98	140	199	272	340	422	503
小型光伏	65	78	89	102	117	145	186	234
光热	3	4	5	5	5	5	6	6
其他	9	9	9	8	8	10	11	11
小型储能电池	—	0	0	0	1	1	2	3
公共事业储能电池	—	0	0	0	1	1	1	2
需求侧灵活性	—	25	31	36	43	43	45	49
总计	5390	5630	5896	6166	6449	6694	6957	7234

资料来源：彭博新能源财经（BNEF）。

2. 2011～2020年全球可再生能源装机结构（分类型）

单位：MW

装机类型	2011	2012	2013	2014	2015	2016	2017	2018	2019	2020
可再生能源	1329886	1442763	1564390	1694061	1847258	2010005	2180389	2358749	2538441	2799094
可再生能源（不含水电）	273157	352917	427676	518458	635638	763280	907747	1063724	1227140	1467205

（续）

装机类型	2011	2012	2013	2014	2015	2016	2017	2018	2019	2020
水电	1056729	1089846	1136714	1175603	1211620	1246725	1272642	1295025	1311301	1331889
风电	220019	266908	299919	349300	416248	466864	514374	563830	622249	733276
陆上风电	216243	261573	292747	340808	404531	452522	495537	540204	593894	698909
海上风电	3776	5334	7171	8492	11717	14342	18837	23626	28355	34367
太阳能	73745	104015	139523	176089	222213	296155	389411	488739	587134	713970
太阳能光伏	72040	101449	135681	171590	217463	291295	384452	482916	580760	707495
太阳能光热	1705	2567	3842	4499	4750	4860	4959	5823	6374	6475
生物质能	71745	76617	83855	89981	96671	104454	110505	117635	124076	126557
地热能	10134	10481	10718	11159	11799	12122	12677	13241	13886	14050
海洋能	503	509	510	513	513	519	523	527	525	527

资料来源：国际可再生能源署（IRENA）*Renewable Energy Statistics 2021*（《可再生能源统计数据2021》）。

3. 2011～2020年全球及主要国家风电装机容量

单位：MW

国家/全球	2011	2012	2013	2014	2015	2016	2017	2018	2019	2020
全球	220019	266908	299919	349300	416248	466864	514374	563830	622249	733276
中国	46355	61597	76731	96819	131048	148517	164374	184665	209582	281993
美国	39135	45676	59075	59973	64232	72573	81286	87597	103571	117744
德国	28712	30979	33477	38614	44580	49435	55580	58721	60721	62184
印度	16179	17300	18420	22465	25088	28700	32848	35288	37505	38559
西班牙	21529	22789	22958	22925	22943	22990	23124	23405	25583	27089
英国	6596	9030	11282	13074	14306	16126	19585	21767	24095	24665

（续）

国家/全球	2011	2012	2013	2014	2015	2016	2017	2018	2019	2020
法国	6758	7607	8156	9201	10298	11567	13499	14900	16427	17382
巴西	1426	1894	2202	4888	7633	10129	12304	14843	15438	17198
加拿大	5265	6201	7801	9694	11214	11973	12403	12816	13413	13577
意大利	6918	8102	8542	8683	9137	9384	9737	10230	10679	10839

资料来源：国际可再生能源署（IRENA）*Renewable Energy Statistics 2021*（《可再生能源统计数据2021》）。

4. 2011～2020年全球及主要国家陆上风电装机容量

单位：MW

国家/全球	2011	2012	2013	2014	2015	2016	2017	2018	2019	2020
全球	216243	261573	292747	340808	404531	452522	495537	540204	593894	698909
中国	46145	61306	76314	96379	130489	147037	161586	180077	203652 e	273003 u
美国	45676	59075	59973	64232	72573	81257	87568	94388 o	103542 o	117715 o
德国	28524 o	30711 o	32969 o	37620 o	41297 o	45303	50174	52328	53193	54437 o
印度	16179 o	17300 o	18420 o	22465 o	25088 o	28700 o	32848 o	35288 o	37505 o	38559 o
西班牙	21529	22789	22953 e	22920	22938 e	22985	23119	23400	25578	27084 o
法国	6758	7607	8156	9201	10298	11567	13497	14898	16425	17380 o
英国	4758	6035	7586	8573	9212	10833	12597	13551	14125	14282 o
加拿大	5265	6201	7801	9694	11214	11973	12403	12816 u	13413 u	13577 u
巴西	1426	1894	2202	4888	7633	10129 o	12304 o	14843 o	15438 o	17198 o
意大利	6918	8102	8542	8683	9137	9384	9737	10230	10679	10839 o

注：“o”表示数据来源于各国统计机构、政府部门、监管部门以及电力公司等官方渠道。

“u”表示数据来源于行业协会和新闻报道等非官方渠道。

“e”表示数据由国际可再生能源署（IRENA）通过不同数据源进行的预测。

资料来源：国际可再生能源署（IRENA）*Renewable Energy Statistics 2021*（《可再生能源统计数据2021》）。

5. 2011～2020年全球及主要国家海上风电装机容量

单位：MW

国家/全球	2011	2012	2013	2014	2015	2016	2017	2018	2019	2020
全球	3776	5334	7171	8492	11717	14342	18837	23626	28355	34367
英国	1838 o	2995 o	3696 o	4501 o	5093 o	5293 o	6988	8217	9971	10383 o
德国	188 o	268 o	508 o	994 o	3283 o	4132 o	5406	6396	7528	7747 o
中国	210	291	417	440	559	1480	2788 u	4588 u	5930	8990 u
丹麦	871	922	1271	1271	1271	1271	1264	1701	1701	1701 o
比利时	197	381	708	708	712	712	877	1186	1556	2254 u
荷兰	228 o	228 o	228 o	228 o	357 o	957 o	957 u	957 u	957 u	2500 o
瑞典	163	163	212	213	213	203	203 e	203	203 u	203 u
越南	—	—	16 e	16 u	99 u	99 o	99 o	99 e	99 u	99 e
芬兰	26 u	26 u	26 u	26 u	32 u	32 u	73	73 o	73	73 u
日本	25	25	50	50	53	60	65 u	65 u	65 o	65 o
韩国	—	5	5	11	11	41	46 e	73 u	73 u	136 u
美国	—	—	—	0 u	0 u	29	29	29 o	29 o	29 o

注：“o”表示数据来源于各国统计机构、政府部门、监管部门以及电力公司等官方渠道。

“u”表示数据来源于行业协会和新闻报道等非官方渠道。

“e”表示数据由国际可再生能源署（IRENA）通过不同数据源进行的预测。

资料来源：国际可再生能源署（IRENA）*Renewable Energy Statistics 2021*（《可再生能源统计数据2021》）。

6. 2011～2020年全球及主要国家太阳能发电装机容量

单位：MW

国家/全球	2011	2012	2013	2014	2015	2016	2017	2018	2019	2020
全球	73745	104015	139523	176089	222213	296155	389411	488739	587134	713970

（续）

国家/全球	2011	2012	2013	2014	2015	2016	2017	2018	2019	2020
中国	3108	6719	17759	28399	43549	77809	130822	175287	204996	254355
日本	4890	6430	12107	19334	28615	38438	44226	55500	61526	67000
美国	5644	8613	13045	17651	23442	34716	43115	53184	60682	75572
德国	25916	34077	36710	37900	39224	40679	42293	45158	49047	53783
意大利	13136	16790	18190	18600	18907	19289	19688	20114	20871	21600
印度	566	982	1499	3673	5593	9879	18152	27353	35089	39211
英国	1000	1753	2937	5528	9601	11914	12760	13073	13346	13563
澳大利亚	2473	3799	4568	5287	5946	6689	7354	8627	13252	17627
法国	3004	4359	5277	6034	7138	7702	8610	9691	10804	11733
韩国	730	1024	1555	2481	3615	4502	5835	7130	10505	14575
西班牙	5432	6569	6994	7001	7008	7017	7027	7068	11277	14089

资料来源：国际可再生能源署（IRENA）*Renewable Energy Statistics 2021*（《可再生能源统计数据2021》）。

7. 2011～2020年全球及主要国家太阳能光伏发电装机容量

单位：MW

国家/全球	2011	2012	2013	2014	2015	2016	2017	2018	2019	2020
全球	72040	101449	135681	171590	217463	291295	384452	482916	580760	707495
中国	3108	6718	17748	28388	43538	77788	130801	175016	204575 e	253834 o
日本	4890	6430	12107	19334	28615	38438	44226	55500 u	61526 u	67000 u
美国	5172	8137	11759	15984	21684	32958	41357	51426 o	58924 o	73814 o
德国	25914	34075	36708	37898	39222	40677	42291	45156	49045	53781 o
印度	563 e	979 e	1446 e	3444 e	5365 e	9651 e	17923 e	27125 o	34861 e	38983 e

（续）

国家/全球	2011	2012	2013	2014	2015	2016	2017	2018	2019	2020
意大利	13131	16785	18185	18594	18901	19283	19682	20108	20865	21594 o
英国	1000	1753	2937	5528	9 601	11914	12760	13073	13346	13563 o
法国	3004	4359	5277	6034	7138	7702	8610	9691	10795	11724 e
韩国	730	1024	1555	2481	3615	4502 o	5835	7130 o	10505 o	14575 o
土耳其	7 u	12 u	18 u	40	249	833	3421 o	5063	5995	6667 o

注：“o”表示数据来源于各国统计机构、政府部门、监管部门以及电力公司等官方渠道。

“u”表示数据来源于行业协会和新闻报道等非官方渠道。

“e”表示数据由国际可再生能源署（IRENA）通过不同数据源进行的预测。

资料来源：国际可再生能源署（IRENA）*Renewable Energy Statistics 2021*（《可再生能源统计数据2021》）。

8. 2011～2020年全球及主要国家太阳能光热发电装机容量

单位：MW

国家/全球	2011	2012	2013	2014	2015	2016	2017	2018	2019	2020
全球	1750	2567	3842	4499	4750	4860	4959	5823	6374	6475
西班牙	1149	2000	2304	2304	2304	2304	2304	2304	2304	2304 o
美国	472	476	1286	1667	1758	1758	1758 o	1758 o	1758 o	1758 o
摩洛哥	20	20	20	20	180	180	180 o	530	530 e	530 e
南非	—	—	—	100 o	100 o	200 o	300 o	400 o	500 u	500 e
印度	3 e	4 e	54 e	229 e	229 e	229 e	229 e	229 o	229 o	229 e
阿联酋	—	—	100 o	100 o	100 u	100 u	100 u	100 e	100 e	100 e
以色列	6 e	6 e	6 e	6 e	6 e	6 e	6 e	6 e	248u	248 e
中国	—	1	11	11	11	21	21	271	421	521 u
阿尔及利亚	25 o	25 o	25 o	25 o	25 o	25 o	25 e	25 e	25 e	25 e

注：“o”表示数据来源于各国统计机构、政府部门、监管部门以及电力公司等官方渠道。

“u”表示数据来源于行业协会和新闻报道等非官方渠道。

“e”表示数据由国际可再生能源署（IRENA）通过不同数据源进行的预测。

资料来源：国际可再生能源署（IRENA）renewable energy statistics 2021（《可再生能源统计数据2021》）。

9. 2011～2020年全球及主要国家生物质能发电装机容量

单位：MW

国家/全球	2011	2012	2013	2014	2015	2016	2017	2018	2019	2020
全球	71745	76617	83855	89981	96671	104454	110505	117635	124076	126557
中国	3808	4617	6089	6653	7977	9269	11234	13235	16537	18687
巴西	9028	9922	11601	12342	13311	14187	14578	14819	15357	15650
美国	10487	11218	12284	12419	12969	12903	12838	12712	12450	12372
印度	3677	3929	4180	5030	5478	8895	9417	10137	10225	10532
德国	7162	7471	7961	8195	8426	8657	8979	9653	9985	10364
英国	3204	3117	3791	4254	4808	5251	5514	6997	7165	7250
瑞典	4215	4348	4013	4483	4716	4850	4822	5021	5299	5299
泰国	1975	2196	2634	2829	3231	3395	3824	4196	4255	4389
意大利	2262	3178	3344	3359	3367	3439	3450	3491	3454	3554
加拿大	1642	1617	1512	2005	2417	2437	3335	3375	3376	3383

资料来源：国际可再生能源署（IRENA）*Renewable Energy Statistics 2021*（《可再生能源统计数据2021》）。

10. 2011～2020年全球及主要国家地热能发电装机容量

单位：MW

国家/全球	2011	2012	2013	2014	2015	2016	2017	2018	2019	2020
全球	10134	10481	10718	11159	11799	12122	12677	13241	13886	14050
美国	2409	2592	2607	2514	2542	2517	2483	2541 o	2555 o	2587 o
印度尼西亚	1226 o	1336 o	1344 o	1404 o	1438 o	1533 o	1808 o	1948 o	2131 o	2131 o
菲律宾	1847 o	1847 o	1847 o	1916 o	1916 o	1916 o	1916 o	1928 o	1928 o	1928 o
土耳其	114	162	311	405	624	821	1064 o	1283	1515	1613 o

（续）

国家/全球	2011	2012	2013	2014	2015	2016	2017	2018	2019	2020
新西兰	726	726	798	924	941	941	941	952 o	952 o	984 o
墨西哥	887	824	823	813	906	926	926 o	951 o	936 o	906 o
肯尼亚	198 o	206 o	206 o	366 o	604 o	638 o	648 o	664 o	824 u	824 e
意大利	728	728	729	768	768	767	767	767 e	767	797 o
冰岛	665	665	665	665	665	665	710	756	756	756 e
日本	537	512	512	508	516	526	481	482 o	525 u	525 o

注：“o”表示数据来源于各国统计机构、政府部门、监管部门以及电力公司等官方渠道。

“u”表示数据来源于行业协会和新闻报道等非官方渠道。

“e”表示数据由国际可再生能源署（IRENA）通过不同数据源进行的预测。

资料来源：国际可再生能源署（IRENA）*Renewable Energy Statistics 2021*（《可再生能源统计数据2021》）。

（二）2020年全球新能源装机数据

1. 2020年全球可再生能源发电装机统计数据（分研究机构）

单位：MW

能源类型	IRENA	BP
风能	733276	733276
太阳能	713970	707495
地热能	14050	14075
生物质能	126557	—
非水可再生能源	1467205	1454846

资料来源：国际可再生能源署（IRENA）、英国石油公司（BP）。

2. 2020年全球可再生能源（不含水电）装机结构（分类型）

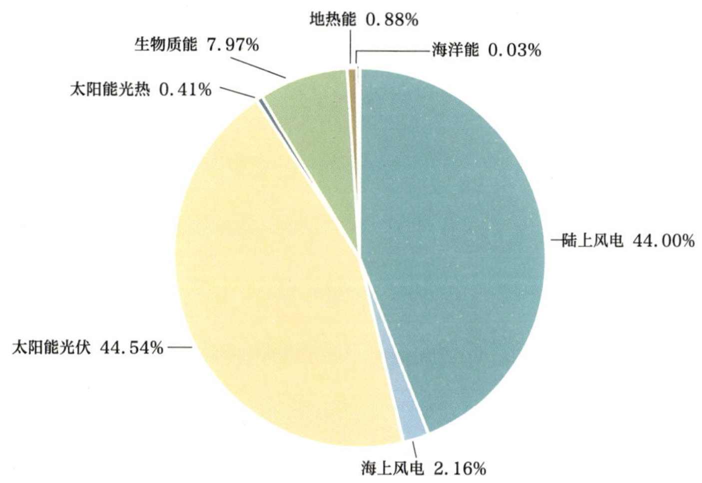

资料来源：国际可再生能源署（IRENA）*Renewable Energy Statistics 2021*（《可再生能源统计数据2021》）。

3. 2020年全球发电量结构（分类型）

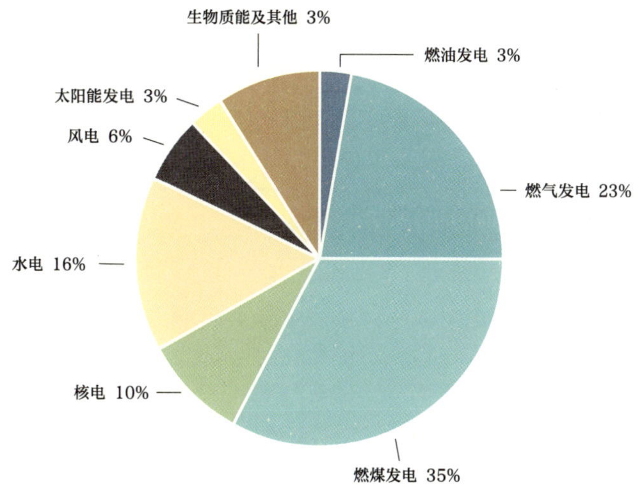

资料来源：英国石油公司（BP）*Statistical Review of World Energy 2021*（《BP世界能源统计年鉴2021》）。

4. 2020年全球光伏产业多晶硅制造商产量

单位：吨

光伏产业多晶硅制造商	产量
Tongwei Co Ltd/Longi Green Energy Technology Co Ltd	80000
Xinte Energy Co Ltd	72000
Daqo New Energy Corp	70000
East Hope Group Co Ltd	60000
GCL-Poly Energy Holdings Ltd / Tianjin Zhonghuan Semiconductor Co Ltd	48000
Wacker Chemie AG	40000
GCL-Poly Energy Holdings Ltd	38000
Hemlock Semiconductor Corp	35000
Tongwei Co Ltd	30000
OCI Co Ltd	27000

资料来源：彭博新能源财经（BNEF）。

5. 2020年全球风电整机制造商装机容量

单位：MW

风电整机制造商	装机容量
General Electric	8853
Envision	6513
Goldwind	6471
Mingyang	5922
Vestas	5109

（续）

风电整机制造商	装机容量
Windey	2890
Dongfang Electric	2690
CSSC	2621
Guodian UP	2354
General Electric	8853

资料来源：彭博新能源财经（BNEF）。

6. 2020年全球储能电池制造商装机容量

单位：MWh

储能电池制造商	装机容量
Contemporary Amperex Technology Co Ltd	632000
China Aviation Lithium Battery Technology Co Ltd	250000
SVOLT Energy Technology Co Ltd	246600
LG Energy Solution	222000
BYD Co Ltd	215000
Eve Energy Ltd	197700
Ruipu Energy Ltd	176000
BlueOvalSK	129000
Envision AESC Holding Ltd	124500
Tesla Inc	110000

资料来源：彭博新能源财经（BNEF）。

（三）历年全球能源发电量

1. 2011～2020年全球发电量结构

单位：TWh

发电类型	2011	2012	2013	2014	2015	2016	2017	2018	2019	2020
全球	22257.0	22806.3	23435.2	24031.7	24270.5	24915.2	25623.9	26659.1	27001.0	26823.2
燃油发电	1041.6	1139.2	1078.3	1021.2	1018.2	953.5	862.3	856.1	820.5	758.0
燃气发电	4928.6	5222.0	5099.9	5253.6	5603.1	5838.8	5941.7	6134.1	6323.8	6268.1
燃煤发电	9076.2	9107.7	9577.1	9752.4	9402.4	9422.4	9716.2	10096.7	9826.2	9421.4
水电	3501.1	3649.8	3795.9	3894.2	3885.0	4018.7	4066.7	4176.7	4227.9	4296.8
风电	440.4	530.6	635.5	705.8	831.4	962.2	1140.3	1269.5	1418.2	1591.2
太阳能发电	65.2	101.2	138.9	197.8	256.4	328.4	446.1	577.0	707.9	855.7
核电	2652.7	2470.8	2490.5	2541.4	2575.6	2613.9	2637.2	2696.6	2796.6	2700.1
生物质能及其他	402.6	436.2	471.1	510.5	546.6	560.7	593.8	632.2	663.1	700.1
其他	148.6	148.8	148.0	154.8	151.8	216.6	219.6	220.2	216.8	231.8

资料来源：英国石油公司（BP）*Statistical Review of World Energy 2021*（《BP世界能源统计年鉴2021》）。

2. 2011～2020年全球及主要国家发电量

单位：TWh

国家/全球	2011	2012	2013	2014	2015	2016	2017	2018	2019	2020
全球	22257.0	22806.3	23435.2	24031.7	24270.5	24915.2	25623.9	26659.1	27001.0	26823.2
中国	4713.0	4987.6	5431.6	5794.5	5814.6	6133.2	6604.4	7166.1	7503.4	7779.1
美国	4363.4	4310.6	4330.3	4363.3	4348.7	4347.9	4302.5	4461.6	4411.2	4286.6
印度	1034.0	1091.8	1146.1	1262.2	1317.3	1401.7	1471.3	1579.2	1603.7	1560.9
俄罗斯	1054.9	1069.3	1059.1	1064.2	1067.5	1091.0	1091.2	1109.2	1118.1	1085.4

（续）

国家/全球	2011	2012	2013	2014	2015	2016	2017	2018	2019	2020
日本	1104.2	1106.9	1087.8	1062.7	1030.1	1035.1	1042.1	1053.2	1030.3	1004.8
加拿大	638.3	636.5	655.7	647.6	659.3	663.7	660.1	655.8	648.7	643.9
巴西	531.8	552.5	570.8	590.5	581.2	578.9	589.3	601.4	626.3	620.1
韩国	518.2	531.2	537.2	540.4	547.8	561.0	576.4	592.9	585.3	574.0
德国	613.1	630.1	638.7	627.8	647.6	649.7	652.9	642.9	609.4	571.9
法国	565.0	565.2	575.5	564.9	571.8	556.2	554.0	574.0	562.8	524.9

资料来源：英国石油公司（BP）*Statistical Review of World Energy 2021*（《BP世界能源统计年鉴2021》）。

3. 2011～2020年全球及主要国家燃油发电量

单位：TWh

国家/全球	2011	2012	2013	2014	2015	2016	2017	2018	2019	2020
全球	1041.6	1139.2	1078.3	1021.2	1018.2	953.5	862.3	856.1	820.5	758.0
沙特阿拉伯	139.1	145.8	145.9	168.8	183.7	178.5	160.9	143.7	136.6	132.8
伊朗	83.6	81.2	103.4	63.6	56.3	39.7	28.9	85.9	82.5	82.1
日本	160.9	205.6	165.0	121.5	103.6	92.2	69.5	65.6	53.5	41.6
墨西哥	48.8	55.7	47.7	32.5	31.2	33.5	38.9	35.7	34.8	33.7
埃及	19.1	23.6	29.9	35.1	39.8	36.6	27.6	23.8	27.4	25.8
美国	32.5	24.9	29.2	32.5	30.4	26.0	23.0	27.1	19.7	18.8
中国	12.1	10.9	10.0	9.5	9.7	10.4	9.9	10.8	10.8	11.4
俄罗斯	27.5	28.1	8.7	10.7	10.1	11.0	6.9	7.9	12.0	10.7
西班牙	15.2	15.3	13.9	14.1	17.2	16.8	15.8	14.5	12.3	10.7
意大利	19.9	18.9	15.5	14.2	13.4	12.1	11.5	11.7	11.8	9.7

资料来源：英国石油公司（BP）*Statistical Review of World Energy 2021*（《BP世界能源统计年鉴2021》）。

4. 2011～2020年全球及主要国家燃气发电量

单位：TWh

国家/全球	2011	2012	2013	2014	2015	2016	2017	2018	2019	2020
全球	4928.6	5222.0	5099.9	5253.6	5603.1	5838.8	5941.7	6134.1	6323.8	6268.1
美国	1090.0	1318.2	1209.5	1211.4	1433.9	1482.1	1394.0	1579.7	1705.2	1738.4
俄罗斯	521.3	526.1	530.0	534.8	529.8	521.8	516.3	523.7	519.2	485.5
日本	375.2	430.9	419.7	447.7	414.0	394.5	400.4	387.6	363.7	353.5
中国	108.8	110.3	116.4	133.3	166.9	188.3	203.2	215.5	232.5	247.0
伊朗	140.5	153.0	135.8	192.7	206.4	223.7	251.2	208.7	199.2	220.4
沙特阿拉伯	111.0	125.8	138.1	143.0	154.7	167.0	188.5	200.0	206.0	207.0
墨西哥	151.7	153.6	165.5	174.0	186.3	192.1	192.7	202.3	187.7	183.1
韩国	114.2	126.8	141.3	128.7	119.8	128.0	134.2	162.1	154.0	153.3
埃及	115.7	124.4	120.3	121.4	126.4	135.8	150.1	159.3	153.5	150.0
意大利	144.5	129.1	108.9	93.6	110.9	126.1	140.3	128.5	141.7	136.2

资料来源：英国石油公司（BP）*Statistical Review of World Energy 2021*（《BP世界能源统计年鉴2021》）。

5. 2011～2020年全球及主要国家燃煤发电量

单位：TWh

国家/全球	2011	2012	2013	2014	2015	2016	2017	2018	2019	2020
全球	9076.2	9107.7	9577.1	9752.4	9402.4	9422.4	9716.2	10096.7	9826.2	9421.4
中国	3690.9	3748.2	4077.4	4203.1	4046.2	4156.4	4430.0	4763.2	4849.7	4917.7
印度	701.3	787.1	848.0	949.9	1006.6	1073.6	1115.2	1198.9	1184.5	1125.2
美国	1876.3	1640.8	1713.9	1713.7	1468.3	1346.2	1310.0	1250.5	1051.1	844.1
日本	281.6	330.8	359.2	353.1	346.7	322.9	320.1	314.5	307.2	298.8

（续）

国家/全球	2011	2012	2013	2014	2015	2016	2017	2018	2019	2020
韩国	218.3	217.8	218.5	218.9	226.5	227.4	251.7	251.2	239.6	208.5
南非	241.5	236.7	230.7	226.6	220.2	220.2	223.7	225.7	218.2	202.4
印度尼西亚	81.1	102.2	111.3	119.5	124.7	135.4	148.0	160.0	174.5	180.9
俄罗斯	165.0	169.2	161.9	158.7	158.6	171.5	174.0	176.6	176.8	152.3
澳大利亚	172.0	165.4	155.4	155.2	162.2	162.4	159.2	156.6	149.8	142.9
德国	262.5	277.1	288.2	274.4	272.2	261.7	241.9	228.2	171.4	134.8

资料来源：英国石油公司（BP）*Statistical Review of World Energy 2021*（《BP世界能源统计年鉴2021》）。

6. 2011～2020年全球及主要国家非化石能源发电量

单位：TWh

国家/全球	2011	2012	2013	2014	2015	2016	2017	2018	2019	2020
全球	7062.0	7188.5	7532.0	7849.7	8095.0	8483.9	8884.1	9351.9	9813.7	10143.9
中国	879.6	1097.9	1204.9	1422.5	1565.0	1736.0	1915.2	2130.3	2363.3	2551.3
美国	1349.8	1312.2	1363.3	1391.6	1401.4	1479.3	1561.9	1590.7	1621.1	1671.9
加拿大	489.6	497.6	518.2	513.8	523.1	532.5	536.8	533.4	527.3	533.4
巴西	479.3	472.2	454.0	448.1	446.0	481.7	482.8	511.0	531.6	532.4
法国	506.8	509.7	523.1	530.8	529.4	502.2	491.3	526.4	512.1	479.4
俄罗斯	336.6	341.5	354.2	355.0	364.4	382.3	389.5	396.6	405.2	431.9
印度	205.8	198.4	221.2	236.7	236.7	246.1	272.3	302.7	346.4	359.5
德国	232.0	242.8	249.6	259.7	280.6	274.3	292.6	300.8	318.0	315.4
日本	276.4	129.3	135.2	133.9	158.5	169.4	195.8	228.9	250.4	246.1
韩国	166.9	162.9	153.2	173.9	184.2	183.8	175.4	164.0	179.2	201.1

资料来源：英国石油公司（BP）*Statistical Review of World Energy 2021*（《BP世界能源统计年鉴2021》）。

7. 2011～2020年全球及主要国家可再生能源发电量

单位：TWh

国家/全球	2011	2012	2013	2014	2015	2016	2017	2018	2019	2020
全球	908.2	1067.9	1245.5	1414.0	1634.4	1851.3	2180.2	2478.6	2789.2	3147.0
中国	104.3	136.8	183.8	229.5	279.1	369.5	502.0	636.4	742.0	863.1
美国	201.9	228.3	266.2	296.8	315.8	367.4	417.7	451.6	483.7	551.7
德国	106.4	121.3	129.3	142.9	169.8	169.1	196.2	206.8	222.7	232.4
印度	41.9	49.5	55.9	63.0	65.1	79.8	99.1	123.9	139.2	151.2
英国	29.5	35.9	48.5	58.6	77.1	77.6	93.0	104.6	114.6	127.8
日本	31.0	34.2	41.2	52.2	68.2	72.3	87.5	98.7	111.2	125.6
巴西	35.3	40.8	47.6	59.3	71.6	84.9	96.1	106.3	117.6	120.3
西班牙	55.6	66.4	74.2	71.1	68.9	68.2	69.5	69.8	73.8	80.5
意大利	37.1	50.3	59.2	62.1	63.4	65.6	67.7	65.6	69.5	70.3
法国	19.6	25.5	28.6	31.5	37.5	39.1	44.0	49.5	57.1	64.3

资料来源：英国石油公司（BP）*Statistical Review of World Energy 2021*（《BP世界能源统计年鉴2021》）。

8. 2011～2020年全球及主要国家风力发电量

单位：TWh

国家/全球	2011	2012	2013	2014	2015	2016	2017	2018	2019	2020
全球	440.4	530.6	635.5	705.8	831.4	962.2	1140.3	1269.5	1418.2	1591.2
中国	74.1	103.0	138.3	159.8	185.6	240.9	304.6	365.8	405.3	466.5
美国	121.4	142.2	169.5	183.5	192.6	229.3	256.9	275.4	298.9	340.9
德国	49.9	51.7	52.7	58.5	80.6	79.9	105.7	110.0	125.9	131.0
英国	16.0	19.8	28.4	32.0	40.3	37.2	49.6	56.9	64.3	75.6

（续）

国家/全球	2011	2012	2013	2014	2015	2016	2017	2018	2019	2020
印度	24.0	27.4	30.0	33.5	32.7	43.5	52.6	60.3	63.3	60.4
巴西	2.7	5.1	6.6	12.2	21.6	33.5	42.4	48.5	56.0	57.0
西班牙	42.4	49.5	55.8	52.0	49.3	48.9	49.1	50.9	53.1	53.2
法国	12.1	15.1	16.1	17.3	21.4	21.3	24.5	28.5	34.6	40.6
加拿大	10.2	11.3	11.1	12.8	27.0	30.9	31.5	33.1	32.7	36.1
土耳其	6.1	7.2	9.8	11.2	16.3	15.5	17.6	16.6	19.8	28.1

资料来源：英国石油公司（BP）*Statistical Review of World Energy 2021*（《BP世界能源统计年鉴2021》）。

9. 2011～2020年全球及主要国家太阳能发电量

单位：TWh

国家/全球	2011	2012	2013	2014	2015	2016	2017	2018	2019	2020
全球	65.2	101.2	138.9	197.8	256.4	328.4	446.1	577.0	707.9	855.7
中国	2.6	3.6	8.4	23.5	39.5	66.5	117.8	176.9	224.0	261.1
美国	4.7	9.0	16.0	29.2	39.4	55.4	78.1	94.3	108.0	134.0
日本	5.4	7.4	12.9	23.5	34.5	43.3	54.2	62.1	72.3	82.9
印度	0.8	2.1	3.4	4.9	6.6	11.6	21.5	36.3	46.3	58.7
德国	19.6	26.4	31.0	36.1	38.7	38.1	39.4	45.8	46.4	50.6
意大利	10.8	18.9	21.6	22.3	22.9	22.1	24.4	22.7	23.7	26.0
澳大利亚	2.0	2.4	3.8	5.0	6.2	7.4	8.9	12.3	18.3	23.8
西班牙	8.7	12.0	13.1	13.7	13.9	13.6	14.3	12.7	15.1	20.8
韩国	0.9	1.1	1.6	2.6	4.0	5.1	7.1	9.2	13.0	16.6
法国	2.1	4.0	4.7	5.9	7.3	8.2	9.1	10.4	11.7	13.1

资料来源：英国石油公司（BP）*Statistical Review of World Energy 2021*（《BP世界能源统计年鉴2021》）。

10. 2011～2020年全球及主要国家核电发电量

单位：TWh

国家/全球	2011	2012	2013	2014	2015	2016	2017	2018	2019	2020
全球	2652.7	2470.8	2490.5	2541.4	2575.6	2613.9	2637.2	2696.6	2796.6	2700.1
美国	831.8	809.8	830.5	839.1	839.1	848.1	847.3	849.6	852.0	831.5
中国	87.2	98.3	111.5	133.2	171.4	213.2	248.1	295.0	348.7	366.2
法国	442.4	425.4	423.7	436.5	437.4	403.2	398.4	412.9	399.0	353.8
俄罗斯	172.9	177.5	172.5	180.8	195.5	196.6	203.1	204.6	209.0	215.9
韩国	154.7	150.3	138.8	156.4	164.8	162.0	148.4	133.5	145.9	160.2
加拿大	92.9	94.2	102.7	106.5	101.1	100.7	100.6	100.0	100.5	97.5
乌克兰	90.2	90.1	83.2	88.4	87.6	81.0	85.6	84.4	83.0	76.2
德国	108.0	99.5	97.3	97.1	91.8	84.6	76.3	76.0	75.1	64.4
西班牙	57.7	61.5	56.7	57.3	57.3	58.6	58.1	55.8	58.3	58.2
瑞典	60.5	64.0	66.5	64.9	56.3	63.1	65.7	68.5	66.1	53.8

资料来源：英国石油公司（BP）*Statistical Review of World Energy 2021*（《BP世界能源统计年鉴2021》）。

11. 2011～2020年全球及主要国家生物质能及其他发电量

单位：TWh

国家/全球	2011	2012	2013	2014	2015	2016	2017	2018	2019	2020
全球	402.6	436.2	471.1	510.5	546.6	560.7	593.8	632.2	663.1	700.1
中国	27.6	30.1	37.1	46.3	54.1	62.1	79.6	93.7	112.7	135.5
美国	75.8	77.0	80.7	84.1	83.7	82.7	82.8	81.9	76.8	76.8
巴西	32.6	35.8	41.0	47.1	49.9	51.3	52.9	54.4	54.9	55.4
德国	36.9	43.2	45.6	48.4	50.5	51.1	51.1	51.1	50.4	50.8

（续）

国家/全球	2011	2012	2013	2014	2015	2016	2017	2018	2019	2020
英国	13.3	14.7	18.1	22.6	29.3	30.1	31.9	35.0	37.3	39.4
日本	21.1	22.1	23.2	23.6	28.5	23.7	27.4	30.1	32.2	34.9
印度	17.1	19.9	22.5	24.7	25.8	24.8	24.9	27.2	29.7	32.1
意大利	16.5	18.1	22.7	24.6	25.6	25.8	25.6	25.3	25.6	25.7
韩国	5.8	6.6	7.4	11.0	12.0	12.1	14.9	15.5	14.9	17.3
印度尼西亚	9.5	9.6	9.5	10.2	10.3	11.0	13.1	14.3	14.3	15.9

资料来源：英国石油公司（BP）*Statistical Review of World Energy 2021*（《BP世界能源统计年鉴2021》）。

12. 2011～2020年全球及主要国家水电发电量

单位：TWh

国家/全球	2011	2012	2013	2014	2015	2016	2017	2018	2019	2020
全球	3501.1	3649.8	3795.9	3894.2	3885.0	4018.7	4066.7	4176.7	4227.9	4296.8
中国	688.0	862.8	909.6	1059.7	1114.5	1153.3	1165.1	1198.9	1272.5	1322.0
巴西	428.3	415.3	391.0	373.4	359.7	380.9	370.9	389.0	397.9	396.8
加拿大	375.7	380.3	391.8	382.5	382.2	385.4	394.6	385.9	379.7	384.7
美国	316.1	274.0	266.5	255.8	246.5	263.8	296.8	289.5	285.5	288.7
俄罗斯	163.1	163.5	181.2	173.4	168.0	184.6	185.2	190.6	194.4	212.4
印度	131.7	115.8	132.0	139.0	133.3	128.4	135.8	139.8	162.0	163.6
挪威	120.3	141.7	128.2	135.4	137.3	142.4	142.0	139.0	125.1	141.0
土耳其	52.3	57.9	59.4	40.6	67.1	67.2	58.2	59.9	88.8	78.1
日本	82.5	77.1	79.3	81.7	85.8	79.4	79.3	81.1	73.6	77.5
瑞典	67.1	78.9	61.4	63.8	75.3	62.0	65.0	62.1	65.2	73.3

资料来源：英国石油公司（BP）*Statistical Review of World Energy 2021*（《BP世界能源统计年鉴2021》）。

三　全球新能源投资数据

（一）投资

1. 2011～2020年全球新能源投资（分类型）

单位：十亿美元

能源类型	2011	2012	2013	2014	2015	2016	2017	2018	2019	2020
风能	97.3	107.9	104.1	148.1	164.3	167.3	191.6	205.9	231.8	214.8
太阳能	167.1	153.4	126.8	162.5	198.4	185.7	221.4	179.6	163.6	213.3
海洋能	0.1	0.1	0	0.1	0	0.1	—	0	—	—
生物质能及废弃物	21.4	16.7	15.4	13.8	13.5	15.3	11.8	15.0	16.5	11.4
生物燃料	9.7	5.7	3.4	4.3	1.8	1.2	1.7	1.9	4.3	1.4
小型水电	8.2	7.3	7.4	7.5	5.9	4.5	4.0	3.3	2.1	1.4
地热能	3.3	1.9	1.1	3.0	2.9	2.5	3.6	3.0	1.4	3.7
全球	307.0	292.8	258.4	339.4	386.7	376.7	434.2	408.7	419.5	446.0

资料来源：彭博新能源财经（BNEF）。

2. 2011～2020年全球新能源投资（分国家）

单位：十亿美元

国家/全球	2011	2012	2013	2014	2015	2016	2017	2018	2019	2020
全球	307.0	292.8	258.4	339.4	386.7	376.7	434.2	408.7	419.5	446.0
中国	39.8	54.3	62.4	91.8	125.8	116.6	152.5	101.7	112.0	105.3
美国	58.5	57.8	45.1	69.6	68.1	82.5	94.4	89.9	95.3	92.9
西班牙	16.0	5.6	1.1	2.4	5.7	4.4	3.5	11.7	18.0	24.2
英国	13.1	14.7	17.5	25.9	37.2	34.9	24.8	29.0	19.5	22.4

（续）

国家/全球	2011	2012	2013	2014	2015	2016	2017	2018	2019	2020
日本	7.3	16.6	30.7	37.4	35.3	24.1	22.5	21.2	18.5	21.3
越南	0.2	0.2	0.2	0.1	0.2	0.5	0.5	5.7	3.1	19.3
德国	39.0	29.6	17.7	17.9	19.2	17.8	19.6	11.4	10.7	16.6
荷兰	1.9	1.8	1.8	6.2	1.3	4.3	7.6	6.4	6.7	12.4
巴西	12.5	10.3	6.6	9.7	10.0	8.0	12.0	7.1	9.8	11.3
法国	11.2	8.0	6.9	7.8	5.4	6.5	7.0	7.7	11.5	10.2
印度	11.6	6.7	5.0	6.8	8.1	13.3	16.9	12.7	10.7	8.9
澳大利亚	0.9	1.4	1.0	1.0	1.0	0.6	0.4	0.5	0.4	1.1
朝鲜	0.7	1.7	1.6	2.2	1.8	2.3	1.8	2.3	3.1	6.7
其他主要国家	18.6	26.5	20.4	26.3	25.8	21.4	19.5	40.4	27.8	26.3

资料来源：彭博新能源财经（BNEF）。

3. 2011～2020年全球及主要国家风能投资

单位：十亿美元

陆上风电投资	2011	2012	2013	2014	2015	2016	2017	2018	2019	2020
全球	85.5	98.4	92.7	125.0	136.9	131.0	150.1	160.6	183.7	145.2
中国	22.6	24.2	26.0	40.0	45.3	35.7	40.4	39.0	55.3	39.6
美国	17.8	27.2	17.6	33.5	30.9	34.2	43.2	51.9	52.9	37.2
西班牙	16.0	5.6	1.1	2.4	5.7	4.4	3.5	11.7	18.0	24.2
其他主要国家	4.9	8.6	6.9	7.5	6.2	5.6	6.0	13.9	12.7	9.2
巴西	5.8	5.1	4.5	6.9	8.1	6.4	8.5	2.6	5.5	5.8

（续）

陆上风电投资	2011	2012	2013	2014	2015	2016	2017	2018	2019	2020
德国	5.4	3.0	5.8	8.1	9.7	9.4	7.9	4.0	3.0	4.4
瑞典	2.0	1.6	1.3	0.9	0.7	1.6	3.0	6.3	5.4	4.0
英国	2.2	3.0	5.8	4.7	6.7	4.5	5.5	3.9	4.3	3.6
越南	—	0.1	—	—	0.1	0.2	0.2	0.3	0.4	3.2
海上风电投资	2011	2012	2013	2014	2015	2016	2017	2018	2019	2020
全球	11.8	9.5	11.4	23.1	27.4	36.3	41.5	45.4	48.1	69.7
中国	0.2	0.4	1.1	2.4	3.4	3.9	11.8	11.0	16.3	23.2
英国	1.6	4.4	2.9	8.7	15.2	20.9	12.2	20.1	11.8	15.9
德国	6.4	3.1	6.4	6.4	7.0	6.3	9.8	4.1	3.2	7.3
荷兰	0.3	—	0.6	4.5	—	0.5	5.7	2.4	1.8	6.4
法国	—	—	—	—	0	0.2	—	0.1	2.5	4.7
越南	0	—	0.2	—	—	0.2	0.1	0.6	0.3	1.7
比利时	0.1	1.2	—	0.4	1.1	2.5	1.6	2.8	1	1.2
日本	—	0.1	0	—	0.2	—	—	0	—	0.9

资料来源：彭博新能源财经（BNEF）。

4. 2011～2020年全球及主要国家太阳能投资

单位：十亿美元

光伏投资	2011	2012	2013	2014	2015	2016	2017	2018	2019	2020
全球	148.2	146.6	124.9	152.8	187.9	181.8	217.7	174.9	158.5	207.7
美国	25.5	25.6	23.7	26.2	34.6	46.5	48.9	36.2	38.5	52.5
中国	11.1	23.2	28.7	44.2	72.3	72.4	93.8	45.0	32.9	38.1

（续）

光伏投资	2011	2012	2013	2014	2015	2016	2017	2018	2019	2020
其他主要国家	7.3	11.7	9.6	13.8	11.3	10.5	11.1	23.6	12.9	15.7
日本	6.7	16.0	29.7	35.2	33.1	21.3	19.3	15.7	14.7	15.0
越南	0	0	0	0	0	0	0.2	4.9	1.8	14.3
西班牙	2.3	0.7	0.4	0.1	1.1	1.3	1.0	5.7	9.4	14.1
澳大利亚	4.9	3.4	2.4	1.9	1.4	1.9	5.0	5.6	4.5	6.7
朝鲜	0.4	0.7	0.9	0.7	0.6	0.6	0.9	0.8	2.3	6.1
印度	4.1	2.5	1.5	3.5	4.1	6.7	11.3	7.4	7.2	6.0
光热投资	**2011**	**2012**	**2013**	**2014**	**2015**	**2016**	**2017**	**2018**	**2019**	**2020**
全球	18.9	6.8	1.9	9.7	10.5	4.0	3.7	4.6	5.1	5.6
西班牙	8.6	2.8	0.7	0.6	4.2	1.4	1.5	2.9	0.5	4.5
美国	8.4	0.4	0.3	7.5	—	0.7	—	—	—	0.7
其他主要国家	0	2.6	0.5	1.0	5.7	1.6	0	—	0.7	0.3
法国	—	—	0.1	—	—	0.1	—	0	—	0.1
中国	0	0.1	0.3	0.4	0.6	0.2	1.9	0.9	—	—
阿联酋	0.8	—	—	—	—	0.1	0.3	—	3.9	—

资料来源：彭博新能源财经（BNEF）。

5. 2011～2020年全球及主要国家生物质能及废弃物投资

单位：十亿美元

生物质能及废弃物投资	2011	2012	2013	2014	2015	2016	2017	2018	2019	2020
全球	21.4	16.7	15.4	13.8	13.5	15.3	11.8	15.0	16.5	11.4
中国	2.8	3.8	3.6	1.4	1.7	1.9	2.5	3.9	6.1	3.8

（续）

生物质能及废弃物投资	2011	2012	2013	2014	2015	2016	2017	2018	2019	2020
日本	0.6	0.2	0.3	1.6	1.5	1.3	2.0	3.2	3.4	3.7
英国	4.6	2.6	3.6	3.0	3.7	4.6	2.6	2.7	1.9	1.5
阿联酋	—	0	—	—	—	—	—	0.2	—	0.9
其他主要国家	1.7	0.8	1.1	0.9	0.2	0.7	0.8	0.6	0.9	0.6
印度	1.4	0.3	0.2	0	0	0.4	0.4	0.4	0.3	0.2
波兰	1.0	0	0	0.4	0.2	—	—	—	—	0.2
德国	0.4	0.1	0.5	0.1	0.1	0.2	0.1	—	0	0.1
法国	0.1	0.2	1.3	0.3	0.2	0.2	0	0.2	0	0.1

资料来源：彭博新能源财经（BNEF）。

6. 2011～2020年全球及主要国家地热能投资

单位：十亿美元

地热能投资	2011	2012	2013	2014	2015	2016	2017	2018	2019	2020
全球	3.3	1.9	1.1	3.0	2.9	2.5	3.6	3.0	1.4	3.7
印度尼西亚	1.0	0.1	0.4	1.7	—	0.1	1.5	0.7	0.2	2.0
美国	0.6	0.4	0.2	0.3	0.3	0	0.3	0.2	0.5	1.6
其他主要国家	0.5	1.0	0.4	0.8	1.6	2.2	0.9	1.8	0.4	0.1
德国	0.2	0	0	—	—	0.1	—	0.2	0	0.1
英国	—	—	—	—	—	—	—	0.1	0	0

资料来源：彭博新能源财经（BNEF）。

（二）融资

1. 2011～2020年全球可再生能源产业融资情况（能源类型）

单位：十亿美元

能源类型	2011	2012	2013	2014	2015	2016	2017	2018	2019	2020
风能	45.9	47.0	42.8	68.0	149.4	80.5	92.2	101.8	116.0	112.9
太阳能	44.7	31.8	33.2	36.8	57.7	55.8	62.8	64.0	47.1	56.3
生物质能及废弃物	11.5	8.3	8.3	9.2	9.0	6.1	8.1	6.7	8.4	4.1
生物燃料	5.7	4.5	2.9	1.7	0.9	0.7	0.3	1.2	3.4	1.7
小型水电	2.7	1.6	2.4	1.9	1.2	1.0	0.5	0.7	0.6	0.3
地热能	2.3	0.6	0.5	2.2	0.9	1.3	1.8	1.5	0.2	2.6
海洋能	0.03	0.08	0	0.1	0.014	0.06	—	0.05	—	—
合计	112.83	93.88	90.1	119.9	219.114	145.46	165.7	175.95	175.7	177.9

资料来源：彭博新能源财经（BNEF）。

2. 2011~2020年全球可再生能源产业融资情况（资产类型）

单位：十亿美元

资产类型	2011	2012	2013	2014	2015	2016	2017	2018	2019	2020
资产融资	123.9	98.8	95.0	121.2	152.4	152.3	169.9	177.8	179.3	179.6
兼并重组	20.3	8.7	8.7	6.0	14.1	25.4	20.4	21.4	19.7	20.6
私募股权	2.9	1.4	1.6	3.5	3.3	3.6	8.1	13.0	3.0	10.1
风险资本	2.0	1.6	4.4	1.0	1.8	1.5	0.9	1.6	1.5	2.5
合计	149.1	110.5	109.7	131.7	171.6	182.8	199.3	213.8	203.5	212.8

资料来源：彭博新能源财经（BNEF）。

3. 2011~2020年全球新能源产业融资情况（投资类型）

单位：十亿美元

投资类型	2011	2012	2013	2014	2015	2016	2017	2018	2019	2020
新增投资	109.8	76.2	66.1	99.3	113.5	112.9	120.8	117.8	134.9	130.0
收购	31.8	19.5	25.9	24.5	38.4	48.1	46.9	64.7	39.1	48.8
再融资	7.5	14.6	14.3	10.0	20.0	21.5	31.7	31.3	29.6	34.0
合计	149.1	110.3	106.3	133.8	171.9	182.5	199.4	213.8	203.6	212.8

资料来源：彭博新能源财经（BNEF）。

4. 2011~2020年全球光热融资情况（投资类型）

单位：十亿美元

投资类型	2011	2012	2013	2014	2015	2016	2017	2018	2019	2020
新增投资	13.7	3.9	0.9	0.9	3.2	0.9	1.6	0.9	4.6	0
收购	0.6	0.2	0.3	0	0	0.1	0.2	1.4	0.1	0.6
再融资	0.5	0.3	0.4	0.4	1.5	1.3	0.8	0.9	0.4	2.9
合计	14.8	4.4	1.6	1.3	4.7	2.3	2.6	3.2	5.1	3.5

资料来源：彭博新能源财经（BNEF）。

5. 2011~2020年全球光伏融资情况（投资类型）

单位：十亿美元

投资类型	2011	2012	2013	2014	2015	2016	2017	2018	2019	2020
新增投资	24.2	19.2	22.6	28.2	41.7	40.4	46.2	34.5	29.1	35.6
收购	3.4	5.2	4.7	4.6	6.6	6.0	4.4	13.4	3.5	5.6
再融资	2.3	3.1	4.4	2.8	4.6	7.1	9.7	9.0	9.4	11.5
合计	29.9	27.5	31.7	35.6	52.9	53.5	60.3	56.9	42.0	52.7

资料来源：彭博新能源财经（BNEF）。

6.2011~2020年全球陆上风电融资情况（投资类型）

单位：十亿美元

投资类型	2011	2012	2013	2014	2015	2016	2017	2018	2019	2020
新增投资	30.6	28.6	24.8	34.3	42.6	34.3	45.0	43.9	57.1	38.3
收购	3.1	2.5	5.2	7.4	9.7	9.0	6.1	7.8	8.1	5.8
再融资	3.3	9.8	7.2	5.6	4.6	10.5	12.2	10.3	12.5	12.8
合计	37.0	40.9	37.2	47.3	56.9	53.8	63.3	62.0	77.7	56.9

资料来源：彭博新能源财经（BNEF）。

7.2011~2020年全球海上风电融资情况（投资类型）

单位：十亿美元

投资类型	2011	2012	2013	2014	2015	2016	2017	2018	2019	2020
新增投资	7.4	4.4	4.5	15.9	12.0	19.7	16.3	22.2	29.4	44.0
收购	1.2	1.4	0.7	4.2	3.4	4.1	6.6	8.2	4.2	7.7
再融资	0.3	0.4	0.4	0.5	2.3	3.0	6.1	9.3	4.8	42.0
合计	8.9	6.2	5.6	20.6	17.7	26.8	29.0	39.7	38.4	93.7

资料来源：彭博新能源财经（BNEF）。

8.2011~2020年全球生物质能融资情况（投资类型）

单位：十亿美元

投资类型	2011	2012	2013	2014	2015	2016	2017	2018	2019	2020
新增投资	13.0	8.2	8.0	10.7	8.6	7.1	5.2	6.4	7.3	4.2
收购	0.3	0.3	0.3	0.5	1.0	0.2	1.8	0.4	0.7	0.03
再融资	0.4	0.4	0.5	0.2	0.3	0.1	2.8	1.4	0.5	2.5
合计	13.7	8.9	8.8	11.4	9.9	7.4	9.8	8.2	8.5	6.73

资料来源：彭博新能源财经（BNEF）。

9. 2011~2020年全球地热能融资情况（投资类型）

单位：十亿美元

投资类型	2011	2012	2013	2014	2015	2016	2017	2018	2019	2020
新增投资	2.1	0.3	0.06	2.1	0.9	1.2	1.0	1.3	0.1	0.1
收购	0.004	0.01	0.1	0.01	0.02	0.04	0.3	0	0	0.03
再融资	0.2	0.2	0.4	0.1	0.01	—	0.5	0.2	0.06	2.5
合计	2.304	0.51	0.56	2.21	0.93	1.24	1.8	1.5	0.16	2.63

资料来源：彭博新能源财经（BNEF）。

（三）成本

1. 2021年上半年全球陆上风电平准化度电成本（LCOE）

单位：$/MWh

国家	技术类型	LCOE（低）	LCOE（高）
阿根廷	陆上风电	31	71
澳大利亚	陆上风电	37	96
巴西	陆上风电	18	33
加拿大	陆上风电	29	49
智利	陆上风电	30	48
中国	陆上风电	32	55
法国	陆上风电	41	70
德国	陆上风电	41	74
印度	陆上风电	29	47
印度尼西亚	陆上风电	96	205
意大利	陆上风电	46	66

（续）

国家	技术类型	LCOE（低）	LCOE（高）
日本	陆上风电	90	153
墨西哥	陆上风电	29	72
荷兰	陆上风电	45	61
巴拿马	陆上风电	63	84
秘鲁	陆上风电	36	52
菲律宾	陆上风电	62	163
波兰	陆上风电	50	72
南非	陆上风电	59	96
韩国	陆上风电	89	168
西班牙	陆上风电	30	55
瑞典	陆上风电	35	54
泰国	陆上风电	94	190
土耳其	陆上风电	40	74
英国	陆上风电	39	58
美国	陆上风电	29	59
越南	陆上风电	58	148

资料来源：彭博新能源财经（BNEF）。

2. 2021年上半年全球海上风电平准化度电成本（LCOE）

单位：$/MWh

国家	技术类型	LCOE（低）	LCOE（高）
比利时	海上风电	87	110

（续）

国家	技术类型	LCOE（低）	LCOE（高）
中国	海上风电	74	114
丹麦	海上风电	52	92
法国	海上风电	126	212
德国	海上风电	78	143
荷兰	海上风电	69	78
英国	海上风电	53	96
美国	海上风电	91	114

资料来源：彭博新能源财经（BNEF）。

3. 2021年上半年全球陆上风电+储能平准化度电成本（LCOE）

单位：$/MWh

国家	技术类型	LCOE（低）	LCOE（高）
澳大利亚	陆上风电+储能	58	131
中国	陆上风电+储能	44	101
德国	陆上风电+储能	54	112
印度	陆上风电+储能	43	104
日本	陆上风电+储能	141	307
英国	陆上风电+储能	45	98
美国	陆上风电+储能	41	102

资料来源：彭博新能源财经（BNEF）。

4. 2021年上半年全球公用事业储能电池平准化度电成本（LCOE）

单位：$/MWh

国家	技术类型	LCOE（低）	LCOE（高）
澳大利亚	公共事业储能（1h）	186	214
中国	公共事业储能（1h）	124	190
德国	公共事业储能（1h）	185	197
印度	公共事业储能（1h）	197	232
日本	公共事业储能（1h）	624	666
英国	公共事业储能（1h）	180	195
美国	公共事业储能（1h）	174	185
澳大利亚	公共事业储能（4h）	186	214
中国	公共事业储能（4h）	107	169
德国	公共事业储能（4h）	127	136
印度	公共事业储能（4h）	137	162
日本	公共事业储能（4h）	422	454
英国	公共事业储能（4h）	128	141
美国	公共事业储能（4h）	119	128

资料来源：彭博新能源财经（BNEF）。

5. 2021年上半年全球太阳能光伏发电平准化度电成本（LCOE）

单位：$/MWh

国家	技术类型	LCOE（低）	LCOE（高）
阿根廷	太阳能光伏（非跟踪）	42	101
澳大利亚	太阳能光伏（非跟踪）	32	96

（续）

国家	技术类型	LCOE（低）	LCOE（高）
巴西	太阳能光伏（非跟踪）	27	59
加拿大	太阳能光伏（非跟踪）	36	48
智利	太阳能光伏（非跟踪）	27	56
中国	太阳能光伏（非跟踪）	26	52
多米尼加	太阳能光伏（非跟踪）	64	122
厄瓜多尔	太阳能光伏（非跟踪）	62	117
萨尔瓦多	太阳能光伏（非跟踪）	66	107
法国	太阳能光伏（非跟踪）	36	57
德国	太阳能光伏（非跟踪）	45	63
印度	太阳能光伏（非跟踪）	22	38
印度尼西亚	太阳能光伏（非跟踪）	69	153
以色列	太阳能光伏（非跟踪）	38	51
意大利	太阳能光伏（非跟踪）	39	53
日本	太阳能光伏（非跟踪）	76	215
马来西亚	太阳能光伏（非跟踪）	52	110
墨西哥	太阳能光伏（非跟踪）	48	97
秘鲁	太阳能光伏（非跟踪）	43	64
菲律宾	太阳能光伏（非跟踪）	55	116
南非	太阳能光伏（非跟踪）	49	60
韩国	太阳能光伏（非跟踪）	85	160

（续）

国家	技术类型	LCOE（低）	LCOE（高）
西班牙	太阳能光伏（非跟踪）	33	45
泰国	太阳能光伏（非跟踪）	55	103
土耳其	太阳能光伏（非跟踪）	50	68
阿联酋	太阳能光伏（非跟踪）	23	37
英国	太阳能光伏（非跟踪）	54	78
美国	太阳能光伏（非跟踪）	33	51
乌拉圭	太阳能光伏（非跟踪）	68	105
越南	太阳能光伏（非跟踪）	47	104
澳大利亚	太阳能光伏（非跟踪+储能）	65	186
中国	太阳能光伏（非跟踪+储能）	50	163
德国	太阳能光伏（非跟踪+储能）	73	181
印度	太阳能光伏（非跟踪+储能）	45	124
日本	太阳能光伏（非跟踪+储能）	187	512
英国	太阳能光伏（非跟踪+储能）	88	215
美国	太阳能光伏（非跟踪+储能）	74	92
澳大利亚	太阳能光伏（跟踪）	30	80
智利	太阳能光伏（跟踪）	22	49
哥伦比亚	太阳能光伏（跟踪）	46	76
约旦	太阳能光伏（跟踪）	34	41
南非	太阳能光伏（跟踪）	43	54

（续）

国家	技术类型	LCOE（低）	LCOE（高）
西班牙	太阳能光伏（跟踪）	29	39
土耳其	太阳能光伏（跟踪）	44	60
美国	太阳能光伏（跟踪）	92	46

资料来源：彭博新能源财经（BNEF）。

6. 2021年上半年全球核能平准化度电成本（LCOE）

单位：$/MWh

国家	技术类型	LCOE（低）	LCOE（高）
白俄罗斯	核能	102	188
中国	核能	58	74
芬兰	核能	191	449
法国	核能	449	469
土耳其	核能	164	171
阿联酋	核能	123	128
英国	核能	230	239
美国	核能	189	332

资料来源：彭博新能源财经（BNEF）。

7. 2021年上半年全球地热能平准化度电成本（LCOE）

单位：$/MWh

国家	技术类型	LCOE（低）	LCOE（高）
印度尼西亚	闪蒸地热能	62	176

（续）

国家	技术类型	LCOE（低）	LCOE（高）
肯尼亚	闪蒸地热能	18	123
马来西亚	闪蒸地热能	60	173
菲律宾	闪蒸地热能	63	191
泰国	闪蒸地热能	81	213
越南	闪蒸地热能	50	190

资料来源：彭博新能源财经（BNEF）。

8. 2021年上半年全球生物质焚烧平准化度电成本（LCOE）

单位：$/MWh

国家	技术类型	LCOE（低）	LCOE（高）
中国	生物质焚烧	44	97
西班牙	生物质焚烧	223	272
英国	生物质焚烧	247	540

资料来源：彭博新能源财经（BNEF）。

四　全球主要国家新能源发展数据

1. 2020年全球及主要国家新能源发电装机结构（分类型）

单位：MW

国家/全球	可再生能源水电	风能	太阳能	地热能	生物质能
全球	1210616	733276	713970	14050	126557

（续）

国家/全球	可再生能源水电	风能	太阳能	地热能	生物质能
中国	339840	281993	254355	—	18687
美国	83790	117744	75572	2587	12372
日本	28122	4206	67000	525	1517
德国	5365	62184	53783	40	10364
印度	45895	38559	39211	—	10532
意大利	18508	10839	21600	797	3554
西班牙	16793	27089	14089	—	1132
英国	2175	24665	13563	—	7250
法国	24169	17382	11733	16	1851
韩国	1806	1636	14575	—	1317
加拿大	80884	13577	3325	—	3383
印度尼西亚	6210	154	172	2131	1887

资料来源：国际可再生能源署（IRENA）*Renewable Energy Statistics 2021*（《可再生能源统计数据2021》）。

2. 2020年全球及主要国家新能源发电量（分类型）

单位：TWh

国家/全球	核电	可再生能源	太阳能	风能	生物质能及其他
全球	2700.1	3147.0	855.7	1591.2	700.1
中国	366.2	863.1	261.1	466.5	135.5
美国	831.5	551.7	134.0	340.9	76.8
日本	43.0	125.6	82.9	7.8	34.9
德国	64.4	232.4	50.6	131.0	50.8

（续）

国家/全球	核电	可再生能源	太阳能	风能	生物质能及其他
印度	44.6	151.2	58.7	60.4	32.1
意大利	—	70.3	26.0	18.7	25.7
英国	50.3	127.8	12.8	75.6	39.4
西班牙	58.2	80.5	20.8	53.2	6.5
法国	353.8	64.3	13.1	40.6	10.6
韩国	160.2	37.0	16.6	3.1	17.3
加拿大	97.5	51.2	4.4	36.1	10.7
印度尼西亚	—	16.8	0.5	0.5	13.9

资料来源：国际可再生能源署（IRENA）*Renewable Energy Statistics 2021*（《可再生能源统计数据2021》）。

3. 2020年中国新能源发电装机结构、发电量结构

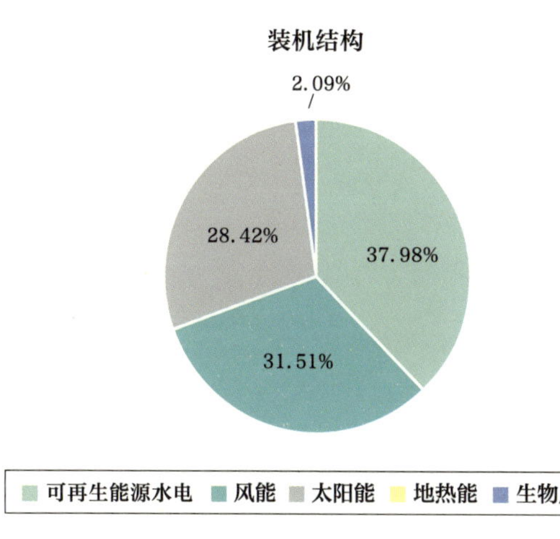

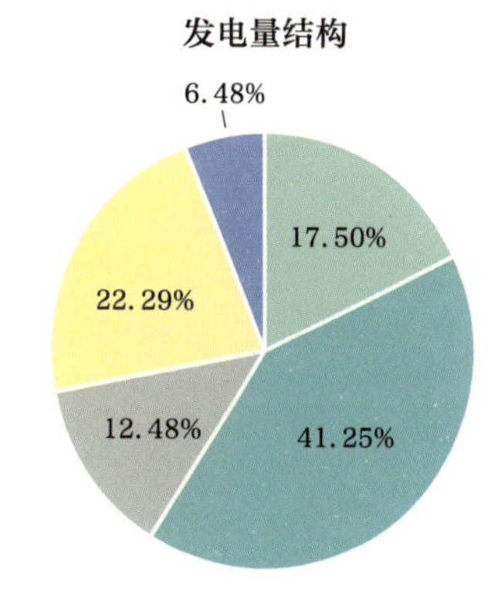

核电 可再生能源 太阳能 风能 生物质能及其他

4. 2020年美国新能源发电装机结构、发电量结构

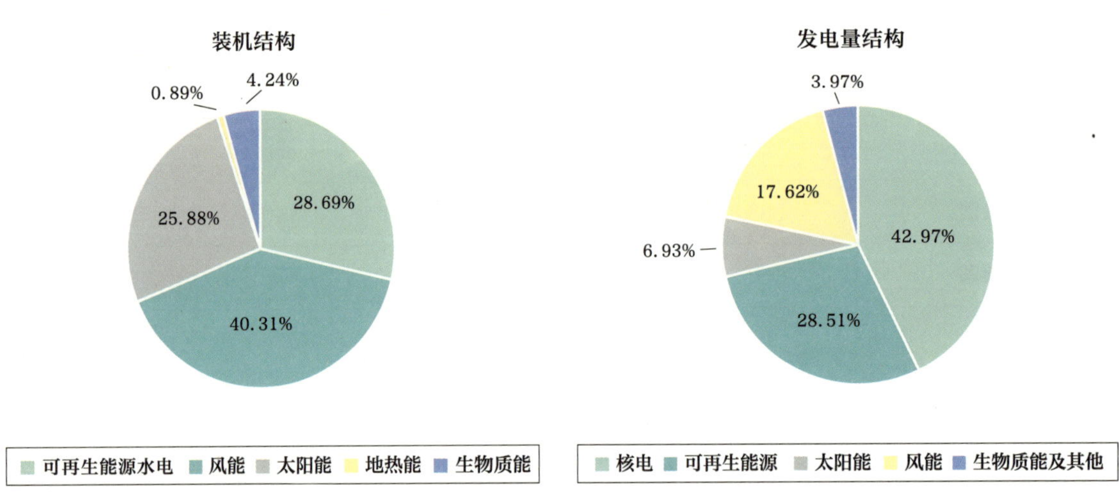

5. 2020年德国新能源发电装机结构、发电量结构

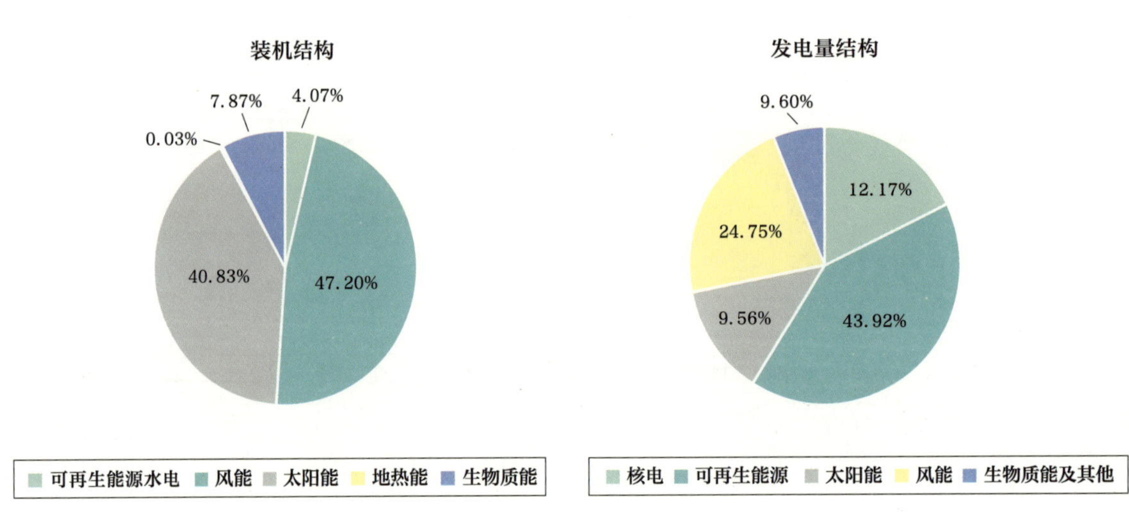

6. 2020年法国新能源发电装机结构、发电量结构

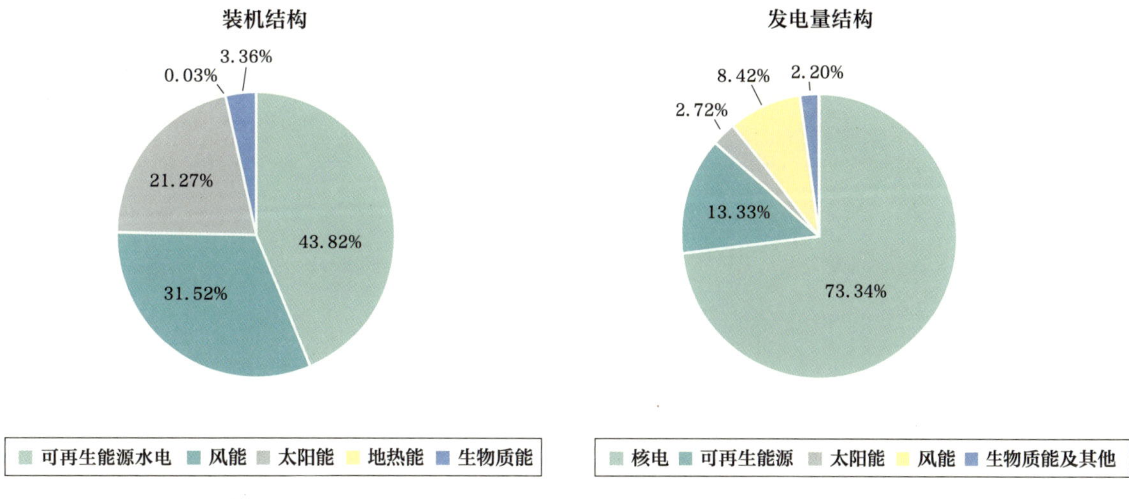

7. 2020年英国新能源发电装机结构、发电量结构

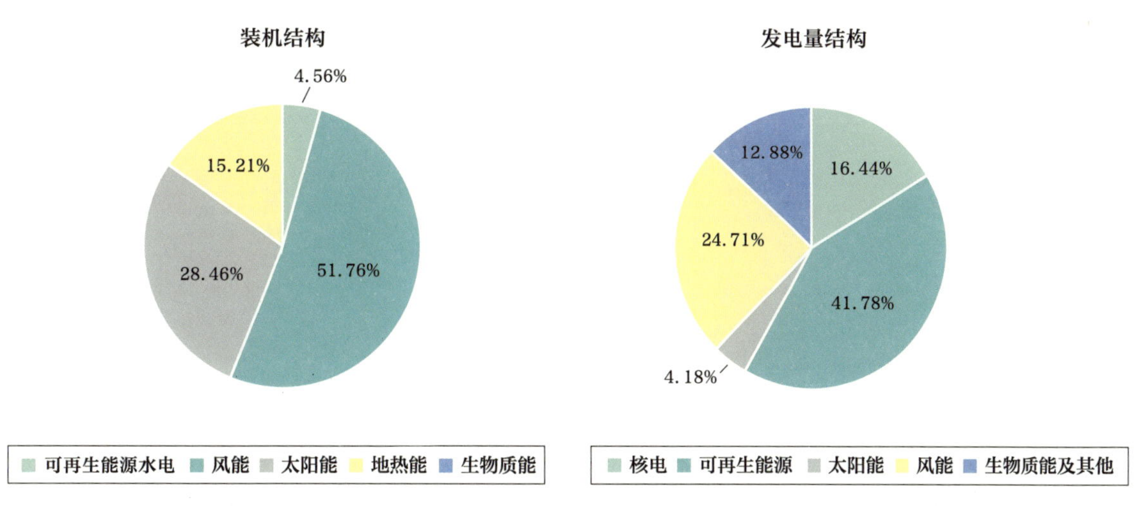

8. 2020年日本新能源发电装机结构、发电量结构

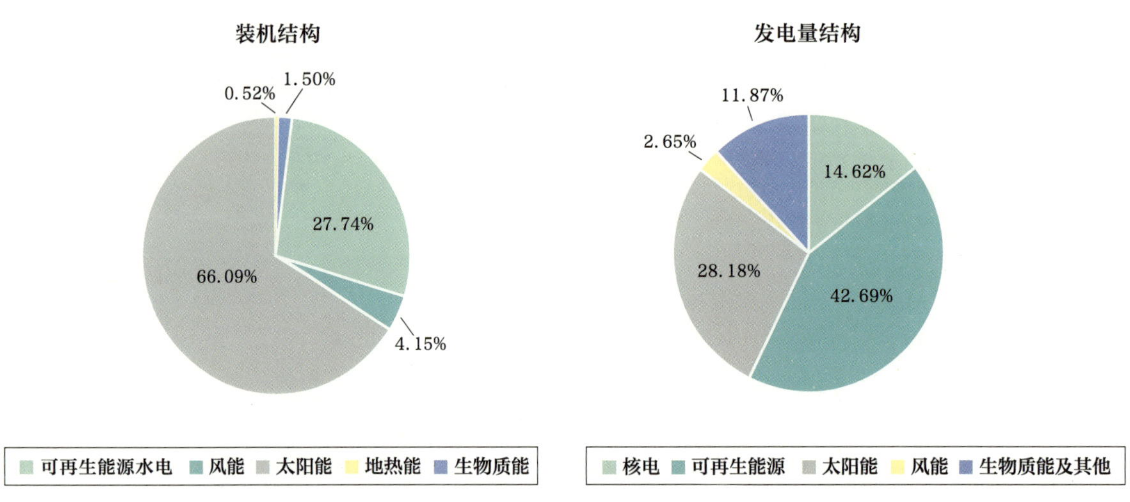

9. 2020年韩国新能源发电装机结构、发电量结构

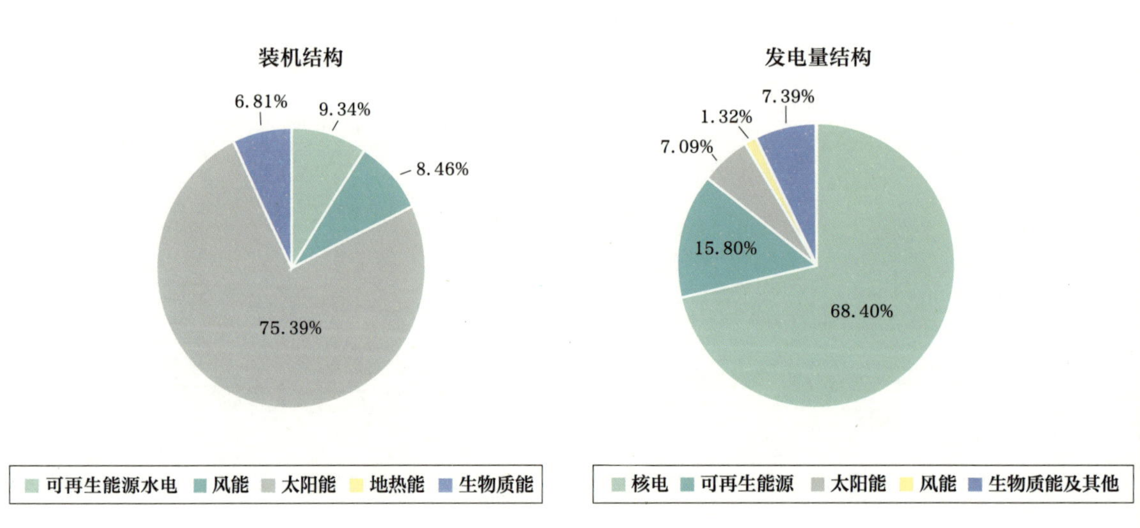

10. 2020年印度新能源发电装机结构、发电量结构

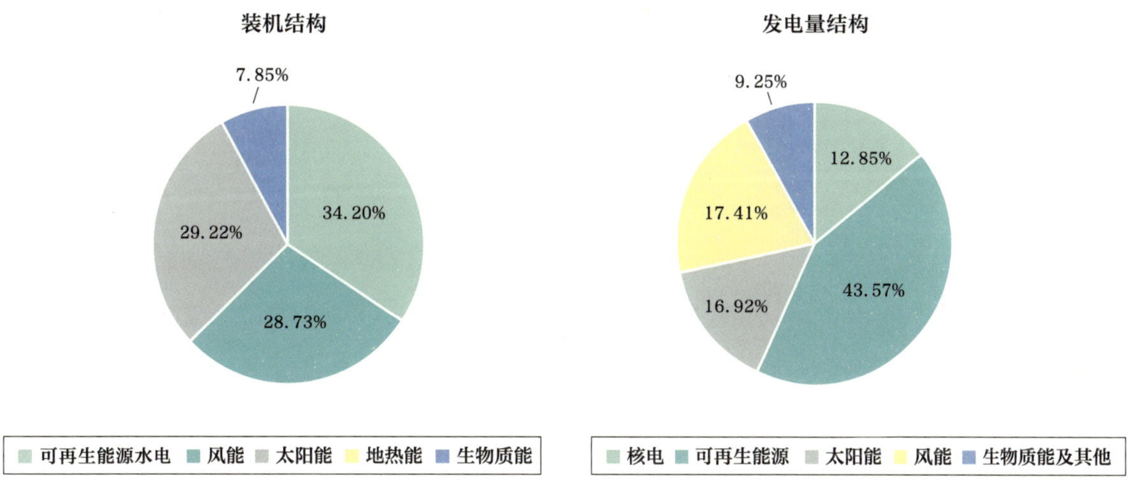

11. 2020年意大利新能源发电装机结构、发电量结构

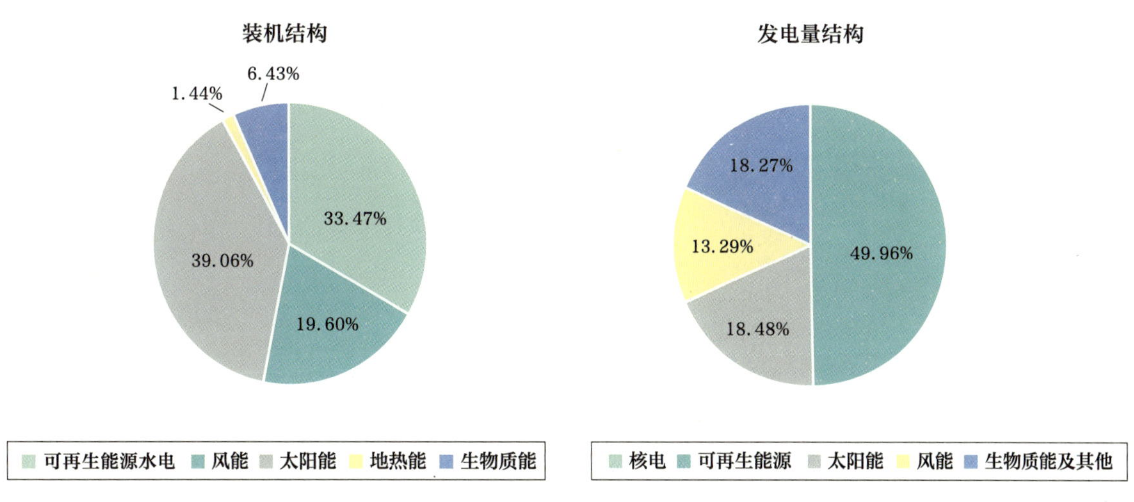

12. 2020年加拿大新能源发电装机结构、发电量结构

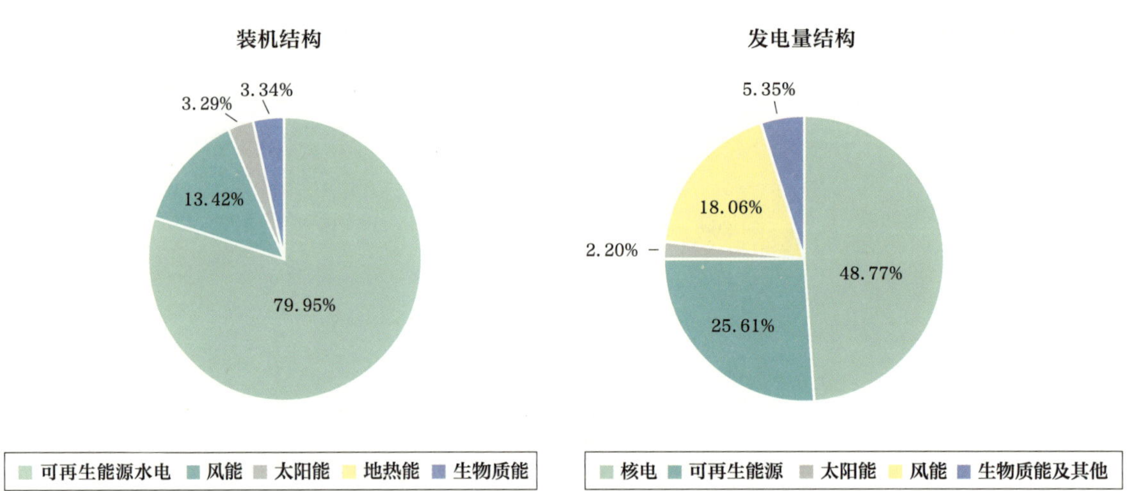

13. 2020年印度尼西亚新能源发电装机结构、发电量结构

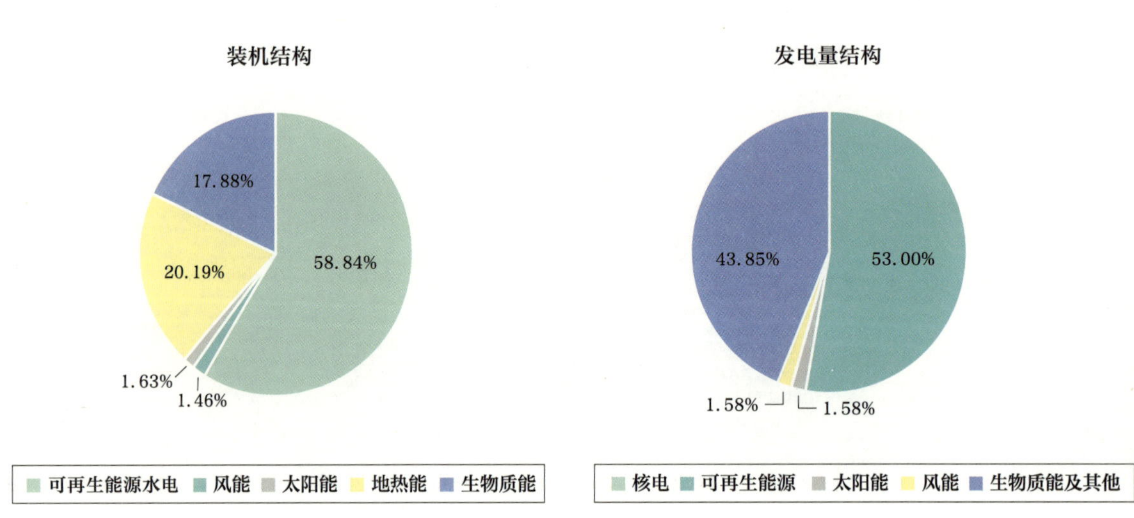

备注：上述国家新能源发电装机和发电量数据来源于国际可再生能源署（IRENA）*Renewable Energy Statistics 2021*（《可再生能源统计数据2021》）、英国石油公司（BP）*Statistical Review of World Energy 2021*（《BP世界能源统计年鉴2021》）。

图表索引

图书在版编目（CIP）数据

全球新能源发展报告. 2021 / 国家能源集团技术经济研究院编. -- 北京：社会科学文献出版社, 2022.6
ISBN 978-7-5228-0155-1

Ⅰ. ①全… Ⅱ. ①国… Ⅲ. ①新能源－能源发展－研究报告－世界－2021 Ⅳ. ①F416.2

中国版本图书馆CIP数据核字(2022)第090374号

全球新能源发展报告（2021）

编　　者/ 国家能源集团技术经济研究院

出 版 人/ 王利民
组稿编辑/ 宋月华
责任编辑/ 韩莹莹
责任印制/ 王京美

出　　版/ 社会科学文献出版社・人文分社（010）59367215
地址：北京市北三环中路甲29号院华龙大厦　邮编：100029
网址：www.ssap.com.cn
发　　行/ 社会科学文献出版社（010）59367028
印　　装/ 三河市东方印刷有限公司

规　　格/ 开 本：787mm × 1092mm 1/16
印 张：24　　字 数：321千字
版　　次/ 2022年6月第1版　2022年6月第1次印刷
书　　号/ ISBN 978-7-5228-0155-1
定　　价/ 258.00元

读者服务电话：4008918866

本报告全部采用可循环利用纸张